聯合國維和行動

——類型與挑戰

李大中　著

自序

終於到了寫序的這一刻。

進入學界服務近六年以來，持續從事國際組織的教學與研究，其中，聯合國在維護國際和平與安全上所扮演的角色，尤其是環繞在聯合國維和行動之相關重要課題，一直是筆者的研究興趣之一。

儘管這個領域在諸多學術先進的耕耘與努力下，已累積相當成果，但筆者仍深感聯合國的相關研究，在國內屬於較冷門與弱勢的區塊，並未如同其他像是歐洲聯盟、東南亞國家協會、亞太經合會等區域性制度安排，吸引較多目光，並建立起成熟的研究社群與學術能量。

聯合國維和行動的形成，有其特殊的歷史脈絡，儘管它不見諸於《聯合國憲章》，但隨著時代的不斷演進，逐漸成為聯合國集體安全制度的替代途徑。一甲子以來，聯合國維和行動歷經浮沉興衰，從早期的醞釀發軔、1980 年代的躑躅不前、冷戰結束之際的快速擴張、其後的遭逢頓挫、1990 年代末期的檢討因應、一直到 21 世紀以來於任務重心與業務型態上的再定義，其發展軌跡可用漸入佳境形容，而本書對於聯合國維和行動的前景，基本上抱持審慎樂觀的看法，也就是儘管各種挑戰與障礙仍在，但聯合國的內部革新企圖與自我調適能力，始終未曾消逝，因此聯合國維和行動在維護國際和平與安全方面，仍可望扮演不可或缺之重要角色。

本書的構想始於筆者的國科會專題計畫－「1990 年代以來的聯合國維和行動：類型、演進與變革評估」，由於聯合國相關的官方文件、決議、聲明與政策報告汗牛充棟，在資料的研析與詮釋上頗為耗時費心，故整個研究歷經兩年半才完稿付梓。

本書得以順利完成，承蒙學術之路上諸多師長與前輩的指教與提攜，使筆者獲益匪淺，並永遠感念在心。

淡江大學所提供的卓越教學與研究環境，讓筆者能夠心無旁騖地充分運用學校豐沛的軟硬體資源，專心一意實現此目標，而副校長暨國際研究學院大家長戴萬欽教授的關懷、國際事務與戰略研究所前後任所長王高成教授與翁明賢教授的督促、同仁的鼓舞以及所助理陳秀真小姐的後勤協助，這些都是筆者背後的動力。

同時要謝謝曾育寬、汪照棠、徐崴得、林永翰、陳翼均、陳志豪、孫家敏、馮英志以及余婕等多位研究助理，無論在資料蒐集、案例彙整、繪圖製表或校訂比對等方面，都提供筆者非常多的幫忙，他們對於本研究功不可沒。此外，如果沒有秀威資訊科技林泰宏編輯的全心投入，本書不可能如此即時與有效率地出版，在此一併致上謝意。

對筆者而言，摯愛的雙親以及所有的家人，永遠是最堅強的後盾，尤其是父親大人更是我一輩子的心靈導師，而妻子蔚棠的支持、容忍、體諒與打氣，還有一雙可愛女兒－盈珊(五歲)與莉安(兩歲半)甜蜜與聒噪的陪伴，她們都是我一路走來最大的驕傲、支柱與快樂泉源。

回首撰寫本書的漫長過程，不僅重溫了當年在波士頓細火慢燉博士論文的苦與樂，也更堅定了筆者對於學術研究工作之熱情與信念。

最後，筆者學疏識淺，書中錯誤疏漏在所難免，尚祈各位先進不吝批評指正。

李大中　謹識
2011 年 4 月
於淡江大學驚聲大樓 1207 研究室

目次

表目次

圖目次

第一章　緒論

第一節　研究目的

在冷戰時期，聯合國維和行動（United Nations Peacekeeping Operations, UNPKOs）曾被瑞典籍的聯合國第二任秘書長哈馬紹爾（Dag Hammarskjöld）稱為《聯合國憲章》（UN Charter）的第六章半（Charter Six-and-a-half），意即是儘管並非是載於憲章中的手段，亦不具備明確的法源基礎，但其行動性質與旨趣，可視為介於憲章第六章（關於和平解決爭端）以及第七章（關於集體軍事性與非軍事性的強制行動）之中間灰色地帶，而其實際運作與發展，亦隨著時間演進而逐漸成熟，成為當時受限於東西對抗的國際環境制約下，聯合國在集體安全機制無法充分發揮功效的狀況下，逐漸演變為維護國際和平與秩序的替代途徑，而聯合國維和行動亦曾獲得 1988 年的諾貝爾和平獎。[1]

---

[1]　參見 Allen G. Sens, "From Peacekeeping to Peacebuilding: The United Nations and the Challenges of Intrastate War," in Richard M. Price and Mark W. Zacher, eds., *The United Nation and Global Security* (New York, NY: Palgrave and Macmillan, 2004), p.142; Thomas Weiss, David P. Forsythe, and Roger A. Coate, *The United Nations and Changing World Politics* (Boulder, CO: Westview Press, 2004), p. 37; Michael W. Doyle, "War Making and Peacemaking: The United Nations' Post-Cold War Record," in Chester A. Crocker, Fen Osler Hampson, and Pamela Aall, eds., *Turbulent Peace: The Challenges of Managing International Conflict* (Washington, D.C.: United States Institute of Peace Press, 2001), p.532; Adam Roberts, "The Crisis in UN Peacekeeping," in Chester A. Crocker, Fen Osler Hampson, and Pamela Aall, eds., *Managing Global Chaos: Sources of and Responses to International Conflict* (Washington, D.C.: United States Institute of Peace Press, 1996), p.298; Leroy A. Bennett and James K. Oliver, *International Organizations: Principles and Issues* (Upper Saddle River, NJ: Pearson Education, Inc 2002), pp.156; 176; Paul Kennedy, *The Parliament of Man: The Past, Present, and Future of the United Nations* (NY, New York:. Random House, 2006), pp.77-78.

　　廣義而言，聯合國從 1948 年以來共實施 64 項維和行動，包括冷戰期間所發動的 18 項任務（其中五項任務仍延續至今），而在冷戰結束之後，聯合國新授權 46 項維和任務。就全體 64 項任務而言，其中的 50 項任務已宣告結束（無論成功與否），目前（2010 年 12 月）仍有 14 項行動正執行中。[2]一般而言，學界將其粗略劃分為冷戰時期的一代維和（first-generation UNPKOs）以及後冷戰時期的二代維和（second-generation UNPKOs）或新型態的維和。

　　基本上，一代維和基本上遵循同意、中立與非武力等行動原則，其任務授權為傳統維和（traditional PKOs）與軍事觀察（military observation missions）等兩大類型，詳細的工作範圍包括監督停火、監督衝突各方的脫離交戰狀態、監視邊界安全、監視撤軍行動以及建立佔據緩衝區或非軍事區等，此外，部份一代維和的任務內容，亦涵蓋協助人道援助在內，至於安理會授權維和行動，執行強制維和（peace enforcement）的例子，在冷戰時期則極為罕見。

　　就二代維和而言，主要所指涉的是 1990 年代初期（冷戰結束）至今，聯合國所陸續發展出的許多不同類型維和行動，除可能觸及原本的傳統維和以及軍事觀察的業務範圍（視情況需要而定）之外，其重心通常是環繞所謂的和平建設（peacebuilding）或後衝突和平建設（post-conflict peacebuilding），諸如協助穩固邊界安全、維護內部秩序、監督選民登記與確保公平選舉的順利進行、協助過渡政府組成、

---

[2]　以目前（2010 年 12 月）而言，正進行中的維和任務僅 14 項，因為自 2003 年 3 月成立至今的聯合國阿富汗援助團（United Nations Assistance Mission in Afghanistan, UNAMA），是由秘書處維和行動部（Department of Peacekeeping Operations）主導下的特別政治行動，故嚴格來說不應歸類為維和行動，但由於聯合國阿富汗援助團的工作，是由維和行動部（Department of Peacekeeping Operations, DPKO）、而非政治事務部（Department of Political Affairs, DPA）所統籌與協助，故亦載於聯合國維持和平行動的官網列表，至於在 14 項維和任務的地域分佈狀況，包括中東地區的三項、亞洲太平洋地區的三項、歐洲地區的兩項、美洲地區的一項以及非洲地區的六項。

確保政治解決方案的實施，安全部門改革（security sector reform, SSR）、重建司法體系、保障與促進人權、監督武裝派系的繳械、解編與復員（disarmament, demobilization and reintegration, DDR）、排雷、促成社會和解、凝聚國家團結、提供人權保障與人道協助、協助難民返鄉與安置、追懲戰爭犯行、協助運輸、通訊、醫療等民生與社經基礎設施的重建、恢復政府各種基本行政職權與治理能力等，林林總總，都囊括在其工作範圍內。

依照聯合國秘書處所轄的和平行動部（Department of Peacekeeping Operation, DPKO）與實地支援部（Department of Field Support, DFS）[3]的扼要分類，二代維和的主要行動宗旨與特色有四，其一是協助穩定內部環境，強化目標地域或國家在安全提供、人權保障與法治維護等面向的能力；其二，協助促進政治和解與對話，建立行政部門具效能與效率的治理能力；其三為協助提供健全與可運作的架構，確保聯合國與其他國際行為者能夠充分協調與合作。[4]其四則是在部份二代維和的案例中，安理會較可能為確保任務的順利成功，依據《聯合國憲章》中第七章的強制維和（peace enforcement）精神，即授權維和部隊得採取一切必要的方式（use all necessary means），達成任務設定目標，以便在高敵意的衝突環境下，恢復目標區的社會秩序與穩定，保護當地人民安全、確保聯合國人員、裝備與設施不受威脅，或執行緊急人道

---

[3] 聯合國現任（第八任）秘書長潘基文（Ban Ki-moon）在 2007 年 2 月向聯合國大會提交一份關於改組維和行動體系的建議方案，其基本看法是將原有的維和行動部（DPKO）劃分為兩個不同的單位，即維和行動部（Department of Peacekeeping Operations, DPKO）以及實地支援部（Department of Field Support, DFS），目的在於整合分散在維和行動部所轄的眾多不同部門與單位，並解決原有維和行動部工作負荷太重與業務過度龐雜的問題，關於聯合國維和機制變革的內容與爭議，詳見本書第肆章第一節的相關探討。

[4] 參見 United Nations Peacekeeping Official Website, *United Nations Peacekeeping Operations: Principles and Guidelines*, http://pbpu.unlb.org/pbps/Library/Capstone_Doctrine_ENG.pdf.

干預任務，甚至是設法重建所謂的失敗國家或正崩解中的國度，由於此類行動蘊含動用武力的較高機率，故常被稱為強健維和（robust PKOs）。[5]

至於本書的主要宗旨，是探討一甲子以來，聯合國維和行動的緣起、類型、演進以及遭遇的挑戰，而其研究目的則聚焦於以下環環相扣的九個議題面向。

第一，探討冷戰期間聯合國維和行動的起源：本研究的著墨重點，除包括聯合國的肇建過程、成立宗旨、運作原則以及維護和平與安全相關的主要機制（安理會、大會與秘書處）之外，亦涵蓋聯合國集體安全的制度設計（憲章規範）、理想與實踐間的差距以及維和行動應運而生的時代脈絡。

第二，理解聯合國維和行動於冷戰時期的起伏興衰及其主因：本研究就聯合國於冷戰期間所授權的 18 項維和任務（其中仍有五項任務仍執行至今），逐一進行檢視，以理解此時期聯合國維和任務的類型與特徵，主要的個案觀察的重點，包括衝突本質（國於國之間衝突抑或國家內部爭端）、衝突主因、安理會（或大會）授權目標、任務內涵、維和人員組成（軍事人員、軍事觀察員、維和警察[6]、國際與當地文職、聯合國志工等）與編制、維和依循規範的適用（同意、公正與非武力等原則）、執行時間、任務結束原因（如果行動已終止）、大致成果評估等。

第三，理解聯合國維和行動於冷戰結束後的起伏興衰及其主因：本研究就聯合國於冷戰結束以來所發動的 46 項行動，逐一進行檢視，以理解後冷戰時期聯合國維和任務的類型與特徵，主要的個案觀察的重點，包括衝突本質（國於國之間衝突抑或國家內部爭端）、衝突主因、

---

[5] Ibid.
[6] 聯合國維和警察可區分為一般民事警察（civilian police）與維和防暴隊（riot police），後者即建制警力（formed police units, FPUs），專門處理目標區當地的群眾活動與公共秩序控管。

安理會或大會的授權目標、任務內涵、維和人員組成（軍事人員、軍事觀察員、維和警察、國際與當地文職、聯合國志工等）與編制、維和依循規範的適用（同意、公正與非武力等原則）、執行時間、任務結束原因（如果行動已終止）、以及成果評估等。[7]

　　第四，釐清聯合國在兩個階段（冷戰時期以及冷戰結束後至今）維和行動任務型態的演進脈絡：本研究將聯合國所授權的各項維和行動，劃分為一代維和（I）與二代維和（II）兩大類別，並在兩大類別之下，詳盡列出所有可能涉及的業務內容（次類），其中一代維和主要包括五種工作項目，即：(I-1) 監視撤軍、(I-2) 監視邊界狀態、(I-3) 監視與觀察停火與脫離交戰、(I-4) 設置與佔據緩衝區與非軍事區、(I-5) 協助人道援助工作；至於二代維和主要涵蓋 14 種工作項目，即：(II-1) 協助與監督選民登記、觀察與監督選舉（公投）之公平進行、(II-2) 為選舉進行提供安全維護、(II-3) 協助過渡政府組成與政治和解進程的落實、(II-4) 協助恢復基本職能與治理能力的建立、(II-5) 協助當地警察、安全暨司法部門之重建、(II-6) 協助交通、水電、醫療等民生與社經基礎設施的重建、(II-7) 確保內部穩定與秩序、(II-8) 促成社會和解、凝聚國家團結、(II-9) 促進人權維護與保護當地人民安全、(II-10) 協助追懲戰爭犯行暨進行轉型正義、(II-11) 排雷防爆、(II-12) 協助難民安全返鄉安置、(II-13) 協助武裝團體繳械（銷毀）、解編暨復員、(II-14) 強制和平與強健維和（通常是基於穩定當地局

---

[7] 本書在研究目標二與研究目標三的之個案檢視面向部份，受到班內基（Dipankar Banerjee）論著的啟發，班內基曾分析聯合國維和行動於 1990 年代中期所遭逢的困境，並評估聯合國所提之矯正方案，他正面評價維和行動的貢獻之餘，亦將其重心置於聯合國於亞洲地區從事和行動所需要特別注意的七項議題，包括：(1)人類安全的新概念；(2)區域性組織與聯合國的合作與協調關係；(3)行使武力與和平行動依循規範的相關挑戰；(4)外交預防作為；(5)維和警察的運用；(6)武裝團體繳械、解編暨復員；(7)聯合國人員的安全。參見 Dipankar Banerjee, "Current Trends in UN Peacekeeping: A Perspective from Asia," *International Peacekeeping* (Spring 2005), Vol. 12, No.1, pp.18-33.

勢與內部秩序、形塑緊急人道介入有利環境、阻止違背人權暴行、確保聯合國人員、裝備與設施之安全等考量、或確保任務目標的順利實現等而授權之），完成後，將兩個時期所發動的每一項維和行動，依據詳細的業務劃分（共 19 個次類），勾選其所符合的任務內容細節，以便能更系統性地比較不同任務的內涵與特色，接下來則是統計聯合國維和行動（冷戰時期與冷戰結束後）執行此 19 項工作的總次數，俾能全盤掌握數十年以來，聯合國維和行動在任務類型演進上的具體變遷。

第五，分析聯合國維和行動的重要內在面向：本研究聚焦於聯合國內部維和機制變革、維和財務人力以及維和依循方針等三大議題層面，以維和機制而言，重點包括秘書處所轄維和相關部門的重整與其原委、聯合國其他重要維和組織（大會與安理會）的角色、待命安排制度的演進以及快速部署能力的強化倡議等；在維和的人力與經費上，則是由制度層面出發，理解長期以來聯合國於維和的經費分擔邏輯與人力投入趨勢；至於在維和行動的依循方針方面，則是探討哈馬紹爾（Dag Hammarskjöld）三原則的起源、確立與適用。

第六，分析聯合國維和行動的重要外部面向：本研究除專注於維和行動的內在層面的研究之外，亦納入聯合國強化和平建設（一般視為二代維和工作的核心）的相關探討，期能更系統性與全面性地觀察維和行動，重點包含三個部份，其一為和平建設委員會的緣起、功能、檢討以及其侷限分析，其次是自 1990 年代以來後聯合國的諸多倡議與方案；最後則為和平建設、和平行動以及維和行動的三邊互動與聯結，並闡釋聯合國和平行動在定義與分類方面的兩種視角，即應以二代維和或是以和平建設（後衝突和平建立）的角度，理解廣義上的聯合國和平行動，提出本書的觀點。

第七，探討影響維和行動成效的可能因素與條件：將聯合國自1948 年以來的維和介入表現，扼要區分為完全成功（實現任務授權）、

部份成功、完全失敗、幾乎恆久存在卻功能有限等四種類別，並分就
柬埔寨、東帝汶、索馬利亞以及印、巴喀什米爾爭端等四項案例，進
行深入研析與比較，藉以釐清影響維和行動成敗的基礎。

　　第八，探討聯合國重要會員國的維和參與特色：除關注聯合國的
整體維和介入記錄以及與各項任務細節外，本研究希望兼顧廣度與深
度的探討，故希望能夠從會員國的立場出發，故選定日本（維和經費
貢獻大國）與中國（安理會常任理事國）兩個代表性國家，做為維和
參與個案的分析對象，分別檢視其維和參與，前者的重點，囊括東京
方面早期與冷戰結束之後的維和投入歷程、內部爭議、財務分擔、人
員派遣、參與原則以及所面臨的法律、政治與心理等障礙；至於後者
的焦點，除涵蓋中國從 1950 年代至今對於聯合國維和行動在態度上的
轉變之外，亦包括北京當局的維和參與動機、依循規範、投票行為、
經費分擔、人員派遣以及未來參與變數等。

　　第九，檢驗聯合國維和行動的影響與表現：在完成先前八項研究
目標之後，對於聯合國維和行動在維護國際和平與安全所扮演的角
色、目前遭遇的瓶頸以及未來可能發展，進行綜合評估與預測。

第二節　研究方法

一、名詞界定

　　目前學界對於維和行動的類型與相對應的任務內涵，並未達成一
致共識，例如根據學者道爾（Michael W. Doyle）、山巴尼斯（Nicholas
Sambanis）、庫內（Winrich Kuhne）與希稜（John Hillen）等學者指出，
依照埃及籍的聯合國第六任秘書長蓋里（Boutros Boutros-Ghali）於
1992 年 6 月所提出的《和平議程》（An Agenda for Peace）與 1995 年 1
月所提出的《和平議程的補充》（Supplement to An Agenda for Peace）

等兩份文件中的分類可知，[8]聯合國對於聯合國維和行動的界定，明顯是採取狹義解釋的途徑，即蓋里所界定的維持和平，專指聯合國早期（冷戰期間）所實施的維和型態，亦即軍事觀察任務與傳統維和行動兩大類別，主要工作包括隔絕交戰各方、監視停火、監視邊界部隊撤離與建立緩衝區等，有時亦須協助人道支援任務，故上述學者認為，冷戰之後以和平建設為主軸的新型態維和行動，可統稱為二代維和，至於牽涉強制和平成份的維和行動，則應歸類為截然不同的維和型態，也就是所謂的三代維和（third-generation UNPKOs）。[9]至於其他學者如施納貝（Albrecht Schnabel）進一步提出四代維和（fourth-generation UNPKOs）的概念，即泛指以人道干預（humanitarian intervention）為主要目的之聯合國維和行動。[10]

此外，希稜更以行動環境/威脅程度（友善至險惡）以及使用武力的機率（由低至高）為兩項指標，區分軍事觀察、傳統維和、二代維和以及強制行動間的差異。[11]而拜爾克（Joseph P. Bialke）則將具強制性質的聯合國維和行動，稱之為《聯合國憲章》第六又四分之三章行動（Chapter VI 3/4 PKOs）或是強健維和（robust PKOs），無論是強健維和或是第六又四分之三章行動，在本質上有別於軍事觀察與傳統維和，反倒更接近於《聯合國憲章》第七章的強制和平，故對於此類

---

[8] 關於秘書長蓋里 1992 年《和平議程》與 1995 年《和平議程的補充》對於聯合國和平行動的定義與分類，詳見本書第參章第一節與第伍章第三節的相關探討。

[9] Michael W. Doyle, "Discovering the Limits and Potential Peacekeeping." in Olara A. Otunnu and Michael W. Doyle, eds., *Peacemaking and Peacekeeping in the New Century*. (Lanham, MD: Row and Littlefield Publishers, Inc., 1998), p. 7; Winrich K*ü*hne, "From Peacekeeping to Post-conflict Peacebuilding." in Luc Reychler and Thania Paffenholz, eds., *Peacebuilding: A Filed Guide* (Boulder, CO: Lynne Rienner Publishers, Inc, 2001), pp. 377-378; John Hillen, *Blue Helmets: The Strategy of UN Military Operations*. (Washington, D.C.: Brassey's., 2000), pp. 18-31.

[10] 轉引自楊永明，《國際安全與國際法》（台北：元照出版社，2003 年），頁 273-274。

[11] John Hillen, *Blue Helmets: The Strategy of UN Military Operations*, p.19.

型維和任務而言，在武力使用方面的彈性空間較大，例如 1992 年 2 月所組成的聯合國保護武力（United Nations Protection Force, UNPROFOR），曾獲得安理會授權於波士尼亞－赫塞哥維納地區，執行人道援助物資的運送與護衛工作，但前提是動武仍應高度謹慎與節制，並必須與人道考量相關，且需要符合比例原則，避免導致衝突激化增溫。[12]

　　儘管學界對於聯合國維和行動的內涵未能形成共識，在界定方面的爭議仍在，但本研究認為維和行動所指涉的意涵，應採取更寬廣的界定更為適當，換言之，新型態或整合式維和行動）的對照組（一代維和），應是聯合國於冷戰期間出現頻率較高的狹義維和行動（一代維和），即以傳統維和行動與軍事觀察任務為主的維和型態，而歸納近年來聯合國的和平任務的經驗可知，二代維和中的和平建設（後衝突和平建立）業務，通常是在傳統維和行動與軍事觀察任務獲致一定程度的成果後，方始展開，但在時程方面，亦常出現交疊的灰色地帶，故在實際運作上實難以明確切割，關鍵在於，二代維和的任務授權較為多元與彈性，通常橫跨政治、社會、經濟、行政、司法以及安全等不同領域的重建、改造與復原工作，更重要的是，在部份維和個案中，安理會亦將強制和平精神納入任務授權中，並准許此一較高強度（包括裝備與編制）的維和部隊，採取一切必要之手段，以確保任務目標的實現，故二代維和的業務內容，儘管泰半是以衝突和平建設為重心，但亦有可能同時具備強制和平、軍事觀察以及傳統維和等任務的內涵，故本書認為，無論就理論或實務的角度視之，並無必要畫蛇添足，增設三代維和（強制和平）、四代維和（緊急人道介入）或憲章第六又四分之三章行動（強健維和）等類別與辭彙，以避免造成混淆與誤解（詳見表 1-1）。

---

[12] Joseph Bialke "United Nations Peace Operations: Applicable Norms and the Application of the Law of Armed Conflict," *The Air Force Law Review* (Winter 2001), pp.22-23.

二、研究範圍

就本研究的時間範圍而言，橫跨 1948 年至 2010 年間（64 項維和行動），但在維和成效檢討、維和重要措施以及維和機制改組方面，則偏重聯合國於冷戰結束以來所進行的諸多檢討與變革。就本研究的議題範圍而言，主要著重於聯合國維和行動的歷史緣起、內涵演進、任務型態、實施狀態、改革措施、角色功能以及所面臨的挑戰與障礙，換言之，本研究的兩個關鍵字如下，第一個關鍵字是維和行動（ peacekeeping operations），即以維和行動部（Department of Peacekeeping Operations, PKO）所主導的維和特派團為研究主軸，其內容亦包括和平建（peacebuilding）設或後衝突和平建設（post-conflict peacebuilding）的面向在內，至於聯合國廣義上的和平行動（peace operations），即由秘書處政治事務部（Department of Political Affairs, DPA）所負責統籌的政治特派團與政治任務，其工作涉及預防外交、衝突預防、衝突解決、外交斡旋以及實地調查等範疇，在本書中僅為輔助與補充地位；第二個關鍵字則是聯合國，意即本研究是以聯合國架構下的維和部門為核心，尤其是聚焦於秘書處、安理會以及大會等三個機構，至於區域性政府間組織以及其他非政府組織，在維和行動上與聯合國間的分工模式與互動關係，則非本研究的探討焦點。

三、資料來源

本書所採用的研究方法，主要是採取比較分析與文獻分析法，就前者而言，誠如研究目的所提及，主要分為兩個層面，第一個層面是將冷戰期間所發動的 18 項維和行動以及冷戰結束後所發動的 47 項聯合國維和行動，進行整體性比較，案例分析的基礎，尤其是將重點置於檢視各行動的授權內容，以便掌握冷戰結束前後，聯合國維和行動在任務型態上的變遷軌跡，第二個層面則是針對柬埔寨、東帝汶、索馬利亞以及印、巴喀什米爾爭端等四項重要的維和介入案例，進行深入研析與比較，上述行動分別被本書視為符合完全成功、部份成功、徹底失敗以及恆久存在卻作用有限等四種維和結果的典型案例，至於本研究為何將維和結果歸納為這四大類型的原因，則是與 2001 年 4月，迦納籍的聯合國第七任秘書長安南（Kofi A. Annan）向安理會所提交之名為《有策略的離場：安理會決策以及聯合國維和行動的中止或過渡階段》（No Exit without Strategy: Security Council Decision-making and the Closure or Transition of United Nations Peacekeeping Operations）的報告有關，安南在該份簡稱為《有策略的離場》文件中，將維和行動劃分為成功、部份成功以及完全失敗等三種類型，本書則納入恆久存在卻作用有限之第四種類型，重點在於，此部份的案例分析，將有助於理解一項成功的維和行動可能須具備的主、客觀基礎與條件。[13]

　　就文獻分析法而言，本書的取材主要涵蓋各類二手資料與原始資料，前者包括國內外研究機構與智庫的研究報告、專書以及學術性期刊論文，但其中對本書的撰寫最具參考價值者，莫過於後者，即聯合國官方自冷戰結束以來，因應維和行動、和平行動與和平建設所遭遇的新環境與挑戰，而提出的諸多評估方案與改革建議，上述資料多半以公開出版的政策審視文件呈現，此外，諸如聯合國安理會（包含其附屬機構）與大會（包含其附屬機構）針對維和行動所做成的相關決議、聯合國秘書長的立場聲明、秘書長向大會與安理會所交付的各項工作報告、以及由維和行動部、實地支援部、和平建設委員會以及其他聯合國內部維和相關部門所做成的檢討報告（無論正式與否），皆是本書所仰賴的珍貴資料，此為本研究的特色之一。值得一提的是，在

---

[13] 關於秘書長安南《有策略的離場：安理會決策以及聯合國維和行動的中止或過渡階段》的內容細節，詳見本書第參章第一節的探討。

線上資源方面，聯合國維和行動官網（UN Peacekeeping）、聯合國哈馬紹爾圖書館（Dag Hammarskjöld Library）資料庫以及聯合國文件檢索系統（UN Documents），深具學術研究與政策參考價值，均提供本書豐富的資訊。至於在中國與日本維和參與的個案研究方面（本書第柒章與第捌章部份）亦同，本研究除參考非原始性質的學術研究資料之外，亦充分利用兩國政府的政府文件、官方聲明、相關法案以及政策白皮書等（國防與外交）諸多一手資料，以釐清中日兩國對於聯合國維和行動的立場（原則）、實際貢獻狀況（財力與人力）、未來參與瓶頸以及改革建議等重要課題。

表 1-1　聯合國一代維和與二代維和之比較

	主要工作	一代維和	二代維和
傳統維和	佔領緩衝區；阻絕衝突各方；設立緩衝區、確保非軍事區平民安全；協助人道援助工作等	核心任務	有可能涉及
軍事觀察	觀察停火狀態、確認交戰各方部隊的撤離、觀察邊界動向等	核心任務	有可能涉及
後衝突和平建設	在過渡期間完成政治、行政、安全、司法、社會以及經濟等各領域的重建、復興與轉型之工作，包括武裝團體的繳械、解編與復員；司法體系重建、除雷；警政與安全部門改革；選舉支援；協助難民返鄉安置；提供人權保障與人道協助；協助基本行政職能與治理能力的建立等	較少觸及	核心任務
強健維和與強制和平	必要時以武力維護相關人員、裝備與設施的安全、阻止違背人權暴行、實施緊急人道介入、確保聯合國和平工作的順利進行	機率較低	機率較高

資料來源：自行整理

第三節　研究架構

　　本書的研究架構詳見圖1-1。在章節安排方面，本書包括本章緒論在內，共劃分為九個章節，第貳章主要是分析冷戰時期所發動的維和行動，內容包括維和行動應運而生的背景以及各項任務執行概況；第參章主要是分析後冷戰時期所發動的維和行動，內容包括冷戰結束後的維和需求、相關改革方案以及各項任務執行概況；第肆章主要是探討維和行動的內在面向，內容涵蓋維和機制變革、維和財務人力以及維和依循方針；第伍章主要是探討維和行動的外部連結，內容涵蓋和平建設委員會的緣起暨角色、聯合國強化和平建設的倡議以及和平建設、和平行動與維和行動的三者關聯性；第陸章的重點為維和個案的深入分析，內容聚焦於聯合國於柬埔寨、東帝汶、索馬利亞以及印、巴喀什米爾等地的介入作為；第柒章與第捌章分別針對日本與中國的維和參與進行探討，重點涵蓋兩國參與維和的歷史脈絡、原則立場、貢獻情況以及遭逢困境等；至於第玖章則為本書總結，內容包括聯合國維和類型演進的整理以及維和行動的檢討與前瞻等兩大部份。

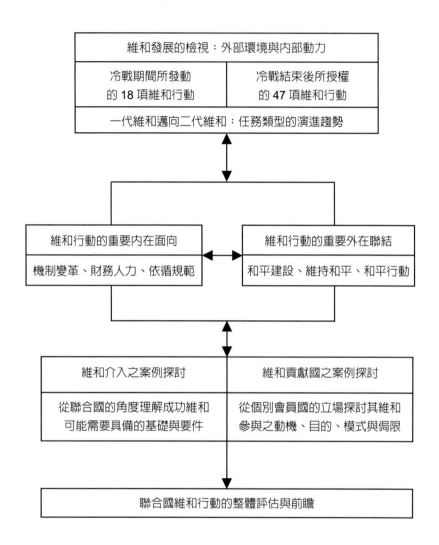

圖 1-1　本書的研究架構──聯合國維和行動：類型與挑戰

資料來源：自行整理

第貳章　冷戰時期
聯合國所發動的維和行動

　　本章包括三大部份，第一節的重點是探討聯合國維和行動應運而生的背景，內容包括聯合國的肇建歷程、宗旨、原則、組織架構以及集體安全的制度與實踐；第二節則是按執勤地區為劃分，介紹冷戰期間聯合國所授權的 18 項維和任務概況；至於第三部份則為本章小結。

第一節　維和行動的應運而生

一、聯合國的肇建、功能與架構

（一）早期籌備歷史

　　1941 年 8 月（當時美國尚未向軸心國家宣戰），英國首相邱吉爾（Winston Churchill）與美國總統羅斯福（Franklin Delano Roosevelt）於紐芬蘭（Newfoundland）港口停泊的軍艦上會晤，簽署著名的《大西洋憲章》（The Atlantic Charter），當時英國鼓吹於戰後設置一廣泛、有效與永久性的國際組織，以維護國際和平與安全，不過美方的態度較為保留，僅支持將侵略者非武裝化，而推遲此國際組織的建立。1942年 1 月，26 國代表齊聚於華府簽署《聯合國家宣言》（Declaration by United Nations），宣稱將依循先前《大西洋憲章》的原則，一致對抗軸心國的野心，此亦為出現「聯合國」的名稱之始。[1]其後，中、美、

---

[1]　其後陸續另有 21 國簽署《聯合國家宣言》，並依照《雅爾達協定》對軸心

英、蘇等四國外長於 1943 年 10 月簽署《莫斯科宣言》（Moscow Declaration）呼籲成立新的國際組織以實現國際秩序與和平，並支持熱愛和平國家間的主權獨立、領土完整以及開放會籍等原則。1943 年 11 月，羅斯福、邱吉爾與史達林（Joseph Stalin）發表《德黑蘭宣言》（Teheran Declaration）呼籲解救飽受戰禍之苦的人類，強調所有國家共同合作，成立民主國家間的世界家庭（World Family of Democratic Nations）。[2]

（二）從頓巴敦橡園會議到舊金山會議

1. 大國共舞：頓巴敦橡園會議

1944 年 8 月，同盟國（The Allied Powers）中的主要成員國，齊聚於華府喬治城區舉辦頓巴敦橡園會議（The Dumbarton Oaks Conference），此會議是依據美國提議所召開，主要目的是讓所有大國，針對大戰結束後設立國際組織的相關事宜，先行提出初步草案，並交換意見。鑒於蘇聯當時仍未是同盟國的一員，因此採取折衷性的兩輪會談，第一回合是由英、美兩國與蘇聯代表晤談；第二回合則是由中國取代蘇聯與英、美兩國代表會面。事實上，頓巴敦橡園會議是兩部曲中的首部曲，其用意是讓反法西斯陣營中的參戰大國（法國並未參與），先就此國際組織的基本架構、原則以及行動方針先行取得共識，然後在未來由其他小國與中立國共同參與的擴大會議中（第二部曲），獲得進一步修改與補充的機會，換言之，四國於頓巴敦橡園會議中所建構的版本，是翌年在舊金山會議中所有國家討論的基礎。而頓巴敦橡園會議所聚焦的重點，即在於安全方面之條文，尤其是將維護

國宣戰。
[2] LeRoy Bennett and James Oliver, *International Organizations: Principles and Issues* (Upper Saddle River, NJ: Pearson Education, 7th ed., 2002), p. 50.

國際和平與秩序的重任，交付未來的安全理事會（Security Council）一肩承擔，而美、蘇、英、法、中等戰時五強（The Big Five），則獲得安理會中常任理事國席次的特殊地位，此設計充分反映當時參戰大國的需求與利益，至於在安理會之外，分設秘書處（Secretariat）、大會（General Assembly）、法院（正式名稱未定）等主要機構，從組織層面觀察，非常類似於國際聯盟（League of Nations）的制度安排。重點在於，在頓巴敦橡園會議中，參與四國確認未來安理會中常任理事國與非常任理事國的席次，也就是遵循後者數目（六席）略多於前者（五席）之基本原則，而原本美國擬將巴西列為第六個常任理事國，但由此舉將導致安理會規模達到 13 席（常任理事國六席加上非常任理事國七席），故因而作罷。[3]

2. 實質與程序議題的區辨：雅爾達會議

頓巴敦橡園會議中懸而未決的議題，主要集中在四大議題層面，而四強（法國未參與）則同意留待雅爾達會議（The Yalta Conference）中解決，第一是安理會中的投票方式，因為蘇聯堅持常任理事國否決權的使用不應受限，但其他大國憂心此做法將導致安理會的運作陷入停頓；其二為蘇聯主張旗下的所有加盟共和國，在新設立的國際組織中都應享有一席；第三則是新成立的法院組織，究竟是全新的機制，還是應視為國聯時期常設國際法院（Permanent Court of International Justice, PCIJ）的延續；最後一點則是如何讓國際聯盟順利過渡到新的國際組織等相關問題。[4]而美、英、蘇等三國於 1945 年 2 月於克里米亞半島所舉行雅爾達會議的討論重點，在於太平洋戰事以及戰後歐洲

---

[3]　LeRoy Bennett and James Oliver, *International Organizations: Principles and Issues*, pp.51-52; Yehuda Blum, "Proposals for UN Security Council Reform," *The American Journal of International Law*, Vol. 99, No. 3 (July 2005), p.635.

[4]　LeRoy Bennett and James Oliver, *International Organizations: Principles and Issues*, pp.51-53.

的權力安排，例如巴爾幹問題、波蘭邊界、德國佔領區劃分以及蘇聯加入對日作戰等事宜，儘管戰後國際組織的設置並非該會議的討論重點，但與會各國仍有所著墨，例如在國際組織中的會員國數目的問題上，史達林願意讓步，但希望白俄羅斯與烏克蘭能夠取得正式會籍，不過羅斯福則因預期國會的壓力與反彈，並未對此要求做出明確承諾。[5]重點在於雅爾達會議的討論，仍觸及安理會的投票方式，也就是最終在美、蘇雙方各自讓步下，各方取得共識，即區分實質（substantive matters）與程序（procedural matters）事項，前者需要常任理事國的一致性同意（unanimity），而後者則不需要，也就是確立所有安理會的決議，皆需要七個理事國的贊成票（affirmative vote），至於非程序性也就是實質事項之決議，則需要七個理事國的贊成票，並需要包括五常的同意票（the concurring votes of the P-5），然而，在聯合國日後的運作上，五常的棄權（abstention）並未損及安理會決議之成立。[6]

3. 外圍成員之關切：美洲國家關於戰爭與和平問題會議

　　基於對戰後設立國際組織相關問題的關切，美洲國家代表於 1945 年 2 月底至 3 月初在墨西哥市召開美洲國家關於戰爭與和平問題會議（Inter-American Conference on Problems of War and Peace），美國國務卿賀爾（Cordell Hull 亦直接由雅爾達赴墨西哥參與會議，由於拉美各國對於大國主導下的頓巴敦橡園方案，表達強烈不滿，故在會中對於戰後國際組織的機制運作，提出下列建議：（1）強調普遍會籍（universal membership）；（2）擴大大會職權；（3）提升國際法院（International Court of Justice, ICJ）的功能；（4）強化拉美國家於安理會的代表性；（5）突顯區域性國際組織的角色。至於安理會投票方式的意見，則因英、

5　Ibid.
6　在 1965 年安理會擴大為 15 席之後，安理會決議的門檻從七票增加為九張贊成票，故理論上，可能出現即使常任理事國均棄權，但依靠非常任理事國的支持，仍可通過決議的情況。

美、蘇三國雅爾達會議結果的公佈過晚,而免於遭致拉美國家的猛烈
批評。[7]

4. 五強與中、小型國家妥協之產物:舊金山會議

1945 年 4 月至 6 月所舉行的舊金山會議(San Francisco Conference),
是聯合國創建過程中的最重要里程碑,其正式名稱為聯合國家關於國際
組織會議(The United Nations Conference on International Organization,
UNCIO),參與的 50 國中,包括先後簽署 1942 年《聯合國家宣言》
的 46 國(主要為反軸心國與反法西斯陣營的國家)以及新參與的四國
(阿根庭、丹麥、烏克蘭與白俄羅斯)。[8]而舊金山會議的重頭戲,在
於中、小型國家聯手,企圖挑戰大國先前於頓巴敦橡園會議以及雅爾
達會議中的共識,尤其是將重心聚焦於安理會常任理事國的特權地
位,特別是否決權問題,更成為兩陣營針鋒相對之處。[9]最後雙方在議
題上達成妥協,一方面,大國順利鞏固其特權,並且確立否決權的適
用範圍超過安全議題之外,包括新會員入聯、憲章修訂以及推薦秘書
長人選均涵蓋在內;但另一方面,中、小型國家亦取得前者相當程度
的保證,其權益不致被漠視。而在舊金山會議中,面對眾多國家針對
否決權所提出洋洋灑灑的 23 點質疑,英、美、中、蘇等四個會議發起
國(法國雖參與此會議,但並非發起國),採取原則性而非逐條答覆的
方式回應,此即《四發起國政府代表團對於安理會投票程序聲明》
(Statement by the Delegations of the Four Sponsoring Governments on
Voting Procedures in the Security Council)的由來,該聲明內容代表大

---

[7] LeRoy Bennett and James Oliver, *International Organizations: Principles and Issues*, pp.51-53.

[8] 聯合國的創始會員國為 51 國,其中因當時波蘭臨時政府未獲英、美等國承認,因此在 1945 年 6 月所簽署《聯合國憲章》名單中並無波蘭在內,而波蘭則是於該年 10 月才完成憲章的簽署程序。

[9] LeRoy Bennett and James Oliver, *International Organizations: Principles and Issues*, pp.54-57.

國已做出有限讓步，即依照雅爾達方案的精神，區分實質問題與程序問題，並指出判斷某事項是否為程序問題，屬於先決性問題（preliminary question），此先決性問題必須由 11 個安理會成員中的七國（或以上）同意，同時必須包含全體安理會五個常任理事國在內的同意票，方能確定此屬於程序問題，換言之，任何一個常任理事國對此事項都享有否決權，此即引發日後雙重否決權（double veto）爭議由來，即常任理事國可以先使用否決權，決定某事項不屬於程序性問題，而是實質性問題，接著再藉由否決權否決此實質性問題。[10]此外，憲章中雖然並未出現「否決」一辭，但聯合國在實際運作上，確實已吸納其精神，至於對中、小國而言，其勝利之處在於釐清否決權的適用範圍，即在四國聲明中特別標明不能適用否決權的七類事項（歸類於程序性問題範疇），即此類議題可適用超過十一分之七門檻即通過的規定，且不需要常任理事國的一致同意。

（三）宗旨與原則

依《聯合國憲章》第 110 條第 1 項規定，《聯合國憲章》必須簽字國各依其憲法程序批准之，同條文第 2 項規定，《聯合國憲章》的生效，需要全體安理會五常與二分之一以上簽署國完成批准程序，而率先完成國內批准程序者為美國（參議院以 98：2 票比數通過），至 1945 年 10 月，《聯合國憲章》已達生效門檻。首次聯合國大會於 1946 年 1 月在倫敦召開，至此，聯合國正式向世人宣告運作。至於聯合國的創立宗旨，主要包括四項：其一是維護國際和平與安全，此為其首要目標，正如同其前身──國際聯盟一般，鑒於二戰對於人類社會所造成的浩

---

[10] 關於雙重否決問題之相關爭議與討論，另參見 Jan Wouters and Tom Ruys, *Security Council Reform: A New Veto for A New Century (Egmont Paper 9)?* (Brussels, Belgium: Academia Press, 2005), pp.6-9.

劫，聯合國的肇建者——即各創始會員國，仍希望藉由和平解決爭端
以及集體強制行動（對付對和平的威脅、對和平的破壞以及侵略行為）
等兩大類途徑，實現此理想，前者規範於憲章第六章〈和平解決爭端〉
（Pacific Settlement of Disputes），後者規範於憲章第七章〈關於對和
平之威脅、和平之破壞以及侵略行為的因應作為〉（Action with Respect
to Threats to the Peace Breaches of the Peace, and Acts of Aggression），對
此，安理會無疑被委以重責大任，並由大會與國際法院從旁輔助，分
擔部份功能；其二是推展國際經濟、社會以及人道事務的合作，並促
進對於人權與基本自由的尊重，聯合國視其為重要（但非最首要）目
標，但此部份於國際聯盟（League of Nations）時期未獲得相同程度的
重視，可由國聯的成文憲法——即《盟約》（Covenant）中的規範內容
獲得印證；第三為發展會員國之間的友好關係；最後則是成為各會員
國達成上述宗旨的行動整合核心。至於其他目標方面，則散見於憲章
前言與第一條，例如建立對國際法與公正原則之尊重、基於對人類平
等與自決權利的尊重、採取適當方式強化和平等。[11]

　　聯合國的原則主要載於《聯合國憲章》第 2 條內容，但亦分散於
其他章節之中，主要不外乎聯合國的組織、功能、運作、行為準則以
及依循方針的相關規範。依照班涅特（A. LeRoy Bennett）以及奧利佛
（James K. Oliver）之整理，大致可歸納為下列八大原則：第一項原則
為憲章第 2 條第 1 項所規範的主權平等，但此為法律地位上的平等，
非關會員國的疆域大小、人口多寡、經濟潛能或軍事實力，但在實際
運作方面，則不諱言仍有若干不平等現象，例如安理會常任理事國所
享有的否決特權、大國的領導責任以及財務分擔情況（包括聯合國經
常性預算以及維和行動支出）等面向。[12]第二項原則是所有會員國必

---

[11] LeRoy Bennett and James Oliver, *International Organizations: Principles and Issues,* pp.60-61.
[12] LeRoy Bennett and James Oliver, *International Organizations: Principles and*

須承諾與恪守對憲章的義務。[13]而第三項與第四項原則，則是與聯合國維護國際和平與安全目標相關的雙原則，即憲章第 2 條第 3 項強調各會員國必須以和平方式解決爭端，以及第 2 條第 4 項所揭櫫之會員國不得使用武力或威脅動武，或採取違背聯合國宗旨的其他任何手段，侵犯會員國的領土完整或政治獨立。[14]而第五項原則為會員國對於聯合國的強制行動，必須全力合作，不得因私利考量或事不關己，對於安理會決議消極抵制或陽奉陰違（憲章第 2 條第 5 項），憲章對此原則的強調，自與國聯時期的慘痛經驗有關，由於當時國聯主要成員（尤其大國）各懷鬼胎，缺乏採取集體行動的一致決心與堅強信念，導致 20 世紀集體安全制度的首次重要試驗，最終是以失敗收場；第六項原則是即便是非會員國，必須充分配合聯合國為基於維護國際和平與安全所實施的強制行動（憲章第 2 條第 6 項），因為假使聯合國以外的國際社會，無法支持其強制作為，則制裁效果必定大打折扣，形同變相姑息破壞國際秩序的破壞者。[15]第六項原則是關於對聯合國的制約，主要為聯合國不得干涉在性質上屬於國內管轄權（domestic jurisdiction）之事務，且不得要求各會員國將前述事項提交聯合國解決，然而第七章所規範的強制行動為其例外（憲章第 2 條第 7 項）。[16]第七項原則為個別與集體防禦權（individual and collective self-defense），此亦為對聯合國權力的設限，依據憲章第 51 條規定，當侵略發生之際，一旦因常任理事國動用否決權而導致安理會癱瘓，或因

Issues, pp.62-65; Karen A. Mingst and Margaret P. Karns, *The United Nations In the 21ˢᵗ Century* (Boulder CO: Westview Press, 2007), pp.22-24; Joshua S. Goldstein and Jon C. Pevehouse, *International Relations* (Upper Saddle River, NJ: Pearson Longman, 2006), pp.256-257.

[13] Ibid.

[14] Ibid.

[15] Ibid.

[16] Kelly-Kate S. Pease, *International Organizations: Perspective on Governance in the 21ˢᵗ Century* (Upper Saddle River, NJ: Prince-Hall, Inc, 2000), pp.100-101.

安理會的應變緩不濟急時，在聯合國採取因應作為之前，不得剝奪會員國採取個別防禦與集體防禦之與天俱來權利，但為避免此作為損害安理會執行憲章所賦予的職權（維持和平、應付侵略以及恢復國際秩序），當事國有義務將其相關行動立即向安理會報告。[17]至於聯合國的最後一項原則是與區域安排（regional arrangements）有關，依照憲章第八章的精神，只要原則上符合聯合國的宗旨與精神（維護和平與安全），不應排除與抹殺區域性國際組織的功能與角色，安理會應鼓勵透過區域安排與機制，以和平手段解決紛爭，而安理會亦可利用區域安排與機制，採取合適的強制行動，惟所有作為必須事先獲得安理會之授權。[18]

（四）組織架構

聯合國的主要架構，包括安全理事會（Security Council）、大會（General Assembly）、秘書處、國際法院、經濟暨社會理事會（Economic and Social Council, ECOSOC）以及託管理事會（Trusteeship Council）[19]，除秘書處之外，其中與聯合國維和行動關係最為密切者，莫過於安理會與大會兩者，以下扼要整理之。[20]

1. 大會

大會是聯合國最重要的機構，亦是其正當性基礎的來源。而自1950年代以來，大會地位與影響力逐步提升的趨勢，並非創始會員國

---

[17] LeRoy Bennett and James Oliver, *International Organizations: Principles and Issues,* pp.82-85.

[18] Ibid.

[19] 隨著美國於1994年5結束對帛琉（聯合國最後託管地）的託管，自1994年11月起，託管理事會已停止運作。

[20] 關於聯合國秘書處架構下涉及維和行動與和平行動業務的各重要部門，詳見本書第肆章第一節的整理與分析。

當年所能預見。大會的會期區分為三種，包括：（1）例年常會（regular annual sessions）：會期僅三個月，每年 9 月份召開；（2）特別會議（special sessions）：因應特殊需要或危機，可由秘書長經安理會或過半會員國的請求召集之，或由會員國請求經過半會員國同意，在 15 日之內召開之；（3）緊急特別會議（special emergency sessions）：第五屆聯大於 1950 年 11 月 3 日所通過的第 377（Ｖ）號決議，緊急特別會議的形成背景，源自於所謂《聯合維持和平決議》（Uniting for Peace Resolution），其背景與 1950 年代初期的韓戰背景密切相關，鑒於蘇聯重返安理會後，抵制所有制裁北韓侵略的方案，美國聯合數個友邦共同提出此案，主要重點在於面臨和平遭致破壞之虞，如果安理會因否決權而癱瘓，無法採取立即有效的因應作為時，假設正值大會休會期間，若經七個安理會成員（1965 年後的門檻為九國），或經大會二分之一以上的成員提出請求，得在 24 小時內召開特別緊急特別會議，成立和平觀察（peace observation commission）與集體措施（collective measures commission）委員會，研擬恢復和平的方法，包括建議會員國組成待命武力（UN standby forces）在內，以供聯合國運用，並向安理會與大會報告其建議。[21]

在架構方面，大會設置六個主要委員會（Main Committees），包括：（1）裁軍與國際安全委員會（The Disarmament and International Security Committee）；（2）經濟暨財政委員會（The Economic and Financial Committee）；（3）社會、人道與文化委員會（Social, Humanitarian, and Cultural Committee）；（4）特別政治與去殖民化委員會（Special Political and Decolonization Committee）；（5）行政與預算委員會（Administrative and Budgetary Committee）；（6）法律委員會

---

[21] 參見 United Nations Documents, *A/RES/377(V) (A-C), United for Peace (November 3, 1950)*, http://daccess-dds-ny.un.org/doc/RESOLUTION/GEN/NR0/059/75/IMG/NR005975.pdf?OpenElement.

（Legal Committee）。而大會另設有資格（全權證書）委員會（Credentials Committee）與總務委員會（General Committee）等兩個程序委員會，前者的職掌為就代表的全權證書向大會報告，而後者則由大會主席、21位副主席以及六位主要委員會主席組成，主要功能是就議程通過、議程項目的安排以及大會工作報告等事宜，向大會提供建議。大會由全體聯合國會員國組成，所有會員國都具一票之投票權。任何聯合國會員國均可參與大會中的所有委員會，但一般而言，小國因資源、後勤以及財力有限等考量，通常會設定優先順序，選擇主要關心的議題，進行重點式參與。

除主要委員會之外，依憲章規定，大會為確保其功能的有效運作，得設置若干附屬機構（subsidiary bodies）。[22]目前大會附屬機構的型式非常多元化，包括各式委員會（committees）、專門委員會（commissions）、管理委員會（boards）、理事會暨小組（councils and panel）[23]以及工作小組暨其他（working groups and other）等類別，其中，亦包括大會與安理會所共同設置的諮詢附屬（輔助）機構（advisory subsidiary body），即本書第肆章將進行專門討論的聯合國和平建設委員會（Peacebuilding Commission, PBC）。此外，聯合國大會直接監督旗下的各種基金與機關，其目的均在於促進社會、經濟發展、人道主義以及改善南北失衡問題，例如廣為人知的聯合國貿易發展會議（UN Conference on Trade and Development, UNCTAD）、國際貿易中心（International Trade Center, ITC）、聯合國人口基金（UN Population Fund, UNFPA）、聯合國兒童基金（UN Children's Fund, UNICEF）、聯合國環境規劃署（UN Environment Programme, UNEP）、聯合國難民事務高級專員總署（UN High Commissioner for Refugees, UNHCR）、聯

---

[22] 參照《聯合國憲章》第22條相關規定。
[23] 其中包括依第60屆聯大第251決議所設置的人權理事會（Human Rights Council）。

合國發展計畫署（UN Development Programme, UNDP）、世界糧食計畫署（UN World Food Programme, WFP）、聯合國藥物管制規劃署（UN Drug Control Programme, UNDCP）、聯合國人類住區規劃署（UN Human Settlements Programme, UN-HABITAT）以及聯合國近東巴基斯坦難民救濟暨工程處（UN Relief and Works Agency for Palestine Refugees in the Near East, UNRWA）外，大會亦下轄聯合國裁軍研究所（UN Institute for Disarmament Research）、聯合國訓練研究所（UN Institute for Training and Research, UNITAR）、聯合國區域犯罪暨司法研究所（UN International Crime and Justice Research Institute, UNICRI）、聯合國社會發展研究所（UN Research Institute for Social Development, UNRISD）以及聯合國提高婦女地位國際研究訓練所（UN International Research and Training Institute for the Advanced Women, INSTRAM）等訓練與培訓機構，聯合國大會並另轄聯合國計畫事務廳（UN Office for Project Research Services, UNOPS）與其他實體（other UN entities）。[24]

　　大會的職掌極為廣泛，主要包括四大類，其一為廣泛的討論、研擬、建議以及提請注意的權力，內容涵蓋維持國際和平與安全的一般原則、[25]任何會員國、安理會或非聯合國會員國向大會所提關於維持

---

[24] 參見 United Nations Official Website, "Subsidiary Organs of the General Assembly," http://www.un.org/en/ga/about/subsidiary/index.shtml.

[25] 依據《聯合國憲章》第 10 條規定，大會最重要職權之一，在於可針對任何涉及與聯合國組織與功能的議題，進行討論與提出建議，包括安全的領域在內，但此權力仍面臨數項限制，其一為依據《聯合國憲章》第 12 條第 1 項規定，鑒於安理會執行憲章所賦予之權力，正在考慮中的爭端或局勢，除非經安理會的請求，否則大會不得提出建議；其二，依據《聯合國憲章》第 11 條第 2 項之規定，大會可以討論由會員國、安理會以及非會員國關於國際和平與安全之維持所提請注意的任何問題，除第 12 條所規範者之外，大會可做成相關建議，但是任何牽涉到所須採取的行動，則大會必須在討論前或是討論後，交付安理會處理；其三，大會的決議基本上不具拘束力，故其成效仍取決於會員國的合作意願，換言之，依據憲章精神，在安全的面向上，安理會仍擁有大會所無法比擬之權力，故基本上未容許大會侵犯與剝奪安理會在此領域的特殊職權。

國際和平及安全之問題、裁軍一般原則、促進人權、基本自由、經濟、社會、文化、教育以及衛生等面向的國際合作、憲章範圍內或足以影響聯合國任何機構權力與職能的任何問題與事項、和平解決可能損及國家間友好關係的局勢、促進政治上的國際合作、提倡國際法的逐漸發展與編纂等範疇；其二為監督與檢視聯合國整體運作的權力，按照憲章的精神，大會乃聯合國所有活動的統合中心，而大會具有收取並審議安理會以及其他聯合國機構的工作報告之權；[26]其三為預算與財政權，主要為審議與核准聯合國預算，並確立會員國的經費分擔，此部份大會的功能類似一般民主國家的國會；其四為選舉權，[27]主要包括安理會的非常任理事國、聯合國其他理事會與機構的成員、聯合國秘書長以及國際法院法官等。[28]在大會的投票規則方面，每個會員國皆享有一個投票權，對於重要問題（important questions），需要大會（到會以及投票會員國）的三分之二多數決定之，所謂的重要性議題包括：（1）對於維護國際和平與安全的建議：（2）安理會非常任理事國的選舉；（3）經濟暨社會理事會理事國的選舉；（4）託管理事會中未管理託管領土的理事國；（5）入聯申請的批准；（6）會員國權力與特權的停止；（7）會員國除籍；（8）託管制度相關議題；（9）預算相關議題。關於其他問題的決議，包括另有何種事項應以三分之二多數決定的問題，應以到會及投票的會員國半數決定之。[29]

---

[26] 在組織架構上，儘管經濟暨社會理事會以及託管理事會，皆為聯合國六大機制之一，但依據憲章第 60 條與第 85 條的精神，卻將兩者置於大會的管理與監督下，換言之，在實際運作上，不免造成功能重疊的情形，例如大會主要委員會中的第二（經濟、財政）、第三（社會、人權與文化）、第四（政治與去殖民化）委員會，其功能與職掌亦與經濟暨社會理事會與託管理事會重疊。

[27] 依照《聯合國憲章》第 19 條的規定：如果會員國拖欠款相當於或超過前兩年應繳納的金額，則喪失在大會中的投票權利，但如果大會認定係因特殊財政困境造成，仍可以允許投票。

[28] 參見 United Nations Official Website, "Functions and Powers of the General Assembly," http://www.un.org/en/ga/about/background.shtml.

[29] 參見《聯合國憲章》第 18 條相關規定。

2. 安理會

在聯合國架構中，安理會是處理國際和平與安全議題最關鍵的機制。在組成方面，常任理事國包括中、美、英、法、蘇等五國，而中華人民共和國自 1971 年起取代中華民國的席次，冷戰結束之後，俄羅斯聯邦共和國繼承前蘇聯的席次。自 1945 年至 1965 年間，非常任理事國的數目維持 6 國，任期為兩年，不得隨即連選，按照憲章規定，在選舉非常任理事國時，宜考量各會員國於維持國際和平與安全及其餘各宗旨的貢獻，並應充分審酌地域公允分配。[30]根據 1946 年的君子協議，此六席的分配狀況如下：拉美國家兩席、東歐國家一席、西歐地區一席、大英國協一席、中東地區一席，但實際上，原本應屬於東歐的席次，而自 1950 年開始依序為南斯拉夫、希臘、土耳其、菲律賓、日本以及賴比瑞亞等國當選，故導致蘇聯強烈不滿。[31]而自 1960 年代之後，隨著新興獨立國家申請入會，聯合國會員數目大幅增加，在拉美國家的強力要求下，1963 年的第 18 屆聯大通過憲章第 23 條（安理會的理事國席次）以及第 27 條（安理會的決議門檻）修正，將安理會非常任理事國的數目擴增為 10 國（該修正案於 1965 年正式生效），大會並決定重新分配安理會的非常任理事國席次，即非洲三席、亞洲兩席、拉美兩席、東歐一席、西歐暨其他地區兩席。至於在投票權方面，關於程序事項之決議，應以安理會九個理事國的可決票表決之，[32]惟牽涉非程序性事項，常任理事國享有特殊地位，任何常任理事國投下反對票，即可否決議案，至於安理會對於非程序性事項（實質問題）的決議，應以九個理事國的可決票表決之，包括所有常任理事國在內，

---

[30] 參見《聯合國憲章》第 23 條第 1 項與第 2 項相關規定。

[31] LeRoy Bennett and James Oliver, *International Organizations: Principles and Issues,* p.71.

[32] 參見《聯合國憲章》第 27 條第 2 項相關規定。

且爭端當事國不得投票，[33]但在實際運作方面，常任理事國棄權並不等同於反對。

安理會的主席國每月按字母排序輪替，具有可控制議程與召集會議的權利，為應付需要，每個理事國必須隨時派代表駐留聯合國總部，安理會會議之召開非常密集，可依安理會理事國請求、安理會輪職主席視其狀況需要召集、大會交由安理會處理、大會提請安理會注意、秘書長提請安理會注意某國際事件、或會員國就某爭端提請安理會注意等不同狀況下舉行。在組織架構方面，安理會目前擁有三個常設委員會（standing committees），包括議事規則暨專家委員會（Security Council Committee of Experts）、接納新會員國（Security Council Committee on Admission of New Members）以及安理會在總部以外地點開會問題委員會（Security Council Committee on Council meetings away from Headquarters）。另依據憲章規定，安理會得設立其認為行使職務所必需的附屬機構（subsidiary bodies），[34]例如可視實際需要建立特設委員會（Ad Hoc Committees），一般而言，特設委員會同常由所有理事國組成，目前安理會下轄三個特設委員會，包括 1540 決議委員會（1540 Committee）、[35]反恐委員會（Counter-Terrorism Committee）以及聯合國賠償理事會（UN Compensation Commission, UNCC）[36]等。

---

[33] 參見《聯合國憲章》第 27 條第 3 項相關規定。

[34] 參見《聯合國憲章》第 29 條相關規定。

[35] 2004 年 4 月，安理會依據憲章第七章規定，成立第 1540 決議委員會，其主要宗旨，在於要求各會員國不得以任何形式，支持非國家行為者發展、獲取、擁有、製造、輸送、移轉或使用大規模毀滅性武器以及相關載具，並要求各國建立內部控管機制，以防止核生化武器與其載具的擴散，並且鼓勵國際合作，促使各國納入國際社會既有的各式防止擴散條約。參見 United Nations Official Website, "Security Council 1540 Committee," http://www.un.org/sc/1540/.

[36] 依據安理會 1991 年 5 月所作成的第 692 號決議，聯合國設立賠償委員會與賠償基金，主要目的是處理伊拉克政府賠償因其入侵與佔領科威特時所造成損失的相關事宜，包括對環境破壞、資源衰竭以及對外國政府、公司與人民的傷害等，相關細節，參見 United Nations Official Website, "UN Compensation Commission," http://www.uncc.ch/.

除特設委員會外，安理會下轄軍事參謀團（Military Staff Committee, MSC）、針對制裁不同對象（國家）所設置（並可視情況結束）各個制裁委員會（Sanctions Committees）、[37]前南斯拉夫國際刑事法庭（International Criminal Tribunal for the former Yugoslavia, ICTY）與盧安達國際刑事法庭（International Criminal Tribunal for Rwanda, ICTR）等機構。除上述單位之外，安理會設有數個工作組（Working Groups），其中包括依據 2001 年 1 月安理會第 4270 會議所成立的維和事務行動全體工作組（Working Group on Peacekeeping）在內。但就安理會的核心功能——維護國際和平與安全而言，其中最為重要者，莫過於自 1948 年起，依據其授權於全球所設置的各項維和行動與特派團。

　　一般而言，安理會的決議有其拘束力，會員國必須自動遵守，但實際上卻困難重重，癥結在於仍須仰賴會員國的自願配合。安理會的主要職權涵蓋三大類，其一亦為安理會最重要的任務，在於維護國際和平與安全，至於安理會解決爭端的途徑，主要包括：（1）調查可能引發國際衝突的任何爭端與局勢；（2）建議調解爭端的途徑與解決條件；（3）針對對和平之威脅、和平之破壞或侵略之舉（threat to the peace, breach of the peace, or act of aggression），制訂因應方案，並建議應採取的行動；（4）敦促會國採取經濟制裁以及透過使用武力以外的方式，避免或制止侵略；（5）採取軍事作為，抵抗侵略；其二即是安理會的選舉權（多數情況與大會共享此權力），包括入聯申請的核可、秘書長的任命、開除會籍、停止會員國的權力與特權（以上均經安理會建議，由大會三分之二的多數決定之的方式），[38]以及國際法院法官的任命

---

[37] 各制裁委員會的功能，主要涉及安理會針對目標國家強制性制裁方案的制訂、適用與實施，且包括該制裁對於人道影響的例外規定與評估，相關細節，參見 United Nations Official Website, "Security Committee, Sanctions Committees," http://www.un.org/sc/committees/.

[38] 依憲章第 5 條規定，經安理會採取干預或強制作為的聯合國會員國，大會可依據安理會建議，停止該會員國權力與特權的行使，但安理會得以恢復該會員國被停止的權力與特權；而憲章第 6 條規定，假使會員國履次

（由大會與安理會各二分之一的多數決定之）等；其三則為安理會已消逝的功能，即透過託管理事會監督所謂的戰略屬地（strategic trust territories）的管理。[39]

聯合國甫肇建之初，安理會的功能堪稱正常，但隨著冷戰陰霾的浮現，聯合國在運作上出現一道分水嶺，尤其早年在安理會中勢力相對單薄的蘇聯，經常以否決權捍衛自身利益。而受制於美、蘇對峙的大環境影響，安理會內部的投票出現兩極化傾向，而此困境充分反映當時東西兩大集團的權力競逐面貌，再加上常任理事國私心自用，動輒祭出否決權，使得陷入停擺的安理會，在公信力方面倍受質疑，例如 1959 年安理會僅順利開會五次。此現象直至 1960 年代之後才稍獲舒緩，不僅會議召開數目較過去更為頻繁，在某些情況下，透過事前的充分溝通與協調，安理會也展現以共識取代正式議決的彈性與效率，部份常任理事國甚至願意選擇棄權，取代昔日漫無節制的施以否決權。然而，隨著聯合國規模的不斷擴大，聯合國的權力分佈狀況亦出現微妙變化，在一國一票的原則下，居大會席位多數的拉、美、非等新興獨立國家，在不少議題的立場上與蘇聯較為趨近，在票數居於劣勢的不利情況下，美國於 1970 年代初期開始使用否決權，其中有相當比例是與反制批判以色列的草案有關。[40]而自冷戰結束以來，安理會功能逐漸復甦，尤其在維護國際和平與安全方面，角色益加突顯、

違反憲章中所揭櫫的原則，則大會可經安理會的建議，開除該會員國的會籍。

[39] 唯一符合者，即國聯時期至二戰期間被日本以武力奪取並佔領的太平洋島嶼，二戰後為美國所掌控，至於其餘託管地，則由大會透過託管理事會進行監督與治理。關於安理會的主要職掌與權力，參見 United Nations Official Website, "Functions and Powers of the Security Council," http://www.un.org/Docs/sc/unsc_functions.html.

[40] Ramesh Thakur, *The United Nations, Peace and Security* (Cambridge, UK: Cambridge University Press, 2006), pp. 307-308；林碧炤，〈聯合國的成立、功能及對於世界秩序的貢獻〉，《聯合國：體制、功能與發展》（台北：新學林，2008 年），頁 22-23。

積極與活躍，尤其傾向於更具野心地授權各項聯合國維和任務與政治任務的執行，回顧過去 20 年的記錄，雖然在和平解決爭端以及強制行動上，挫折難免，無法盡如人意，但從另一角度視之，安理會亦從諸多維和以及更廣義的和平任務中，累積相當難得之經驗與寶貴成果。

即便如此，多年來改革安理會的呼聲，始終未曾間斷。其中，安理會的民主赤字（常任理事國特權、理事國數目佔全體會員國比例過低）、地域分配的公正性不足（拉美與非洲的低額代表）以及議事效能的低落不彰，尤為外界詬病。故安理會規模的適度擴大、否決權的檢討以及工作方式的變革，更成為聯合國會員國關注的三大重點。但基於各爭常集團的複雜權力糾葛，而憲章修訂的高門檻又不易克服，再加上各方對於改革方向、幅度與進程莫衷一是，遲遲無法獲取共識，此外，既得利益者的本位主義，難以撼動，現有五常對於擴大安理會、支持特定國家入常以及檢討否決權的表態，依舊是口惠而不實，故安理會的改革仍長路迢迢，前景恐不容樂觀。[41]

二、集體安全的制度設計與實踐

（一）憲章規範

1.安理會的重任

依照憲章的原始精神與設計，相較於權力面向更為廣泛的大會，安理會在國際和平與安全的維護上，擁有大會所無法望其項背的權力。依據憲章規定，大會最重要的職權之一，在於可針對任何涉及與

---

[41] 關於安理會改革的重要議題、集團、方案以及困境的更深入探討，參見林文程，〈聯合國安全理事會改革之挑戰與前景〉，《政治科學論叢》，第 37 期（2008 年 9 月），頁 1-48；李大中，〈日本與聯合國安理會之改革：議題、正當性與限制〉，收錄於楊永明主編，《新世紀日本體制的再轉型：政治、經濟與安全政策之演變》（台北：翰蘆，2009 年），頁 47-109。

聯合國組織與功能的議題，進行討論與提出建議，甚至包括安全的範疇在內。但大會在此領域的作用，明顯仍遭受若干限制，其一，對於安理會執行憲章所賦予的權力，正在考慮中的爭端或局勢，除非經安理會的請求，否則大會不得提出建議；[42]其二，大會可以討論由會員國、安理會以及非會員國關於國際和平與安全之維持所提請注意的任何問題，除前述的規範之外，大會可做成相關建議，但是任何涉及所須採取之行動，大會必須在討論前或是討論後，交付安理會處理；[43]其二，大會的決議基本上不具拘束力，故其成效仍取決於會員國的合作意願，換言之，在安全與和平的面向上，安理會確實擁有大會或其他任何聯合國機構，所無法比擬的地位，很顯然，此設計是避免大會侵犯與剝奪安理會於此領域的至高無上特權。

誠如前述，安理會的相關職責，涵蓋對於國際衝突的調查，提出和平解決爭端的建議、[44]制訂軍備管制的原則、判斷危及和平與安全之情勢的存在、採取軍事（動用武力）與非軍事（經濟手段與其他作為）的強制措施等。在聯合國肇建的過程中，各參與國寄望於透過集體安全的制度安排，實現聯合國最重要的宗旨——維護國際和平與安全，避免重蹈兩次世界大戰的慘痛覆轍，此即為為何在憲章第七章中，除涉及集體自衛權以及個別自衛權的原則規範外，其餘條文皆與聯合國集體安全的方式、步驟以及程序等，密切相關。

藉由憲章第七章的相關規定，可理解聯合國集體安全制度的基本輪廓，其中，憲章第 39 條開宗明義闡釋，安理會得判斷某項國際形勢，

---

[42] 參見《聯合國憲章》第 12 條第 1 項相關規定。
[43] 參見《聯合國憲章》第 11 條第 2 項相關規定。
[44] 依照憲章精神，所有會員國承諾以和平手段解決彼此分歧，並且禁止使用武力或是威脅使用武力。不過一旦衝突發生，各造必須尋求以談判、調查、調停、和解、仲裁、司法解決、區域安排或是任何自行決定之和平方式化解磨擦，而安理會除促請各國遵循此原則外，亦得在任何階段建議適當程序或調整方法，或建議其所認為適當之解決條件，但凡具有法律性質之爭端不在此限，原則上，應由當事國依國際法院規約的規定提交國際法院處理，詳見《聯合國憲章》第六章第 33 條至第 38 條的條文內容。

是否構成對和平之威脅、對和平之破壞或是侵略，並有權做成因應建議，或依照第 41 條與第 42 條的規範，採取強制行動。[45]而憲章第 40 條的重點在於臨時舉措（provisional measures），意即安理會在依據第 39 條規定，做成建議或是採取強制行動之前，可促請關係當事國遵行安理會所認為必要或合宜的臨時辦法，以防止情勢惡化與衝突升高，此亦被視為聯合國採取維和行動與要求衝突雙方停火的法律基礎之一。[46]至於憲章中的第 41 條與第 42 條乃第七章的核心內容，理論上亦是聯合國集體安全機制的虎牙或利器，前者意指安理會得考慮採取軍事行動以外的強制措施，包括全部或部份斷絕經濟關係與外交往來，或鐵路、海運、航空、郵電、無線電以及其聯繫管道的全部或部份斷絕；[47]至於後者則涉及強制性軍事作為，前提是假使前述非軍事性的制裁，不適合或證明無法發揮效用時，安理會得考慮動武，方式包括聯合國會員國的海陸空軍力展示、封鎖以及其他軍事舉動等，以維持或恢復國際和平與秩序。[48]

而憲章第 48 條至第 50 條之內涵，主要涉及安理會的決議對於聯合國會員國的強制性、集體行動的採行方式以及受影響會員國的救濟原則等，重點有四，其一是維持國際和平與安全之強制行動，是聯合國全體會員共同執行，或透過部份會員國執行，應由安理會決定之；其二為上述的強制行動，可由聯合國各會員國直接履行，以及由會員國加入為會員的適合國際機構（組織）所執行；其三則是要求所有會員國互相協助，以執行安理會的強制行動；其四則是一旦會員國因配合聯合國制裁措施，而影響其經濟情況時，有權諮詢安理會尋求解決之道。[49]

---

[45] 參見《聯合國憲章》第 39 條相關規定。
[46] 參見《聯合國憲章》第 40 條相關規定。
[47] 參見《聯合國憲章》第 41 條相關規定。
[48] 參見《聯合國憲章》第 42 條相關規定。
[49] 參見《聯合國憲章》第 48 條、第 49 條以及第 50 條相關規定。

2. 常設制式武力

依據憲章原始設計，聯合國成立後，應儘速組建一支常設制式武力，專門執行前述（憲章第 42 條）所指涉的各項軍事行動，此處所涉及的憲章規定，包括第 43 條、第 44 條以及第 45 條內容。主要有四項重點，其一為特別協定的內容，基於維護國際和平與安全的考量，各會員國在安理會要求下，得與聯合國簽署所謂的特別協定（special agreements），俾能提供安理會執行強制軍事行動所需。而此特別協定應涵蓋軍力數量、部隊類別、準備程度、駐紮地點、過境權利以及所提供的設施與協助等；其二是關於特別協定的簽署事宜，特別協定由安理會主導，可由安理會與各會員簽署，以及由安理會與若干會員國所組成的集團簽署，且簽字國須完成國內憲法的批准程序；其三為有關非安理會成員的參與，假使安理會要求某非安理會理事國提供武裝部隊，以盡憲章義務，如經該會員國的請求，應請其派遣代表，參加安理會使用該武力的相關決策；其四則涉及會員國空中武力的派遣與運用，因應緊急軍事危機與情勢，安理會得要求會員國將其空中武力隨時供聯合國統一指揮調度，以有效執行聯合行動，而此空中武力的數量與準備程度，以及聯合行動的計畫細節，應由軍事參謀團協助安理會制訂之。[50]

3. 軍事參謀團

除聯合國制式編制武力以及特別協定之外，另一個聯合國集體安全制度的重要概念與制度設計，即是軍事參謀團（Military Staff Committee, MSC）的設置，軍事參謀團的首要功能，在於從旁襄助安理會，以維護國際和平與安全，故依照憲章的原始精神，軍事參謀團的角色至為關鍵，而相關規定則載於憲章第五章中的第 25 條以及第七章中的第 45 條、第 46 條以及第 47 條。主要有三項重點，其一為軍事

---

[50] 參見《聯合國憲章》第 43 條、第 44 條以及第 45 條相關規定。

參謀團的職掌，主要是就與維護國際和平與安全有關的軍事需求事宜，提供安理會諮詢與建議，包括武力運用的規劃、戰略層面的指揮、軍備管制以及裁軍等相關議題；其二涉及軍事參謀團的組成，基本上包括常任理事國的軍事首長與代表，若有其必要，得邀請其他會員國代表共同參與；其三為軍事參謀團的區域機構，即軍事參謀團經安理會授權，並與適合的區域組織諮詢後，得設置區域性的次軍事參謀團。[51]

（二）理想與實際

　　就純規範與制度層面觀之，聯合國集體安全制度的構想，照理不失為可行的設計。[52]然而，受限於冷戰的國際環境與東西對抗的格局，不僅影響安理會的實際運轉，更阻礙集體安全功能的正常發揮。故在理論與實踐層面之間，出現極大之鴻溝。毫無疑問，憲章第 43 條（制式武力與特別協定）在定位上，理應是第 41 條（非軍事性的制裁作為）與第 42 條（軍事性的制裁作為）的堅強後盾，但關鍵在於，安理會執行強制行動所需的基礎，即各會員國所願意提供的兵力數量、部隊類別、準備程度、駐紮地點、通行權利以及設施與協助等內容，迄今未

51　參見《聯合國憲章》第 25 條、第 45 條、第 46 條以及第 47 條相關規定。

52　值得重視的是，除傳統的集體安全之外（以主權國家的安全為出發點），近年來聯合國對於安全概念的詮釋以及主要威脅來源的評估方面，都傾向採取更新穎、廣泛與多元的角度。除超脫以往獨重國家安全與國際安全的層次（重視戰亂與武力侵略）之外，更將關注的範疇移轉至恐怖主義、內部衝突、組織犯罪以及大規模毀滅性武器擴散等面向，以及對於國際社會乃至於個人所造成的威脅等，此外，聯合國亦將資源置於赤貧、饑荒、傳染疾病、婦女健康、初等教育、基本人權、環境破壞、發展失衡、資源匱乏等涉及人類安全（human security）的領域，建構人類之安身立命為基礎的新安全觀，參見 Anne-Marie Slaughter, "Security, Solidarity, and Sovereignty: The Grand Themes of UN Reform," *The Journal of International Law*, Vol. 99, No. 3 (July 2005), pp.622-623; Karen A. Mingst and Margaret P. Karns, *The United Nations In the 21st Century*, pp.211-238; Ramesh Thakur, *The United Nations, Peace and Security* (Cambridge, UK: Cambridge University Press, 2006), pp.71-92.

曾落實，無怪乎被形容為無足輕重的法律條文。事實上，早在 1944
年頓巴敦橡園會議的召開期間，與會代表即倡議設立所謂國際軍
（International Army）；而自 1945 年 10 月聯合國誕生以來，回歸憲章
宗旨，設置聯合國常設制式武力的方案與相關努力，未曾方歇，例如
聯合國首任挪威籍的秘書長賴伊（Trygve Lie）曾在 1948 年建議成立
聯合國保護武力（International Guard），以保衛聯合國派遣於全球各地
區工作人員的安全，而在 1951 至 1952 年間，賴伊更先後提倡建立聯
合國軍團（UN Legion）與聯合國志願後備軍（UN Volunteer Reserve）；
1964 年，加拿大總理皮爾森（Lester B. Pearson）亦曾呼籲成立多國常
設武力（Multinational Standby Force），以強化聯合國維和行動的快速
部署能力；1970 年，第 25 屆聯大曾經建議安理會展開落實憲章第 43
條的相關磋商；而在冷戰結束後，秘書長蓋里（Boutros Boutros-Ghali）
於 1992 年的《和平議程：預防外交、和平建立與和平維持》（An Agenda
for Peace：Preventive Diplomacy, Peacemaking, and Peacekeeping）的歷
史性文件中，倡議設立一支不同於憲章第七章的集體安全武力（專門
應付侵略之高強度威脅）以及傳統維和部隊（從事軍事觀察與監視等
低強度任務）之強制和平部隊（Peace-enforcement Units），而此強制
和平部隊的規模、裝備與強度則在兩者之間，並希望由實行志願役制
度的聯合國會員國負責提供武力，以實現憲章第 43 條所希望建立的常
設制式武力；[53]1992 年，英國籍的前聯合國主管政治事務的副秘書長
烏齊哈特（Brian Urquhart）曾為文呼籲建立聯合國志願武力（UN
Volunteer Force），但上述種種構想與倡議，仍缺乏大國的一呼百諾與
多數會員國的支持，故皆無疾而終。[54]

---

[53] United Nations Documents (Boutros Boutros-Ghali), *An Agenda for Peace:
Preventive Diplomacy, Peacemaking, and Peacekeeping* (June 1992), http://
www.un.org/Docs/SG/agpeace.html.
[54] SHIRBRIG Planning Element, *SHIRBRIG Lessons Learned Report*
(Copenhagen, Danish Ministry of Defense, July 2009), pp.4-5。至於 1990 年代

　　至於憲章第七章以極大篇幅所勾勒的軍事參謀團，不僅是憲章中唯一載明的附屬機構，安理會於 1946 年 1 月所做成的首份決議，其宗旨就是啟動軍事參謀團，足見其受重視程度。當時安理會亦要求五常就相關事宜進行研議，無奈五常於 1948 年 7 月回覆安理會，表示窒礙難行，無法達成此目標。推究深層理由，美蘇兩大強權的缺乏互信為其主因，儘管至今仍維持軍事參謀團的設置，但其貢獻乏善可陳，僅聊備一格，而每兩週一次的例會，淪為行禮如儀的場合（多由五常駐聯合國常駐代表團的武官出席），完全無法滿足聯合國創始會員國所寄予之厚望。故以嚴格標準視之，即便韓戰為聯合國的漫長歷史中，最接近憲章規範的強制行動範例，但仍非純粹或典型的集體安全作為。值得注意的是，軍事參謀團在第一次波灣戰爭期間，曾出現曇花一現的轉機，安理會曾於 1990 年 08 月做成第 665 號決議，授權執行多國聯合海上攔截行動，在此過程中，聯合國軍事參謀團罕見地扮演整合與協調的角色，但終究未能趁此機會重啟被視為凍結的軍事參謀團，擺脫長久以來被漠視的尷尬地位，故有不少會員國主張，應直接刪除憲章中與軍事參謀團有關之早已不合時宜與名存實亡的條文。[55]

中期之後，設置聯合國常設制式武力與在既有待命安排制度下強化維和快速部署能力之相關方案與爭議，詳見本書第肆章第一節內容。

[55] 2003 年 11 月，聯合國秘書長安南設立威脅、挑戰與變革之高階小組（High-level Panel on Threats, Challenges, and Changes），該小組的主要宗旨是確認全球安全之挑戰與威脅，設法提出預防與解決之道，並就聯合國的機制改造事宜，提出研究諮詢意見，故為安南的顧問機制。2004 年 12 月，在該小組呈交給安南之《一個更安全之世界：我們共同承擔之責任》（A More Secured World: Our Shared Responsibility）的報告中，共提出 101 項的建議，其中最引人矚目的部份，在於安理會（改造）擴大以及修改憲章的建議。在憲章修訂的部份，該報告的建議包括：刪除憲章第十三章的內容，即託管委員的相關條文；刪除憲章第 45 條、第 46 條、第 47 條以及第 26 條中有關軍事參謀團之內容；以及刪除憲章第 53 條、第 77 條以及第 107 條之敵國條款（enemy state clauses），在敵國條款方面，日本與德國向來主張刪除憲章中此具有歧視意味與早已不合時宜的各條文。參見 United Nations Documents, *A/59/282, A More Secured World: Our Shared Responsibility, Report of the High-Level Panel on Threats, Challenges, and Change, (August 27, 2004)*, http://www.un.org/secureworld/report.pdf.

　　1950 年 6 月所爆發的韓戰，可視為聯合國集體安全制度所面臨的首次重要試煉。戰事爆發之後，趁著蘇聯因抵制中國代表權問題，而缺席安理會之際，安理會迅速依據憲章第 39 條規定，將平壤方面的軍事舉動，認定為對和平的破壞（breach of the peace），並陸續做成第 82 號（6 月 25 日）、第 83 號（6 月 27 日）以及第 84 號（7 月 7 日）等三項決議以茲因應，主要內容包括要求停止敵對行為以及北韓撤軍，並建議各會員國貢獻兵力，協助南韓抵禦侵略，安理會更授權成立在聯合國旗幟下的聯合司令部，並要求美國負責組織此一聯合國軍隊，其後陸續有其他 15 個聯合國會員國響應（提供營級以上兵力）。[56]重點在於，安理會的上述決議，賦予美國統領多國武力的正當性與法律基礎，換言之，在兵力貢獻程度一枝獨秀的客觀情勢下（美軍佔聯軍地面武力的 50%、海上武力的 85%以及空中武力的 90%），故在實際運作上，此支聯合國武力整合與納入美軍的指揮體系之內，是不爭事實。[57]但在蘇聯於 1950 年 7 月下旬重返安理會後，情勢丕變，莫斯科否決所有聯合國因應朝鮮半島情勢的相關草案，安理會形同癱瘓，故聯合國處理韓戰問題的重心，隨即轉至決議無拘束力的大會，第五屆聯大於 1951 年 2 月與 5 月，做成第 498 號與第 500 號決議，前者依據憲章第 39 條規定，認定抗美援朝的中共為侵略者，至於後者則建議各國對平壤與北京實施禁運。[58]

　　綜合上述，韓戰對於聯合國集體安全的實踐上，具有下列四點重要意涵：其一，考量軍事參謀團、聯合國常設編制武力以及相關的特別協議，均付之闕如與尚未落實的不利狀況下，再加上美國的政治意願與軍事實力的現實，聯合國的權宜之計，是將籌組此聯合武力的重

---

[56] 參見 Leroy A. Bennett and James K. Oliver, *International Organizations: Principles and Issues*, pp.153-157; Kelly-Kate S. Pease, *International Organizations: Perspective on Governance in the 21st Century*, pp.107-108.

[57] Ibid.

[58] Ibid.

任，交付美國，而指揮調度此支聯合國軍隊的權力，自是落於美軍而非聯合國麾下，換言之，安理會對於實際的部隊掌控，力有未逮。其二，戰事之初，安理會雖依據憲章第 39 條，將平壤的武力進犯定調為對和平的破壞，其後因蘇聯祭出否決權，卻未曾有機會真正援引憲章第 41 至條與第 42 條的規定，採取軍事性與非軍事性的強制作為，至於決議僅具建議性質的大會，則明確判定北京與平壤的軍事行無為侵略之舉，但其做成的禁運決議，不具強制力，必須仰賴會員國的自願配合，方能發揮效應；其三，受限於種種主客觀因素與內外環境限制，韓戰其實並非憲章第七章強制行動的典範，或是聯合國集體安全制度的成功適用，然而，若以較寬鬆的角度視之，韓戰卻可能是在聯合國成立至今的漫長歷史中，最接近集體安全的例子。尤其是對比於第一次波灣戰爭而言，韓戰中由美國所負責籌組的多國武力，畢竟是在聯合國的名義下成立，受制於安理會內部嚴重分裂以及極度缺乏資源的不利情況，在聯合國會員國數目僅有 60 個的草創年代中，仍有 15 個國家願意納入此聯合武力陣容，並且共有 50 餘國表達道義支持，誠屬不易。[59]

在聯合國集體安全的實踐遭遇瓶頸的困境下，聯合國維和行動應運而生，並逐漸被視為集體安全的彈性替代選項，儘管憲章第 43 條中的特別協定與制式編制武力的目標，至今未曾真正落實，但在聯合國維和行動部與各會員國所簽定的備忘錄（Memorandum of Understanding, MOU）以及聯合國待命安排制度（United Nations Standby Arrangements System, UNSAS）中，仍可察覺類似的精神與脈絡。但基本上，聯合國的維和部隊無論在設立目的、任務性質以及武裝強度等方面，畢竟不同於憲章第七章的常設制式武力，重點在於，

---

[59] Leroy A. Bennett and James K. Oliver, *International Organizations: Principles and Issues*, pp.166-167; Rosalyn Higgins, "Peace and Security: Achievements and Failures," *European Journal of International Law (EJIL)*, No. 6 (1995), pp. 455-456.

隨著時間的演進，不斷調整與轉型的維和行動，在若干程度上，已滿足聯合國維護國際和平與安全的基本需求。

第二節　18 項任務執行概況

　　毫無疑問，就聯合國維和行動的緣起，集體安全制度的失效實為關鍵因素，而維和的消長興衰，更與國際政治的形勢演進息息相關。自 1948 年至 1988 年當中，聯合國總共僅執行 18 項維和行動，其中聯合國賽浦勒斯維和武力（UNFICYP，1964 年至今）、聯合國黎巴嫩臨時武力（UNIFIL，1978 年至今）、聯合國停戰監督組織（耶路撒冷）（UNTSO，1948 年至今）、聯合國印巴軍事觀察團（UNMOGIP，1949 年至今）以及聯合國脫離交戰觀察武力（戈蘭高地）（UNDOF，1974 年至今）等五項任務，至目前仍持續進行。

　　值得注意的是，在 1978 年至 1988 年之 10 年間，聯合國維和行動進入靜止期，安理會並未授權任何新的維和任務，換言之，1978 年的聯合國黎巴嫩臨時武力為冷戰結束前，安理會所批准的最後一次維和任務。至於導致維和停滯的主因之一，在於蘇聯於 1979 年入侵阿富汗，導致美蘇對峙態勢在雷根（Ronald Reagan）任內出現升高的情況，1988 年，戈巴契夫（Mikhail Gorbachev）在對外政策上採取大幅度的轉向，一方面承認聯合國對於解決國際爭端的正面功能；另一方面，隨著蘇聯自越南金蘭灣、古巴、伊索比亞、阿富汗與葉門等地撤軍之舉，似預告距東西對抗的結束已不遠矣。[60]而正值冷戰邁向終點的過渡期（1988 年至 1990 年間），安理會總共授權五項新的維和任務，其中包括聯合國阿富汗－巴基斯坦斡旋團（UNGOMAP）、聯合國兩伊軍事觀察團（UNIMOG）、聯合國過渡援助團（納米比亞）（UNTAG）、

---

[60] Thomas Weiss, David P. Forsythe and Roger A. Coate, *The United Nations and Changing World Politics*, pp.38-47.

聯合國安哥拉核查團第一階段（UNAVEM I）以及聯合國中美洲觀察團（尼加拉瓜）（ONUC）。以地理分佈而言，在 18 項任務當中，包括中東地區八項、亞太地區四項、非洲地區三項、美洲地區兩項以及歐洲地區一項。以任務授權性質而言，多數行動的重心屬於一代維和的工作內容，部份行動觸及若干二代維和的業務項目。以下茲以執勤地區為分類，將各維和行動的衝突脈絡、介入背景、任務授權、人員組成及其基本成果，綜整如下。

一、中東地區

1. 聯合國停戰監督組織（UNTSO，1948 年 6 月至今）

　　1948 年 5 月，在英國放棄對巴勒斯坦的委任統治後，以色列國隨即宣佈成立，阿拉伯世界提升戰備，以阿戰事一觸即發。該年 5 月，安理會通過第 50 號決議，設置聯合國停戰監督組織（UN Truce Supervision Organization, UNTSO），要求各方在聯合國監督下停止武裝衝突。1949 年 8 月，依照安理會第 73 號決議，以色列與其四個鄰近阿拉伯國家（埃及、約旦、黎巴嫩與敘利亞），簽署停戰協定，自此，聯合國停戰監督組織展開漫長的運作，即便其後歷經 1956 年、1967 年與 1973 年等三次中東戰爭，其軍事觀察員仍停駐至今。聯合國停戰監督組織的主要功能，在於隔絕互具敵意的各方勢力，監視停火協議的履行，避免零星摩擦與意外衝突升級至戰爭的規模。聯合國停戰監督組織為聯合國歷史上首次維和行動（即便並非真正的維和部隊），向目標區派遣非武裝與代表聯合國中立存在的軍事觀察員，在當時無疑是聯合國的大膽嘗試，目前該組織已是此區域與其他聯合國維和任務的行動樞紐，所轄的軍事觀察員亦支援於戈蘭高地的聯合國脫離交戰觀察武力（UN Disengagement Observer Force, UNDOF）以及聯合國黎巴嫩臨時武力（UN Interim Force in Lebanon, UNIFIL）的軍事觀察任務，並在黎巴嫩貝魯特、埃及伊斯梅利亞與敘利亞大馬士革等三地設立聯絡辦公室，在編制方面（2010 年 12 月），目前該組織主要包括 149 名軍事觀察員，並輔以 89 名國際文職與 127 名當地文職人員。[61]

2. 聯合國緊急武力第一階段（UNEF I，1956 年 11 月至 1967 年 6 月）

1956 年 6 月，在英、法等國抗議聲中，埃及總統納塞（Gamal Abdel Nasser）執意收回蘇彝士運河的控制權。同年 10 月，以色列國防軍對於西奈半島與加薩走廊展開攻擊，數日後，英、法兩國傘兵空降運河區，奪得控制權。而在 1956 年 11 月中旬，聯合國大會依據 1950 年的聯合維持和平決議（Uniting for Peace Resolution），召開緊急特別會議（emergency special session），做成要求所有外國軍隊離開此區域的決議，並設立聯合國緊急武力第一階段（The First UN Emergency Force, UNEF I），確保停火與外國部隊離開，以及英、法兩國部隊必須於該年底撤出運河區，而以軍則於翌年 3 月完成撤離。值得重視的是，不同於早期的聯合國停戰監督組織（UNTSO）或聯合國印巴軍事觀察團（United Nations Military Observer Group in India and Pakistan, UNMOGIP），聯合國緊急武力第一階段是聯合國的大膽創舉，因為它不僅是軍事觀察員的組成而已，更是聯合國歷史上所派遣的首支名符其實的維和部隊（peacekeeping force）或藍盔部隊（the Blue Helmets），在 1956 年底設立之初，若不計文職人員在內，該武力的編制約為 6,000 餘名軍事人員，至 1967 年任務停止時，其規模仍尚有 3,300 餘人。聯

---

[61] UN Peacekeeping Official Website, "UNTSO Background," http://www.un.org/en/peacekeeping/missions/untso/background.shtml; "UNTSO Mandate," http://www.un.org/en/peacekeeping/missions/untso/mandate.shtml; "UNTSO Facts and Figures," http://www.un.org/en/peacekeeping/missions/untso/facts.shtml; Oliver Ramsbotham and Tom Woodhouse, *Encyclopedia of International Peacekeeping Operatio21ns* (Santa Barbara, CA: ABC-CLIO, Inc., 1999), pp.289-292.

合國緊急武力第一階段的任務，是在衝突各方同意與充分合作的前提下，監督以、英、法等三國佔領部隊的撤離，做為各方武力的緩衝，並公正地監督停火協議的落實。而由於聯合。值得注意的是，聯合國緊急武力第一階段獲准動武，但前提是必須是在自衛條件下謹慎與被動地行使。該武力的運作尚稱平順，直到 1967 年的 5 月與 6 月間，埃及政府下達最後通碟，要求該武力相關人員限期內離開運河區與加薩走廊，在缺乏當事國同意的情況下，其任務正式宣告終結。[62]

3. 聯合國緊急武力第二階段（UNEF II，1973 年 10 月至 1979 年 7 月）

　　1973 年，第四次中東戰爭爆發，駐紮於運河區的埃軍以及戈蘭高地的敘利亞部隊，向以色列發動猛烈攻勢。因應此情勢，安理會於 10 月通過第 340 號決議，要求立即停火，各方部隊回復先前停駐位置，並設立聯合國緊急武力第二階段（The Second UN Emergency Force, UNEF II）。此支維和武力的原始授權期限為半年，兵力規模約為 7,000 人。1973 年底，由美國主導的和平會談獲致初步成果，在聯合國緊急武力第二階段軍事指揮官的見證下，以、埃雙方於 1974 年元月簽署第一階段協定，以國同意自西奈半島佔領區展開部份撤軍，而聯合國緊急武力第二階段負責設置緩衝區與軍力設限區，以降低復發衝突的機率，同年 3 月，交戰各方達成全面性停火。1975 年 9 月，以、埃雙方簽署第二階段協定，剩餘的以國部隊於翌年 2 月全數撤離。此後，安理會持續更新聯合國緊急武力第二階段之授權，直至 1979 年 7 月解除

---

[62] UN Peacekeeping Official Website, "UNEF I Background," http://www.un.org/en/peacekeeping/missions/past/unef1backgr1.html; "UNEF I Mandate," http://www.un.org/en/peacekeeping/missions/past/unef1mandate.html; "UNEF I Facts and Figures," http://www.un.org/en/peacekeeping/missions/past/unef1facts.html; Oliver Ramsbotham and Tom Woodhouse, *Encyclopedia of International Peacekeeping Operations*, pp.261-264.

其任務。至於聯合國停戰監督組織（UNTSO）的軍事觀察員，則持續留駐於埃及領土。[63]

4. 聯合國脫離交戰觀察武力（UNDOF，1974 年 6 月至今）

1974 年 3 月，正當第四次中東戰爭如火如荼之際，美國採取外交途徑，化解以色列與敘利亞之間於戈蘭高地的軍事危機。以、埃兩國於 5 月簽署停戰協定，安理會做成第 350 號決議，劃立緩衝區與兩側的武裝限制地帶，並成立聯合國脫離交戰觀察武力（UN Disengagement Observer Force, UNDOF），主要任務包括監督停火與脫離交戰狀態，並進行排雷任務，聯合國脫離交戰觀察武力在以、敘雙方的配合下，履行其職責至今，安理會每六個月更新其任務授權，意謂聯合國公正存在的藍盔部隊，持續留駐該區，而以色列與敘利亞的邊界局勢，尚能維持平靜狀態。至於在維和部隊的組成方面，至 2010 年 10 月為止，聯合國脫離交戰觀察武力的編制主要為 1,054 名軍事人員，並另由聯合國停戰監督組織（UNTSO）的戈蘭高地小組，提供約 76 名軍事觀察員從旁協助。[64]

5. 聯合國黎巴嫩臨時武力（UNIFIL，1978 年 3 月至目前）

1970 年代初期，極端巴勒斯坦解放組織（Palestinian Liberation Organization, PLO）武裝份子轉進黎巴嫩南部活動，對於以色列北部

[63] UN Peacekeeping Official Website, "UNEF II Background," http://www.un. org/en/peacekeeping/missions/past/unef2backgr1.html; "UNEF II Mandate," http://www.un.org/en/peacekeeping/missions/past/unef2mandate; "UNEF II Facts and Figures," http://www.un.org/en/peacekeeping/missions/past/unef2facts.html; Oliver Ramsbotham and Tom Woodhouse, *Encyclopedia of International Peacekeeping Operations*, pp.265-268.

[64] UN Peacekeeping Official Website, "UNDOF Background," http://www.un.org/ en/peacekeeping/missions/undof/background.shtml; "UNDOF Facts and Figures," http://www.un.org/en/peacekeeping/missions/undof/facts.shtml; Oliver Ramsbotham and Tom Woodhouse, *Encyclopedia of International Peacekeeping Operations*, pp.258-261.

城鎮的威脅大增，以國的反制行動亦逐漸增強，以、黎邊界局勢日趨惡化。1978 年 3 月，巴解突擊隊於以國境策劃恐怖攻擊行動，造成重大平民傷亡。而以色列國防軍則趁夜間進入黎南，並迅速掌控此區域。黎巴嫩向聯合國指控以軍入侵之舉，安理會通過第 425 號與第 426 號兩項決議，要求以色列停止軍事行動，尊重黎巴嫩國界、領土完整以及主權與政治獨立，並立即自黎國境內撤兵，安理會設立聯合國黎巴嫩臨時武力（UN Interim Force in Lebanon, UNIFIL），以確保相關決議的落實，該武力在劃定的緩衝區內執勤，其主要的任務授權，在於觀察並確認以軍的撤離、監控停戰狀態、恢復該區域的和平與安全、協助黎國政府恢復對該區的有效統治與進行人道援助工作。而在維和部隊的人力組成方面，至 2010 年 10 月止，聯合國黎巴嫩臨時武力共編制 11,881 餘名軍事人員、322 位國際文職人員以及近 659 名地方文職人員。[65]

6. 聯合國黎巴嫩觀察團（UNOGIL，1958 年 6 月至 1958 年 12 月）

1958 年 5 月，在黎巴嫩總統查蒙（Camille Chaumont）尋求修改憲法，期能順利連任之際，該國爆發嚴重武裝衝突，動亂由穆斯林控制的黎波里（Tripoli），迅速蔓延至貝魯特（Beirut）以及鄰近敘利亞邊界的北部與東北部地區。黎國政府於同月向安理會提出召開會議的請求，控訴阿拉伯聯合共和國（United Arab Republic）[66]干預黎巴嫩內政，提供大量武裝予以叛軍，協助國際武裝份子滲透，在其境內進行

---

[65] UN Peacekeeping Official Website, "UNIFIL Background," http://www.un.org/en/peacekeeping/missions/unifil/background.shtml; "UNIFIL Mandate," http://www.un.org/en/peacekeeping/missions/unifil/mandate.shtml; "UNIFIL Facts and Figures," http://www.un.org/en/peacekeeping/missions/unifil/facts.shtml; Oliver Ramsbotham and Tom Woodhouse, *Encyclopedia of International Peacekeeping Operations*, pp.130-136.

[66] 所謂的阿拉伯聯合共和國為埃及與敘利亞於 1958 年 2 月所組成的政治聯合體，其後因 1961 年 9 月年敘利亞政變，而宣告解體。

顛覆活動。安理會雖決定將黎巴嫩問題納入議程，但因伊拉克方面的意見，同意由阿拉伯國家聯盟（League of Arab States）先行展開外交斡旋。但在阿拉伯國家聯盟協商六日後仍未能達成共識後，安理會接手處理此爭議，並於同年 6 月做成第 128 號決議，設置聯合國黎巴嫩觀察團（UN Observation Group in Lebanon, UNOGIL），以確保該國形勢的穩定。聯合國黎巴嫩觀察團的任務授權為邊界巡邏與觀察（包括空照），以確認黎國領土是否遭到滲透。在維和部隊的編制方面，主要為 591 名軍事觀察員，並由 375 名國際和當地文職人員提供支助。鑒於行動已獲致成效，安理會於 1958 年底正式終止其任務。[67]

7. 聯合國兩伊軍事觀察團（UNIIMOG，1988 年 8 月至 1991 年 2 月）

1988 年 8 月，伊朗與伊拉克在歷經八年的戰爭後，在聯合國主導下，雙方進行停火協商。安理會於 1988 年 8 月通過第 619 號決議，設立聯合國兩伊軍事觀察團（UN Iran-Iraq Military Observer Group, UNIIMOG），任務為期六個月。其主要任務授權內容，包括：（1）核查、證實與監督雙方停火狀態；（2）確立國際所公認的停火線，並監督其運作；（3）調查未經證實的破壞停火行為；（4）防止任何改變現狀的談判，直至所有武裝部隊撤退至國際公認的邊界為止；（5）監督與確保所有武裝部隊撤退至國際公認的邊界。至 1990 年秋，兩伊大多數的部隊已退至國際公認可的邊界，但不時仍有零星衝突出現，故安理會於 1990 年 9 月通過第 671 號決議，將該任務延長兩個月，而調整後的任務授權，包括：（1）持續監督兩伊雙方軍隊的撤離；（2）協助

---

[67] UN Peacekeeping Official Website, "UNOGIL," http://www.un.org/en/peacekeeping/missions/past/unogil.htm; "UNOGIL Background," http://www.un.org/en/peacekeeping/missions/past/unogilbackgr.html; "UNOGIL Mandate," http://www.un.org/en/peacekeeping/missions/past/unogilmandate.html; Oliver Ramsbotham and Tom Woodhouse, *Encyclopedia of International Peacekeeping Operations*, pp.130-132.

兩伊緩和緊張；(3)協助兩伊雙方建立彼此同意的非武裝緩衝區。1991年 2 月，根據兩伊軍事觀察團呈交秘書長的報告，在兩伊之間國際所認可的邊界上已無軍事衝突發生，故安理會做成第 685 號決議，宣告兩伊軍事觀察團的任務告一段落。至於在聯合國兩伊軍事觀察團的人力組成方面，最高峰時為 400 名人員，包含行政及軍事觀察員在內。[68]

8. 聯合國葉門觀察團（UNYOM，1963 年 7 月至 1964 年 9 月）

1962 年 9 月，葉門共和國爆發內戰，沙烏地阿拉伯與阿拉伯聯合共和國等外在勢力亦牽涉其中，前者與葉門共享邊界（大部分仍是未定界），而後者則與葉門的關係密切。1963 年 4 月，在緬甸籍的第三任聯合國秘書長宇譚（U Thant）之外交調停下，沙烏地阿拉伯、阿拉伯聯合共和國以及葉門共和國等三方，達成停火（脫離交戰）協定，同年 6 月，安理會通過第 179 號決議，設置聯合國葉門觀察團（UN Yemen Observation Mission, UNYOM），嚴格視之，聯合國葉門觀察團的任務授權內容，並非協助先前三邊停火協定的履行，而是觀察、確認以及報告下列兩事項，其一為沙烏地阿拉伯是否停止持續支助葉門，其二為埃及自葉門的撤軍行動是否完全獲得落實。聯合國葉門觀察團的編制為六名軍事觀察員、114 名核查人員以及 50 名空軍人員，並輔以部份國際與當地文職人員協助其工作，在任務順利告一段落後，安理會於 1964 年 9 月解除其任務授權。[69]

---

[68] UN Peacekeeping Official Website, "UNIIMOG Background," http://www.un. org/en/peacekeeping/missions/past/uniimogbackgr.html; "UNIIMOG Mandate," http://www.un.org/en/peacekeeping/missions/past/uniimogmandate.html; "UNIIMOG Facts and Figures," http://www.un.org/en/peacekeeping/missions/past/uniimogfacts. html; Oliver Ramsbotham and Tom Woodhouse, *Encyclopedia of International Peacekeeping Operations*, pp.270-271.

[69] UN Peacekeeping Official Website, "UNYOM Background," http://www.un. org/en/peacekeeping/missions/past/unyombackgr.html; "UNYOM Mandate,"

二、亞太地區[70]

1. 聯合國阿富汗——巴基斯坦斡旋團（UNGOMAP，1988 年 5 月至 1990 年 3 月）

　　1979 年 12 月，鑒於阿富汗政府的請求，蘇聯紅軍入侵阿富汗，鎮壓當地的反對運動。1980 年 1 月，安理會對此議題進行激烈討論，翌年 6 月，在秘魯籍的第六任聯合國秘書長裴瑞茲（Javier Perez de Cuellar）之奔走斡旋下，美、蘇、阿富汗與巴基斯坦等國於日內瓦展開談判，歷經六年時間，四方代表於 1988 年 4 月簽署《日內瓦協定》（Geneva Accords），而安理會在 1988 年 10 月的第 622 決議中，設置聯合國阿富汗——巴基斯坦斡旋團（UN Good Offices Mission in Afghanistan and Pakistan, UNGOMAP），監督該協定的執行。在維和部隊人力組成方面，聯合國阿富汗－巴基斯坦斡旋團於喀布爾和伊斯蘭馬巴德建立總部，共配置 50 名軍事觀察員，主要任務是觀察與確認蘇聯於阿富汗撤軍之過程，並監視雙方停止交戰，並確保阿富汗難民的自願性返鄉。聯合國阿巴斡旋團的行動於 1990 年 3 月宣告結束。[71]

---

http://www.un.org/en/peacekeeping/missions/past/unyommandate.html; "UNYOM Facts and Figures," http://www.un.org/en/peacekeeping/missions/past/unyomfacts.html; Oliver Ramsbotham and Tom Woodhouse, *Encyclopedia of International Peacekeeping Operations*, pp.303-304.

[70] 聯合國印巴軍事觀察團（UNMOGIP，1949 年 1 月至今）以及聯合國印巴觀察團（UNIPOM，1965 年 9 月至 1966 年 3 月）兩項維和行動，將於本書第陸章（深入案例分析）第二節的內容中進行介紹。

[71] UN Peacekeeping Official Website, "UNGOMAP Background," http://www.un.org/en/peacekeeping/missions/past/ungomap/background.html; "UNGOMAP Facts and Figures," http://www.un.org/en/peacekeeping/missions/past/ungomap/facts.html; Oliver Ramsbotham and Tom Woodhouse, *Encyclopedia of International Peacekeeping Operations*, pp.268-269.

2. 聯合國安全武力（UNSF，1962 年 10 月至 1963 年 4 月）

　　自 1828 年以來，西新幾內亞（West New Guinea）是荷蘭的殖民地，隨著印尼在 1949 年正式獲得獨立地位，西新幾內亞卻因其身份的懸而未決，成為國際矚目的焦點，一方面，荷蘭認為仍掌握對西新幾內亞的控制，但另一方面，印尼卻反對此主張，而聯合國大會曾多次針對此爭議進行討論，但始終無法獲致共識。1962 年 9 月，在當時聯合國代理秘書長宇譚的積極斡旋下，兩國政府於紐約聯合國總部簽署協定，同意自該年 12 月起，荷蘭正式將西新幾內亞主權交由聯合國臨時行政當局（UN Temporary Executive Authority, UNTEA）接掌，而聯合國臨時行政當局的首要任務，即在於維持當地的法律秩序與人權保障，以便在此過渡期間，能夠將西新幾內亞的主權和平轉移至印尼政府，在印尼與荷蘭所簽署的協議中，亦請求聯合國秘書長組成所謂的聯合國安全武力（UN Security Force, UNSF），以協助聯合國臨時行政當局的相關工作，以輔助聯合國臨時行政當局的相關行動，並做為後者的維和警力支柱。聯合國大會於 1962 年 10 月做出第 1752 號決議，授權秘書長籌組聯合國安全武力（UN Security Force, UNSF）。至於此支武力的任務受權，在於觀察停火狀態（印尼傘兵已進入西新幾內亞境內），確認荷蘭武裝部隊的撤離，並監督當地警政與安全部門的建立，以確保聯合國臨時行政當局的運作，聯合國安全武力與聯合國臨時行政當局之任務授權直到 1963 年 5 月宣告終止。至於在聯合國安全武力的組成方面，主要為 1,500 餘名的維和部隊、軍事觀察員以及空軍人員，並由一定數量的國際和當地的文職人員提供必要支援。[72]

---

[72] UN Peacekeeping Official Website, "UNSF Background," http://www.un.org/en/peacekeeping/missions/past/unsfbackgr.html; "UNSF Mandate," http://www.un.org/en/peacekeeping/missions/past/unsfmandate.html; "UNSF Facts and Figures," http://www.un.org/en/peacekeeping/missions/past/unsffacts.html; Oliver Ramsbotham and Tom Woodhouse, *Encyclopedia of International Peacekeeping Operations*, pp. 116-117.

三、歐洲地區

1. 聯合國賽浦勒斯維和武力（UNFICYP，1964 年 3 月至今）

　　賽浦勒斯共和國於 1960 年 8 月脫離英國統治，宣佈正式成立，並於 1 個月後加入聯合國，其憲法宗旨在於平衡希臘與土耳其兩族裔間的政治利益。其後，塞浦勒斯、希臘、土耳其以及英國等四方代表方簽署條約，保證此新誕生的國家能夠順利行憲，確保其政治獨立與主權完整。然而，由於希、土兩大族裔間互不信任與高度敵意，導致一連串的危機，1963 年 12 月，該國爆發嚴重內部衝突，聯合國安理會隨即召開會議，討論賽國對於土耳其干涉其內政的指控，但另一方面，安卡拉當局不僅抨擊希裔的賽浦勒斯領導者，執政兩年多來處心積慮削弱土裔塞人的公民權利，並否認所有的侵略指控。1964 年 3 月，安理會做成第 186 號決議，成立聯合國賽浦勒斯維和武力（UN Peacekeeping Force in Cyprus, UNFICYP），目的是防範戰事復發，並協助維持與恢復當地法律與秩序。而在賽國 1974 年 7 月的政變後，安理會要求土耳其、希臘與英國三方展開談判，並陸續通過一系列決議，宗旨為擴大聯合國賽浦勒斯維和武力的職權，並監督該年 8 月所生效的停火狀態，此後，安理會此後每半年更新其授權，並在賽浦勒斯國家衛隊所掌控的南部區域，以及盤據於北方的土耳其軍隊與土裔塞人武力之間，設立所謂的軍事緩衝區，該停戰地帶長約 180 公里，寬度介於 20 公尺至七公里不等，面積占該島的 3%。總結而言，聯合國塞浦路斯維和武力的任務內容包括：（1）監督與確認當地的停火與軍事現狀，調查與報告任何有關違反停火與越界情事；（2）協助軍事緩衝區內的人道行動；（3）與雙方的警政部門保持聯繫與合作；（4）穩定當地局勢，為未來可能的政治和解鋪路。至於在編制方面，目前聯合國塞浦勒斯維和武力共擁有 854 名軍事人員與 68 名維和警察，另由 37 餘位國際文職人員與近 113 名當地文職人員協助其工作。[73]

四、美洲地區

1. 聯合國中美洲觀察團（ONUCA，1989 年 11 月至 1992 年 1 月）

　　針對尼加拉瓜游擊隊問題，包括哥斯大黎加、薩爾瓦多、瓜地馬拉、宏都拉斯與尼加拉瓜等中美洲國家，希望聯合國協助《艾斯奎布拉斯協定》（Esquipulas II Agreement）的履行，此協定的目標與原則包括：實踐區域內各國的和解、結束敵對狀態、民主化與自由選舉、禁止對於他國叛亂團體提供援助、不得使用某國領土攻擊他國、進行軍備裁減談判、解決難民問題、確保和平發展與民主自由以及擬定實施步驟的時間表等。而安理會於 1989 年 11 月通過第 644 號決議，批准秘書長所呈交的建議報告，設立聯合國中美洲觀察團（UN Observer Group in Central America, ONUCA），其任務範疇包括維持和平以及和平締造兩大面向，執行期限為六個月，其後聯合國中美洲觀察團的編制與角色，歷經兩次授權而擴大，首次為 1990 年 3 月的安理會第 650 號決議，第二次則是安理會於 1990 年 5 月所做成的第 654 號決議，主旨都在於一勞永逸地解決尼國境內的反抗軍問題，並強化聯合國中美洲觀察團的功能。聯合國中美洲觀察團的最主要工作，在於監視停火狀態及尼游的解編，而在任務完成後，中美洲觀察團於 1992 年 1 月正式宣告結束。至於在該觀察團的編制方面，安理會的原始授權為 260

---

[73] UN Peacekeeping Official Website, "UNFICYP Background," http://www.un.org/en/peacekeeping/missions/unficyp/background.shtml; "UNFICYP Mandate," http://www.un.org/en/peacekeeping/missions/unficyp/; "UNFICYP Facts and Figures," http://www.un.org/en/peacekeeping/missions/unficyp/facts.shtml; Oliver Ramsbotham and Tom Woodhouse, *Encyclopedia of International Peacekeeping Operations*, pp.65-71.

名軍事觀察員以及 1 支空軍及海軍的輔助支援單位，其後依據安理會的第 654 號決議，增派 800 名維和部隊，至於人數最高峰時為 1990 年 5 至 6 月之間近 1,100 名軍事觀察員及軍事人員。[74]

2. 秘書長多明尼加共和國代表團（DOMREP，1965 年 5 月至 1966 年 10 月）

　　1965 年 4 月，多明尼加共和國爆發內戰，鑒於保護及安全撤離當地美國僑民的考量，在華府的呼籲下，美洲國家組織（Organization of American States, OAS）於同月通過決議，呼籲各方停火。在聯合國的因應方面，為維持區域和平與穩定，安理會於該年 5 月上旬密集討論多國情勢，並通過第 203 號決議，要求各交戰團體嚴格遵守安理會的停火決議，並設立秘書長駐多明尼加共和國代表團（Mission of the Representative of the Secretary-General in the Dominican Republic, DOMREP），其編制相當精簡，除秘書長特別代表與一位軍事顧問外，僅配屬兩名軍事觀察員。該任務的功能是向聯合國秘書長報告多國最新動態，尤其是任何有關違反停火以及影響當地和平與秩序情事。至於美洲國家組織亦於一時間依照聯合國先前決議的精神，籌建美洲和平武力（Inter-American Peace Force, IAPF），此支國際武力的組成，包括中美洲六國共約 1,700 名部隊以及美國所貢獻的 12,400 名士兵在內。1966 年 1 月，多明尼加順利完成總統大選，新政府遂告成立，隨著該國政治局勢獲得控制，美洲和平武力於該年 9 月全部撤離，而聯合國秘書長在向安理會報告多明尼加的政治

---

[74] UN Peacekeeping Official Website, "ONUCA Background," http://www.un.org/en/peacekeeping/missions/past/onucabackgr.html; "ONUCA Mandate," http://www.un.org/en/peacekeeping/missions/past/onucamandate.html; "ONUCA Facts and Figures," http://www.un.org/en/peacekeeping/missions/past/onucafacts.html; Oliver Ramsbotham and Tom Woodhouse, *Encyclopedia of International Peacekeeping Operations*, pp.183-186.

形勢之後，安理會亦於同年 10 月終止秘書長駐多明尼加共和國代表
團之任務授權。[75]

五、非洲地區

1. 聯合國剛果行動（ONUC，1960 年 7 月至 1964 年 6 月）

剛果共和國於 1960 年 6 月，脫離比利時獲取獨立地位。但伴隨著
獨立而至的並非和平，卻是內部的失序與動亂頻仍，而比利時在未經
剛果當局的同意下，擅自調派特遣武力進入該地，對外宣稱其目的是
恢復此前殖民地的法治與安定，並保護比利時公民的安全，剛果政府
於該年 7 月要求聯合國介入，以維護該國的領土完整與政治獨立，瑞
典籍的第二任聯合國秘書長哈馬紹爾（Dag Hammarskjöld）[76]根據剛果
請求，提請安理會召開特別會議，因應剛果情勢，安理會迅速做成第
143 號決議，要求比國部隊與所有外籍傭兵從剛果境內撤離，並籌組
聯合國剛果行動（UN Operation in the Congo, ONUC）執行此任務。聯
合國剛果行動在組成之初，擁有近 20,000 名軍事人員，另配置相當數
量的國際與當地徵聘的文職人員與專家，從旁提供協助與支援。值得
特別注意的是，剛果行動是整個冷戰期間，聯合國所授權的 18 項維和
行動中的特別案例，因為它涉及類似二代維和較常出現的強制和平元
素（唯一記錄）。主因是在 1961 年 1 月與 2 月安理會的第 161 號與 169
號決議中，安理會要求聯合國剛果行動立即採取適當舉措，以恢復剛

---

[75] UN Peacekeeping Official Website, "DOMREP Background," http://www.un.
org/en/peacekeeping/missions/past/domrepbackgr.html; "DOMREP Mandate,"
http://www.un.org/en/peacekeeping/missions/past/domrepmandate.html; "DOMREP
Facts and Figures," http://www.un.org/en/peacekeeping/missions/past/domrepfacts.
html; Leroy A. Bennett and James K. Oliver, *International Organizations:
Principles and Issues*, pp.134-136.

[76] 聯合國秘書長哈馬紹爾於 1961 年 9 月 18 日在視察剛果任務時因飛機失事
殉職。

果的社會秩序，協助剛果政府確保其政治獨立與領土完整，而為避免衝突復發，安理會罕見地授權該維和部隊，可於必要時使用武力（但須視為最後手段），例如可暫時逮補、拘禁或驅離當地未在聯合國指揮下的外國部隊、準軍事人員或政治顧問，並得制止各方的軍事行動及安排停火事宜等。1968 年 8 月在聯合國的積極介入下，剛果情勢逐漸獲得控制，而在行動順利告一段落後，安理會於 1964 年 6 月解除其任務授權。[77]

2. 聯合國過渡援助團（UNTAG，1989 年 4 月至 1990 年 3 月）

　　納米比亞（Namibia）即原西南非（South West Africa），二戰結束後聯合國大會要求將其納入聯合國的託管制度之下，但南非政府悍然拒絕。1969 年與 1970 年，安理會連續做成決議，聲明南非當局對於納米比亞的領土主張乃屬非法與無效，但南非仍維持對於納米比亞大部份領土的事實控制。而聯合國大會則視西南非人民組織（South West Africa People's Organization, SWAPO）為代表納米比亞的唯一合法政權，負責與南非政府進行關於獨立對話。1978 年，美、英、法、西德與加拿大等五國成立西方交涉小組（The Western Contact Group, WCG），向安理會遞交解決納米比亞問題的漸近式方案，而安理會則要求秘書長任命一位納米比亞特別代表，並做成第 435 號決議，成立聯合國過渡援助團（UN Transition Assistance Group, UNTAG）。南非政府雖然同意五國方案，並於 1981 年開始於日內瓦展開談判，但並未獲重大進展。機會之窗出現在 1988 年底，在美國的斡旋下，安哥拉、古

---

[77] UN Peacekeeping Official Website, "ONUC Background," http://www.un.org/en/peacekeeping/missions/past/onucB.htm; "ONUC Mandate," http://www.un.org/en/peacekeeping/missions/past/onucM.htm; "ONUC Facts and Figures," http://www.un.org/en/peacekeeping/missions/past/onucF.html; Oliver Ramsbotham and Tom Woodhouse, *Encyclopedia of International Peacekeeping Operations*, pp.183-186.

巴以及南非於紐約聯合國總部達成協議，此協議具有區域和平以及議題聯結之意涵，即一方面古巴同意自安哥拉撤軍，排除南非在外部安全上的疑慮；另一方面，南非則承諾讓納米比亞經由民主程序，邁向獨立自主地位。隨後安理會於 1989 年 2 月年通過第 632 號決議，設置聯合國過渡援助團，以協助秘書長特別代表在第一線的工作，讓納米比亞順利在聯合國的監督下，透過公平與自由大選，產生新政府與制憲會議，獲取獨立地位。該援助團的其他重要任務，包括確保南非部隊撤離、協助廢止歧視性法律、釋放政治犯、確保難民安全返鄉以及協助維持當地法律與秩序等。在編制方面，該團擁有高達 7,500 名維和部隊（實際最高部署人數近 4,500 人）、1,500 名維和警察以及共計近 2,000 名國際與當地文職人員。隨著目標的逐一達成，1990 年 3 月，安理會解除聯合國過渡援助團的任務授權，納米比亞於隔月成為聯合國會員國。[78]

3. 聯合國安哥拉核查團第一階段（UNAVEM I，1989 年 1 月至 1991 年 6 月）

安哥拉昔日為葡萄牙的殖民地，二戰結束後，境內追求獨立的游擊戰爭持續多年未歇。1975 年 1 月，葡萄牙在阿爾維（Alvor）會談中確立安哥拉邁向獨立地位的過渡方案，但當時安哥拉的主要三組獨立運動團體，包括安哥拉人民解放運動（MPLA）、安哥拉國家解放陣線（FNLA）及安哥拉獨立全國聯盟（UNITA）等，彼此間鬥爭不斷，其後安哥拉國家解放陣線逐漸式微，安哥拉人民解放運動與安哥拉獨

---

[78] UN Peacekeeping Official Website, "UNTAG Background," http://www.un.org/en/peacekeeping/missions/past/untagB.htm; "UNTAG Mandate," http://www.un.org/en/peacekeeping/missions/past/untagM.htm; "UNTAG Facts and Figures," http://www.un.org/en/peacekeeping/missions/past/untagF.htm; Oliver Ramsbotham and Tom Woodhouse, *Encyclopedia of International Peacekeeping Operations*, pp.167-172.

立全國聯盟為爭奪政治權力，爆發激烈內戰。值得注意的是，安哥拉的動亂與冷戰時期東西對抗的形勢密切相關，其中涉及南非、古巴、蘇聯與美國影響力與深度介入。1975 年 11 月，安哥拉民族解放陣線在蘇聯與古巴的扶植下，建立安哥拉人民共和國（the People's Republic of Angola），另一方面，美國與南非則支持該國的主要反對勢力——安哥拉獨立全國聯盟。1988 年底，安哥拉、南非和古巴簽署協議，訂立一個雙方皆認可的撤軍時間表，而安理會經內部妥協與角力後，於該年 12 月通過第 626 號決議，要求安哥拉境內的古巴部隊與軍事顧問團完全撤離，並設置聯合國安哥拉核查團第一階段（UN Angola Verification Mission I, UNAVEM I），監督相關工作的進行，古巴最終於 1991 年 5 月完成所有的撤軍行動，雙方簽署安哥拉和平協議（Peace Accords for Angola），安理會決定聯合國安哥拉核查團第一階段的任務於 1991 年 6 月結束。至於在維和部隊人力組成方面，該核查團在最高峰時曾達到 70 名軍事觀察員。[79]

小結

本章的重點在探討聯合國維和行動的產生背景，以及冷戰期間各維和任務的運作狀況，觀察這 18 項維和行動（表 2-1），可發現有七項任務涉及其國家內部的紛爭（部份案例亦涉及外部力量的干預），至於其餘 11 項的干預對象為國與國之間的爭端。在 1948 至 1988 年的 40 年之中，絕大部份維和行動的任務授權內容，聚焦於單純的傳統維和與軍事觀察任務，其中較特殊的例子為聯合國安全武力（西新幾內亞）（UNSF）與聯合國剛果行動（ONUC），前者的任務授權牽涉當

---

[79] UN Peacekeeping Official Website, "UNAVEM I Background," http://www.un.org/en/peacekeeping/missions/past/unavemi.htm; Oliver Ramsbotham and Tom Woodhouse, *Encyclopedia of International Peacekeeping Operations*, pp.5-7.

表 2-1　冷戰期間聯合國所發動的 18 項維和行動

任務名稱：（依起始時間）	地點	執行期限	衝突本質
聯合國停戰監督組織（耶路撒冷）（UNTSO）	中東	1948 年 6 月至目前	國與國之間
聯合國印巴軍事觀察團（UNMOGIP）	亞太	1949 年 1 月至目前	國與國之間
聯合國緊急武力第一階段（UNEF）	中東	1956 年 11 月至 1967 年 6 月	國與國之間
聯合國黎巴嫩觀察團（UNOGIL）	中東	1958 年 6 月至 1958 年 12 月	國家內部
聯合國剛果行動（ONUC）	非洲	1960 年 7 月至 1964 年 6 月	國與國之間
聯合國安全武力（西新幾內亞）（UNSF）	亞太	1962 年 10 月至 1963 年 4 月	國與國之間
聯合國葉門觀察團（UNYOM）	中東	1963 年 7 月至 1964 年 9 月	國家內部
聯合國賽浦路斯維和武力（UNFICYP）	歐洲	1964 年 3 月至目前	國家內部
秘書長多明尼加共和國代表團（DOMREP）	美洲	1965 年 5 月至 1966 年 10 月	國家內部
聯合國印巴觀察團（UNIPOM）	亞太	1965 年 9 月至 1966 年 3 月	國與國之間
聯合國緊急武力第二階段（UNEF II）	中東	1973 年 10 月至 1979 年 7 月	國與國之間
聯合國脫離交戰觀察武力（戈蘭高地）（UNDOF）	中東	1974 年 6 月至目前	國與國之間
聯合國黎巴嫩臨時武力（UNIFIL）	中東	1978 年 3 月至目前	國與國之間
聯合國阿富汗－巴基斯坦斡旋團（UNGOMAP）	亞太	1988 年 5 月至 1990 年 3 月	國與國之間
聯合國兩伊軍事觀察團（UNIIMOG）	中東	1988 年 8 月至 1991 年 2 月	國與國之間
聯合國安哥拉核查團第一階段（UNAVEM I）	非洲	1989 年 1 月至 1991 年 6 月	國家內部

聯合國過渡援助團（納米比亞）（UNTAG）	非洲	1989 年 4 月至1990 年 3 月	國家內部
聯合國中美洲觀察團（尼加拉瓜）（ONUCA）	美洲	1989 年 11 月至1992 年 1 月	國家內部

資料來源：自行整理。

地安全部門與警力的重建，而後者的任務授權包含協助政府功能的恢復，以及確保內部的穩定與秩序。更為特殊之處在於，剛果行動成為整個冷戰期間，唯一與強制和平相關的維和任務。在冷戰邁向終點的過渡期當中（1988 年至 1990 年間），安理會總共授權五項新的維和任務，其中包括聯合國阿富汗－巴基斯坦斡旋組織（UNGOMAP）、聯合國兩伊軍事觀察組織（UNIMOG）、聯合國過渡援助團（納米比亞）（UNTAG）、聯合國安哥拉核查團第一階段（UNAVEM I）以及聯合國中美洲觀察團（尼加拉瓜）（ONUC）。觀察這些久違的聯合國維和行動，可發現部份具有新的工作內涵，例如在尼加拉瓜行動中，首次出現監督部隊解編的授權目標，而聯合國阿富汗－巴基斯坦斡旋團（UNGOMAP）也涉及確保難民安全返鄉的內容。另外，納米比亞行動的重心，直指日後二代維和的主流業務核心，即促進政治和解與社經重建的過渡安排，例如觀察大選的進行、制憲過程以及新政府的組成、協助當地警察與安全部門的重建、釋放政治犯以及確保難民安全返鄉等。[80]

簡言之，就冷戰期間聯合國所進行的 18 項維和行動而言，除早期的聯合國剛果行動以及晚期的聯合國過渡時期援助團之外，其餘各項任務，大體上仍應列入典型的一代維和類別，其任務授權仍不脫離傳統維和與軍事觀察的範疇，主要工作大多集中在監督停火與脫離交戰

---

[80] Thomas Weiss, David P. Forsythe and Roger A. Coate, *The United Nations and Changing World Politics*, pp. 48-50; Dipankar Banerjee, "Current Trends in UN Peacekeeping: A Perspective from Asia," *International Peacekeeping*, Vol. 12, No. 1 (Spring 2005), p.20.

狀態、監視邊界安全（是否越界）、監視撤軍行動以及建立與佔據緩衝區與非軍事區等。[81]重點在於，聯合國納米比亞任務的特殊性，正在預告維和新紀元的來臨，冷戰的結束，並不意謂著維和行動的進一步冷卻或沒落，出乎意料之外地，隨著衝突頻率遽升與衝突面貌愈趨多樣化，全球各地區的維和需求方殷，安理會陸續發動更多不同類型的維和行動，這些新型態的任務被統稱為二代維和，除傳統維和與軍事觀察的工作範圍外，其任務授權與關切焦點，無可避免地跨入以往較為陌生的領域，即後衝突和平建設。

---

[81] 關於冷戰時間聯合國所發動的 18 項維和行動，其涉及的詳細任務內容之統計，詳見本書第玖章（結論）第一節的整理與分析。

第參章　後冷戰時期
聯合國所發動的維和行動

　　本章的主要宗旨在於探討後冷戰時期聯合國所發動的維和行動，主要包括三部份，第一節是探討聯合國從冷戰時期的一代維和邁向新型態的二代維和，內容包括後冷戰維和需求倍增的新挑戰以及聯合國檢討維和成效的重要方案與倡議；第二節則是依照執勤地區劃分，針對此時期安理會新授權的 46 項維和行動，進行扼要介紹；至於第三個部份則是本章小結。

第一節　一代維和步入二代維和

一、維和需求倍增

　　自冷戰告一段落後，聯合國維和行動正式邁向新的紀元，其中有三點值的重視：其一，隨著東西對抗與意識型態鬥爭的結束，昔日的國際政治僵局已獲相當程度的緩解，相較於過去，安理會內部更容易形成共識，故成功授權維和行動的機率較過去為高；其二，自冷戰結束以來，源自於種族糾葛、宗教矛盾以及分離主義的衝突（尤其是國家內部）不減反增，需求面提升的結果，自然造就維和行動在供給面（批准數目）的明顯成長；第三，因應各地區形形色色的維和需要，聯合國維和行動在任務內涵與型態方面，亦較冷戰期間更趨多樣化與彈性。

　　而在 1991 年至 1995 年間，聯合國維和行動的數目達到高峰，正式邁入蓬勃發展期，例如 1991 年授權五項新任務（柬埔寨、安哥拉、薩爾瓦多、西撒哈拉與伊拉克－科威特），1992 年安理會授權四項新任務（柬埔寨、索馬利亞、莫三比克、前南斯拉夫），1993 年安理會進一步授權六項任務（烏干達－盧安達、索馬利亞、海地、盧安達、賴比瑞亞以及喬治亞），1994 年安理會授權兩項任務（塔吉克、查德－利比亞），1995 年安理會授權四項任務（克羅埃西亞、安哥拉、前南斯拉夫－馬其頓以及波士尼亞－赫塞哥維納）。重點在於，在上述聯合國批准的眾多任務當中，出現成效不彰的困境，主要原因在於大國利益的不一致（承諾程度有別），再加上與聯合國相互配合的區域性國際組織未必擁有聯合國所擁有的資源、高度正當性與豐富經驗，導致國際社會對於聯合國的積極介入作為，出現較為保留、謹慎與必須進行檢討的聲浪，尤其是同一行動模式應付所有衝突（one size fits all）的情形更倍受外界詬病，例如聯合國於索馬利亞、安哥拉、海地、波士尼亞－赫塞哥維納以及盧安達等地所實施的維和行動，即為此時期維和遭受頓挫的典型案例。[1]

1996 年至 1999 年間，在安理會所批准的 14 項維和計畫中，其中多半是承繼先前工作之後續（新階段）行動，例如海地、安哥拉、克羅埃西亞等地的例子，其餘新增之任務則包括於獅子山共和國、剛果民主共和國、瓜地馬拉、科索沃以及中非共和國等地所執行的行動，但在維和部隊人數與經費方面，此時期卻僅及於 1990 年代上半期的三分之一，故被視為維和停滯期。邁入 21 世紀以來，隨著安理會陸續授權新任務，聯合國維和行動出現復甦的新氣象，安理會針對在厄利垂亞－衣索比亞、象牙海岸、浦隆地、阿富汗、東帝汶、海地、賴比瑞亞、達富爾、蘇丹以及中非共和國－查德等目標區，授權維和介入，其中不少案例是與人道任務與失敗國家有關。儘管成果並非盡善盡

---

[1] Thomas Weiss, Thomas, David P. Forsythe and Roger A. Coate, *The United Nations and Changing World Politics* (Boulder, CO: Westview Press, 2004), pp.48-50; Dipankar Banerjee, "Current Trends in UN Peacekeeping: A Perspective from Asia," *International Peacekeeping*, Vol. 12, No. 1 (Spring 2005), p.20.

美，聯合國卻在過去的失敗教訓中，逐漸累積若干寶貴經驗，於此期間，由安理會、大會與秘書長所催生的多份改革建議與政策報告，即是聯合國自我反省與檢討的產物，故聯合國維和行動進入 21 世紀之後又逐步進入正常軌道，陸續授權 13 項維和任務的進行。[2]

二、重要轉型方案

1.《和平議程》（An Agenda for Peace）與《和平議程補充》（Supplement to An Agenda for Peace）

　　冷戰結束與兩極體系的瓦解，標誌著國際政治新紀元的來臨，雖然昔日劍拔弩張的對抗氣圍不再，然而，各地區的種族、統獨與宗教衝突卻未曾間斷，因此不同於聯合國第一代維和任務著重於傳統之國與國間衝突，面對後冷戰時期的嚴峻與複雜環境，聯合國的維和行動有較高機會介入國家內部的紛爭，一方面確保與監督停火與和平協議的執行，提供各式人道援助，另一方面亦須協助各交戰團體謀求政治解決方案，例如邁向選舉進程、制憲以及組成具正當性的新政府，並執行各種社會與經濟的重建等工作。

　　因應新的安全挑戰與需求，1992 年 1 月，安理會要求當時甫上任的秘書長蓋里（Boutros Boutros-Ghali）研議如何在《聯合國憲章》的架構下，就有效強化聯合國於維護國際安全、和平與秩序方面，提出因應建議，1992 年 6 月，蓋里完成一份聯合國如何積極強化其角色的報告，此即《和平議程：預防外交、和平締造與維持和平》（An Agenda for Peace: Preventive Diplomacy, Peacemaking, and Peacekeeping）的由來，而該份歷史性文件被廣泛稱之為《和平議程》。

---

[2] Thomas Weiss, Thomas, David P. Forsythe, and Roger A. Coate, *The United Nations and Changing World*, pp.48-50; 66-67; Dipankar Banerjee, "Current Trends in UN Peacekeeping: A Perspective from Asia," p.21.

在蓋里 1992 年的改革藍圖中，清楚勾勒聯合國所扮演的五種彼此密切相關的任務，重點如下：（1）預防外交（preventive diplomacy）：運用早期預警、實地調查小組、信心建立措施、先期兵力部署以及設置非軍事區等作法，達成事前消除衝突因子或危機降溫的目標；（2）強制和平（peace enforcement）：在不需要衝突各方同意的情況下，援引《聯合國憲章》第七章的強制手段，主要包括第 41 條的經濟制裁與第 42 條的使用武力等相關規定，迫使衝突各方遵守安理會的決議，為因應此需求，蓋里建議聯合國可考慮設置強制和平部隊（Peace- enforcement Unit），此單位既不同於《聯合國憲章》第 43 條所提到的聯合國常設武力（在高強度的衝突環境下遏止侵略行為），亦非傳統的維和部隊（在低強度的衝突環境下阻絕衝突各方、創造安全緩衝區、協助人道援助以及與監督停火），因此無論就裝備火力、風險承受能力與派遣目的而言，此支強制和平部隊皆是介於兩者之間，且依據安理會決議組成，並由秘書長統籌指揮，其特色為快速部署以及執行較高難度任務的能力，至於兵源則來自於實行志願役制度的聯合國會員國；（3）和平締造（peacemaking）：主要目的是依據《聯合國憲章》第六章的規範，強化以各種和平途徑解決爭端，包括加強聯合國秘書長在斡旋、談判與調停上所扮演的角色，並更加重視以仲裁與司法途徑解決國際爭端的重要性，例如可考慮設置世界法院（World Court），並建議安理會依《聯合國憲章》第 36 條與第 37 條之規定，將國際爭端遞交世界法院處理，並由秘書長擔任諮詢者角色；（4）維持和平（peacekeeping）：安理會依據秘書長的建議，以衝突雙方的同意為前提，做成明確的任務授權，部署維和部隊於目標區進行監督停火的進行，並為下一階段的談判協商（達成長治久安的政治安排）提供有利的基礎；（5）後衝突和平建設（post-conflict peacebuilding）：在目標區的情勢穩固後，協助當地政府從事各式行政、安全、社會與經濟層面的改革、復興與發展工作，以避免重蹈衝突覆轍。[3]

1995 年 1 月，秘書長蓋里發表《和平議程的補充：聯合國 50 週年前夕秘書長立場聲明報告》（Supplement to An Agenda for Peace：Position Paper of the Secretary-General on the Occasion of the Fiftieth Anniversary of the UN）），簡稱為《和平議程的補充》，蓋里希望藉由此份報告，闡述冷戰結束以來聯合國維和行動的轉變與挑戰，突顯跨機構協調與合理財務分擔的重要性，故於此份報告中進一步分析聯合國維護國際和平與安全的六項主要工具（途徑），除進一步論及《和平議程》中所提及的預防外交暨和平締造、維持和平以及後衝突和平建設的功能外，對於軍備裁減（disarmament）、制裁（sanction）以及強制行動（enforcement action）等工具的運用，亦多所著墨。綜合上述，蓋里的目標是企圖大幅強化聯合國促進國際和平與穩定的功能，使其成為名符其實的集體安全多邊架構，但因缺乏美、英兩國的支持，蓋里於 1997 年黯然去職，終舊未能循往例接續第二個秘書長任期，不僅設置世界法庭的構想未獲會員國積極回應，關於聯合國維和行動的改革建議，尤其是成立強制和平部隊的概念亦無法付諸實現。[4]

---

[3] United Nations Official Website, *An Agenda for Peace: Preventive Diplomacy, Peacemaking, and Peacekeeping (Boutros Boutros-Ghali)*. http://www.un.org/Docs/SG/agpeace.htm.; Oliver Ramsbotham and Tom Woodhouse, *Encyclopedia of International Peacekeeping Operations*, xix-xxi; Michael Lund Michael, "Early Warning and Preventive Diplomacy," in Chester A. Crocker, Fen Osler Hampson, and Pamela Aall, eds., *Managing Global Chaos: Sources of and Responses to International Conflict* (Washington, D.C.: United States Institute of Peace Press, 1996), pp.382-383.

[4] United Nations Official Website, *Supplement to An Agenda for Peace: Position Paper of the Secretary-General (Boutros Boutros-Ghali) on the Occasion of the Fiftieth Anniversary of the UN*, http://www.un.org/Docs/SG/agsupp.html.

2.《布拉希米報告》（The Brahimi Report）

2000 年 3 月，聯合國秘書長安南（Kofi Annan）組成一個評估小組，希望能夠提出改善聯和國維和行動的前瞻性與可行建議，此一評估小組包括 16 位成員，其背景橫跨各國外交界、智庫、非政府組織以及國際組織與機構，並由阿爾及利亞前外長布拉希米（Lakhdar Brahimi）擔任小組主席，在歷經多次的磋商、討論、腦力激盪與最終定稿後，該小組於該年 8 月完成一份近 60 頁的報告，並呈交聯合國安理會、大會與秘書長，此即著名的《聯合國和平行動評估小組報告》（Report of the Panel on United Nations Peace Operations），簡稱為《布拉希米報告》（The Brahimi Report）。基本上，該研究報告不僅點出冷戰結束以來維和行動所遭遇的瓶頸，也提供不少值得深思的改善之道，包含高達 57 項的明確建議，重點綜整如下：

其一，在秘書處的角色方面，聯合國秘書長以及維和行動部應扮演更稱職的諮詢性角色，忠實與客觀地向安理會分析第一線的情況，包括違反停火與越界的頻率、難民數量的消長、基礎設施遭受破壞的程度、交戰各方的動向以及殘存的部隊實力等，此外，秘書長必須如實報告維和任務所預估的經費、人員與物力需求，以及維和行動部目前所能實際投入的能量，而不應以政治考量揣摩個別安理會成員的特殊偏好。[5]

其二，在行動依循方針方面，維和行動必須具備務實可行的任務授權以及健全的行動準則。由於以往聯合國維和行動視同意與中立等原則為牢不可破的方針，但今日聯合國的維和介入對象，涵蓋單一國家內部衝突（intra-state conflicts）以及跨國性爭端（inter-state disputes）等不同環境，因此更需要全方位的思維，避免衝突的任何一方利用聯

---

[5] United Nations Documents (Lakhdar Brahimi), *Report of the Panel on United Nations Peace Operations (August 2000)*, United Nations: http://www.un.org/peace/reports/peace_operations/.

合國的客觀與超然態度，攫取自身利益，做為延緩國際干涉的手段，換言之，當衝突一方反覆違背承諾與撕毀協議時，假設聯合國還固守一視同仁與無動於衷的態度，無異於姑息其政治操弄，故在必要時，安理會不應吝於區辨蓄意侵略者與無辜受害者。此外，維和部隊必須提升其規模、素質與裝備，不僅應具備足夠的自衛能力，更應必須成為一支可恃的嚇阻武力。[6]

　　其三，在組織重整方面，現有的維和行動部有進行重整的必要，例如軍事暨民警司（Military and Civilian Police Division, MCPD）應規劃為兩個獨立部門，而實地行政暨後勤司（Field Administration and Logistics Division, FALD）也應一分為二。此外，維和行動部應設置整合任務小組（Integrated Mission Task Forces, IMTF），以統籌與協調原本分散在聯合國架構內負責維和事務的各相關單位與資源，同時也需要強化情析中心（Situation Center, SC）與經驗學習小組（Lessons Learned Unit, LLU）的功能。[7]

　　其四，在快速部署方面，維和行動應設立兩類型標準：傳統維和與軍事觀察任務，必須在一個月內完成所有的準備工作；至於新型態的複雜維和，則應以三個月為期限。[8]

　　其五，在待命安排制度（United Nations Standby Agreements System, UNSAS）的實施方面，則建議增設最高標準的快速部署層級（Rapid

---

[6]　Winrich Kühne, "From Peacekeeping to Post-conflict Peacebuilding," in Luc Reychler and Thania Paffenholz, eds., *Peacebuilding: A Filed Guide* (Boulder, CO: Lynne Rienner Publishers, Inc., 2001), pp. 381-382; Richard, K. Betts, "The Delusion of Impartial Intervention," in Chester A. Crocker, Fen Osler Hampson, and Pamela Aall, eds., *Managing Global Chaos: Sources of and Responses to International Conflict* (Washington, D.C.: United States Institute of Peace Press, 1996), pp.337-378..

[7]　United Nations Documents (Lakhdar Brahimi), *Report of the Panel on United Nations Peace Operations (August 2000)*, United Nations: http://www.un.org/peace/reports/peace_operations/.

[8]　Ibid.

Deployment Level, RDU），並要求各貢獻國於平時備妥軍事觀察員、軍事人員、維和警察、文職人員以及各領域專家的待命名單（on-call list），以便在緊急之需時，能立即在聯合國的要求下組建，迅速投入目標區執勤，此外，應鼓勵各會員國自發性地發展多國籍的旅級維和武力，方能因應更嚴峻的安全挑戰；其六，維和行動部的指揮中樞與第一線的維和人員，在人力配置上產生嚴重失衡，故對於維和行動總部的幕僚與參謀人員的編制不足問題，應予以大幅改善，以彌補在規劃、評估、支援與後勤能力的缺陷。[9]

　　總結而言，相較於八年前由前秘書長蓋里所提出的《和平議程》，《布拉希米報告》所獲重視的程度不遑多讓，更重要的是，此文件中所提出的若干政策建議，其後獲得聯合國大會與安理會的認可，並順利付諸實行，例如在報告公佈後的三年間，聯合國大會核定 1.4 億萬美金預算，投注於維和行動相關的戰略部署儲備，維和行動部的人力成長近 50%（600 個員額），待命安排制度的概念更進一步強化落實，快速部署層級亦宣告正式運作。[10]

3. 《有策略的離開》（No Exit without Strategy）

　　《布拉米希報告》的出爐，雖然標誌著冷戰結束以來維和行動的總結探討，但其中較少著墨之處，在於聯合國維和行動的終止（包括以何種方式結束任務與如何作成結束任務的決策）以及維和部隊一旦撤離後所造成的複雜效應，有鑒於此，安理會於 2000 年 11 月 15 日曾進行公開辯論，並於 11 月 30 日致函秘書長安南，要求秘書處呈交相關的建議方案。2001 年 4 月，迦納籍的聯合國第七任秘書長安南（Kofi A. Annan）公佈一份主題為《有策略的離開：安理會決

---

[9]　Ibid.
[10]　Dipankar Banerjee, "Current Trends in UN Peacekeeping: A Perspective from Asia," p.24.

策以及聯合國維和行動的中止或過渡階段》（No Exit without Strategy: Security Council Decision-making and the Closure or Transition of United Nations Peacekeeping Operations）的報告，以下簡稱《有策略的離開》。

　　安南曾擔任主管維和行動部之聯合國副秘書長，故對維和行動的利弊與優缺點，均知之甚詳。他於此份報告中坦承，聯合國自 1948 年以來所進行的維和行動，雖然為數眾多，且雖不乏成功案例，但其中也有相當比例的任務，曠日費時且不見成效，不僅耗損維和人員的寶貴性命，長年下來所投入的經費與物資更難以估算。更重要的是，此類型維和行動的長年存在，可能無助於問題的根本解決，更可能違背安理會或大會授權的初衷，故有必要做更深入的檢視與反省，但重點在於，在尚未形成有勇有謀的離場策略（exit strategy）之前，聯合國仍不應輕言撤離。[11]《有策略的離開》將維和行動的撤離區分為三種情況，即成功（完成授權任務）、完全失敗與部份成功。儘管此文件未必提出太多的政策解藥，但其中所突顯出的維和行動困境，至今仍值得深思，例如以完全成功的情況而言，代表各交戰派系已做出明確的政治承諾，保證將依照先前所達成的協議或和約行事，因此在維和行動完成初步的目標（例如達成停火協議、隔離交戰各方以及建立緩衝區與保護區等）之後，下一步是如何在此過渡期，實現和平建立與長治久安的最終目標。

　　安南的重點有三，首先，一旦聯合國先期的維和行動累積相當程度的成果之後，通常可進入所謂的和平建設期，但聯合國各利益相關者必須體認，必須保持耐心與持續投入，因為所面對的是更為冗長耗

---

[11] 安南並非第一個觸及維和撤離此敏感問題的聯合國秘書長，事實上，早在《有策略的離開》報告出爐的五年以前，秘書長蓋里亦曾經為文指出此問題的高度複雜性與政治後遺症。參見 Boutrous Boutros-Ghali , "Global Leadership after the Cold War," *Foreign Affairs (March/April, 1996)*, Vol. 75, No. 2, p.23.

時的維和新階段，此時應注意多面向的協調與合作，例如與聯合國難民事務高級專員總署（UNHCR）、聯合國人權事務高級專員總署（OHCHR）、聯合國發展計畫署（UNDP）、世界銀行集團（World Bank Group）以及其他國際非政府組織或各國政府機構等，維持良好互動與溝通，此外，在此關鍵的轉型期間，除統籌各項維和任務的秘書長特別代表（Special Representative of the S-G）之外，安南建議應再設置一位駐地協調官（UN Resident Coordinator），做為聯合國秘書長派遣於當地的特別副代表，並成為紐約總部的聯繫窗口，隨時在第一線密切監控當地情勢，以確保聯合國的後續工作能夠順利被目標國政府所順利承接，因為一旦聯合國輕忽或喪失警戒，情勢可能瞬間再度惡化，東帝汶是最明顯的例子之一。[12]

其次，但不可諱言的是，在某些維和行動的案例中，第一線的實地環境出現根本性轉變，例如各交戰派系與團體毀棄先前的政治承諾、維和任務對於當地的安全與穩定雖有貢獻卻不顯著、維和的代價過高（死傷慘重或經費過高）、或是和平前景（能夠達成全面協議）恐不樂觀等各種因素，導致安理會失去政治支持的意願，故希望結束此一行動，儘速撤出所有人力與物資，在極少數情況下，聯合國維和任務也可能因主要人力提供國的放棄，而被迫完全停止，美國在索馬利亞問題的黯然抽手即是如此。換言之，當維和行動的成果是完全失敗，或僅取得部份成功時，安理會可能判定此維和介入無法引導目標國家順利向後衝突和平重建的階段過渡。[13]

其三，重點在於，即便聯合國最終選擇中止維和行動，並不代表其責任的卸除。安理會必須預先擬定完善的撤出策略，絕對不能在授

---

[12] United Nations Documents (Kofi Annan), *No Exit without Strategy: Security Council Decision-making and the Closure or Transition of United Nations Peacekeeping Operations (April 2001)*, http://daccessdds.un.org/doc/UNDOC/ GEN/N01/343/62/PDF/NO14362.pdf?OpenElement.
[13] Ibid.

權結束後立即拂袖而去，而沒有備妥相關的配套措施，例如個別安理會成員仍可以採取調停或斡旋等外交作為，而聯合國也可以協調非洲聯盟（African Union, AU）、歐洲聯盟（European Union, EU）、北約組織（North Atlantic Treaty Organization, NATO）、獨立國家國協（Commonwealth of Independent States, CIS）、歐洲安全暨合作組織（Organization for Security and Cooperation in Europe, OSCE）、伊斯蘭會議組織（Organization of the Islamic Conference, OIC）、阿拉伯國家聯盟（League of Arab State, LAS）、美洲國家組織（Organization of American States, OAS）與東南亞國家協會（Association of South East Asian Nations, ASEAN）等區域性國際組織或具影響力的周邊國家，與衝突各方保持接觸，並伺機介入。[14]聯合國甚至可以擬訂其他的替代方案，譬如可視情勢的變化，重新規劃戰略方向，授權新的和平行動或政治任務的執行，例如 1995 年 4 月設立至今的聯合國索馬利亞政治辦公室（United Nations Political Office for Somalia, UNPOS），即是由秘書長所指派一位特別代表全權負責，編制不足 10 人，另一種可能性是暫時降低維和的預期目標，以縮減部隊規模與預算經費的方式，維持聯合國旗幟於該地區的存在。安理會在作出結束維和任務的判斷之前，必須以周嚴、謹慎與全盤性的思考為前提，不該過於短視近利，而應以長程的成本效益角度為決策基礎，因為假使安理會下令這批代表聯合國的藍盔部隊貿然撤離，卻無任何後續的輔助方案以茲因應，可能造成無法彌補的災難，非洲大湖區域（Great Lakes Region）[15]接

---

[14] Connie Peck, "The Roles Regional Organizations in Preventing and Resolving Conflicts," in Chester A. Crocker, Fen Osler Hampson, and Pamela Aall, eds., *Turbulent Peace: The Challenges of Managing International Conflict* (Washington, D.C.: United States Institute of Peace Press, 2001), pp.562-563.

[15] 非洲大湖區域是指基五湖（Lake Kiv u）、坦干伊克湖（Lake Tanganyika）與維多利亞湖（Lake Victoria）等三大湖周邊地帶的浦隆地、肯亞、盧安達、坦尚尼亞以及烏干達等國，聯合國於 2000 年 2 月設立大湖區域秘書長特別代表辦公室（Office of the Special Representative of the Secretary-General for the Great Lake Region），總編制約 80 人，主要任務在於監控此地區的人權

二連三的人道難民危機與慘絕人寰的種族屠殺事件，均為血淋林教訓，更何況日後如果決定重新投入與部署維和特派團，不僅將消耗更多時間，所需的成本可能大幅增高。[16]

4.《武裝衝突的預防》（Prevention of Armed Conflict）

安南於 2001 年 6 月所召開的第 56 屆聯合國大會中，曾主動遞交一份名為《武裝衝突的預防》（Prevention of Armed Conflict）的工作報告，此份報告獲重視程度雖不及先前的《布拉希米報告》與《有策略的離開》，但仍具重要參考價值，安南的主要目的在於實踐其改革諾言，即如何將聯合國根深蒂固的文化，從以往被動的衝突反應，轉變為主動積極的衝突預防。而安南在《武裝衝突的預防》列出洋洋灑灑29 項建議，其中較為重要者是敦請聯合國大會、安理會及各會員國考慮以下五點改革意見，其一為賦予國際法院在和平解決爭端方面更積極的角色；其二為落實經濟暨社會理事會的創設宗旨，以長程的視野著眼，方能釜底抽薪地消除造成國際衝突的真正根源；其三為提振大會在衝突預防上的功能，並強化大會與安理會的溝通與合作；其四為提供秘書處政治事務部更充分與適當的資源，以從事衝突預防與和平締造的相關任務；其五為強化聯合國維和行動中的和平建設的成份，並提升聯合國秘書處理相關業務之能量。[17]

與安全狀況。

[16] United Nations Documents (Kofi Annan), *No Exit without Strategy: Security Council Decision-making and the Closure or Transition of United Nations Peacekeeping Operations (April 2001)*, http://daccessdds.un.org/doc/UNDOC/GEN/N01/343/62/PDF/NO14362.pdf?OpenElement.

[17] United Nations Documents (Kofi Annan), *Prevention of Armed Conflict: Report of the Secretary-General (June 2001)*, http://www.reliefweb.int/library/documents/2001/un-conflprev-07jun.htm.

第二節　46 項任務執行概況

以地理分佈而言，在 46 項任務當中，包括中東地區一項、亞太地區六項、非洲地區 23 項、美洲地區七項、歐洲地區九項。以下茲以執勤地區劃分，將各維和行動的衝突脈絡、介入背景、任務授權、人員組成及其基本成果，綜整如下。[18]

一、中東地區

1. 聯合國伊拉克－科威特觀察團（UNIKOM，1991 年 4 月至 2003 年 10 月）

聯合國安理會於 1990 年 8 月 2 日，即伊拉克入侵科威特同一天，通過第 660 號決議，除譴責伊拉克入侵科威特的行為外，要求伊拉克必須立即將部隊退回至 8 月 1 日所在位置。而從 8 月 2 日至 11 月 29 日，安理會針對此事件共做出 12 項決議。在此一系列議案之最後一項決議中（即第 678 號決議），聯合國對於伊拉克發出最後通牒，警告巴格達方面若於 1991 年 1 月 15 日前，無法徹底執行安理會先前各項決議，安理會將使用一切必要之手段，恢復該區域之和平。1991 年 1 月 16 日聯軍部隊開始發動對伊拉克攻擊，2 月底伊拉克部隊則完全撤出科威特。安理會於 4 月初通過第 687 號決議，設立衝突結束後的停火機制，伊拉克接受此決議，而停火正式生效。兩日後，安理會根據第 689 號決議，設置聯合國伊拉克－科威特觀察團（UN Iraq-Kuwait Observation Mission, UNIKOM），在編制方面，此任務主要是由 300 名軍事觀察員組成。聯合國伊拉克－科威特觀察團於成立初期，主要

---

[18] 此 46 項任務不包含聯合國阿富汗援助團(UNAMA)以及聯合國安哥拉觀察團（MONUA）等兩項政治行動，但本書在以下篇幅中仍會提供其任務分析與整理。

負責監控伊拉克和科威特之間邊界沿線的非軍事區以及阿卜杜拉灣水道（Khawr' Abd Allah waterway），觀察任何侵犯邊界及具敵意的行動。根據該決議，安理會每六個月審查聯合國伊拉克－科威特觀察團的任務行動，此觀察團的任務於 2003 年 10 月正式結束。[19]

二、亞太地區[20]

1. 聯合國塔吉克觀察團（UNMOT，1994 年 12 月至 2000 年 5 月）

　　塔吉克於 1991 年 9 月宣佈獨立後，隨即陷入內戰，交戰雙方為塔吉克政府與該國伊斯蘭教聯合反對組織（United Tajik Opposition, UTO）。1992 年 12 月，政府軍於戰場上獲致重大勝利，反抗軍則轉進阿富汗境內繼續活動，而自 1993 年初以後，雙方持續於塔吉克與阿富汗邊界展開戰鬥，至該年中旬，犧牲總數超過 50,000 人，且大部份為無辜平民。1993 年 9 月，哈薩克、吉爾吉斯、塔吉克、俄羅斯以及烏茲別克等五國代表集聚於莫斯科，決議設立一支由獨立國家國協（Commonwealth of Independent States, CIS）所主導的集體維和武力（CIS Collective Peacekeeping Forces）以恢復當地秩序，除獨立國家國協的介入外，聯合國及歐安合會議亦介入調停。1994 年 10 月，在聯合國主導下，雙方於德黑蘭進行協商，且達成停火共識，該年 12 月，安理會做成第 968 號決議，設置聯合國塔吉克觀察團（UN Mission

---

[19] UN Peacekeeping Official Website, "UNIKOM Background," http://www.un. org/en/peacekeeping/missions/past/unikom/background.html; "UNIKOM Mandate," http://www.un.org/en/peacekeeping/missions/past/unikom/mandate.html; "UNIKOM Facts and Figures," http://www.un.org/en/peacekeeping/missions/past/unikom/ facts.html.

[20] 關於聯合國對於東帝汶的維和介入部份，包括聯合國東帝汶過渡行政機構（UNTAET）、聯合國東帝汶支援團（UNMISET）與聯合國東帝汶整合特派團（UNMIT）等三項任務，將在本書第陸章第一節一併進行介紹。而在聯合國對於柬埔寨的維和介入部份，包括聯合國柬埔寨先遣團（UNAMIC）以及聯合國柬埔寨過渡權力機構（UNTAC）等兩項任務，亦將在本書第陸章第一節一併進行介紹。

of Observers in Tajikistan, UNMOT），其初步編制包括 22 名軍事觀察
員、11 名國際文職人員以及 22 名當地文職人員。主要任務內容為監
督停火協議的履行，並提供雙方溝通與協調的管道。然而，在 1995
年至 1996 年間，塔國的戰端又啟，故安理會於 1997 年 11 月做成第
1138 號決議，擴大聯合國塔吉克觀察團的任務範疇，新的授權內容包
括支援全國和解委員會（Commission on National Reconciliation,
CNR）、協助舉辦大選、調查違背停火以及監督解除武裝等事宜。但
因塔國情勢仍舊動盪不安，聯合國秘書安南建議暫緩大選進程，安理
會緊接著於 1998 年 5 月、1998 年 11 月以及 1999 年 11 月，分別做成
第 1167 號、第 1206 號以及第 1274 號決議，延長聯合國塔吉克觀察團
的任務授權，希望時機成熟時儘快完成大選。而聯合國與歐洲安全暨
合作組織（Organization for Security and Cooperation in Europe, OSCE）
則共組聯合選舉觀察團（Joint Electoral Observation Mission, JEOM），
前者派遣五位選務專家，後者則貢獻 10 名官員與 13 名觀察員，另於
選舉當日派出 86 名國際選務觀察員。在國際社會的監督下，塔吉克終
於在 2000 年 2 月順利完成下議院選舉（63 席），並於該年 3 月順利
完成上議院選舉（33 席）。而在兩項大選告一段落後，聯合國秘書長
於呈送安理會的報告中，總結該維和任務已獲致基本成功，因為除完
成自由、公正與公開的選舉之外，也建立競爭性的多黨制，並認為此
案例對於日後聯合國所從事的後衝突重建工作，具有關鍵性的指標
意義，故安理會在 2000 年 5 月終止對於聯合國塔吉克觀察團的授權
任務。[21]

---

[21] UN Peacekeeping Official Website, "UNMOT Background," http://www.un.
org/en/peacekeeping/missions/past/unmot/UnmotB.htm; "UNMOT Mandate,"
http://www.un.org/en/peacekeeping/missions/past/unmot/UnmotM.htm; "UNMOT
Facts and Figures," http://www.un.org/en/peacekeeping/missions/past/unmot/
UnmotF.html.

2. 聯合國阿富汗援助團（UNAMA，2002 年 3 月至今）

2002 年 3 月，在阿富汗政府的請求下，聯合國根據 2001 年 12 月所簽署的《波昂協議》（The Bonn Agreement）精神，通過第 1401 號決議，成立聯合國阿富汗援助團（UN Assistance Mission in Afghanistan），其宗旨在於協助阿國政府維持內部安定與重建所需的各項基礎，包括恢復行政職能、發展社會經濟、促進各省合作以及協助選舉進行等。2010 年 3 月時安理會一致通過 1917 號決議，將此任務延長執行到 2011 年 3 月。聯合國阿富汗援助任務是由維和行動部所指導及協助的特別政治任務，故嚴格而論，並非聯合國維和行動，其宗旨是與國際安全援助部隊（International Security Assistance Force, ISAF）以及多個政府間國際組織以及非政府組織保持密切協調。該援助團的工作重點包括兩大面向，即政治事務以及人道事務，目前該援助團共配置近 1,500 名人力，其中約八成是阿富汗當地雇用者，並在阿富汗全境設有 23 個辦公室，總部位於喀布爾，並於德黑蘭及伊斯蘭馬巴德設有聯絡分處。[22]

三、歐洲地區

1. 聯合國保護武力（UNPROFOR，1992 年 2 月至 1995 年 3 月）

1991 年 6 月，克羅埃西亞宣布脫離南斯拉夫共和國獨立，然而佔克羅埃西亞境內人口近半的塞爾維亞裔堅決反對獨立，並採取與南斯拉夫人民軍（Yugoslav People's Army, JNA）聯手對抗獨立之舉。1991 年 9 月，聯合國開始積極介入南斯拉夫衝突，安理會於 1991 年 9 月做成第 713 號決議，呼籲各國配合聯合國對於南斯拉夫的武器禁運。1991

---

[22] UN Peacemaking Official Website, "UN Assistance Mission in Afghanistan, UNAMA Mandate," http://unama.unmissions.org/Default.aspx?tabid=1741.

年10月，秘魯籍的聯合國第五任秘書長斐瑞茲（Javier Perez de Cuellar）
邀請相關單位（包括聯合國秘書長特別代表、各武裝團體、歐安合會
議主席以及歐洲共同體主席）參與協商，構思衝突解決之道。1991年
11月，安理會以會談精神為前提，根據第721號決議提出向南斯拉夫
派遣維和部隊的構想。1992年2月，安理會依據第743號決議，設立
聯合國保護武力（UN Protection Force, UNPROFOR），初始授權時間
為一年。而在聯合國一甲子以來的維和史中，該行動無論在工作複雜
性、達成難度以及人力編制方面，都是首屈一指。其主要任務是確保克
羅埃西亞境內的三個聯合國保護區（UN Protected Areas, UNPAs）之非
軍事化與安全，免於遭受攻擊威脅，並確保南斯拉夫人民軍撤離克境，
其後，該行動的執勤範圍，逐步擴大至前南斯拉夫的其他共和國。[23]

　　因應第一線動態的環境需要，安理會於1992間曾做成多項決議，
調整該保護武力的任務授權，諸如安理會第762號決議（1992年6月）
授權監控克羅埃西亞的粉紅區（pink zones），而第758號決議（1992
年6月）、第761號決議（1992年6月）以及第770號決議（1992年
8月）則是授權部署軍事觀察員於塞拉耶佛（Sarajevo）機場，監督重
武器與防空裝備的撤離，以確保該機場的正常運作與安全無虞，並保
護塞拉耶佛與周邊地區所進行的人道運送任務，第769號決議（1992
年8月）賦予維和部隊管控平民通行聯合國保護區的權力，並於聯合
國保護區的邊界行使移民與海關職權，第776號決議（1992年9月）
要求該武力對於波士尼亞－赫塞哥維納執行類似任務；第779號決議
（1992年10月）擴大任務授權，即維和武力尚須監控普雷維拉卡半
島（Prevlaka Peninsula）的非軍事化，並掌握佩魯察（Peruca）水壩的
安全維護，第781號決議（1992年10月），則授權聯合國保護武力負

---

[23] UN Peacekeeping Official Website, "UNPROFOR Mission Profile," http://www.
un.org/en/peacekeeping/missions/past/unprof_p.htm; "UNPROFOR Background
Text," http://www.un.org/en/peacekeeping/missions/past/unprof_b.htm.

責禁航區（no-fly zone）任務，並在波士尼亞、赫塞哥維納以及五個波士尼亞城鎮與塞拉耶弗（Sarajevo）周圍所設立的聯合國安全區上空，執行軍事禁飛令（除支援人道救援的飛行任務之外），而第 795 號決議（1992 年 12 月），更將授權任務的範圍擴及至馬其頓，主要為派遣軍事觀察員監視邊界動態以及確保其安全，第 908 號決議（1994 年 3 月），將聯合國保護武力任務授權期限延至 1994 年 9 月，並強化維和部隊的數量，以監督 1994 年 3 月克羅埃西亞政府與塞裔武裝團體所達成的停火協議。簡言之，自 1992 年以降，安理會不斷地根據實際狀況，即時更新與調整聯合國保護武力的業務內容。1994 年 9 月，安理會做成第 947 號決議，將聯合國保護武力任務的授權期限延至 1995 年 3 月。[24]此後，聯合國保護武力進行重整，分割為數個部份（在本節以下篇幅中將進一步說明），至於聯合國保護武力的規模相當龐大，在 1995 年 3 月改組前，共配屬高達 38,599 名軍事人員、684 名軍事觀察員、2,017 國際文職人員與 2,615 名當地文職人員。該任務總數超過 40,000 員之編制，超越同時期的聯合國柬埔寨過渡權力機構（UNTAC）與聯合國索馬利亞行動第二階段（UNOSOM II），也超過其後的聯合國海地穩定特派團（MNUSTAH）、聯合國蘇丹特派團（UNMIS）、聯合國－非盟達富爾混合行動（UNAMID）以及聯合國組織剛果民主共和國穩定特派團（MONUSCO）等維和任務，並且遠遠勝於冷戰期間人力動員最多的聯合國剛果行動（ONUC），而聯合國保護武力在任務期間，共計有 167 名維和人員殉職。[25]

2. 聯合國喬治亞觀察團（UNOMIG，1993 年 8 月至 2009 年 6 月）

1992 年夏天，位於喬治亞境內西北部的阿不哈茲（Abkhazia）自治共和國欲尋求獨立，喬治亞當局派兵前往當地鎮壓，導致衝突迅速

---

[24] Ibid.
[25] Ibid.

升級，雙方於該年 9 月在莫斯科達成協議，主要內容為停止衝突、維持喬治亞領土完整、解編武裝團體、削減軍力以及換俘事宜等，但此協議未獲完全履行，喬治亞與阿不哈茲互控對手違反停火，10 月間戰事再起。因應事態的發展，聯合國與歐洲安全暨合作會議（Conference on Security and Cooperation in Europe, CSCE）合作，協調雙方停火；1992 年 11 月，聯合國在喬治亞首府設立辦事處；1993 年 5 月，秘書長任命喬治亞事務特別代表，以統籌處理該問題，7 月份，雙方達成新的停火協議，安理會隨即於 8 月做成第 858 號決議，授權成立聯合國喬治亞觀察團（UN Observer Mission in Georgia, UNOMIG）。該觀察團的初始編制為 88 名軍事觀察員，宗旨在於監視停火與脫離接觸狀態，然而 9 月間，衝突復發，聯合國喬治亞觀察團人員被迫撤離，而安理會於 1993 年 11 月做成第 881 號決議，授權聯合國喬治亞觀察團執行一項臨時任務，即與衝突雙方及俄羅斯聯邦軍事特遣隊保持接觸，以便監控當地軍事動態，並隨時向聯合國總部報告，1994 年 5 月，在秘書長喬治亞事務特別代表的斡旋下，雙方代表於莫斯科簽署《停火暨脫離接觸協定》（Agreement on a Ceasefire and Separation of Forces），同意部署一支由獨立國家國協（Commonwealth of Independent States, CIS）所授權的維和部隊，而聯合國喬治亞觀察團則與該維和部隊，共同監督協定的遵守情形，並觀察此維和部隊的執勤狀況。1994 年 7 月，安理會根據第 937 號決議，擴大聯合國喬治亞觀察團的規模，而其任務授權範圍，除包括對於安全區與限武區的巡邏與核查外、更涵蓋促進人權保障、監視協定履行、協助難民返鄉、復員以及人權維護等工作。但鑑於衝突雙方始終無法建立互信，對於聯合國介入的配合度有限，再加上安理會內部缺乏共識，聯合國喬治亞觀察團的工作遂於 2009 年 6 月宣告結束。[26]

---

[26] UN Peacekeeping Official Website, "UNOMIG Background," http://www.un.org/en/peacekeeping/missions/past/unomig/background.html; "UNOMIG Mandate,"

3. 聯合國恢復信任行動（UNCRO，1995 年 3 月至 1996 年 1 月）

1995 年 3 月，根據安理會決議，聯合國恢復信任行動（UN Confidence Restoration Operation, UNCRO）正式接替克羅埃西亞境內的聯合國保護武力（UNPROFOR）的工作。其人員編制主要包括 6,581 名軍事人員與 194 名軍事觀察員，另配屬 296 名維和警察以及部分國際與當地文職人員。此行動是在塞裔所控制的西斯拉沃尼亞（Western Slavonia）、克拉伊納（Krajina）以及東斯諾凡尼亞（Eastern Slavonia）等區域，部署維和武力與軍事觀察員，並於普雷維拉卡半島（Prevlaka Peninsula）派遣軍事觀察員。相較於先前聯合國保護武力的工作範疇，新的任務授權在於協助下列工作的推動，包括：（1）確保停火協議於 1994 年 3 月底生效；（2）執行 1994 年 12 月各方所簽署的經濟協定；（3）落實安理會所通過的所有相關決議；（4）於各過境點管制軍事人員、裝備、軍需品以及武器裝備，監視克羅埃西亞與波士尼亞與赫塞哥維納之間，以及克羅埃西亞與南斯拉夫聯盟共和國（塞爾維亞與蒙特內哥羅）間的邊界通行狀況；（5）經由克羅埃西亞領土，向波士尼亞－赫塞哥維納進行人道物資的運送工作；（6）監督普雷維拉卡半島的非軍事化。然而，1995 年 5 月與 8 月，克羅埃西亞政府透過武力，奪取西斯拉沃尼亞與克拉伊納的控制權，此舉形同聯合國恢復信任行動喪失繼續存在的意義，故聯合國下令維和部隊撤出，而在克國政府與境內的塞裔領導人對於東斯諾凡尼亞（塞族於克國境內所控制的最後一塊領土）問題，達成以和平方式解決爭議的共識後，安理會於 1996 年 1 月終止該行動的任務授權。[27]

---

http://www.un.org/en/peacekeeping/missions/past/unomig/mandate.html; "UNOMIG Facts and Figures," http://www.un.org/en/peacekeeping/missions/past/unomig/facts.html.

[27] UN Peacekeeping Official Website, "UNCRO," http://www.un.org/en/peacekeeping/missions/past/uncro.htm.

4. 聯合國預防部署武力（UNPREDEP，1995 年 3 月至 1999 年 2 月）

1995 年 3 月，安理會根據第 983 號決議，設立聯合國預防部署武力（UN Preventive Deployment Force, UNPREDEP），而在聯合國保護武力（UNPROFOR）與聯合國恢復信任行動（UNCRO）的任務於 1996 年 2 月正式宣告結束後，聯合國預防性部署武力成為一項完全獨立的行動，不過仍承繼聯合國保護武力在前南斯拉夫馬其頓共和國（Former Yugoslav Republic of Macedonia, FYROM）境內的功能，並直接向聯合國紐約總部負責。在編制方面，該武力共擁有 1,049 名軍事人員、35 名軍事觀察員以及 35 名維和警察，並配屬 203 位國際與當地文職人員。在武力組成方面，主要是以兩個機械化步兵營為骨幹，包括一支轄 650 員的北歐複合營與一支轄 350 員的美國陸軍特遣隊，另由印尼所提供的一支轄 50 員的重型工兵排提供支助。此武力的主要任務為監視並彙報邊界動態，並在馬其頓與南斯拉夫聯盟共和國以及馬其頓與阿爾巴尼亞間長達 420 公里的地帶，設置 24 個永久觀察站與 33 個臨時觀察哨。聯合國預防性部署武力除必須與歐安合組織的斯科普里預防衝突蔓延監視團（OSCE Spillover Mission to Skopje）以及歐洲聯盟委員會前南斯拉夫馬其頓共和國監視團（European Commission Monitoring Mission in FYROM）保持密切合作之外，並需要與北約組織的科索沃核查協調中心（NATO Kosovo Verification Coordination Centre）以及此區域中其他北約相關部隊，建立緊密的工作關係。在成立之後，安理會每半年延長聯合國預防部署武力的任務授權，最後卻因北京的否決，該武力的運作於 1999 年 2 月正式宣告結束。[28]

---

[28] UN Peacekeeping Official Website, "UNPREDEP Mission Profile," http://www.un.org/en/peacekeeping/missions/past/unpred_p.htm; "UNPREDEP Background," http://www.un.org/en/peacekeeping/missions/past/unpred_b.htm.

5. 聯合國波士尼亞－赫塞哥維納特派團（UNMIBH，1995 年 12 月 至 2002 年 12 月）

　　在波士尼亞－赫塞哥維納內戰於 1995 年 10 月告一段落後，各方於該年 11 月草簽《波士尼亞和赫塞哥維納和平總架構協定》（General Framework Agreement for Peace in Bosnia and Herzegovina）以及 11 項附件，統稱為《和平協定》（Peace Agreement），緊接著，波士尼亞－赫塞哥維納共和國、克羅埃西亞共和國、南斯拉夫聯盟共和國以及其他相關方面於巴黎正式簽署《和平協定》。依據其內容，安理會做成第 1035 號決議，設置聯合國波士尼亞－赫塞哥維納特派團（UN Mission in Bosnia and Herzegovina, UNMIBH），宗旨為協助波士尼亞－赫塞哥維納進行警政部門改革，培訓執法人員，並提供相關建議。至於其他工作內容，則包括確保該國公正自由選舉條件的存在，並協調聯合國各機構於當地的行動，例如排雷、人道救援、難民協助、人權保護、基礎設施以及經濟重建等。1995 年 12 月，依據安理會第 1031 號決議，由倫敦和平執行會議任命波士尼亞－赫塞哥維納和平協定的執行特別代表（High Representative for the Implementation of the Peace Agreement on Bosnia and Herzegovina），該人選必須經安理會批准，主要負責統整與協調當地的所有民事任務，以確保《和平協定》的落實，而波士尼亞－赫塞哥維納特派團在工作上，亦須與北約領導的多國執行武力（Implementation Force, IFOR）與其後的穩定武力（Stabilization Force, SFOR）相互配合。在目標達成後，安理會於 2002 年 12 月，做成第 1423 號決議，解除波士尼亞－赫塞哥維納特派團的任務授權。在人力方面，該特派團的原始核定人員為 1,721 名維和警察與 5 名軍事聯絡員，隨著任務內容的調整，安理會曾擴大其規模，將維和警察的數目增至 2,057 員。[29]

---

[29] UN Peacekeeping Official Website, "UNMIBH Background", http://www.un.

6. 聯合國東斯諾凡尼亞、巴拉尼亞與西錫爾米烏姆過渡行政當局
　　（UNTAES, 1996 年 1 月至 1998 年 1 月）

　　如前所述，在聯合國保護武力（UNPROFOR）與聯合國恢復信任行動（UNCRO）於 1996 年 1 月結束後，安理會批准兩項新任務，其一為前述之波士尼亞－赫塞哥維納特派團（UNMIBH），其二即為聯合國東斯諾凡尼亞、巴拉尼亞與西錫爾米烏姆過渡行政當局（UN Transitional Administration for Eastern Slavonia, Baranja and Western Sirmium, UNTAES）（以下簡稱東斯過渡當局）。1995 年 11 月，克羅埃西亞政府與東斯諾凡尼亞境內的塞裔團體，簽署《關於東斯諾凡尼亞、巴拉尼亞與西錫爾米烏姆地區基本協定》（Basic Agreement on the Region of Eastern Slavonia, Baranja and Western Sirmium），簡稱為《基本協定》，其主要宗旨是確保將上述區域和平納入克羅埃西亞版圖，而該協定亦敦請安理會設置一臨時機構，以便於過渡期間治理該區域。依據安理會第 1037 號決議，東斯過渡行政當局於 1996 年 1 月正式成立，初始授權期間為一年，在雙方同意下，可再延長兩年。至於任務則涵蓋政治軍事暨民事兩大領域，在政治軍事的部分，包括監督和協助該區域的非軍事化、監視難民的自願與安全返鄉、協助確保當地的和平與安全、以及藉由其他方式協助《基本協定》的落實。至於民事的部分，主要是提供下列各面向的協助，包括建立當地臨時警力、擬定警察的培訓計畫以及監督其所實施情況、監視罪犯所受的待遇與獄政體系的運作、監督選舉、重建經濟，確保人權、增進互信以及防爆排雷等內容，此外，東斯過渡當局必須與前南斯拉夫國際刑事法院（ICTY）保持合作。在編制方面，以 1997 年 9 月的數據而言，主要

---

org/en/peacekeeping/missions/past/unmibh/background.html; "UNMICH Mandate," http://www.un.org/en/peacekeeping/missions/past/unmibh/mandate.html; "UNMICH Fact and Figures," http://www.un.org/en/peacekeeping/missions/past/unmibh/facts.html.

包含 2,346 位軍事人員、97 名軍事觀察員以及 404 名維和警察，而在該過渡當局達設定目標之後，安理會於 1998 年 1 月正式結束其任務授權。[30]

7. 聯合國維和警察支援團（UNPSG，1998 年 1 月至 1998 年 10 月）

在東斯過渡當局（UNTAES）的任務順利告一段落後，安理會於 1997 年 12 月根據第 1145 號決議，設立聯合國維和警察支援團（UN Civilian Police Support Group, UNPSG），主要宗旨是持續監視克羅埃西亞警察於多瑙河區域（包括警察總部與 20 個支局）的執勤表現，尤其是對於境外難民（refugees）以及境內流離失所者（internally displaced persons, IDPs）的返鄉安置，而聯合國維和警察支援團必須與歐安合會議保持密切合作。至於在編制方面，聯合國維和警察支援團的主要授權人力為 114 位維和警察，另輔以一定數量的當地與國際文職人員。1998 年 10 月，經安理會評估其成效後，決定結束其任務授權，並將其任務工作交由歐洲安全與合作會議接手。[31]

8. 聯合國普雷維拉卡觀察團（UNMOP，1996 年 2 月至 2002 年 12 月）

如前所述，自 1992 年 10 月起，聯合國即對普雷維拉卡半島此高爭議性地區，派遣軍事觀察員，起初為聯合國保護武力（UNPROFOR），後則成為聯合國恢復行動（UNCRO）的一部份。然而，隨著聯合國恢復行動的任務授權於 1996 年 1 月結束，聯合國秘書長蓋里向安理會建

---

[30] UN Peacekeeping Official Website, "UNTAES Developments," http://www.un.org/Depts/DPKO/Missions/untaes_r.htm; "UNTAES Brief Chronology," http://www.un.org/Depts/DPKO/Missions/untaes_e.htm; "UNTAES Facts and Figures," http://www.un.org/en/peacekeeping/missions/past/untaes_p.htm.

[31] UN Peacekeeping Official Website, "UNPSG Mission Profile," http://www.un.org/en/peacekeeping/missions/past/cropol.htm.

議，應持續進行對於普雷維拉卡半島非軍事化的觀察工作。1996 年 1
月，安理會依據第 1038 號決議，設立聯合國普雷維拉卡觀察團（UN
Mission of Observers in Prevlaka, UNMOP），取代聯合國克羅埃西亞恢
復信任行動在克羅埃西亞與南斯拉夫聯盟共和國之間深具戰略意義地
帶之監視行動，儘管聯合國普雷維拉卡觀察團於 1996 年 2 月成為獨立
觀察團，但其預算與行政支援，仍是置於聯合國波士尼亞－赫塞哥維
納特派團之內。依據其任務授權，該觀察團的首要職責在於監視普雷
維拉卡半島以及克羅埃西亞與南斯拉夫聯盟共和國鄰近地區的非軍事
化，至於其他業務，則包括定期與有關地方當局會晤、強化與各方聯
繫、緩和緊張局勢以及促進雙方互信等，此外，聯合國普雷維拉卡觀
察團與由北約組織所領導的穩定武力（SFOR）間，必須維持高度的合
作與協調關係。在編制方面，該團主要包括 28 位軍事觀察員，另配屬
不到 10 名的國際與當地文職人員，有鑒於該地區的局勢逐漸獲得控
制，安理會根據第 1437 號決議，自 2002 年 12 月起終止其任務授權。[32]

9. 聯合國科索沃臨時行政當局特派團（UNMIK，1999 年 1 月至目前）

　　1999 年 6 月，北約組織對於科索沃所發動的 78 天戰事告一段落，
北約駐科武力（Kosovo Force, KFOR）進駐該區域，在當地 180 萬的
人口中，近半逃離至鄰近之馬其頓與波士尼亞－赫塞哥維納，鑒於科
索沃在戰火蹂躪下的失序、治理與人道危機，安理會做成第 1244 號決
議，設立聯合國科索沃臨時行政當局特派團（UN Interim Administration
Mission in Kosovo, UNMIK）。其宗旨是在科索沃組成一個由聯合國領
導下的臨時民政管理機構，其主要任務授權包括：（1）實施基本的民

---

[32] UN Peacekeeping Official Website, "UNMOP Background," http://www.un.
org/en/peacekeeping/missions/past/unmop/background.html; "UNMOP Mandate,"
http://www.un.org/en/peacekeeping/missions/past/unmop/mandate.html; "UNMOP
Facts and Figures," http://www.un.org/en/peacekeeping/missions/past/unmop/facts.
html.

事管理職能；（2）協助建立科索沃的高度自治與有效治理；（3）促進
目的在於決定科索沃未來地位的政治進程；（4）與其他人道援助機構
與組織保持密切協調；（5）協助當地基礎設施與經濟社會的重建；（6）
維護法律與社會秩序；（7）促進人權，並確保所有難民與流離失所者
的安全返鄉與安置。科索沃臨時行政當局特派團是由聯合國秘書長任
命的特別代表所統籌指揮，至於在組織架構與任務分工上，則劃分為
四大支柱，由特別代表分別委派一位副特別代表，輔佐相關業務的推
動。第一支柱原本處理人道事宜（包括排雷與援助行動），但 2000 年
6 月之後，該任務由聯合國難民事務高級專員總署（UNHCR）接掌，
其後逐步裁撤，故自 2001 年 5 月開始，第一支柱職掌轉變為政治與司
法領域，並由聯合國直接領導；第二支柱部門掌管民政，包括司法、
民政以及警政體系的改革這部份亦由聯合國直接領導；第三支柱部門
主要是掌管民主化進程與體制建設，包括各級行政體系人力培訓、選
舉監督、人權保障以及促進民主化等事宜，這部份是由歐安合組織領
導；至於第四支柱則是負責基礎設施的重建、公共服務提供以及經濟
發展促進等業務，由歐盟監督與指揮。目前特派團的編制人員，包括
八位軍事觀察員、六位維和警察、140 國際文職人員與 277 位當地文
職人員以及 27 位聯合國志工。[33]

四、美洲地區

1. 聯合國薩爾瓦多觀察團（ONUSAL，1991 年 7 月至 1995 年 4 月）

1989 年 9 月，歷經 12 年的漫長內戰，薩爾瓦多政府與該國的馬
蒂民族解放陣線（Frente Farabundo Marti para la Liberación Nacional,
FMLN）向聯合國提出介入調停的請求，在聯合國秘書長蓋里與其指

---

[33] UN Peacekeeping Official Website, "UNMIK Resolution 1244," http://www.
unmikonline.org/UNMIKONLINE2009/1244resolution.htm.

派的秘書長個人代表展開斡旋後，雙方順利簽署一系列協議。安理會
於 1991 年 5 月做成第 693 號決議，正式批准聯合國薩爾瓦多觀察團
（UN Observer Mission in El Salvador, ONUSAL）的成立，宗旨為確認
相關協議的落實，該觀察團的任務授權除包括停火監督之外，主要是
協助下列工作的推動，包括該國武裝部隊的裁減、警政部門與司法制
度的重整、選制改革、人權保障、土地所有制改革以及其他經濟社會
問題之解決，1994 年 3 月及 4 月，薩爾瓦多順利完成合法與公正的大
選，由原本的執政黨－國家共和聯盟（Republican National Alliance,
ARENA）獲得勝利，而馬蒂民族解放陣線轉型為體制內的新興反對
黨，故聯合國薩爾瓦多觀察團的任務於 1995 年 4 月正式宣告結束，在
的人力配置方面，主要包括 380 名軍事觀察員、8 名醫官、631 名警察
觀察員、140 位國際文職人員以及 180 位當地文職人員，而聯合國在
該維和任務告一段落後，安理會設置小型的政治辦公室，即聯合國薩
爾瓦多特派團（UN Mission in El Salvador, MINUSAL），以便持續確認
協議內容的履行情況，並追蹤該國的政治和解進程。[34]

2. 聯合國瓜地馬拉核查團（MINUGUA，1997 年 1 月至 1997 年 5 月）

　　1996 年 12 月，瓜地馬拉政府與瓜地馬拉民族革命聯盟（United
Revolucionaria Nacional Guatemalteca, URNG）於奧斯陸簽署《永久和
平協定》（Agreement on a Firm and Lasting Peace），結束長達 36 年的
內戰。聯合國根據安理會於 1997 年 1 月所做成的第 1094 號決議，設
置聯合國瓜地馬拉核查團，行動為期僅三個月，首要授權任務是監視

---

[34] UN Peacekeeping Official Website, "ONUSAL Background," http://www.un.
org/en/peacekeeping/missions/past/onusalbackgr.html; "ONUSAL Mandate,"
http://www.un.org/en/peacekeeping/missions/past/onusalmandate.html; "ONUSAL
Facts and Figures," http://www.un.org/en/peacekeeping/missions/past/onusalfacts.
html.

與查核該協定的執行、排雷、隔離雙方以及武裝團體的繳械、解編以及復員狀況，至於在編制方面，該核查團主要配屬 155 名軍事觀察員以及醫護人員，在成果方面，至 1997 年 4 月行動結束前為止，該國共清除了 378 枚地雷及其他爆裂物，計有 2,928 名瓜地馬拉民族革命聯盟的戰士復員返鄉，並收繳了 535,102 件武器。[35]

3. 聯合國海地特派團（UNMIH，1993 年 9 月至 1996 年 6 月）

1990 年 12 月亞里斯迪德（Jean-Bertrand Aristide）於海地首次總統大選中，以 67%的得票率勝選，並於翌年 2 月就職，由於該次選舉不僅終結該國的長期獨裁統治，且是在聯合國、美洲國家組織以及加勒比海共同體的支持與觀察下舉行，故被國際社會公認具備充分的合法性與正當性。然而 1991 年 9 月，亞里斯迪德遭到賽德拉斯（Raoul Cédras）將軍所發動的政變推翻，亞里斯迪德流亡海外，因應此事態，安理會做成第 867 號決議，設立聯合國海地特派團(UN Mission in Haiti, UNMIH)，宗旨在於力促海地各方勢力履行《加弗納斯島協定》（Governors Island Agreement）的義務，協助海地建立現代化、文人領導、尊重人權以及具民主素養的軍隊與警力，但因該國的軍事執政團拒絕妥協，故聯合國海地特派團無法實現其任務授權，被迫暫時離開海地，安理會亦恢復對海地的禁運制裁。1994 年 7 月，安理會授權美國籌組一支約 2,000 人的多國部隊，並強調使用一切必須手段（all necessary means）終結該國的軍事政權，以恢復海地的民主憲政、法治與社會秩序，安理會並做成第 940 決議以及第 975 決議，針對聯合國海地特派團之任務內容，做出下列調整，其中包括維護多國部隊所

---

[35] UN Peacekeeping Official Website, "MINUGUA Mandate," http://www.un.org/en/peacekeeping/missions/past/minuguamandate.html; "MINUGUA Background," http://www.un.org/en/peacekeeping/missions/past/minuguabackgr.html; "MINUGUA Facts and Figures," http://www.un.org/en/peacekeeping/missions/past/minuguafacts.html.

建立的安全與穩定環境、保護相關國際人員、裝備與設施的安全、協助海地形塑公正選舉的內部條件。在美國的軍事與外交壓力下，海地終於在 1995 年的中旬與年底，順利完成國會與總統大選，1996 年 2 月，軍事執政團將權力移交給新任總統浦雷華（René Préval），而應其要求，聯合國海地特派團根據聯合國安理會第 1048 號決議的授權，延長其行動直到 1996 年 6 月方告結束。[36]

4. 聯合國海地支援團（UNSMIH，1996 年 7 月至 1997 年 7 月）

在聯合國秘書長蓋里的建議下，安理會於 1996 年 6 月做成第 1063 號決議，設置聯合國海地支援團（UN Support Mission on Haiti, UNSMIH），接替先前聯合國海地特派團的工作，以維持多國部隊所建立的安定情勢，該援助團的主要任務授權聚焦於下列三點：其一為協助建立與訓練專業化與訓練有素的海地國家警力（Haitian National Police, HNP）；其二是維繫安全與穩定的內部環境，以利於實現前一目標；其三則為整合聯合國各機構於海地所進行的行動，以促進該國的制度建立、國家和解以及經濟重建等進程。在編制方面，該支援團配置 600 名軍事人員、300 名維和警察以及 800 名其他人員（加拿大與巴基斯坦自願投入的人力、並由美國與加拿大擔負相關費用），並輔以適量的國際與當地文職人員協助其工作。在歷經兩次的延長任務授權後，聯合國海地支援團的工作於 1997 年 7 月正式結束。[37]

---

[36] UN Peacekeeping Official Website, "UNMIH Mandate," http://www.un.org/en/peacekeeping/missions/past/unmihmandate.html; "UNMIH Background," http://www.un.org/en/peacekeeping/missions/past/unmihbackgr.html; "UNMIH Fact and Figures," http://www.un.org/en/peacekeeping/missions/past/unmihfacts.html.

[37] UN Peacekeeping Official Website, "UNSMIH Mandate," http://www.un.org/en/peacekeeping/missions/past/mandate_on.gif; "UNSMIH Background," http://www.un.org/en/peacekeeping/missions/past/unsmihbackgr.html; "UNSMIH Fact and Figures," http://www.un.org/en/peacekeeping/missions/past/unsmihfacts.html.

5. 聯合國海地過渡特派團（UNTMIH，1997 年 8 月至 1997 年 11 月）

為協助海地國家警力實現進一步的改革，並避免其淪為特定政治團體的附庸，聯合國秘書長安南與海地總統浦雷華認為，儘管海地情勢已出現穩定跡象，但在政治與經濟層面上仍存在諸多挑戰，故在安南的建議下，安理會於 1997 年 7 月做成第 1123 號決議，設立任務為期四個月的聯合國海地過渡特派團（UN Transition Mission in Haiti, UNTMIH），其主要任務在於強化海地的國家警力與軍隊，使其在不需要外力支助的情況下，能夠有效、專業且獨立地運作，至於安南所任命的聯合國秘書長海地特別代表，則持續協調聯合國各機構在制度建立、國家和解以及經濟重建等方面的工作。[38]

6. 聯合國海地維和警察特派團（MIPONUH，1997 年 12 月至 2000 年 3 月）

鑑於聯合國維和行動的軍事人員即將自海地撤離，海地總統浦雷華請求聯合國持續協助推動該國的警政部門重建。安理會於 1997 年 11 月做成第 1141 號決議，設置海地維和警察特派團（UN Civilian Police in Haiti, MIPONUH），其主要任務是持續先前聯合國的維和努力，提升海地國家警力的專業化與國家化，重點包括管理階層與特警小組的培訓工作、觀察與指導當地警察的日常業務以及確保該團與海地國家警力的技術顧問（由聯合國發展總署以及其他國家提供經費）之間保持密切合作等。至於在編制方面，該特派團主要骨幹為 300 名維和警力（含特警單位），另包括約 72 名國際文職人員、133 名當地文職人員和 17 名聯合國志願人員。2000 年 3 月之後，聯合國決定由海地國際文職支援團（International Civilian Support Mission in Haiti, MICAH）

---

[38] UN Peacekeeping Official Website, "UNTMIH," http://www.un.org/en/peacekeeping/ missions/past/untmih.htm.

取代海地維和警察特派團的業務，該支援團是依據第54屆聯大於1999年12月所做成的第193號決議所設立，其宗旨是鞏固聯合國先前於海地的維和成果，並承續聯合國與美洲國家組織派駐海地的國際文職特派團（International Civilian Mission in Haiti, MICIVIH）的工作內容，主要任務授權為改善當地的人權狀況，並提升海地警政部門以及司法系統的效率。[39]

7. 聯合國海地穩定特派團（MINUSTAH，2004年6月至今）

儘管亞里斯迪德（Jean-Bertrand Aristide）與其帶領的政黨贏取2000年的總統與國會大選，但因投票數僅佔全國總投票人口的一成，故此選舉結果遭受該國反對勢力及國際社會的質疑。2003年，海地反對力量迅速集結，要求總統辭職下台的聲浪不斷升高，2004年1月，加勒比海共同體（The Caribbean Community, CARICOM）介入海地動亂，並提出所謂的行動前計畫（Prior Action Plan），緊接著於該年2月，由巴哈馬（加勒比海共同體代表）、加拿大、歐盟、法國、美洲國家組織以及美國所組成的六方團體（Group of Six）亦提出解決海地僵局的方案，上述兩份提議的內容，包括促使海地當局進行政治改革（包括籌組新閣），並確保亞里斯迪德順利完成此任的總統任期，雖獲得亞里斯迪德陣營的支持，但因反對陣營拒絕接受，以致海地的武裝動亂加劇，戰火延燒至首府太子港，亞里斯迪德被迫下野離境，而依照憲法規定，由海地最高法院院長代理總統職務。海地駐聯合國代表提交代理總統對於外援的請求，其中包括派遣一支國際武力進入海地，以迅速穩定局勢。安理會遂於2004年2月做成第1529號決議，組建所謂的多國過渡武力（Multinational Interim Force, MIF），其後，安理會進而在該年4月做成第1542號決議，設立聯合國海地穩定特派團（UN

---

[39] UN Peacekeeping Official Website, "MIPONUH," http://www.un.org/en/peacekeeping/missions/past/miponuh.htm.

Stabilization Mission in Haiti, MINUSTAH），取代先前多國過渡武力的工作。[40]

　　而此新特派團的主要任務授權有三，其一為建構穩定的內部環境，包括強化海地國家警察的訓練與改造、進行武裝團體的繳械、解編與復員以及確保聯合國人員、裝備與設施的安全無虞；其二為推動政治進程，包括鞏固憲政秩序與運作、促進全國對話與和解、協助與監督過渡政府進行選舉、強化過渡政府的治理能力等；其三則是監督、維護、彙整以及向聯合國報告海地的人權狀況（包括境外難民與境內流離失所者）。至於在任務授權編制方面，該特派團於派遣之初包括 6,700 名軍事人員、1,622 名維和警察、1,000 位當地文職人員與 550 位國際文職人員以及 150 位聯合國志工，之後經過數次的擴編，例如在 2010 年 10 月的編制為 8,651 名軍事人員、3,146 名維和警察、470 位國際文職人員與 1,222 位當地文職人員以及 226 位國際志工。[41]2010 年 1 月，海地大地震造成該國 22 萬人死亡與近 150 萬人無家可歸，而聯合國亦有 96 名維和人員在意外中殉職（此為 62 年以來聯合國在維和行動單一事件上的最慘重傷亡事件，包括秘書長海地特別代表與其第一副手在內），有鑒於必須迅速因應海地遽升的人道危機、重建基礎設施以及恢復該國政府的正常運作，安理會於 2010 年 1 月與 6 月，分別做成第 1908 號與 1927 號兩項決議，陸續強化聯合國海地穩定特派團的編制與能量，主要包括授權派遣 8,940 名軍事人員與 4,391 名維和警力。[42]

---

[40] UN Peacekeeping Official Website, "MINUSTAH Background," http://www.un. org/en/peacekeeping/missions/minustah/background.shtml; "MINUSTAH Mandate," http://www.un.org/en/peacekeeping/missions/minustah/mandate.shtml; "MINUSTAH Facts and Figures," http://www.un.org/en/peacekeeping/missions/minustah/facts. shtml.

[41] Ibid.

[42] Ibid.

五、非洲地區[43]

1. 聯合國安哥拉核查團第二階段（UNAVEM II，1991 年 6 月至 1995 年 2 月）

聯合國安哥拉核查團第一階段（UNAVEM I）的任務於 1991 年 6 月結束，1991 年 5 月，安理會做成第 696 號決議，授權成立所謂的聯合國安哥拉核查團第二階段（UN Angola Verification Mission II, UNAVEM II），宗旨是監視安哥拉當地的停火情況。1992 年 3 月，依據安理會所做成第 747 決議，聯合國擴大該核查團的任務授權範圍，其核心工作轉變為觀察總統與國會選舉，但由於該國主要反對勢力──安哥拉獨立全國聯盟（UNITA）對大選結果的公正性提出異議，於是在 1992 年 10 月，戰端又啟。聯合國決定再度調整聯合國安哥拉核查團第二階段的工作內容，安理會分別於 1993 年 1 月、1993 年 3 月以及 1993 年 6 月，做成第 804 號決議、第 811 號決議以及第 834 號決議，新的業務重點包括協助雙方達成和平協議，並確保境內全面停火，1994 年 11 月，雙方簽署《路沙卡議定書》（Lusaka Protocol），安理會亦在同年的 10 月與 12 月分別做成第 952 號決議與第 966 號決議，宣告該核查團的任務正式結束。[44]

---

[43] 關於聯合國對於索馬利亞的維和介入部份，包括聯合國索馬利亞行動第一階段（UNOSOM I）以及聯合國索馬利亞行動第二階段（UNOSOM II）等兩項任務，將在本書第陸章第二節一併進行介紹。

[44] UN Peacekeeping Official Website, "UNAVEM II Background," http://www.un.org/en/peacekeeping/missions/past/Unavem2/UnavemIIB.htm; "UNAVEM II Mandate," http://www.un.org/en/peacekeeping/missions/past/Unavem2/UnavemIIM.htm; "UNAVEM II Facts and Figures," http://www.un.org/en/peacekeeping/missions/ zpast/Unavem2/UnavemIIF.html.

2. 聯合國西撒哈拉公投特派團（MINURSO，1991 年 4 月至目前）

在 1976 年西班牙勢力撤出西撒哈拉之後，包括摩洛哥、茅利塔尼亞以及阿爾及利亞等國，均宣稱對該地有主權，雖然茅利塔尼亞於 1979 年放棄對西撒哈拉的一切領土主張，然而摩洛哥方面卻佔據西撒哈拉的西部區域，至於由阿爾及利亞所支持的波利薩里奧人民解放陣線（Frente Popular para la Liberación de Saguia el-Hamra y de Río de Oro, POLISARIO），則展開對摩洛哥政府的武裝抵抗。1985 年，聯合國秘書長斐瑞茲曾與非洲團結組織（Organization of African Unity, OAU）共同展開斡旋，提出西撒哈拉問題的解決方案，但未竟其功，安理會於 1991 年 4 月做成第 690 號決議，設立聯合國西撒哈拉公投特派團（UN Mission for the Referendum in Western Sahara, MINURSO），其主要宗旨在於協助公投相關事宜，讓西撒哈拉人民依自由意志選擇獨立或併入摩洛哥，至於其他工作項目，則包括劃立停火緩衝區，以及派遣軍事觀察員監視雙方停火。然而，歷經 35 年之後，聯合國西撒哈拉公投特派團始終無法落實其安理會的任務授權，不僅公民投票的目標迄今尚未兌現，且似遙遙無期，其主要癥結在於缺乏互信與和解誠意，兩方對於合格選民登記的認定爭議，雖然負責該業務的確認委員會（Identification Commission）已完成初步工作，但因申訴程序方面的歧見（關於返鄉難民的投票權），故原訂之公投進程被迫一再延宕。近年來雖曾進行非正式的對話，但仍無法獲致突破性進展，故聯合國西撒哈拉公投特派團的僅存功能，目前僅止於觀察緩衝區動態與監視停火，永恆存在卻作用有限。[45]

---

[45] UN Peacekeeping Official Website, "MINURSO Background," http://www.un. org/en/peacekeeping/missions/minurso/background.shtml; "MINURSO Mandate," http://www.un.org/en/peacekeeping/missions/minurso/mandate.shtml; "MINURSO Facts and Figures," http://www.un.org/en/peacekeeping/missions/minurso/facts. shtml.

3. 聯合國莫三比克行動（ONUMOZ，1992 年 12 月至 1994 年 12 月）

　　莫三比克於 1975 年脫離葡萄牙的殖民統治，但此一甫邁向獨立的貧國，卻隨即陷入內戰漩渦，在衝突的兩造當中，一方為執政的莫三比克解放陣線（Frente de Libertação de Moçambique, FRELIMO），另一方則是莫三比克國家反抗運動組織（Mozambican National Resistance, RENAMO）。1992 年 10 月，在歷經兩年的冗長談判後，雙方於羅馬簽署《總和平協定》（General Peace Agreement），1992 年 12 月，安理會依據和平協議的內容做成第 797 號決議，設立聯合國莫三比克行動（UN Operation in Mozambique, ONUMOZ）。其任務授權主要包括人道任務（尤其針對難民）、觀察大選、確認外國武力的撤離、提供聯合國與其他國際相關工作人員與設施的安全、監控停火協議的執行以及協助武裝團體的繳械、解編與復員等工作。在編制方面，主要包括 6,625 名軍事人員、354 名軍事觀察員、1,144 維和警力以及 355 名國際與 506 名當地文職人員。1994 年 12 月，莫三比克舉行有史以來首次的多黨選舉（總統與國會），而大選結果是由原先掌權的政黨莫三比克解放陣線獲取勝利，鑒於該維和行動已發揮基本成效，安理會決定於 1994 年 12 月起結束其任務授權。[46]

4. 聯合國烏干達－盧安達觀察團（UNOMUR，1993 年 6 月至 1994 年 9 月）

　　1990 年 10 月，盧安達北方與烏干達邊界地帶爆發嚴重的種族衝突事件，在當事兩造中，一方為胡圖族所領導的盧安達政府，另一方則為圖西族所組成的盧安達愛國陣線（Rwandese Patriotic Front,

---

[46] UN Peacekeeping Official Website, "ONUMOZ Mandate," http://www.un.org/en/peacekeeping/missions/past/onumozM.htm; "ONUMOZ, Background," http://www.zun.org/en/peacekeeping/missions/past/onumozS.htm; "ONUMOZ Facts and Figures," http://www.un.org/en/peacekeeping/missions/past/onumozF.html.

RPF），最後雙方 1992 年 7 月於坦尚尼亞簽訂協議，並由非洲團結組織設立中立軍事觀察團第一階段（Neutral Military Observer Group I），監視與協助停火（派遣 50 位軍事觀察員）。1993 年，盧安達與烏干達共同向聯合國提出介入的請求，希望由後者部署一支軍事觀察團，以防止盧安達愛國陣線於兩國邊境地區使用武力，該年 6 月，安理會做成第 846 號決議，授權建立烏干達－盧安達觀察團（UN Observer Mission Uganda-Rwanda, UNOMUR），主要任務為監控邊界，禁止任何軍事援助（人員與裝備）進入盧安達境內，至於在編制方面，該觀察團主要配屬 86 名軍事觀察員，而其任務於 1994 年 9 月底正式告一段落。[47]

5. 聯合國賴比瑞亞觀察團（UNOMIL，1993 年 9 月至 1997 年 9 月）

1989 年底，賴比瑞亞爆發內戰。爭端的兩造為政府軍與賴比瑞亞國家愛國陣線（National Patriotic Front of Liberia, NPFL），衝突甫發生之際，西非國家經濟共同體（Economic Community of West African States, ECOWAS）曾採取若干作為，包括成立一支軍事觀察團（Military Observer Group, ECOMOG）進入賴國境內，希望能夠穩定該國情勢，終止武裝衝突。1993 年，在西非國家經濟共同體的協助之下，交戰雙方於貝南共和國的科都努（Cotonou）簽訂和平協定，該年 9 月，安理會也以此協議為基礎，做成第 866 號決議，授權成立聯合國賴比瑞亞觀察團（UN Observer Mission in Liberia, UNOMIL）。該觀察團的編制為 303 名軍事觀察員，主要的工作，在於監督停火協議內容的履行、武器禁運以及觀察該國議會與總統選舉之合法性，並確保大選能夠在和平中順利進行。值得注意的是，1995 年 11 月，聯合國根據安理會第

---

[47] UN Peacekeeping Official Website, "UNOMUR Mandate," http://www.un.org/en/peacekeeping/missions/past/unomurmandate.html; "UNOMUR Background," http://www.un.org/en/peacekeeping/missions/past/unomurbackgr. html; "UNOMUR Facts and Figures," http://www.un.org/en/peacekeeping/missions/past/unomurfacts. html.

1020 號決議，調整聯合國賴比瑞亞觀察團的工作重心，將協助西非國家經濟共同體與賴比瑞亞國家轉型政府（Liberian National Transitional Government, LNTG）共同執行和平協定為任務主軸。1997 年 7 月，在聯合國的監督下，該國選舉順利落幕，民主政府誕生，內戰暫告平息，故聯合國賴比瑞亞觀察團的任務亦隨之結束。[48]

6. 聯合國盧安達援助團（UNAMIR，1993 年 10 月至 1996 年 3 月）

安理會於 1993 年 10 月做成第 872 號決議，授權成立盧安達援助團（UN Assistance Mission for Rwanda, UNAMIR），其任務授權內容在於協助維護首都安全、觀察停火，設立非軍事區、監視大選前的安全情勢以及執行緊急人道援助工作等。至於在編制方面，主要包括 2,217 名軍事人員、331 名軍事觀察員以及 60 名維和警察。1994 年 4 月，盧安達與蒲隆地兩國總統結束在坦尚尼亞所舉行的和平會談後，卻因返航途中班機墜毀而罹難，此事件引燃盧國大規模的血腥衝突。鑒於盧安達境內日益嚴峻之人道危機，1994 年 5 月，安理會做成第 918 號決議，主要目的是強化聯合國盧安達援助團的功能，期能對當地民眾提供安保維護，並設置人道救援地區。儘管聯合國盧安達援助團設法阻止暴行，但均無功而返，第一線的聯合國工作人員遭受生命威脅，故部份會員國以安全顧慮為由，撤回維和派遣人員，因此安理會於 1994 年 4 月做成第 912 號決議，將該援助團的人力配置，由 2,548 員大幅縮編至 270 員的規模，但仍要求該援助團盡可能對安全區內的平民提供保護。1994 年 5 月，由於情勢愈趨嚴峻，依據安理會第 918 號決議，聯合國對於盧安達採取武器禁運等制裁作為，並將聯合國盧安達援助團再度擴編至下轄

---

[48] UN Peacekeeping Official Website, "UNOMIL Background," http://www.un.org/en/peacekeeping/missions/past/unomilB.htm; "UNOMIL Mandate," http://www.un.org/en/peacekeeping/missions/past/unomilM.htm; "UNOMIL Facts and Figures," http://www.un.org/en/peacekeeping/missions/past/unomilF.html.

5,500 名軍事人員的規模，但此時各會員國卻花費六個月才完成相關準
備與部署工作，主因是值此關鍵時刻，盧安達的政治情勢與社會秩序，
已完全失控，導致會員國維和投入的意願低落，另一方面，鑑於索馬利
亞行動的慘痛經驗，美國的支持態度也轉趨保守。基於昔日的殖民歷史
臍帶，巴黎方面表態願意對盧安達展開軍事介入，故安理會做成第 929
號決議，授權由法國領導一支多國部隊，展開綠松石行動（Operation
Turquoise），以利於人道援助工作的進行。在法國出手干預之後，盧國
情勢逐步獲得穩定，雙方同意建立新政府，故安理會於 1995 年 6 月做
成第 997 號決議，調整盧安達援助團的任務內容，將重心移轉至協助難
民返鄉安置、進行後衝突的社會經濟重建以及培訓中立與專業的國家警
察等工作，而該援助團的任務於 1996 年 3 月正式結束。[49]

7. 聯合國奧桑觀察團（UNASOG，1994 年 5 月至 1994 年 6 月）

自 1973 年以來，查德與利比亞兩國就奧桑地區（Aouzou Strip）
的主權發生爭執，雙方於 1988 年 10 月恢復外交關係，並相互聲明以
和平解決爭端的意願，1989 年 8 月，兩國於阿爾及利亞進行談判，並
簽署《願意和平解決領土爭端協定》（Framework Agreement on the
Peaceful Settlement of the Territorial Dispute），歷經數輪談判後，1990 年
9 月，雙方決定將此領土爭端提交國際法院。1994 年 2 月，國際法院
表示，關於此地區的領土爭議，應由雙方已簽署的協定獲得解決，最
終國際法院依據《願意和平解決領土爭端協定》的內容為基礎，做出
相關判決，1994 年 5 月，安理會依照國際法院的裁決，做成第 915 號
決議，授權建立聯合國奧桑觀察團（UN Aouzou Strip Observer Group,

---

[49] UN Peacekeeping Official Website, "UNAMIR Background," http://www.un.
org/en/peacekeeping/missions/past/unomilB.htm; "UNAMIR Mandate," http://
www.un.org/en/peacekeeping/missions/past/unomilM.htm; "UNAMIR Facts
and Figures," http://www.un.org/en/peacekeeping/missions/past/unomilF.html.

UNASOG），其主要的任務內容為監督利比亞政府遵循國際法院 1994
年 4 月判決中的第 1 款規定，將其武裝部隊從奧桑地區完全撤離，此
觀察團的編制為 9 名軍事觀察員，1994 年 5 月，查德與利比亞雙方政
府簽署《聯合宣言》（Joint Declaration），由於利比亞於奧桑地區的撤
軍行動已初步實現，1994 年 6 月，安理會做成第 926 號決議，結束聯
合國奧桑觀察團的任務授權。[50]

8. 聯合國安哥拉核查團第三階段（UNAVEM III，1995 年 2 月至 1997 年 6 月）

在聯合國安哥拉核查團第二階段（UNAVEM II）於 1995 年 2 月
結束之際，安理會同時根據第 976 號決議，成立聯合國安哥拉核查團
第三階段（UN Angola Verification Mission III, UNAVEM III），其宗旨
為持續履行先前所簽訂的《和平協定》與《路沙卡議定書》，重申維護
安哥拉國家統一與領土完整，並協助安哥拉政府與安哥拉獨立全國聯
盟實現政治和解，恢復社會秩序。在任務編制方面，除 350 名軍事觀
察員和 260 名維和警察之外，該核查團在最高峰時曾佈署近 7,000 名
軍事人員，以監督並執行有效地停火，但由於衝突雙方缺乏誠意與互
信，導致此任務的進度緩慢，故安理會於 1995 年 8 月、1996 年 5 月
以及 1997 年 3 月，做成第 1008 號決議、第 1055 號決議以及第 1102
號決議，延長其任務的期限，雖然最終安理會在 1997 年 4 月，做成第
1106 號決議，終止聯合國安哥拉核查團第三階段，但聯合國認為仍有
必要持續關注強化行政職能、實施軍隊國家化、改革警政以及武裝派
系解編等工作，故安理會 1997 年 6 月依據第 1118 號決議，成立聯合

---

[50] UN Peacekeeping Official Website, "UNASOG Background," http://www.un.
org/en/peacekeeping/missions/past/unamirB.htm; "UNASOG Mandate," http://
www.un.org/en/peacekeeping/missions/past/unamirM.htm; "UNASOG Facts
and Figures," http://www.un.org/en/peacekeeping/missions/past/unamirF.htm.

國安哥拉觀察團（UN Observer Mission, MONUA），接替聯合國安哥拉核查團第三階段未竟的工作。[51]

9. 聯合國安哥拉觀察團（MONUA，1997 年 6 月至 1999 年 2 月）

誠如前述，聯合國安哥拉核查團第三階段的工作，在於協助雙方陣營恢復和平與鞏固國家穩定，由於目標未獲落實，故安理會於 1997 年 6 月，依據安理會所做成的第 1118 號決議，設立聯合國安哥拉觀察團（UN Observer Mission, MONUA），該觀察團的性質為一政治任務，故嚴格而言，不屬於聯合國維和行動， 除持續先前的工作內容外，聯合國安哥拉觀察團的任務授權亦涉及人權議題，以便於危難時期提供緊急人道救援。在編制方面，聯合國安哥拉觀察團的初始規模為 3,026 名軍事人員，253 名軍事觀察員以及 289 名一般觀察員，爾後逐年減少。至於在成效方面，則是乏善可陳，尤其在安哥拉政府對於聯合國的維和介入表達不再支持的立場後，安理會於 1999 年 2 月做成第 1229 號決議，終止此觀察任務。[52]

10. 聯合國中非共和國特派團（MINURCA，1998 年 4 月至 2000 年 2 月）

1996 年，中非共和國爆發三次重大軍事政變，1997 年 1 月，包括加彭、布吉納法索、查德以及馬利等非洲四國領袖，在中非共和國巴

---

[51] UN Peacekeeping Official Website, "Profile of UNAVEM III," http://www.un.org/en/peacekeeping/missions/past/unavem_p.htm; "UNAVEM III Developments," http://www.un.org/en/peacekeeping/missions/past/unavem_r.htm; "UNAVEM III Facts and Figures," http://www.un.org/en/peacekeeping/missions/past/unavem_f.htm.

[52] UN Peacekeeping Official Website, "MONUA Background," http://www.un.org/en/peacekeeping/missions/past/monua/monuab.htm; "MONUA Mandate," http://www.un.org/en/peacekeeping/missions/past/monua/monuam.htm; "MONUA Facts and Figures," http://www.un.org/en/peacekeeping/missions/past/monua/monuaf.htm.

塔樹總統（President Ange-Félix Patassé）的請求下，介入調停，希望促使政府軍與反抗軍間達成停火，最後雙方陣營於該國首都班基簽署《班基協定》（Bangui Agreements），並組織非洲聯軍（inter-African force, MISAB）以協助該國和平與安全秩序的重建，1998 年 3 月，安理會決定接手非洲聯軍於中非共和國的工作，故依據第 1159 號決議，成立聯合國中非共和國特派團（UN Mission in the Central African Republic, MINURCA），其任務編制為 1,350 名士兵和軍事人員及 24 名維和警察，至於任務的內容，則涵蓋維持和平與強化安全、支援國家安全部隊維持法律與秩序、改革警政以及監督武器團體的繳械、解編與復員等工作，此外，該特派團也必須協助該國總統大選的公正舉行，1999 年 9 月，巴塔樹獲取人民支持，再度出任總統，1999 年 10 月，安理會根據第 1271 號決議，將任務期限延長至 2000 年 2 月，而在確認中非共和國的和平與穩定獲得鞏固之後，該特派團的工作宣告結束。[53]

11. 聯合國獅子山共和國觀察團（UNOMSIL，1998 年 7 月至 1999 年 10 月）

1991 年 3 月，獅子山共和國爆發內戰，革命聯合陣線（Revolutionary United Front, RUF）的反抗軍試圖以武力推翻政府，衝突初期，該國政府軍在西非國家經濟共同體（Economic Community of West African States, ECOWAS）軍事觀察團（Military Observer Group, ECOMOG）的介入下，勉強取得優勢，但政府軍將領卻於次年發動政變，推翻原本效忠的政權，再加上革命聯合陣線的攻擊未歇，導致情勢雪上加霜。1995 年 2 月，由聯合國秘書長蓋里所任命的秘書長特別代表，代表聯

---

[53] UN Peacekeeping Official Website, "MINURCA Background," http://www.un.org/en/peacekeeping/missions/past/minurcaB.htm; "MINURCA Mandate," http://www.un.org/en/peacekeeping/missions/past/minurcaM.htm; "MINURCA Facts and Figures," http://www.un.org/en/peacekeeping/missions/past/minurcaF.html.

合國與非洲團結組織以及西非國家經濟共同體合作，尋求解決之道。1996 年 2 月，該國順利完成議會與總統選舉，軍隊領導者於選後將權力交還給文人政府，但因革命聯合陣線並未參與選舉，不承認大選結果，故聯合國獅子山共和國的政局依舊動盪不安。1997 年 5 月，再度爆發武裝政變，原有的民選政府被推翻，西非國家經濟共同體再度介入，並於 1998 年 3 月恢復選舉，1998 年 7 月，安理會根據第 1181 號決議，成立聯合國獅子山共和國觀察團（UN Observer Mission in Sierra Leone, UNOMSIL）。在任務授權方面，主要為監督該國的安全情勢以及武裝團體的繳械、解編與復員的進程，而在該觀察團的協助下，交戰雙方展開後續談判，並於 1999 年 7 月簽署《洛美和平協定》（Lome Peace Agreement）。在人力配置上，該觀察團在初始階段擁有 70 名軍事觀察員，至 1999 年 10 月，則擴編為 192 名軍事觀察員與 15 名軍事人員，1999 年 10 月，聯合國依據安理會第 1270 號決議，成立聯合國獅子山共和國特派團（UN Mission in Sierra Leone, UNAMSIL），承接聯合國獅子山共和國觀察團的工作。[54]

12. 聯合國獅子山共和國特派團（UNAMSIL，1999 年 10 月至 2005 年 12 月）

如前所述，聯合國獅子山共和國特派團（UN Mission in Sierra Leone, UNAMSIL）的設立宗旨，在於延續聯合國獅子山共和國觀察團（UNOMSIL）的任務，在編制方面，主要包含近 6,000 名軍事人員，其中包含 260 名軍事觀察員在內。至於任務授權內容，則包含監督停火、協助《洛美和平協定》的履行、進行解除武裝與重返社會、確保

---

[54] UN Peacekeeping Official Website, "UNOMSIL Background," http://www.un.org/en/peacekeeping/missions/past/unomsil/UnomsilB.htm; "UNOMSIL Mandate," http://www.un.org/en/peacekeeping/missions/past/unomsil/UnomsilM.htm; "UNOMSIL Facts and Figures," http://www.un.org/en/peacekeeping/missions/past/unomsil/UnomsilF.html.

人道救濟物資的順利運送以及提供大選所需的安全維護等，有鑒於該任務已獲致基本成功，2005 年 6 月，安理會根據第 1610 號決議，將該特派團的任務期限延至 2005 年 12 月，緊接著於 2005 年 8 月，安理會做成第 1620 號決議，設置聯合國獅子山共和國綜合辦事處（UN Integrated Office in Sierra Leone, UNIOSIL），以接替聯合國獅子山共和國特派團的工作，持續觀察與鞏固該國的和平與安定。[55]

13. 聯合國剛果民主共和國特派團（MONUC，1999 年 11 月至 2010 年 5 月）

1999 年 7 月，剛果民主共和國與其區域周邊五國簽署《路沙卡停火協定》（Lusaka Ceasefire Agreement），為確保各方聯繫與協議的執行，安理會於 1999 年 11 月，做成第 1279 號決議，成立聯合國剛果民主共和國特派團（UN Organization Mission in the Democratic Republic of the Congo, MONUC），並於 2000 年 2 月依據第 1291 號決議，擴編該特派團，使其規模達到 5,537 名軍事人員以及 500 名觀察員，而在聯合軍事委員會（Joint Military Commission, JMC）的配合下，聯合國剛果民主共和國特派團的任務授權，主要包括監督停火、與各方勢力保持聯繫以及協助武裝團體的繳械、解編與復員工作，此外，該特派團必須與聯合國其他機構、相關的組織和非政府組織保持密切合作，以利於當地的人道救援任務。[56]

---

[55] UN Peacekeeping Official Website, "UNAMSIL Background," http://www.un.org/en/peacekeeping/missions/past/unamsil/background.html; "UNAMSIL Mandate," http://www.un.org/en/peacekeeping/missions/past/unamsil/mandate.html; "UNAMSIL Facts and Figures," http://www.un.org/en/peacekeeping/missions/past/unamsil/facts.html.

[56] UN Peacekeeping Official Website, "MONUC Mission Home," http://www.un.org/en/peacekeeping/missions/monuc/index.shtml; "MONUC Background," http://www.un.org/en/peacekeeping/missions/monuc/background.shtml; "MONUC Mandate," http://www.un.org/en/peacekeeping/missions/monuc/mandate.shtml; "MONUC Facts and Figures," http://www.un.org/en/peacekeeping/missions/

14.聯合國象牙海岸特派團（MINUCI, 2003 年 3 月至 2004 年 4 月）

象牙海岸自 1960 年獲得獨立地位以來，由帶領其邁向獨立之路的烏弗埃－博瓦尼（Félix Houphouët-Boigny）擔任總統一職長達 30 年之久，而在博瓦尼於 1993 年 12 月逝世後，該國政局與社會陷入紛亂，爆發嚴重的武裝流血衝突，2003 年 1 月，包括法國、聯合國、非洲聯盟、西非經濟共同體（Economic Community of West African States, ECOWAS）以及象牙海岸主要政黨於利納馬庫錫（Linas-Marcoussis）召開圓桌會議，會後各方簽署《利納馬庫錫協定》（The Linas-Marcoussis Agreement），希望藉此化解該國危機。安理會於 2003 年 5 月做成第 1479 號決議，設立象牙海岸特派團（UN Mission in Côte d'Ivoire, MINUCI），該特派團在性質上屬於政治任務，其宗旨是促使各政黨履行協議、監視當地軍事動態、觀察難民安全返鄉狀況、協助武裝團體的繳械、解編與復員以及與西非經濟共同體武力與法國部隊間保持聯繫與協調。至於在編制方面，該特派團於 2004 年 2 月共配置 75 名軍事觀察員，並輔以 54 名國際文職人員與 55 名當地文職人員提供協助。[57]

15.聯合國象牙海岸行動（UNOCI，2004 年 4 月至目前）

根據安理會於 2004 年 2 月所通過的第 1528 號決議，聯合國決定設立聯合國象牙海岸行動（UN Operation in Côte d'Ivoire, UNOCI），以取代先前聯合國象牙海岸特派團的工作，安理會緊接著於 2005 年 6 月與 2007 年 1 月，分別做成第 1609 決議與第 1739 號決議，將其任務授權調整為下列八項，包括：（1）監視停火協議的履行與該國軍事動

---

monuc/facts.shtml.

[57] UN Peacekeeping Official Website, "MINUCI Background," http://www.un. org/en/peacekeeping/missions/past/minuci/background.html; "MINUCI Mandate," http://www.un.org/en/peacekeeping/missions/past/minuci/mandate.html; "MINUCI Facts and Figures," http://www.un.org/en/peacekeeping/missions/past/minuci/facts.html.

向；(2) 監視武裝團體的繳械、解編與復員；(3) 監視武器禁運情況；(4) 保護聯合國相關人員與當地平民的安全；(5) 協助人道工作的進行；(6) 協助行政機關的重整；(7) 協助舉行公開、自由、公正和透明的選舉；(8) 協助重新建立該國的法治與秩序。其後，該行動的工作亦涵蓋人權維護與相關司法調查的領域（包括婦女安全、性暴力與兒童兵問題）。該任務共編制 8,574 員，其中包括 7,186 名軍事人員、189 名軍事觀察員以及 1,167 名維和警察，並由 393 名國際文職人員、759 名當地文職人員以及 274 名聯合國志願人員，提供必要支援。[58]

16. 聯合國賴比瑞亞特派團（UNMIL，2003 年 9 月至目前）

誠如前述，1997 年 7 月，在聯合國的監督之下，泰瑞（Charles Taylor）當選賴比瑞亞總統，並籌組新政府，該國的動亂遂逐漸平息。安理會於該年 9 月結束聯合國賴比瑞亞觀察團（UNOMIL）的任務授權之後，另外設立聯合國賴比瑞亞和平建設援助辦事處（UN Peace-building Support Office in Liberia, UNOL），其主要任務，在於協助賴比瑞亞於大選之後，鞏固當地的和平與穩定，然而，選舉結束之後，政府與反對黨無法在關鍵議題上達成共識，政局再度動盪不安，故該辦事處的業務推動，遭致嚴重阻礙。不久，戰端再啟，2003 年 8 月，賴比瑞亞各政黨在迦納首府阿克拉（Accra）簽署《全面和平協定》（Comprehensive Peace Agreement），在此協定中，各政黨請求聯合國根據憲章第七章在賴比瑞亞部署派遣維和部隊，以協助該國過渡政府（National Transitional Government of Liberia）的運作，並協助和平協定的落實。2003 年 9 月，安理會做成第 1509 號決議，設立聯合國賴

---

[58] UN Peacekeeping Official Website, "UNOCI Background," http://www.un.org/en/peacekeeping/missions/unoci/background.shtml; "UNOCI Mandate," http://www.un.org/en/peacekeeping/missions/unoci/mandate.shtml; "UNOCI Facts and Figures," http://www.un.org/en/peacekeeping/missions/unoci/facts.shtml.

比瑞亞特派團（UN Mission in Liberia, UNMIL），接替聯合國賴比瑞亞
和平建設援助辦室處的任務，該特派團的任務授權，涵蓋維護聯合國
工作人員、裝備與設施的安全，保障人權、實施人道救援以及協助安
全部門的重建工作，包括培訓國家警力與建立專業化的軍隊，在編制
方面，該特派團共配屬 9,384 員，其中含 7,930 名軍事人員、126 名軍
事觀察員以及 1,328 名維和警察，另輔以 433 名國際文職人員、993
名當地文職人員以及 217 名聯合國志願工，以協助其工作。[59]

17. 聯合國蒲隆地行動（ONUB，2004 年 6 月至 2006 年 12 月）

非洲蒲隆地（Republic of Burundi）政府軍與該國反政府的解放黨
——民族解放力量（Conseil National Pour la Défense de la Démocratie-
Forces pour la Défense de la Démocratie, NCDD-FDD）之交戰情勢已經
危及到區域的和平與安全，安理會於 2004 年 5 月，做成第 1545 號決
議，建立聯合國蒲隆地行動（UN Operation in Burundi, ONUB），此行
動的主要任務授權包括：（1）監視停火協議的執行與裁軍裁軍狀況以
及跨越邊界的武器走私活動；（2）形塑安全與穩定的環境，以利於難
民自願返鄉。（3）協助實現《阿魯沙協定》（Arusha Agreement）中舉
辦公正大選以及改革司法體制的目標，在編制方面，該行動共配屬
5,650 名人員，其中包括 200 名軍事觀察員、120 名維和警察、434 名
國際文職人員、446 名當地文職人員以及 170 名聯合國志工，其餘則
為軍事人員。[60]

---

[59] UN Peacekeeping Official Website, "UNMIL Background," http://www.un.org/
en/peacekeeping/missions/unmil/background.shtml; "UNMIL Mandate," http://
www.un.org/en/peacekeeping/missions/unmil/mandate.shtml; "UNMIL Facts and
Figures," http://www.un.org/en/peacekeeping/missions/unmil/facts.shtml.

[60] UN Peacekeeping Official Website, "ONUB Background," http://www.un.
org/en/peacekeeping/missions/past/onub/background.html; "ONUB Mandate,"
http://www.un.org/en/peacekeeping/missions/past/onub/mandate.html; "ONUB
Facts and Figures," http://www.un.org/en/peacekeeping/missions/past/onub/
facts.html.

18.聯合國蘇丹特派團（UNMIS，2005 年 3 月至目前）

蘇丹自 1956 年獨立至今以來，境內的武裝衝突未曾方歇，在內戰的最大兩造當中，一方為中央政府，另一方為盤據南方的蘇丹人民自由解放組織（Sudan People's Liberation Movement, SPLM）。連年不斷的烽火，導致該國 200 萬人喪生與近 60 萬難民流離失所，且危機逐漸蔓延至周邊地區，對於區域和平與安全構成嚴重威脅。因應此嚴峻情勢，安理會於 2005 年 3 月，做成第 1590 號決議，建立聯合國蘇丹特派團（UN Mission in the Sudan, UNMIS），宗旨是支援 2005 年 1 月蘇丹政府與蘇丹人民自由解放組織所簽署的《全面和平協定》（Comprehensive Peace Agreement），其任務授權包括以下四項目標：確保相關協議的執行、創造必要的安全條件、進行人道援助、排雷以及提供難民、婦女與兒童等弱勢團體的保護，在編制方面，該特派團共轄 10,611 員，其中包括 9,453 名軍事人員、492 位軍事觀察員以及 666 名維和警察，另輔以 873 位國際文職人員、2,789 當地文職人員與369 位聯合國志願人員，協助其工作。[61]

19.聯合國衣索比亞－厄利垂亞特派團（UNMEE，2000 年 7 月至 2008 年 7 月）

1998 年 5 月，衣索比亞與厄利垂亞兩國於因邊界爭端，爆發戰爭，在聯合國與非洲團結組織的聯手調停下，雙方接受《非洲團結組織架構協定之執行辦法》（Modalities for the Implementation of the OAU Framework Agreement），並各自做出關於邊界駐軍方面的讓步，2000年 5 月，戰事復發，聯合國依據安理會第 1297 號決議，對於衣索比亞

---

[61] UN Peacekeeping Official Website, "UNMIS Background," http://www.un.org/en/peacekeeping/missions/unmis/background.shtml; "UNMIS Mandate," http://www.un.org/en/peacekeeping/missions/unmis/mandate.shtml; "UNMIS Facts and Figures," http://www.un.org/en/peacekeeping/missions/unmis/facts.shtml.

與厄利垂亞實施武器禁運，並禁止任何國家提供技術援助或軍事訓練，緊接著，安理會於同年 7 月，進一步做成第 1312 號決議，設立聯合國衣索比亞－厄利垂亞特派團（UN Mission in Ethiopia and Eritrea, UNMEE），並配置 100 名軍事觀察員與若干文職人員，其目的是為未來的維和行動預做籌劃，2000 年 9 月，依據安理會的第 1320 號決議，該特派團的任務授權，包括監視雙方停火狀態與部隊動態。2000 年 12 月，在阿爾及利亞總統布特佛利卡（Abdelaziz Bouteflika）的奔走與斡旋下，衣索比亞與厄利垂亞簽署《衣索比亞－厄利垂亞全面和平協定》（Comprehensive Peace Agreement between Ethiopia and Eritrea），此後，該特派團依據安理會決議，定期延長其任務授權，但最後因厄利垂亞反對聯合國的維和介入，並切斷其油料供給在確保維和相關人員安全的考量下，安理會於 2008 年 7 月做成第 1827 號決議，正式終止該項任務。[62]

20. 非盟－聯合國達富爾混合行動（UNAMID，2007 年 7 月至目前）

自 2003 年達富爾地區武裝衝突以來，已造成近 30 萬人喪生與 250 萬名難民，加上當地的屠殺與強暴事件層出不窮，引起國際社會嚴重關切，2007 年 7 月，安理會做成第 1769 號決議，核准一項由非洲聯盟與聯合國所共同統籌的達富爾混合行動（African Union/UN Hybrid Operation in Darfur, UNAMID），在任務授權方面，該混合行動的主要工作內容，包括創造聯合國各項行動所需要的安全條件、協助人道物資的運送、保護平民以及監視與觀察各項停火與和平協定的執行。在編制方面，目前（2010 年 7 月）該行動共配屬 22,007 位人員，包含

---

[62] UN Peacekeeping Official Website, "UNMEE Background," http://www.un.org/en/peacekeeping/missions/past/unmee/background.html; "UNMEE Mandate," http://www.un.org/en/peacekeeping/missions/past/unmee/mandate.html; "UNMEE Facts and Figures," http://www.un.org/en/peacekeeping/missions/past/unmee/facts.html.

16,954 名軍事人員、258 名軍事觀察員、4,795 名維和警察、1,120 名
國際文職人員、2,642 名當地文職人員以及 454 名聯合國志工。[63]

21.聯合國中非共和國－查德特派團（MINURCAT，2007 年 9 月
至 2010 年 12 月）

　　由於達富爾地區的血腥衝突，導致約 18 萬難民逃離至查德共和國
的東邊國境，造成區域緊張，2007 年 9 月，在與查德共和國及中非共
和國當局協商後，安理會根據第 1778 號決議，建立聯合國中非共和國
－查德特派團（UN Mission in the Central African Republic and Chad,
MINURCAT），其任務授權內容主要是對查德東部與中非共和國東北
部地區，提供人道援助，並創造難民與流離失所者自願返鄉的安全環
境，2009 年 1 月，安理會做成第 1861 號決議，授權特派團保護此區
域的平民安全，維持當地社會秩序，確保法治與人權保障，並與歐洲
聯盟派遣於當地的歐盟軍事武力（European Union Military Force,
EUFOR）保持密切協調。在該決議中，亦賦予聯合國中非共和國－查
德特派團新的事軍職能，以便在歐盟軍事武力於 2009 年 5 月結束其任
務後，承接其工作。在任務編制方面，該特派團配屬 2,315 名人員，
其中包含 2,139 名軍事人員、22 名軍事觀察員、154 名維和警察、409
名國際文職人員、597 當地文職人員以及 149 名聯合國志工。2010 年
5 月，鑒於查德政府表明希望聯合國結束維和任務，安理會所做成第
1923 號決議，確定特派團所有相關人員，將於 2010 年 12 月以前完成
撤離，換言之，此任務是在當事國的反對下被迫終結。[64]

---

[63] UN Peacekeeping Official Website, "UNAMID Background," http://www.un.
org/en/peacekeeping/missions/unamid/background.shtml; "UNAMID Mandate,"
http://www.un.org/en/peacekeeping/missions/unamid/mandate.shtml; "UNAMID
Facts and Figures," http://www.un.org/en/peacekeeping/missions/unamid/facts.
shtml.

[64] UN Peacekeeping Official Website, "MINURCAT Background," http://www.un.
org/en/peacekeeping/missions/minurcat/background.shtml; "MINURCAT Mandate,"

22.聯合國組織剛果民主共和國穩定特派團（MONUSCO, 2010 年 7 月至今）

2010 年 5 月，安理會根據第 1925 號決議，將聯合國剛果民主共和國特派團（MONUC）重新命名為聯合國組織剛果民主共和國穩定特派團（UN Organization Stabilization Mission in the Democratic Republic of the Congo, MONUSCO），自 2010 年 7 月起，聯合國剛果民主共和國特派團，展開新一階段的維和任務。[65]而其任務授權內容，包括運用一切可能之方式，確保當地居民安全、社會秩序以及人權保障、防止任何人權侵害事件、保護聯合國人員、設施與機構、對於全國性與地方性選舉提供技術性與後勤支援以及協助禁運決議的落實等，至於在編制方面，該穩定特派團含 17,108 名軍事人員、722 名軍事觀察員、1,207 名維和警察，946 名國際文職人員以及 2,780 名當地文職人員。[66]

表 3-1　後冷戰時期聯合國所授權的 46 項維和行動

任務名稱（依起始時間）	地點	執行期間	衝突本質
聯合國伊拉克－科威特觀察團（UNIKOM）	中東	1991 年 4 月至 2003 年 10 月	國與國之間
聯合國西撒哈拉公投特派團（MINURSO）	非洲	1991 年 4 月至目前	國與國之間

http://www.un.org/en/peacekeeping/missions/minurcat/mandate.shtml; "MINURCAT Facts and Figures," http://www.un.org/en/peacekeeping/missions/unamid/facts.shtml.

[65] UN Peacekeeping Official Website, "MONUC Mission Home," http://www.un.org/en/peacekeeping/missions/monuc/index.shtml.

[66] UN Peacekeeping Official Website, "MONUSCO Background," http://www.un.org/en/peacekeeping/missions/monusco/background.shtml; "MONUSCO Mandate," http://www.un.org/en/peacekeeping/missions/monusco/mandate.shtml; "MONUSCO Facts and Figures," http://www.un.org/en/peacekeeping/missions/monusco/facts.shtml.

聯合國安哥拉核查團第二階段（UNAVEM II）	非洲	1991 年 6 月至 1995 年 2 月	國家內部
聯合國薩爾瓦多觀察團（ONUSAL）	美洲	1991 年 7 月至 1995 年 4 月	國家內部
聯合國柬埔寨先遣團（UNAMIC）	亞太	1991 年 10 月至 1992 年 3 月	國家內部
聯合國保護武力（UNPROFOR）	歐洲	1992 年 2 月至 1995 年 12 月	國家內部
聯合國柬埔寨過渡權力機構（UNTAC）	亞太	1992 年 3 月至 1993 年 9 月	國家內部
聯合國索馬利亞行動第一階段（UNOSOM I）	非洲	1992 年 4 月至 1993 年 3 月	國家內部
聯合國莫三比克行動（ONUMOZ）	非洲	1992 年 12 月至 1994 年 12 月	國家內部
聯合國索馬利亞行動第二階段（UNOSOM II）	非洲	1993 年 3 月至 1995 年 3 月	國家內部
聯合國烏干達－盧安達觀察團（UNOMUR）	非洲	1993 年 6 月至 1994 年 9 月	國家內部
聯合國喬治亞觀察團（UNOMIG）	歐洲	1993 年 8 月至 2009 年 6 月	國與國之間
聯合國賴比瑞亞觀察團（UNOMIL）	非洲	1993 年 9 月至 1997 年 9 月	國家內部
聯合國海地特派團（UNMIH）	美洲	1993 年 9 月至 1996 年 6 月	國家內部
聯合國盧安達援助團（UNAMIR）	非洲	1993 年 10 月至 1996 年 3 月	國家內部
聯合國奧桑觀察團（UNASOG）	非洲	1994 年 5 月至 1994 年 6 月	國與國之間
聯合國塔吉克觀察團（UNMOT）	亞太	1994 年 12 月至 2000 年 5 月	國家內部
聯合國安哥拉核查團第三階段（UNAVEM III）	非洲	1995 年 2 月至 1997 年 6 月	國家內部

聯合國恢復信任行動（UNCRO）	歐洲	1995年3月至1996年1月	國家內部
聯合國預防部署武力（UNPREDEP）	歐洲	1995年3月至1999年2月	國與國之間
聯合國波士尼亞－赫塞哥維納特派團（UNMIBH）	歐洲	1995年12月至2002年12月	國家內部
聯合國東斯諾凡尼亞、巴拉尼亞與西錫爾米烏姆過渡行政當局（UNTAES）	歐洲	1996年1月至1998年1月	國家內部
聯合國普雷維拉卡觀察團（UNMOP）	歐洲	1996年1月至2002年12月	國與國之間
聯合國海地支援團（UNSMIH）	美洲	1996年7月至1997年7月	國家內部
聯合國瓜地馬拉核查團（MINUGUA）	美洲	1997年1月至1997年5月	國家內部
聯合國安哥拉觀察團（MONUA）	非洲	1997年7月至1999年2月	國家內部
聯合國海地過渡特派團（UNTMIH）	美洲	1997年8月至1997年11月	國家內部
聯合國海地維和警察特派團（MIPONUH）	美洲	1997年12月至2000年3月	國家內部
聯合國維和警察支援團（UNPSG）	歐洲	1998年1月至1998年10月	國家內部
聯合國中非共和國特派團（MINURCA）	非洲	1998年4月至2000年2月	國家內部
聯合國獅子山共和國觀察團（UNOMSIL）	非洲	1998年7月至1999年10月	國家內部
聯合國科索沃臨時行政當局特派團（UNMIK）	歐洲	1999年6月至目前	國家內部
聯合國獅子山共和國特派團（UNAMSIL）	非洲	1999年10月至2005年12月	國家內部
聯合國東帝汶過渡行政機構（UNTAET）	亞太	1999年10月至2002年5月	國家內部

聯合國剛果民主共和國特派團（MONUC）	非洲	1999 年 11 月至 2010 年 6 月	國與國之間
聯合國衣索比亞－厄利垂亞特派團（UNMEE）	非洲	2000 年 7 月至 2008 年 7 月	國與國之間
聯合國阿富汗援助團（UNAMA）*	亞太	2002 年 3 月至目前	國家內部
聯合國東帝汶支援團（UNMISET）	亞太	2002 年 5 月至 2005 年 5 月	國家內部
聯合國賴比瑞亞特派團（UNMIL）	非洲	2003 年 9 月至目前	國家內部
聯合國象牙海岸特派團（MINUCI）	非洲	2003 年 3 月至 2004 年 4 月	國家內部
聯合國象牙海岸行動（UNOCI）	非洲	2004 年 4 月至目前	國家內部
聯合國海地穩定特派團（MINUSTAH）	美洲	2004 年 6 月至目前	國家內部
聯合國蒲隆地行動（ONUB）	非洲	2004 年 6 月至 2006 年 12 月	國家內部
聯合國蘇丹特派團（UNMIS）	非洲	2005 年 3 月至目前	國家內部
聯合國東帝汶整合特派團（UNMIT）	亞太	2006 年 8 月至目前	國家內部
非盟－聯合國達富爾混合行動（UNAMID）	非洲	2007 年 7 月至目前	國家內部
聯合國中非共和國－查德特派團（MI NURCAT）	非洲	2007 年 9 月至 2010 年 12 月	國與國之間
聯合國組織剛果民主共和國穩定特派團（MONUSCO）	非洲	2010 年 7 月至今	國與國之間

註釋：聯合國阿富汗援助任務（UNAMA）屬於聯合國維和行動部所指導與協助的特別政治任務。

資料來源：自行整理

小結

　　自冷戰結束以來，聯合國所授權的維和行動總數，為冷戰時期的二倍半以上，歷經 1990 年代初期的積極擴張階段，聯合國維和行動雖曾於 1990 年代的中後期，遭遇重大挫折，持平而論，聯合國從失敗與不盡完美的維和案例中，依舊累積相當寶貴的經驗。而本章的重點在於探討後冷戰時期，聯合國強化維和的相關倡議以及各項任務的實施概況，觀察聯合國從冷戰期間的傳統維和（一代），逐漸過渡到以新型態維和（二代）為主軸的演進過程，本文提出下列五點分析意見。

首先，在維和介入的標的方面，新一代的維和行動經常是著眼於主權國家內部的爭端與動亂，即所謂國家內部衝突（佔 46 項維和行動中的 36 項，而非典型國與國間所爆發的區域衝突，例如海地、薩爾瓦多、喬治亞、前南斯拉夫、科索沃、索馬利亞、蘇丹、安哥拉、剛果、盧安達、柬埔寨以及東帝汶等地的例子，但誠如本書第貳章的分析，在冷戰期間所發動的 18 項維和任務中，卻有較大比例（11 項行動）是針對國與國間的衝突與糾紛。[67]

其次，在維和行動的業務內容、任務編制以及人力組成方面，誠如本書第貳章所歸納，冷戰期間所執行的 18 項一代維和行動，基本上是著眼於監督停火與撤軍、監視邊界、阻絕交戰各方、協助人道救援、建立緩衝區與非軍事區等工作，故任務相對單純，使用武力的可能性與強度較低，而且通常編制較小，因此除聯合國緊急武力第一階段（UNEF I）、聯合國緊急武力第二階段（UNEF II）、聯合國黎巴嫩臨時武力（UNIFIL）以及聯合國剛果行動（ONUC）等四項行動，派遣總規模超過 2,000 人以外，其餘的各項任務，大多僅配屬少量的軍事觀察員（無武裝）、軍事人員、國際文職人員與當地文職人員以及聯合國志工。然而，觀察後冷戰時期所新授權的任務可發現，一方面，由於維和行動常曝露在複雜、變動與難測的環境中，風險與不確定性大增，使

---

[67] Jan Eliasson, "Humanitarian Action and Peacekeeping," in Olara A. Otunnu and Michael W. Doyle, eds., *Peacemaking and Peacekeeping in the New Century* (Lanham, MD: Row and Littlefield Publishers, Inc., 1998), p. 204；Chester A. Crocker, "The Varieties of Intervention: Condition for Success," in Chester A. Crocker, Fen Osler Hampson, and Pamela Aall, eds., *Managing Global Chaos: Sources of and Responses to International Conflict* (Washington, D.C.: United States Institute of Peace Press, 1996), p.184.

用武力的機率自然偏高，故安理會所批准的編制可能更為龐大，武備較強，另一方面，由於行動設定目標更具野心，而任務項目也更為全面性，故被聯合國定位為多面向與多功能的複雜維和（multidimensional, multifunctional, and complex peacekeeping）或是全面性的囊括行動（holistic full-service operations），[68]尤其是後衝突和平建設已成為二代維和的核心任務內容，其主要工作展現在以下三個方向，即：(1) 促進政治、社會與經濟等層面的活絡與順利轉型：包括採取信心建立措施促成國家內部不同政治、種族與宗教團體的和解、刺激經濟復甦與增加就業機會、照顧因戰亂而流離失所的返鄉難民、安置被解散的士兵、建立道路、醫療、通訊與電力等基礎設施；(2) 鞏固內部與外部安全：派遣維和武力、各領域的顧問專家與軍事觀察員協助，確保和平不被任何一方破壞，確認外國部隊的撤離並提供專業諮詢與訓練，支援當地政府實現安全部門的整頓，包括建立一支效忠於國家、不歧視任何種族與宗教以及謹守政治中立的警察力量，促成司法改革、對武裝團體的繳械、解編與復員、排雷與建立當地政府的獨立除雷能力等；(3) 強化政治機構的治理能力：包括協助草擬一套各方可接受的權力安排，包括監督自由與公正大選的進行、憲法的制訂與新政府的組成，建立民主、代表性與廉能之政府及公民社會，並確保健全的政黨體系與媒體環境的成形，以及強化公民教育、訓練與推廣人權觀念等。在此情況下，不僅維和部隊的組成必須納編更大量國際與當地的文職專業人員、聯合國志工、軍事觀察員、軍事人員以及維和警察

---

[68] John Hillen, *Blue Helmets: The Strategy of UN Military Operations* (Washington, D.C.: Brassey's, 2000), pp. 140-141; Thomas M. Franck, "A Holistic Approach to Building Peace," in Olara A. Otunnu and Michael W. Doyle, eds., *Peacemaking and Peacekeeping in the New Century* (Lanham, MD: Row and Littlefield Publishers, Inc., 1998), pp.*276-277 ;* Lewis J. Rasmussen, "Peacemaking in the Twenty-First Century: New Rules, New Roles, New Actors," in William Zartman and J. Lewis Rasmussen. eds., *Peacemaking in International Conflict: Methods and Techniques* (Washington, D.C.: United States Institute of Peace Press, 1997), pp.38-39.

之外，更需要所有利益相關者、主要維和人力貢獻國、衝突周邊國家、區域政府間組織以及非政府組織（國際與當地）的充分協調與配合。

再者，在強制和平方面，冷戰時期所發動的維和行動當中，僅聯合國剛果任務（ONUC）明顯具備強制和平的性質。不過觀察聯合國1990年代至今所實施的維和行動，可發現一新趨勢，即在安理會所批准的新型態維和任務中，更為頻繁地援引《聯合國憲章》第七章的規範，納入不同程度的強制和平成廢，換言之，聯合國較常視情況需要（儘管個別常任理事國可能以棄權表達不同立場），授權維和部隊採取一切必要的途徑，實現特定的任務授權目標。[69]此現象意謂著聯合國已愈來愈能夠支持，或至少比以往較能容忍以強制恢復秩序、緊急人道援助、平民保護、執行停火，中止殺戮、重建失敗國家、確保聯合國相關人員、裝備與設施的安全等因素為名，對於主權國家進行維和干預。[70]

第四，在維和依循方針方面，自1948年以降，同意原則向來是聯合國維和介入的首要前提，尤其對於安理會早期的維和授權而言，更是如此，因為此原則能夠確保維和任務的成功，故是以消極的防衛現狀為重。但後冷戰時期的安全環境，卻出現明顯變化，例如安理會所規劃干預的對象，可能在相當比例上，並非傳統的國與國之間的區域紛爭（邊界或是佔領地區），而是爆發於一國境內的種族、宗教與統獨衝突（內戰），故在若干案例中，維和特派團甚至需要在一個崩解紛亂、無中央政府或軍閥割據的陌生國度中執勤，因此尋求所有交戰團體與派系的明確同意，無異緣木求魚，但基於前述各項複雜因素的考量，

---

[69] 楊永明，《國際安全與國際法》，頁273-274。
[70] Jennifer M. Welsh, "Authorizing Humanitarian Intervention," in Richard M. Price and Mark W. Zacher, eds., *The United Nation and Global Security* (New York, NY: Palgrave and Macmillan, 2004), pp.181-182.

聯合國的維和介入有其急迫性，因此傳統的同意原則，已並非牢不可破的奉行準繩。[71]

　　最後，在維和挑戰方面，就聯合國 1990 年代以來的維和記錄而言，在在印證聯合國於後冷戰時期所遭遇的新困境，例如面對前述分崩離析的局面，維和特派團如何有效達成安理會所設定的使命，本有其先天難度，而會員國能否維繫強韌意志力更是關鍵，因為一旦面臨維和頓挫的不利局面，聯合國秘書長必須能夠號召與說服安理會成員與主要的人員貢獻國，保持動能，持續地進行維和投入。此外，安理會之能力亦是關鍵，在瞬息萬變的形勢下，必須迅速果斷地視第一線的行動需要調整該任務內容，並做出具體可行的授權。面對高風險與敵意的執勤環境，如果安理會無法批准一項具備強制和平成份的維和行動，或是由志同道合的會員國或區域性組織從旁支援，籌組一支高強度的多國武力，以確保聯合國相關工作不受阻撓，聯合國維和行動將難以獲致成功，以上種種，都是聯合國維和行動必須克服的重大課題。

---

[71] Janice Gross Stein, "New Challenges to Conflict Resolution: Humanitarian Nongovernmental Organizations in Complex Emergencies," in Paul C. Stern and Daniel Druckman, eds., *International Conflict Resolution after the Cold War* (Washington, D.C.: National Academy Press, 2000), p.385; Adam Roberts, "The Crisis in UN Peacekeeping," in Chester A. Crocker, Fen Osler Hampson, and Pamela Aall, eds. *Managing Global Chaos: Sources of and Responses to International Conflict* (Washington, D.C.: United States Institute of Peace Press, 1996), pp.302-303；楊永明，《國際安全與國際法》，頁 264-265。

第肆章　維和行動之內在面向

　　本章的宗旨，在於探討聯合國維和行動的重要內在課題，重點環繞在維和的機制變革、維和的財務與人力以及維和的依循方針等三大主軸，本章主要劃分為四個部份，第一節為機制變革的分析，內容涵蓋秘書處維和行動部的組織重整、聯合國架構下其他維和相關部門的角色、待命安排制度的沿襲以及維和快速部署能力的發展瓶頸；第二節為財務與人力層面的分析，內容包括維和行動的經費分攤規則以及各會員國的派遣趨勢；第三節為維和依循方針的分析，內容著重於哈馬紹爾三原則的背景、意涵與演進；至於最後一個部份則是本章小結。

第一節　機制變革

　　誠如本書在先前各章節所分析，自冷戰結束以來，對於創造一個更和平、穩定與安全的國際環境而言，聯合國維和行動的角色愈形重要，然而，鑒於維和行動不僅在內涵上日趨多元與複雜化，在經費與人力層面上的需求亦呈現大幅成長的趨勢，故維和機制的改造，便成為各界矚目的焦點。而在南韓籍的聯合國第八任任秘書長潘基文（Ban Ki-moon）於 2007 年初就職之後，即開啟聯合國有史以來最大幅度的變革，其主要重點是將原有的維和行動部（Department of Peacekeeping Operations, PKO）切割為二大區塊，除保留維和行動部的功能與基本架構之外，更從中獨立出一新的部門，即所謂的實地支援部（Department of Field Support, DFS），基本構想如圖 4-1 所示，宗旨在於整合原本分散在維和行動部所轄的不同單位，並解決長期以來維和行動部因為業務龐雜，導致負荷過重與效率不彰的陳窠。事實上，調整維和事務架構的相關構想，最早是發軔於蓋里的年代（1992 年的《和平議程》），而其重要概念成熟於安南任內，即 2000 年《布拉希米報告》中所提出的具指標性的政策建議，並在現任秘書長潘基文手中逐步實現，儘管其成效仍有待時間檢視，但相較於改革企圖心旺盛的前秘書長蓋里，現任秘書長潘基文較能夠取得安理會五常共識以及多數會員國的支持，再加上待命安排制度與相關配套措施在運作上已日趨成熟，此均為其推動改革的最重要籌碼與利基。

一、組織重整

（一）維和行動部（DPKO）以及實地支援部（DFS）

在聯合國架構之中，指揮與督導維和任務的最直接與最重要機關，非秘書處所轄的維和行動部莫屬。2008 年夏，秘書長潘基文任命法籍的聯合國副秘書長羅伊（Alain Le Roy）[1]接替 2000 年 10 月由前秘書長安南所任命的葛漢諾（Jean-Marie Guéhenno），出掌主管維和行動的聯合國副秘書長（Under-Secretary-General for Peacekeeping Operations）。事實上，聯合國對於維和行動的相關部門，曾啟動一系列的組織重整過程，自 1992 年之後，聯合國維和行動部副秘書長辦公室（Office of the USG, Department of Peacekeeping Operations, DPKO）逐步建構數個行政與業務單位，主要包括執行辦公室（Executive Office, EO）、行為紀律組（Conduct and Disciplines Units, CDUs）、管理部（Department of Management, DM）以及管理部內的整合訓練處（Integrated Training Service, ITS）與最佳實踐組（Best Practices Unit,

---

[1] 羅伊曾擔任聯合國薩拉耶佛特別協調人副手暨恢復重要公共服務行動主任（Deputy to the UN Special Coordinator for Sarajevo and Director of Operations for the restoration of essential public services）以及聯合國科索沃區行政官（西區）（UN Regional Administrator in Kosovo , West Region）等職務。

BPU）。最佳實踐組的前身為政策暨分析組（Policy and Analysis Unit, PAU）與經驗學習組（Lessons Learned Unit, LLU），其角色是扮演智庫的功能，主要工作在於汲取與分析以往維和行動的經驗，以便維和任務更趨完善，訂定可供參考的依循規範與標準。[2]。

　　在歷經數波改組後，現階段在聯合國維和行動部副秘書長辦公室之下，主要設置三大單位，其一為行動廳（Office of Operations, OO）[3]，由一位聯合國助理秘書長指揮，處理維和任務的行動規劃與執行，下轄非洲一司（African I）、非洲二司（African II）、亞洲暨中東司（Asia and Middle East Division）以及歐洲暨拉美司（Europe and Latin America Division）等四個區域部門；其二是重整後的法治暨安全機構廳（Office of the Rule of Law and Security Institutions, ORLSI）[4]，該處由另一位聯合國助理秘書長指揮，負責聯合國對維和目標區的維和警力派遣、安全部門重建、排雷防爆以及武裝團體的繳械、解編與復員等事宜，下轄安全部門改革組（Security Sector Reform Service, SSRS）、維和警察司（Police Division, PD）、刑法暨司法諮詢處（Criminal Law and Judicial Advisory Service, CLJAS）以及排雷行動處（Mine Action Service）等四個部門；其三則為軍事事務廳（Office of Military Affairs, OMA）[5]，下轄軍事規劃處（Military Planning Service, MPS）、武力編成處（Force Generation Service, FGS）以及當前軍事行動處（Current Military

---

[2] Leonard Kapungu, "Peacekeeping, Peacebuilding, and Lessons-Learned Process," in Luc Reychler and Thania Paffenholz, eds., *Peacebuilding: A Filed Guide.* (Boulder, CO: Lynne Rienner Publishers, Inc, 2001), p. 435.

[3] 關於維和行動部行動處之詳細架構，參見 United Nations Peacekeeping Official Website, "Office of Operations," http://www.un.org/en/peacekeeping/operations.shtml.

[4] 關於維和行動部法治暨安全機構處的詳細架構，參見 United Nations Peacekeeping Official Website, "Military Affairs Office," http://www.un.org/en/peacekeeping/orolsi.shtml.

[5] 關於維和行動部軍事事務處的詳細架構，參見 United Nations Peacekeeping Official Website, "Military Affairs Office," http://www.un.org/en/peacekeeping/sites/oma/.

Operation Service, CMS）等三個部門，其中軍事規劃處下轄一般規劃組、維和特派團規劃組以及待命安排組。

　　至於在實地支援部方面，在新設立的維和行動部聯合國副秘書長辦公室（Office of the USG, Department of Field Support, DFS）之下，直接督導數個單位，其一為聯合國助理秘書長辦公室（Office of the ASG, Department of Field Support, DFS），該助理秘書長負責掌管行為紀律組（Conduct and Disciplines Units, CDU）[6]以及稽核暨調查組（Audit Response and Board of Inquiry Section, APBIS）等兩個部門；其二為實地人員司（Office of the Personnel Division, OPD），下轄實地中央評估主任辦公室（Office of the Director and Field Central Review Board, ODFCRB）、實地專家支援處（Field Personnel Specialist Support Service, FPSSS）以及實地人員操作處（Field Personnel Operators Service/Travel Unit）等三個部門；其三為實地預算暨財政司（Field Budget and Finance Division, FBFD），其下轄預算暨績效報告處（Budget and Performance Reporting Service, BPRS）以及備忘錄暨申請管理組（MOU and Claims Management Section, MCMS）等兩個部門；其四為後勤支援司（Logistics Support Division, LSD），下轄行動支援處（Operation Support Service, OPS）、專家支援處（Specialist Support Service, SSS）、運輸暨行動處（Transport and Movement Service, TMS）以及聯合國位於義大利布林迪西之後勤基地（United Nations Logistics Base, UNLB）等四個部門；其五為資訊暨通訊科技司（Information and Communications

---

6　近年來在第一線維和部隊的管理與紀律方面，國際媒體陸續披露不少醜聞，嚴重打擊聯合國的威信與招牌，例如聯大第四委員會於 2007 年 5 月，熱烈討論維和士兵的違紀事件，並誓言對維和行動中所有的性侵害與危害人權犯行，採取零容忍政策，而各會員國優先關注之目標，即是在蘇丹地區所發生維和部隊加害戰爭受害者（婦女與兒童）的事件，緊接著聯合國於 2007 年 7 月底，終止象牙海岸維和行動中摩洛哥部隊的任務，因為該批士兵在當地涉及強暴婦女與違反人道等行為。

Technology Division, ICTD），下轄實地通訊暨資訊科技處（Field Communication and IT Operations Service, FCITOS）。

圖4-2顯示維和行動部與實地支援部的下轄單位，以及彼此的工作關係，兩者強調整合暨共享的能力（Integrated and Shared Capabilities），此處所指涉的重要職務與部門主要有三：其一為維和行動部幕僚長（Chief of Staff），該職位督導情析中心（Situation Center, SC）、執行辦公室（Executive Office, EO）、公共事務組（Public Affairs Section）以及維和行動資訊管理組（PKO Information Management Unit）等單位；其二為維和行動部的整合行動組（Integrated Operational Teams, IOTs），旗下劃分為達富爾整合行動、東非、西非、大湖區（非洲）、亞洲、中東暨西撒哈拉以及東歐暨拉美等各個小組，並與維和行動部行動廳下的各地域司保持密切聯繫與協調；其三為維和行動部的政策、評估暨訓練司（Policy, Evaluation and Training Division），下轄最佳實踐組（Best Practices Unit, BPU）[7]與整合訓練處（Integrated Training Service, ITS）[8]等單位；除上述各部門之外，另有實地支援部之資深領導階層選任組（Senior Leadership Appointments Section）以及資訊系統組（Information Systems Section）。

如前所述，在功能劃分方面，目前維和行動部仍承襲既有的基本架構，其業務是專注於規劃、策略擬定以及實地部署等面向；至於新設立的實地支援部（DFS）不僅負責支援維和行動部（DPKO）目前在全球各地所部署的15項（14＋1）行動（2010年12月），亦須協助政治事務部（DPA）目前所主導之 17 項廣義上的和平行動（peace

---

[7]　關於最佳實踐組的運作，參見 United Nations Peacekeeping Official Website, "Best Practices Unit, BPU," http://www.un.org/en/peacekeeping/bestpractices. shtml.

[8]　關於整合訓練組的運作，參見 United Nations Peacekeeping Official Website, "Integrated Training Service, ITS," http://www.un.org/en/peacekeeping/its. shtml.

operations）或政治行動（political missions），至於實地支援部主要扮演上述維和行動與政治行動（目前共計 32 項任務）之堅實後盾角色，統籌相關人力與物力資源的獲取與整合，主管相關人事、財務、資訊、通信、科技等實地層面的日常支援業務，以滿足與維持聯合國在裝備、後勤與指揮上之第一線運作需求。

在組織架構方面，實地支援部以舊有維和行動部的任務支援辦公室與管理部為主體，將其重組，並輔以新設立的若干部門，重點在於，在原有的維和行動部切割為二大部份後，儘管新的維和行動部與實地支援部在指揮鏈上，雖不相互隸屬，卻必須保有高度的溝通、協調以及合作關係，否則便喪失改組的本意。故潘基文建議增設一個副秘書長職位以掌管未來的實地支援部，而第 64 屆聯大於 2007 年 3 月的第 88 次會議中，以不投票方式同意此方案，並要求潘基文於該年 4 月中旬提出關於新維和架構的詳細組織、預算與人事編制的報告，而聯大最後於 2007 年 6 月的第 104 會議中，正式核准此一新副秘書長職務設置（負責掌管實地支援部）、預算編列（2007 年至 2008 年為 2.3 億美金）以及人事安排（編制名額包括 810 位既有職務與 284 位新增職務），2008 年 5 月，秘書長潘基文任命阿根廷籍的馬爾柯拉（Susana Malcorra）[9]女士為主管實地支援部之新設聯合國副秘書長，聯合國大會並同意增設一位助理秘書長職務（Assistant Secretary-General）襄助其工作，換言之，在獲得大多數聯合國會員國（尤其是美國等大國）的支持後，潘基文的維和機制改革之路正式啟動。[10]

---

[9] 馬爾柯拉曾為聯合國世界糧食計畫署（Word Food Programme, WFP）主管行政事務的副執行主任（Deputy Executive Director）。

[10] 相關細節，詳見 United Nations Official Website (Department of Public Information), *General Assembly Establishes Department of Field Support As It Adopts Fifth Committee Recommendations of Major Peacekeeping Overhaul (June 29, 2007)*, http://www.un.org/News/Press/docs/2007/ga10602.doc.htm; United Nations Official Website (Department of Public Information), *General Assembly Gives Support to Secretary-General's Proposals to Restructure United Nations Peacekeeping, Disarmament (March 15, 2007)*, http://www.un.org/

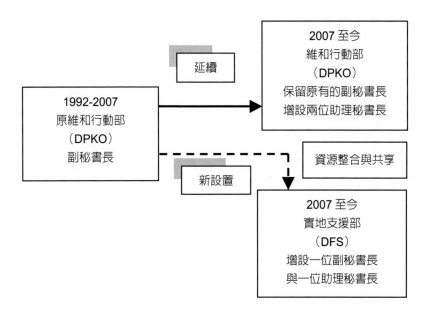

圖 4-1　新的維和行動指揮架構示意圖

資料來源：自行整理。

News/Press/docs/2007/ga10579.doc.htm;United　Nations　Official　Website (News Service), "Ban Ki-moon Details Plans for Structuring UN Peacekeeping, Disarmament Work (February 16, 2007)," http://www.un.org/apps/news/printnewsAr. asp?nid-21601.

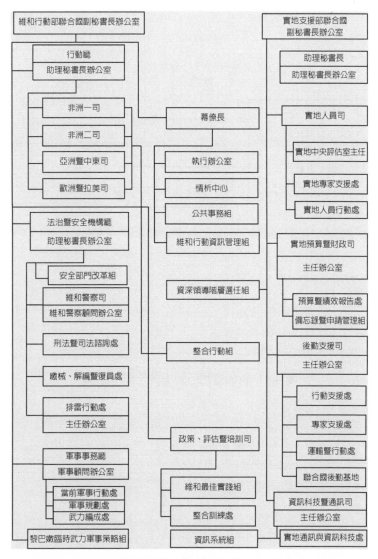

圖4-2　維和行動部與實地支援部的組織架構與工作關係

註釋：直線表示工作彙報關係
資料來源：整理自 United Nations Peacekeeping Official Website, Organizational Chart (DPKO and DFS), http://www.un.org/en/peacekeeping/documents/dpkodfs_org_chart.pdf.

二、相關部門

（一）秘書處政治事務部

除秘書處下的維和行動部以及實地支援部之外，在政治事務部（主導非維和行動部所執行的各項和平行動與政治行動）方面，秘書長潘基文於 2007 年 3 月任命美籍的貝霖（B. Lynn Pascoe）[11]出任主管政治事務的副秘書長（UN Under-Secretary-General for Political Affairs）。

至於聯合國政治事務部所負責的和平行動，主要劃分為三大類別，其中比例最高者為所謂的實地任務（field missions），其工作內容涵蓋衝突預防、預防外交、衝突解決以及部份的和平建設業務，宗旨為促使目標國家擬妥長治久安與擺脫衝突惡性循環的整合策略。簡言之，實地任務涉及聯合國在整個和平進程中所有可能觸及的任務（維和行動除外），而在實際運作上，聯合國會視第一線的需要（不同階段），彈性地將政治（和平）行動與維和行動互為運用與銜接，並保持兩者間密切的協調關係，且由前述的實地支援部（由原維和事務所獨立出來之新部門）負責兩者日常的後勤援助事宜。實地任務通常由秘書長所指派的資深代表（senior representative）領銜，目前（2010 年12 月）共計有非洲地區六項、南亞暨中亞地區兩項以及中東地區三項等 11 項實地任務，其中包括聯合國浦隆地和平建設整合辦事處（United Nations Integrated Peace-Building Office in Burundi, BINUB）、聯合國中非共和國和平建設整合辦事處（United Nations Integrated Peace-building Office in the Central African Republic, BINUCA）、聯合國幾內亞比索和

---

[11] 貝霖曾擔任美國駐印尼與馬來西亞等國大使、國務院歐洲暨歐亞事務副助卿、美國在台協會（American Institute in Taiwan, AIT）台北辦事處處長以及美國駐聯合國代表團特別顧問等職。

平建設整合辦事處（United Nations Integrated Peace-building Office in Guinea-Bissau, UNIOGBIS）、聯合國西非辦事處（United Nations Office for West Africa, UNOWA）、聯合國獅子山和平建設整合辦事處（UNIPSIL, United Nations Integrated Peace-building Office in Sierra Leone, UNIPSIL）、聯合國索馬利亞政治辦事處（United Nations Political Office for Somalia, UNPOS）、聯合國尼泊爾特派團（United Nations Mission in Nepal, UNMIN）、聯合國中亞預防外交區域中心（United Nations Regional Centre for Preventive Diplomacy in Central Asia, UNRCCA）、聯合國伊拉克援助團（United Nations Assistance Mission for Iraq, UNAMI）、聯合國中東和平進程特別協調員辦事處（Office of the United Nations Special Coordinator for the Middle East Peace Process, UNSCO）以及聯合國黎巴嫩特別協調員辦事處（UNSCOL, Office of the United Nations Special Coordinator for Lebanon, UNSCOL）等。

政治事務部所主導的第二種型態行動，即所謂的斡旋任務（Good Offices Missions），斡旋任務是由秘書長特使或特別顧問所領導，其功能在於介入衝突與調解糾紛，以謀求和平的解決之道，並協助落實聯合國所做成的相關決議，目前政治事務部就西撒哈拉、緬甸、賽浦勒斯以及希臘對於前南斯拉夫馬其頓共和國（FYROM）的名稱爭執等議題，進行五項斡旋任務。

至於政治事務部所統籌的最後一種類型行動，則是從事或從旁協助事實調查任務（Investigate Mandates and Fact-finding Missions），至目前為止，包括反對瓜地馬拉有罪不罰國際委員會（International Commission Against Impunity in Guatemala, CICIG）、聯合國布托（前巴基斯坦總理）遇刺事件國際調查委員會（The International Commission of Inquiry into the Assassination Benazir Bhutto）、幾內亞 2009 年 9 月 28 日事件國際調查委員會（The International Commission of Inquiry on the 28 September 2009 events in Guinea）、聯合國前黎巴嫩總理哈黎里遇刺國際調查委

員會（United Nations International Investigation Commission in the assassination of former Lebanese Prime Minister Rafik Hariri）等數項任務。

（二）大會第四委員會與維持和平特別委員會

　　儘管在聯合國維和行動的任務授權上，安理會被賦以重任，而在行動上則由秘書處所轄的維和行動部以及實地支援部負責，但聯合國大會仍可就相關議題提出其看法與建議。1965 年 2 月，第 19 屆聯大於第 1330 次全體會議中通過第 2006 號決議，設置維持和平特別委員會／又稱第 34 委員會（Special Committee on Peace-keeping Operations, C34），[12]該委員會至今仍是大會所設置的四個特別委員會（special committee）之一。[13]在組織方面，維持和平特別委員會的主席由聯大主席擔任，而委員會主席則在聯合國秘書長協助下，經適當諮詢程序後，決定該特別委員會的成員。目前，維持和平特別委員會的成員，涵蓋 144 個聯合國會員國（目前與曾經是維和行動的軍事人員與警力的貢獻國），另包括其他 13 個聯合國會員國以及非政府組織與實體，至於其主要功能，莫過於全面評估與審議聯合國維和行動的相關課題，並負責向聯合國大會六個主要委員會（main committees）中之第

---

[12] 參見 United Nations Documents, *A/RES/2006/XIX, Comprehensive Review of the Whole Question of Peace-keeping Operations in All Their Aspects (February 18, 1965)*, http://daccess-dds-ny.un.org/doc/RESOLUTION/GEN/NR0/211/00/IMG/NR021100.pdf?OpenElement.

[13] 目前大會所轄的其他三個特別委員會（special committees）包括：憲章與強化組織角色委員會（Special Committee on the Charter of the United Nations and on the Strengthening of the Role of the Organization）、關於實現賦予殖民國家與人民獨立宣言執行情況特別委員會（Special Committee on the Situation with regard to the Implementation of the Declaration on the Granting of Independence to Colonial Countries and Peoples）、調查以色列作為影響巴勒斯坦人民以及其他佔領區阿拉伯人權委員會（Special Committee to Investigate Israeli Practices Affecting the Human Rights of the Palestinian People and Other Arabs of the Occupied Territories）。

四委員會──即特別政治暨非殖民化委員會（Special Political and Decolonization Committee）提出諮詢意見與報告，[14]而大會第四委員會的主要業務，乃是去殖民化以及未涵蓋於第一委員會的重要政治議題，故維和行動自然屬於其職掌範圍之內，而第四委員在評估維持和平特別委員會所彙整的報告後，可擬訂草案，再交付聯合國大會全會予以討論或議決之。

（三）安理會維和事務全體工作組

誠如本書第貳章第一節所述，依據 2001 年 1 月安理會的第 4270 會議，聯合國在安理會之下，設立維和事務行動全體工作組（Working Group on Peacekeeping），其宗旨在於強化秘書處維和行動部、安理會以及維和相關人力貢獻國（軍事人員與維和警察）之三邊協調、溝通與合作。該全體工作組的主要功能在於討論與安理會職責相關的維和一般性問題，以及個別聯合國維和任務所遭遇的技術性問題。重點在於，該工作組不得取代秘書處與維和相關派遣國間所召開的非公開會議，亦不得影響大會維持和平特別委員會的既有權限，此外，該工作組必須廣泛徵詢維和相關人力派遣國之意見，以便安理會能夠清楚瞭解維和人力貢獻國的立場與想法。[15]

---

[14] 聯合國大會主要委員會（main committees）除第四委員會之外，第一委員會為裁軍暨國際安全委員會（Disarmament and International Security Committee）；第二委員會為經濟與財政委員會（Economic and Financial Committee）；第三委員會為社會、人道與暨文化委員會（Social, Humanitarian and Cultural Committee）；第五委員會為行政暨預算委員會（Administrative and Budgetary Committee）；第六委員會則為法律委員會（Legal Committee）。

[15] United Nations Documents, *S/PRST/2001/3 (January 31, 2001)*, http://daccess-dds-ny.un.org/doc/UNDOC/GEN/N10/256/29/PDF/N1025629.pdf?OpenElement.

三、待命安排

（一）待命安排制度與特遣所屬裝備

　　為了建立與維持穩定、具經驗以及可靠的維和行動能量，聯合國於 1994 年開始確立所謂的待命安排制度（United Nations Standby Arrangements System, UNSAS），其精神是各會員國自願承諾將其指定之人員（軍隊、警力與民間志願者與專家）、裝備與物資（軍需勤務）提供給聯合國維和任務之用，並與聯合國簽署所謂的備忘錄（Memorandum of Understanding, MOU）。平時相關部隊與資源於各會員國待命，維和任務的人力貢獻國則負責訓練與相關準備工作，而上述相關的資源、裝備以及人員，理論上應遵從聯合國安理會的授權行事，不得移作其他用途。一旦時機來臨，秘書長會依照安理會的決議，視任務情況（執勤地點、派遣類別、裝備需求以及威脅程度等標準），向合適的貢獻國要求提供已備妥的武力與裝備，以便組成一支以聯合國為名義的維和部隊與特派團，或是增援聯合國於目標區現有的維和武力，迅速投入至目標區域執勤，重點在於，各項維和任務的人力籌建，基本上是依照個案考量，各有其獨立性與特殊性，換言之，支援各項聯合國維和行動的基礎，並非聯合國的制式編制武力（根本未曾實現）。除人員之外，各貢獻國所承諾之自給自足的軍需後勤，涵蓋通信、食、住、醫療、基本戰場防護、觀察以及其他內容；至於所謂的裝備，則涵蓋武器、地雷探測器、運輸車輛以及通信設備等，上述通稱為派遣所屬裝備（Contingent-Owned Equipment, COE）。至於權利義務之相關細節，則詳載於貢獻國駐聯合國常任代表團與維和行動部所正式簽訂的契約（即前述的備忘錄）之中，而聯合國需要提供維和人力派遣國必要的經費補助，其金額除執勤時間與員額多寡的考量外，必須視任務的危險程度與地理條件做出合理調整。其相關的規範、程序以及給付標準，主要是依據聯合國大會所做成的決議，此外，假設聯合國與貢獻國間發生備忘錄執行方面的相關爭議，一般狀況是透過協商解決，極少數例子由國際法院仲裁之。[16]

（二）待命安排的準備層級

維和行動成功的關鍵之一，在於其規劃與部署所需時間。以往待命安排制度中具有三種不同程度的層級，從低至高（依準備與承諾的程度）依序為：（1）第一級（level one）：貢獻國僅承諾所能提供的維和能力；（2）第二級（level two）：貢獻國進一步列出實際詳細的計劃清單；（3）第三級（level three）：貢獻國與聯合國維和行動部簽署正式備忘錄。在 2001 年 9 月所出版的待命安排制度手冊中，則新增另一最高程度的層級，即快速部署層級（Rapid Deployment Level, RDL），符合此標準之維和單位，稱為快速部署層級武力（Rapid Deployment Level Unit, RDLU）。快速部署層級的要求，在於人力貢獻國在平時能夠落實完善與全面的計畫與準備工作，尤其是戰略部署物資的儲備必須處於備便狀態，目標是在 30 日至 90 日內完成部署，並以 90 日為投入的時間底限，如果會員國符合此標準，即可進入此層級。此制度設計亦呼應《布拉希米報告》中關於強化維和快速部署能力的建議，而快速部署層級的實施要件之一，在於人力提供國與秘書處的維和行動部之間，必須保持高度整合、溝通與協調，在跨越快速部署層級的門檻之前，各人力貢獻國必須簽署證明文件，並與聯合國秘書處交換節略，而在該節略中，則應載明前者所提供之編制與裝備清單，其後，

---

[16] 關於待命安排制度（UNSAS）與特遣所屬裝備（COE）的實施細節，詳見 United Nations Official Website, "United Nations Standby Arrangements System (UNSAS)," http://www.un.org/Depts/dpko/milad/fgs2/unsas_files/sba. htm; "Welcome to the COE System: Equipping the Frontlines of Peacekeeping Missions around the World," http://www.un.org/Depts/dpko/COE/home.html.

兩者展開進一步的協商與細節確認。在維和行動部方面，其軍事事務廳（OMA）下轄的軍事規劃處（MPS）與待命安排小組（Standby Arrangements Team, SAT），負責人力貢獻國的準備以及與聯合國其他部門的協調工作；在實地支援部方面，其實際預算暨財政司（FBFD）下轄之預算暨績效報告處（BPRS）以及與備忘錄暨申請管理組（MLMS），則負責處理申請條件的檢視、評估與審核工作，並派遣工作幕僚赴維和人力貢獻國，進行實地的裝備、物資與人員的考察，在確認之後，秘書處才會正式批准與接受此支維和單位，成為聯合國的快速部署層級武力，而快速部署層級制度已 2002 年中旬正式上路。[17]

四、快速部署

（一）維和待命安排武力抑或聯合國制式武力？

冷戰甫結束的 1990 年代，不僅是聯合國維和需求快速成長的時期，各種提升維和行動能力的方案，甚至包括呼籲回歸憲章第 43 條之精神，建構聯合國常設制式武力等構想，亦紛紛出爐。誠如所述，1994 年，聯合國的待命安排制度正式啟動，但隨著浦隆地、波士尼亞與索馬利亞等地的維和頓挫，荷蘭提出一項大膽與野心勃勃的構想，建議在待命安排制度的架構之外，設立聯合國直屬的常備武力，即以一支聯合國快速反應旅（UN Rapid Deployment Brigade）為其基礎，並由安理會全權節制。秘書長蓋里於 1995 年 1 月的《和平議程補充》中，進一步呼籲成立聯合國所直接指揮的快速部署武力（rapid deployment force），由聯合國會員國志願籌組，重點是這些部隊必須參與協同演

---

[17] 關於快速部署層級（RDL）的實施詳細步驟，詳見 United Nations Official Website, "UNSAS-Rapid Deployment Level," http://www.un.org/Depts/dpko/dpko/milad/fgs2/unsas_files/rapid_deployment/torrdl.htm.

習，採取統一的訓練標準與行動準則，並使用相容的武器裝備。於此同時，加拿大議提出設置快速可部署之任務總部（Rapid Deployable Mission Headquarters, RDMHQ）的構想，但此倡議較一年前荷蘭所提之方案，較為保守中庸，理由為快速可部署任務總部之概念，基本上仍是在待命安排制度的架構內運作，換言之，目的是強化既有的維和行動待命安排制度，而非另起爐灶，嘗試建構真正的聯合國常設制式武力。1996 年底，鑒於對秘書長蓋里理念的響應，由丹麥國防部長海克魯普（Hans Haekkerrup）邀集志同道合的聯合國會員國籌組工作小組，商討如何與聯合國待命安排制度相結合，設立一支快速部署部隊，此即所謂的多國參與的待命高度備便旅（Stand-by High Readiness Brigade, SHIRBRIG）之由來，宗旨在於強化聯合國維和行動的快速反應與部署能力，同一時間，丹麥外長范米爾洛（Hans Van Mierlo）與加拿大外長奧列特（André Ouellet），共組快速反應部署之友（Friends of Rapid Reaction Deployment, FORD），此組織涵蓋 27 個聯合國會員國，其初始宗旨，在於遊說各國落實快速可部署任務總部（RDMHQ）的方案，但旋即轉而支持待命高度備便旅的構想。最後由丹麥、加拿大、荷蘭、瑞典、挪威、波蘭以及奧地利等七個中型國家，率先簽署合作意向書（Letter of Intent），設立待命高度備便旅之基幹，即指導委員會（Steering Committee）與計畫小組（Planning Element, PLANEM，而聯合國秘書長安南於一年後宣佈計畫小組正式上路，並指出聯合國堅信多國待命高度備便旅的啟動，將樹立維和部署的新典範，而 2000 年 8 月所公佈的《布拉希米報告》亦呼籲聯合國會員國仿效待命高度備便旅的設置精神，志願組建更多支的多國籍旅級部隊，以充實聯合國維和部署與行動的能力。[18]

---

[18] SHIRBRIG Planning Element, *SHIRBRIG Lessons Learned Report* (Copenhagen, Danish Ministry of Defense, July 2009), pp.6-8.

（二）待命高度備便旅的建立與殞落

待命高度備便旅的兵力規模約 4,000 至 5,000 人之間，在架構方面，指導委員會為最高政治與軍事核心機構，負責監督與掌控所有重要決策，並與紐約聯合國總部保持密切的協調與聯繫，而該指導委員會的主席一職，則是由兵力參與國的高級將領輪替出任，而計畫小組的 10 餘名軍事參謀，是由各兵源貢獻國指派。計畫小組本身即是旅部基幹，而在待命高度備便旅停止運作以前，除原始參與七國之外，陸續包括芬蘭、義大利、愛爾蘭、羅馬尼亞、西班牙、立陶宛以及斯洛凡尼亞等七個歐洲中小等國家，正式簽署一份或多份的待命高度備便旅加入文件，另有捷克、拉脫維亞、克羅埃西亞、埃及、約旦以及塞內加爾等聯合國會員國成為其觀察員。

在行動準則方面，待命高度備便旅的各組成單位在承平時仍由各貢獻國所節制，故參與成員仍保有高度自主性，僅需要在任務執勤期間，將指揮權移至該旅的指揮部，而部隊的任何派遣與調動皆須獲得安理會的正式授權，至於部署時間則是以半年為度，一旦超過此期限，則任務將自動宣告終止，或改由非待命高度備便旅參與國的兵力取而代之。該旅的部署期限要求為 15 日至 30 日，並須具備兩個月的獨立作業能力，此明顯高於聯合國既有待命安排制度的標準，重點在於，儘管該旅在武裝強度方面，具備應付強健行動所需的能力，但性質上，仍是適用於聯合國的待命安排制度，且基本上是依據《聯合國憲章》第六章（而非第七章）的精神而設置，換言之，即以支援預防性部署與和平建設為任務主軸，故其雖為聯合國維和行動得以運用的快速部署選項之一，但嚴格而論，在角色與定位方面，卻絕非憲章第 43 條所規範的常設制式武力，而依照其原始設計，待命高度備便旅在運用上應重視靈活與彈性，可選擇全旅出動（未曾出現），或是僅投入所轄的分屬單位（常見派遣模式）。[19]

　　1999 年 12 月，待命高度備便旅的籌備已準備就緒，2001 年 11 月，此支部隊首度投入聯合國於厄利垂亞－衣索比亞的維和行動（UNMEE），該旅的計畫小組不僅派遣 95 名軍官充任該任務的軍事部門骨幹，並投入一支加拿大－荷蘭混合步兵營與一支丹麥連供其運用，而待命高度備便旅之指揮官──荷籍的甘麥爾特（Patrick Cammaert）陸軍准將更理所當然出任厄利垂亞－衣索比亞任務的軍事部門主管，而此次行動亦創下待命高度備便旅的 13 年歷史中，最大規模的維和派遣記錄。其後，該旅的計畫小組，曾陸續支援聯合國與非洲聯盟於非洲地區所實施的諸多維和行動與政治任務，包括聯合國賴比瑞亞特派團（UNMIL）、聯合國蘇丹先遣團（UNAMIS）、聯合國蘇丹特派團（UNMIS）以及非州聯盟蘇丹特派團（AMIS）等多項行動，但其角色多為協助建構各維和行動軍事部門的總部，而非如原始構想，以全旅出勤與快速部署的模式，承擔維和重任。[20]

　　即便待命高度備便旅在參與非洲地區的和平行動方面，具有不可忽視的貢獻，但內部雜音與質疑聲浪從未消逝。2008 年中旬，媒體曾傳出待命高度備便旅的倡議國丹麥有意退出的消息，原因是就丹麥的武裝力量而言，已無餘力做出額外承諾，依據當時甫卸任的丹麥國防部長蓋德（Soren Gade）指出，該國除派遣 145 名士兵參與聯合國維和行動外，另外提供 1,072 員參與北約於阿富汗、巴爾幹半島與伊拉克等地的軍事任務，故在支援海外維和的兵力派遣與調度方面，實已捉襟見肘，因此，事實證明此訊息並非空穴來風，最終令聯合國與國

---

[19] Ibid.
[20] 關於待命高度備便旅的其他細節，詳見 United Nations Official Website, "Multinational Standby High Readiness Forces for UN Operations," http://www. shirbrig.dk/html/main.htm,.

際社會扼腕的發展是，待命高度備便旅成員國在 2008 年第 33 屆所召開的指導委員會中，做成自 2009 年 6 月 30 日起正式解散之重大決定。[21]

　　分析待命高度備便旅以結束告終的原因，主要有二，其一，待命高度備便旅自肇建之初，其成員便缺乏堅韌的政治意志，即便承諾必要的部隊投入，但在兵力的實際調度上，無法放棄其主導權；[22]其二，由於部份成員在參與待命高度備便旅過程中，逐漸心儀其他類似的區域快速部署安排，自然均衝擊待命高度備便旅原本所獲得的認同與支持。[23]舉例而言，由歐洲部長理事會（Council of European Union）所發展的歐盟戰鬥群（EU Battle Groups, EUBG）概念，自 2007 年開始，已建立起無時無刻保持兩支武力的待命能量（各約 2,500 人規模的多國籍戰鬥群），並每半年由歐盟會員國進行派遣輪替，至目前為止，歐盟至少已建立 18 支同等級的戰鬥群，因應緊急部署的需求。在歐盟戰鬥群對於聯合國維和快速部署的貢獻與角色方面，聯合國秘書長安南亦持正面肯定的態度，尤有甚者，歐盟國家近年來將其興趣置於協助非洲聯盟實現於 2010 年建置非洲常設制式武力（African Standby Force, ASF）的宏大目標，即以五個區域旅級單位（各 5,000 人規模、總數達 25,000 人）為其基幹，其中包括西非共同體（Economic Community of West African States, ECOWAS）直轄旅（ECOWAS Bridge, ECOBRIG）、中非多國武力（Multinational Force of Central Africa, FOMAC）、東非地區旅（Eastern Africa Region Brigade, EASBRIG）、南非發展共同體旅（Southern African Development Community Brigade, SADCBRIG）以及北非區域能力（North African

---

[21] Center for UN Reform Education, *Denmark Remains Committed to UN Peacekeeping - But is Contemplating SHIRBRIG Pull-Out (August 2008)*, http://www.centerforunreform.org/system/files/s.+gade+interview.pdf.

[22] Ibid.

[23] Ibid.

Regional Capability, NARC）等。[24]換言之，待命高度備便旅的成員在資源、人力以及關注重心的移轉，在在對於該旅產生致命的排擠效應。[25]

第二節　財務人力

一、維和支出與分擔

就聯合國的一般性經常預算而言，依據第 64 屆大會第 244 號決議，2010 年至 2011 年的預算規模約為 51.56 億美元，其中包括政治行動所需的近 10 億美元開支。至於在維和行動的預算方面，從 1948 年至 2010 年 6 月 30 日為止，總額為 690 億美元，近來更呈現逐年攀升的趨勢，例如聯合國 2010 年 7 月 1 日至 2011 年 6 月 30 日的維和核定預算，即高達 72.6 億美元，儘管對比於同時間的全球軍事開銷（達 1.464 兆美元），聯合國的維和支出可謂微乎其微，僅佔其 0.5%而已，

---

[24] 上述五支非洲的區域旅級單位，大多以待命高度備便旅（SHIRBRIG）的編制為仿效對象，其中除西非共同體直轄旅（ECOWAS）的進度超前之外，其他各旅在編成與能力上，均未能達成原始目標，參見 Stephen Burgess, *The African Standby Force, Sub-regional Commands, and African Militaries*, http://www.au.af.mil/awc/africom/documents/BurgessSubregionalCommands.pdf.

[25] 自非洲聯盟於 2002 年成立以來，即朝落實非洲和平暨安全架構(African Peace and Security Architecture, APSA）的目標邁進，非洲和平暨安全架構的政治決策核心機制為和平暨政治理事會（Peace and Security Council, PSC），該理事會有 15 個成員，由非盟會員國輪替出任，下轄數個重要單位與成份，即：(1)情資研析部門：大陸早期預警系統（Continental Early Warning System, CEWAS）；(2)軍事部門：非洲常設制式武力（African Standby Force, ASF）與軍事參謀團（Military Staff Committee, MSC)；(3)外部調停與諮詢部門：智者小組（Panel of the Wise, POW）；(4)專屬經費：和平基金（Peace Fund）。而在非盟與歐盟於 2007 年里斯本峰會所建構的戰略夥伴關係中，高度強調歐盟對於非盟發展自身的非洲和平安全架構，予以支持與協助。詳見 Roger Middleton, "The EU and African Peace and Security Architecture," http://www.ieei.pt/files/8RogerMiddleton.pdf.

但因此金額仍不可小覷，再加上部份會員國的內部政治考量，導致聯合國維和拖欠款，迄今累積至 13.6 億美元的水準。[26]

在制度安排方面，聯合國維和行動相關預算之編列與攤付，屬於大會的權利，且適用於《聯合國憲章》第 17 條第 2 項之規定，即：「大會應審核本組織之預算」（第 17 條第 1 項））且「本組織之經費應由各會員國依照大會分配限額擔負之」。[27]而在維和經費的實際籌措方面，1963 年 6 月，第四次特別聯大所做成的第 1874 號決議曾制訂若干基本原則，其後針對聯合國緊急部隊（UNEF）的經費來源問題，第 28 屆大會於 1973 年 12 月所通過的第 3101 決議，亦曾重申維和經費籌措的一般性原則。

綜合上述兩項決議內容，重點包括：（1）為因應維和行動的巨額開支，必須採取與聯合經常性預算支出的不同程序；（2）經濟發展程度較高的國家，對於維和行動應承擔較高的經費分擔比例，至於經濟發展程度較低國家，對於維和款項的攤付比例應相對較低；（3）關於安理會常任理事國的維和款項分攤比例問題，應銘記其對於維護國際和平與安全，所應肩負的特別責任；（4）必須重視會員國對於維和行動的自願性捐助，在不影響集體責任的狀況下，應敦請會員國考慮此貢獻途徑。[28]

---

[26] United Nations Official Website (Department of Management), *Regular Budget 2010-2011,* http://www.un.org/en/hq/dm/pdfs/oppba/Regular%20Budget.pdf; United Nations Peacekeeping Official Website, *Fact Sheet,* http://www.un.org/en/peacekeeping/documents/factsheet.pdf; United Nations Peacekeeping Official Website, *Current Peacekeeping Operations (December 31, 2010),* http://www.un.org/en/peacekeeping/documents/bnote010101.pdf.

[27] 參見《聯合國憲章》第 17 條相關內容。

[28] 參見 United Nations Documents, *A/RES/1974(S-IV), General Principles to Serve as Guidelines for the Sharing of the Costs of Further Peacekeeping Operations Involving Heavy Expenditures (June 27, 1963),* http://daccess-dds-ny.un.org/doc/RESOLUTION/GEN/NR0/054/70/IMG/NR005470.pdf?OpenElement.;*United Nations Documents, A/RES/18/3101, Financing of the United Nations Emergency Force (December 11, 1973),* http://daccess-dds-ny.un.org/doc/RESOLUTION/GEN/NR0/281/73/IMG/NR028173.pdf?OpenElement.

　　大會於 1973 年所做成的第 3101 決議中，曾作出特別安排，確定各會員國對於聯合國緊急部隊的預算分擔，是以其對聯合國經常性預算分擔率為標準（1974 至 1976 年的三年期基準），即將所有聯合國會員國區分為 A 組（安理會五常）、B 組（經濟發達程度較高國家）、C 組（經濟發展程度較低國家）以及 D 組（經濟發展程度最低國家）等四組，其中 B 組國家是按照經常性預算分攤率，負擔其維和經費（即依 100%的比例繳納、無任何折扣），而 C 組與 D 組國家則僅依照經常性預算分攤率的兩成與一成繳納，換言之，C 組與 D 組國家各自享有 80%與 90%的折扣率，至於 A 組國家（安理會五常）則依據其經常性預算分攤率，承擔 C 組與 D 組的不足差額部份（即需要加付）。此四等級的分攤公式一直延用至 2000 年底，在此其間，除 A 組名單（安理會五常）為固定外，B 組、C 組與 D 組內的國家則依情況有所調整。[29]

　　2000 年 12 月，第 55 屆聯合國大會做出重要規範，在其通過的第 235 號決議中，除重申過去維和經費籌措的基本標準之外，亦列舉新的原則，主要包括：（1）基於反映其對維護世界和平與安全的特殊責任，安理會五常仍應單獨列為一個等級；（2）經濟發展程度最差的國家，應享受最高的折扣率；（3）所有等級國家因預算分攤調整所獲得的折扣，應由安理會五常負擔。[30]細部而言，2000 年的大會第 235 號決議的主要內容，主要在於制訂新的各會員國經常預算的分擔率等級表，且確立該等級表，每三年必須視各會員國的經濟狀況，依據前述的標準與原則，重新調整各等級內的國家名單，2001 年至 2003 年的

---

[29] 參見 United Nations Documents, *A/RES/18/3101, Financing of the United Nations Emergency Force (December 11, 1973)*, http://daccess-dds-ny.un.org/doc/RESOLUTION/GEN/NR0/281/73/IMG/NR028173.pdf?OpenElement.

[30] 參見 United Nations Documents, *A/RES/55/235, Scale of Assessments for the Apportionment of Expenses of UN Peacekeeping operations (December 23, 2000)*, http://daccess-dds-ny.un.org/doc/UNDOC/GEN/N00/573/25/PDF/N0057325.pdf?OpenElement.

等級表的基礎，是以各會員國在 1993 年至 1998 年內之平均每人國民生產毛額與全體會員國於該時期的平均值（4,797 美元）做比較，即以六年期為計算基礎，做為 2001 年 7 月 1 日至 2003 年 12 月 31 日間各會員國關於維和費用之分攤率等級標準，而此新的分攤率等級表，亦從以往的四級增為 10 級（詳見表 4-1）。

其中，A 組仍為安理會的中、美、英、法、俄五個常任理事國，C 組則包括 2000 年第 55 屆大會第 235 號決議附件所列之會員國（即汶萊、科威特、卡達、新加坡與阿拉伯聯合大公國等五國），其繳款折扣率為 7.5%，至於 D 組（折扣率為 20%）、E 組（折扣率為 40%）、F 組（折扣率為 60%）、G 組（折扣率為 70%）、H 組（折扣率為 80%、但自動調整為 70%）的國家，則是除 A 組會員國之外，平均每人國民生產毛額分別低於全體會員國平均數 2 倍、1.8 倍、1.6 倍、1.4 倍、1.2 倍的聯合國會員國，而 I 組（（折扣率 80%））是平均每人國民生產毛額低於全體會員國平均數的國家，J 組則為（折扣率高達 90%）經濟發展程度最落後之聯合國會員國，各自有其不同的繳款折扣率，至於 B 組則為其餘不享有任何折扣率之聯合國會員國（A 組繳款國除外），簡言之，平均每人國民生產毛額越低的會員國，所需要繳納的成數越低（折扣率越高），至於 A 組會員國則依據其經常性預算分攤率，承擔其他級組別會員國的差額（即必須加付）。[31]

值得一提的是，2000 年大會第 236 號決議亦規定部份會員國可選擇向上調整其等級（即自願攤付更高比例的維和經費分擔）。[32]此外，由於施行新制，必將牽動各會員國等級的調整，緩衝期自屬必要，故規定在從 E 組至 B 組間的等級調升中，過渡期限為兩年（每年分期繳

---

[31] 同上註。

[32] 參見 United Nations Documents, *A/RES/55/236, Voluntary Movements in Connection with the Apportionment of Expenses of UN Peacekeeping (December 23, 2000)*, http://daccess-dds-ny.un.org/doc/UNDOC/GEN/N00/573/31/PDF/N0057331.pdf?OpenElement.

納新增金額的一半）或三年（每年分期繳納新增金額的三分之一），但亦有例外情形，例如部份會員國願意放棄過渡期限的優待安排，另有國家可獲得較長時間過渡期的待遇，而在 2001 年至 2003 年之後，上調兩個等級的會員國，適用兩年過渡期的規定，至於上調三個等級之會員國，則適用三年的過渡期規定。

而 2004 年 1 月 1 日至 2006 年 12 月 31 日等級表之基礎，則是以各會員國在 1996 年至 2001 年的平均每人國民生產毛額與全體會員國於該時期的平均值（5,094 美元）做比較（詳見表 4-2）。[33]而 2007 年 1 月 1 日至 2009 年 12 月 31 日等級表的基礎，則是以各會員國在 1999 年至 2004 年內的平均每人國民生產毛額與全體會員國於該時期的平均值（5,518 美元）做比較（詳見表 4-3）。[34]

至於最新的等級表情況，根據 2009 年第 64 屆大會所通過的第 648 號與第 649 號決議，2010 年 1 月 1 日至 2012 年 12 月 31 日的等級表的基礎，是以各會員國在 2002 年至 2007 年的平均每人國民生產毛額與全體會員國於該時期的平均值（6,708 美元）做比較（詳見表 4-4）。[35]

---

[33] 參見 United Nations Documents, *A/58/157, Scale Assessment for the Apportionment of Expenses of UN Peacekeeping Operations (July 15, 2003)*, http://www.un.org/ga/search/view_doc.asp?symbol=A%2F58%2F157&Submit=Search&Lang=E.

[34] 參見 United Nations Documents, *A/61/139, Scale Assessment for the Apportionment of Expenses of UN Peacekeeping Operations (July 13, 2006)*, http://www.un.org/ga/search/view_doc.asp?symbol=A%2F61%2F139&Submit=Search&Lang=E.

[35] 參見 United Nations Documents, *A/RES/249, Scale Assessment for the Apportionment of Expenses of UN Peacekeeping Operations (February 5, 2010)*, http://daccess-dds-ny.un.org/doc/UNDOC/GEN/N09/476/77/PDF/N0947677.pdf?OpenElement ; United Nations Documents, *A/RES/248, Scale Assessment for the Apportionment of Expenses of UN Peacekeeping Operations February 5, 2010)*, http://daccess-dds-ny.un.org/doc/UNDOC/GEN/N09/476/71/PDF/N0947671.pdf?OpenElement.

表 4-1　2001 至 2003 年：以聯合國各會員國平均每人國民生產毛額之平均為基礎的維和分擔級別表

等級	標準	門檻值 2001-2003（美金）	新繳款國的過渡期	折扣率（%）
A	安理會常任理事國	不適用		加付
B	全體會員國（A 類繳款國除外）	不適用	3 年	0
C	2000 年第 55 屆大會第 235 號決議附件所列會員國	不適用	3 年	7.5
D	平均每人國民生產毛額低於全體會員國平均數兩倍的會員國（A 類繳款國除外）	低於 9,594 美元	3 年	20
E	平均每人國民生產毛額低於全體會員國平均數 1.8 倍的會員國（A 類繳款國除外）	低於 8,634 美元	2 年	40
F	平均每人國民生產毛額低於全體會員國平均數 1.5 倍的會員國（A 類繳款國除外）	低於 7,675 美元	不適用	60
G	平均每人國民生產毛額低於全體會員國平均數 1.4 倍的會員國（A 類繳款國除外）	低於 6,715 美元	不適用	70
H	平均每人國民生產毛額低於全體會員國平均數 1.2 倍的會員國（A 類繳款國除外）	低於 5,756 美元	不適用	80（自願調整為 70）
I	平均每人國民生產毛額低於全體會員國平均數的會員國（A 類繳款國除外）	低於 4,797 美元	不適用	80
J	經濟發展程度最落後的會員國（A 類繳款國例外）	不適用	不適用	90

資料來源：United Nations Documents, *A/RES/55/236, Voluntary Movements in Connection with the Apportionment of Expenses of UN Peacekeeping (December 23, 2000)*, http://daccess-dds-ny.un.org/doc/UNDOC/GEN/N00/573/31/PDF/N0057331.pdf?OpenElement.

表 4-2　2004 至 2006 年：以聯合國各會員國平均每人國民生產毛額之平均為基礎的維和分擔級數表

等級	標準	門檻值 2004-2006 （美金）	折扣率 （%）
A	安理會常任理事國	不適用	加付
B	全體會員國（除 A 類、C-J 類國家以外）	不適用	0
C	2000 年第 55 屆大會第 235 號決議附件所列會員國	不適用	7.5
D	平均每人國民生產毛額低於全體會員國平均數兩倍的會員國（A、C 級繳款國除外）	低於 10,888 美元	20
E	平均每人國民生產毛額低於全體會員國平均數 1.8 倍的會員國（A 級、C 級、J 級繳款國除外）	低於 9,169 美元	40
F	平均每人國民生產毛額低於全體會員國平均數 1.5 倍的會員國（A 級、C 級、J 級繳款國除外）	低於 8,150 美元	60
G	平均每人國民生產毛額低於全體會員國平均數 1.4 倍的會員國（A 級、C 級、J 級繳款國除外）	低於 7,131 美元	70
H	平均每人國民生產毛額低於全體會員國平均數 1.2 倍的會員國（A 級、C 級、J 級繳款國除外）	低於 6,112 美元	80 （自願調整為 70）
I	平均每人國民生產毛額低於全體會員國平均數的會員國（A 級、C 級、J 級繳款國除外）	低於 5,094 美元	80
J	經濟發展程度最落後國家（A 級與 C 級繳款國例外）	不適用	90

資料來源：United Nations Documents, *A/58/157, Scale Assessment for the Apportionment of Expenses of UN Peacekeeping Operations* （*July 15, 2003* ）, http://www.un.org/ga/search/view_doc.asp?symbol=A%2F58%2F157&Submit=Search&Lang=E.

表 4-3　2007 至 2009 年：以聯合國各會員國平均每人國民生產毛額之
平均為基礎的維和分擔級數表

等級	標準	門檻值 2007-2009（美金）	折扣率（％）
A	安理會常任理事國	不適用	加付
B	全體會員國（除 A 類、C-J 類國家以外）	不適用	0
C	2000 年第 55 屆大會第 235 號決議附件所列會員國	不適用	7.5
D	平均每人國民生產毛額低於全體會員國平均數兩倍的會員國（A、C 級繳款國除外）	低於 1,1036 美元	20
E	平均每人國民生產毛額低於全體會員國平均數 1.8 倍的會員國（A 級、C 級、J 級繳款國除外）	低於 9,932 美元	40
F	平均每人國民生產毛額低於全體會員國平均數 1.5 倍的會員國（A 級、C 級、J 級繳款國除外）	低於 8,829 美元	60
G	平均每人國民生產毛額低於全體會員國平均數 1.4 倍的會員國（A 級、C 級、J 級繳款國除外）	低於 7,725 美元	70
H	平均每人國民生產毛額低於全體會員國平均數 1.2 倍的會員國（A 級、C 級、J 級繳款國除外）	低於 6,621 美元	80（自願調整為 70）
I	平均每人國民生產毛額低於全體會員國平均數的會員國（A 級、C 級、J 級繳款國除外）	低於 5,518 美元	80
J	經濟發展程度最落後國家（A 級與 C 級繳款國例外）	不適用	90

資料來源：United Nations Documents, *A/61/139, Assessment for the Apportionment of Expenses of UN Peacekeeping Operations*（*July 13, 2006*），http://www.un.org/ga/search/view_doc.asp?symbol=A%2F61%2F139&Submit=Search&Lang=E.

表 4-4　2010 至 2012 年：以聯合國各會員國平均每人國民生產毛額之平均為基礎的維和分擔級數表

等級	標準	門檻值 2007-2009（美金）	折扣率（%）
A	安理會常任理事國	不適用	加付
B	全體會員國（除 A 類、C-J 類國家以外）	不適用	0
C	2000 年第 55 屆大會 235 號決議附件所列會員國	不適用	7.5
D	平均每人國民生產毛額低於全體會員國平均數兩倍的會員國（A、C 級繳款國除外）	低於 13,416 美元	20
E	平均每人國民生產毛額低於全體會員國平均數 1.8 倍的會員國（A 級、C 級、J 級繳款國除外）	低於 12,074 美元	40
F	平均每人國民生產毛額低於全體會員國平均數 1.5 倍的會員國（A 級、C 級、J 級繳款國除外）	低於 10,733 美元	60
G	平均每人國民生產毛額低於全體會員國平均數 1.4 倍的會員國（A 級、C 級、J 級繳款國除外）	低於 9,391 美元	70
H	平均每人國民生產毛額低於全體會員國平均數 1.2 倍的會員國（A 級、C 級、J 級繳款國除外）	低於 8,050 美元	80（自願調整為 70）
I	平均每人國民生產毛額低於全體會員國平均數的會員國（A 級、C 級、J 級繳款國除外）	低於 6,708 美元	80
J	經濟發展程度最落後國家（A 級與 C 級繳款國例外）	不適用	90

資料來源：
（1）United Nations Documents, *A/RES/249*, *"Scale Assessment for the Apportionment of Expenses of UN Peacekeeping Operations (February 5, 2010)*, http://daccess-dds-ny.un.org/doc/UNDOC/GEN/N09/476/77/PDF/N0947677.pdf?OpenElement；
（2）United Nations Documents, *A/RES/248*, *"Scale Assessment for the Apportionment of Expenses of UN Peacekeeping Operations (February 5, 2010)*, http://daccess-dds-ny.un.org/doc/UNDOC/GEN/N09/476/71/PDF/N0947671.pdf?OpenElement.

表 4-5　2004 年至 2012 年各等級國家維和行動之攤款比例

A 組 （安理會 五常）	2004-2006		2007-2009		2010-2012	
	聯合國經 常性預算 分擔率 （%）	維和行動 分擔率 （%）	聯合國經 常性預算 分擔率 （%）	維和行動 分擔率 （%）	聯合國經 常性預算 分擔率 （%）	維和行動 分擔率 （%）
中國	2.070	2.5044 － 2.5231	2.7160	3.2530 － 3.2375	3.3189	3.9343 － 3.9390
法國	6.0800	7.3517 － 7.4107	6.3010	7.5108 － 7.5468	6.123	7.5540 － 7.5631
俄羅斯	0.4660	0.5635 － 0.5680	0.6720	0.8010 － 0.8049	1.6020	1.9764 － 1.9788
英國	6.1780	7.4701 － 7.5302	6.6420	7.9173 － 7.9552	6.6040	8.1474 － 8.1572
美國	22.0000	26.6014 － 26.8152	22.0000	26.2240 － 26.3497	22.000	27.1415 － 27.1743
A 組總計	36.7940	44.4896 － 44.8472	38.3310	45.69006 － 45.9096	39.5180	48.7536 － 48.8125
B 組 （以下僅 列舉比重 較大之 國家）	聯合國經 常性預算 分擔率 （%）	維和行動 分擔率 （%）	聯合國經 常性預算 分擔率 （%）	維和行動 分擔率 （%）	聯合國經 常性預算 分擔率 （%）	維和行動 分擔率 （%）
日本	19.6290	19.6290	16.6240	16.6240	12.5300	12.5300
澳洲	1.6060	1.6060	1.7870	1.7870	1.9330	1.9330
加拿大	2.8370	2.8370	2.9770	2.9770	3.2070	3.2070
德國	8.7330	8.7730	8.5770	8.5770	8.0180	8.0180
義大利	4.9260	4.9260	5.0790	5.0790	4.9990	4.9990-

荷蘭	1.6950	1.6950	1.8730	1.8730	1.8550	1.8550
西班牙	2.5200	2.5200	2.9680	2.9680	3.1770	3.1770
南韓	（向 D 組過渡） 1.5187 — 1.8080	（向 D 組過渡） 1.4464	（向 B 組過渡） 2.1730	（向 B 組過渡） 1.9557 — 2.1730	（列入 B 組） 2.2600	（列入 B 組） 2.2600
B 組總計	50.3750 （29 國總計） （不列入向 B 組過渡之三國）	50.3750 （29 國總計） （不列入向 B 組過渡之三國）	49.1100 （32 國總計） （不列入向 B 組過渡之三國）	49.1100 （32 國總計） （不列入向 B 組過渡之三國）	47.0460 （32 國總計）	47.0417 （32 國總計）
A 組與 B 組總計（約略值）	87.12	94.76 — 95.25	87.44	94.80 — 95.02	86.56	95.79 — 95.85

註釋：不同於聯合國的經常經費分攤，在維和經費方面，對於 A 組中的安理會五常而言，必須加付，即負擔他組所享有的折扣率（不足的部份），關於 A 組成員在三個時期（各三年）維和行動經費攤款的數據，因原始聯合國官方文件所提供的資料，並非三年的平均值，而是一個年度與兩個年度（例如 2007 年、2008 至 2009 年）之兩組實際攤款均值，因此本表是以最低值與最高值的方式呈現。

參考資料：整理自

（1）United Nations Documents, *A/58/157, Scale Assessment for the Apportionment of Expenses of UN Peacekeeping Operations（July 15, 2003）*, http://www.un.org/ga/search/view_doc.asp?symbol=A%2F58%2F157&Submit=Search&Lang=E.

（2）United Nations Documents, *A/61/139, Scale Assessment for the Apportionment of Expenses of UN Peacekeeping Operations（July 13, 2006）*, http://www.un.org/ga/search/view_doc.asp?symbol=A%2F61%2F139&Submit=Search&Lang=E.

（3）United Nations Documents, *A/RES/249, Scale Assessment for the Apportionment of Expenses of UN Peacekeeping Operations (February 5, 2010)*, http://daccess-dds-ny.un.org/doc/UNDOC/GEN/N09/476/77/PDF/N0947677.pdf?OpenElement

（4）United Nations Documents, *A/RES/248, Scale Assessment for the Apportionment of Expenses of UN Peacekeeping Operations (February 5, 2010)*, http://daccess-dds-ny.un.org/doc/UNDOC/GEN/N09/476/71/PDF/N0947671.pdf?OpenElement.

　　表 4-5 顯示在 2004 年至 2012 年間，主要貢獻國對於聯合國維和經費分擔與經常性預算的攤款比例，此表且呈現三個時段的資料，即 2004 年至 2006 年、2007 年至 2009 年以及 2010 年至 2012 年，而所囊括者僅為 A 組國家與部份 B 組國家（僅列出貢獻率高於 1.5%者），但不含 C 組至 J 組國家。

　　觀察相關數據可察覺下列兩點重要意涵，首先，在聯合國的制度設計上，無論就經常性預算或維和行動支出而言，均是由少數會員國（安理會五常以及經濟發展情況較佳國家）承擔重任，即經濟意義上之能者多付。在聯合國經常性預算分攤上，若將 A 組國家（安理會五常）與全體 B 組國家（無論是 29 國或 32 國）總計，幾乎佔據經常性預算的 87%到 88%之間。在維和經費方面，如前所述，由於經費的鉅大，A 組安理會五常必須加付，即額外負擔 B 組以外各國的折扣率部份，意即 A 組國家的維和分攤率，勢必較其經常性預算的分攤率更高，故若將 A 組國家（安理會五常）與全體 B 組國家（無論是 29 國或 32 國）總計，可發現此 34 國或 37 國雖然不及聯合國會員國總數的五分之一，卻必須擔負維和總經費的 95%至 96%之譜，易言之，其他八成以上的聯合國會員會，總共僅需要負擔 4%至 5%的維和行動支出，比例上實乃微乎其微；其二，在維和行動的經費分擔率的排名方面，基本上變化不大。以 2010 年至 2012 年的預算安排而言（詳見圖 4-3），前 20 名分別為：(1) 美國（27.20%）、(2) 日本（12.50%）、(3) 英國（8.16%）、(4) 德國（8.02%）、(5) 法國（7.56%）、(6) 義大利（5%）、(7) 中國（3.94%）、(8) 加拿大（3.21%）、(9) 西班牙（3.18%）、(10) 南韓（2.26%）、(11) 俄羅斯（1.98%）、(12) 澳洲（1.93%）、(13) 紐西蘭（1.86%）、(14) 瑞士（1.13%）、(15) 比利時（1.08%）、(16) 瑞典（1.06%）、(17) 挪威（0.87%）、(18) 奧地利（0.85%）、(19) 丹麥（0.74%）、(20)

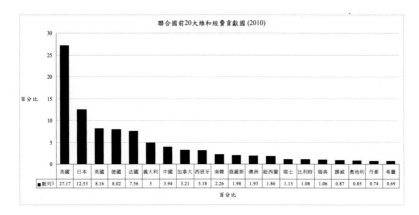

圖 4-3　聯合國前 20 大維和經費貢獻國（2010 年）

資料來源：United Nations Documents, *A/RES/248, Scale Assessment for the Apportionment of Expenses of UN Peacekeeping Operations （February 5, 2010 ）*, http://daccess-dds-ny.un.org/doc/UNDOC/GEN/N09/476/71/PDF/N0947671.pdf?OpenElement.

希臘（0.69%）。[36]值得注意的是，單計美、日兩國的貢獻，即佔維和總預算的近四成，而全體安理會五常的貢獻，高達維和總經費的近半比例，其中俄羅斯則是唯一未進入前 10 名的安理會常任理事國。

二、維和需求與貢獻

在聯合國人力需求與投入方面，目前共有 118 個會員自願貢獻其軍事人員與維和警察。就 2010 年 12 月的統計數據而言，在聯合國維和行動部所執行的所有行動中（不包括政治任務），共計 120,827 員，

---

[36] United Nations Documents, *A/RES/248, Scale Assessment for the Apportionment of Expenses of UN Peacekeeping Operations (February 5, 2010)*, http://daccess-dds-ny.un.org/doc/UNDOC/GEN/N09/476/71/PDF/N0947671.pdf?OpenElement.

其中包括軍事人員 81,792 名，維和警察 14,318 名、軍事觀察員 2,201
名、國際文職人員 5,737 名、當地文職人員 14,153 名以及聯合國志工
2,626 名，此數字對比於 2000 年《布拉希米報告》提出改革建議之際
的近 20,000 員，成長近 6 倍。[37]另一方面，在個別會員國的維和投入
方面，以 2010 年 12 月的最新數據視之，在前 20 名當中，基本上仍以
南亞與非洲之發展中國家獨佔鰲頭，少部份為中東、東南亞（印尼）
以及南美（巴西與烏拉圭）國家，而在歐洲地區，僅法國與義大利等
國的態度較為積極。在安理會五常方面，除法國之外，則以中國的參
與較為突出（詳見本書第玖章），而英國、美國與俄羅斯等三國的貢獻
較微不足道，表 4-6 與圖 4-4 為 2010 年的會員國人力貢獻概況。至於
聯合國維和任務的犧牲（含聯合國秘書處人員、維和任務以及其他政
治行動）方面，至 2010 年為止，共計 2,850 人死亡，以人員類別而言，
依序是軍事人員 2101 位、軍事觀察員 82 位、維和警察 179 位、國際
文職 199 位、當地文職 268 位以及其他 21 位（聯合國志願人員）。而
單獨計算冷戰期間執行情形可發現，維和的犧牲總數為 866 員，進入
後冷戰時期的犧牲總數為 1,984 員。[38]若以個別行動計算，死亡人數（累
計）超過 200 員的維和任務，共計三個，依序是聯合國黎巴嫩臨時武
力（UNIFIL）的 290 名、聯合國剛果行動（ONUC）的 249 名以及聯

[37] United Nations Peacekeeping Official Website, *Current Peacekeeping Operations (December 31, 2010)*, http://www.un.org/en/peacekeeping/documents/bnote010101.pdf.

[38] United Nations Peacekeeping Official Website: *Fatalities in UN Peacekeeping (Yearly Totals)*, http://www.un.org/en/peacekeeping/fatalities/documents/StatsByYear%201.pdf; *Fatalities in UN Peacekeeping (Nationality and Mission)*, http://www.un.org/en/peacekeeping/fatalities/documents/StatsByNationalityMission%202.pdf; *Fatalities in UN Peacekeeping (Mission & Appointment Type)*, http://www.un.org/en/peacekeeping/fatalities/documents/StatsByMissionAppointmentType%203.pdf; *UN Peacekeeping, 2010 Annual Report of the Secretary-General (Excerpts relating to UN peacekeeping from the UN Secretary-General's 2010 Annual Report on the Work of the Organization)*, http://www.un.org/en/peacekeeping/documents/pko_2010.pdf.

表 4-6　2010 年 12 月聯合國會員國維和人力投入排名（含維和警察、任務專家與軍事人員）

前 20 大維和人力貢獻國（排名）	國家	維和警察數目	任務專家數目	軍事人員數目	總計
1	巴基斯坦	947	111	9,594	10,652
2	孟加拉	1,862	91	8,449	10,402
3	印度	1,057	84	7,550	8,691
4	奈及利亞	877	76	4,888	5,861
5	埃及	230	105	5,074	5,409
6	尼泊爾	886	54	3,491	4,431
7	約旦	1,902	59	2,016	3,977
8	盧安達	298	20	3,492	3,810-
9	迦納	337	54	2,575	2,966
10	烏拉圭	11	54	2,388	2,453
11	塞內加爾	782	42	1,534	2,358
12	衣索比亞	10	23	2,268	2,301
13	巴西	25	46	2,196	2,267
14	南非	154	28	2,005	2,184
15	中國	92	56	1,891	2,039
16	印尼	154	33	1,608	1,795
17	義大利	15	20	1,706	1,741
18	摩洛哥	0	6	1,551	1,557
19	法國	95	20	1,425	1,540
20	斯里蘭卡	92	14	1,109	1,215

以下不計排名選擇性列入具代表性會員國	國家	維和警察數目	軍事專家數目	維和部隊數目	總計
	英國	0	7	275	282
	德國	16	26	240	282
	日本	0	8	258	266
	美國	61	13	13	87
投入維和人力之所有115個聯合國會員國	維和警察數目	任務專家數目	軍事人員數目	維和部隊數目	
總計	14,322	2,302	82,014	82,014	

註釋：任務專家包含參謀人員以及軍事觀察員
資料來源：United Nations Peacekeeping Official Website, *Contributors to the United Nations Peacekeeping Operations（as of 31 December 2011）*, http://www.un.org/en/peacekeeping/contributors/2010/dec10_1.pdf.

合國（前南斯拉夫）保護武力（UNPROFOR）的 213 名。[39]而在會員國的維和參與方面，死亡人數累計超過 100 員者，共計八國，依序為印度（139 位）、迦納（127 位）、加拿大（121 位）、巴基斯坦（120 位）、奈及利亞（112 位）、英國（102 位）以及孟加拉（101 位）。儘管相較於戰爭中的死傷，維和行動的人員折損，自屬小巫見大巫，基於財務誘因（聯合國對每位維和士兵所提供的補貼）與國際責任（自我外交定位與國際能見度）的考量，縱然有所成效，但假設任務風險與不確定增高，導致傷亡劇增，難免影響聯合國會員國投入維和任務的意願。[40]

---

[39] Ibid.
[40] 部份學者曾針對聯合國維和行動私人化（privatization）的可能新趨勢（即由民間保安公司承包相關的武力派遣業務），提供可行性與利弊分析，參見 Damian Lilly, "The Privatization of Peacekeeping: Prospects and Realities," *Disarmament Forum* (2000), No. 3, pp.53-62.

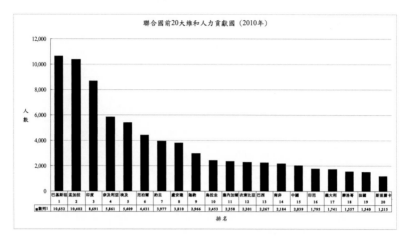

圖 4-4　聯合國前 20 大維和人力貢獻國（2010 年）

註釋：任務專家包含參謀人員以及軍事觀察員。
資料來源：United Nations Peacekeeping Official Website, *Contributors to the United Nations Peacekeeping Operations（as of 31 December 2011）*, http://www.un.org/en/peacekeeping/contributors/2010/dec10_1.pdf.

第三節　依循規範

一、哈馬紹爾三原則的確立

　　1956 年 11 月，蘇彝士運河危機爆發，由於事涉英、法此兩個安理會常任理事國的利益，安理會的運作形同癱瘓，因此，聯合國大會根據 1950 年 11 月 3 日的聯合維持和平決議（The Uniting for Peace Resolution），於 1956 年 11 月召開首屆緊急特別會議，建立聯合國緊急武力第一階段（UN Emergency Force I, UNEF I）。不同於聯合國先前以軍事觀察員為主體所授權的數項維和任務，聯合國緊急武力第一階段為聯合國首次籌組的建制維和武力，也是藍盔部隊（The Blue Helmets）稱謂出現的由來。時任聯合國秘書長的哈馬紹爾在 1958 年 10 月 9 日向聯合國所呈送的著名《總結報告》（Summary Study of the Experience Derived from the Establishment and Operation of the Force: Report of the Secretary-General）當中，曾將聯合國緊急武力第一階段的運作指導方針，扼要定義為同意、中立與非武力（除非以自衛為由）等三項，故此後外界稱其為聯合國維和行動之哈馬紹爾三原則。[41]

　　傳統上，聯合國維和行動的依循規範，除前述的同意、公正、非自衛不得使用武力之外，尚包括大國排除、明確、可信暨可達成的授權、風險承擔、公正之地域代表以及正當性（主要是指任務是否出現違法亂紀情事）等諸多原則，茲分述如下，（1）同意原則：即聯合國的維和介入，必須以交戰各方的一致同意為前提，若任何一方出現反悔，則此維和行動必須中止（相關人員與裝備應撤離），此乃基於安全與自保的考量，亦涉及任務的正當性基礎（代表聯合國並非強行介入）；（2）公正原則：此為傳統上聯合國維和行動能否獲致成功的最核心要件，因為一旦維和行動展開，就代表聯合國於目標區的公正存在，倘若維和人員於執勤時無法保持客觀、中立與超然的立場，而擁有自身好惡，或刻意偏袒或維護其中一方，不僅無法獲得衝突各造的接受與信賴，也必將危及自身安全；[42]（3）非

---

[41] 參見 United Nations Documents, *A/3943,Summary Study of the Experience Derived from the Establishment and Operation of the Force: Report of the Secretary-Genera (October 9, 1958),* http://www.un.org/depts/dhl/dag/docs/a3943e.pdf.

[42] 唐納（Dominick Donald）曾比較在聯合國維和行動中，關於中立（neutrality）與公正（impartiality）兩概念之差異，他認為公正而非中立原則，是聯合國維和行動所應遵奉的原則，所謂的公正原則，是指維和部隊面對第一線的形勢，採取積極的判斷，對於紛爭本身與因應作為，維持超然與客觀的立場，避免在衝突雙方選邊站，但不意謂對違背聯合國決議者，視若無睹與一視同仁；至於中立則是較消極與保守的概念，盲目固守中立原則的後遺

武力原則：由於傳統維和任務的本質，並非《聯合國憲章》第七章所指涉的強制軍事行動，而維和部隊（通常僅配備輕型武器）更無法和一般戰鬥部隊等量齊觀，因此除非遭受安全威脅，在別無選擇的情況下，維和人員才能夠以自衛為由，而被動、審慎與有限度地使用武力，換言之，動武是不得已的最後手段；（4）大國排除原則：此為冷戰時期的特殊產物，基於利益迴避與政治敏感性等考量，維和部隊的組成除需要避免涉及此爭端的會員國外，通常不會包括安理會五常，尤其是美、蘇兩大強權在內，但也有例外情況，例如美國按慣例雖不派遣維和人員，卻曾提供維和部隊的後勤與基地支援，而英國亦曾參與聯合國於賽浦勒斯的行動，而法國也曾投入黎巴嫩的維和任務；（5）明確授權原則：維和行動的成功運作，除需要明確的授權外（包括宗旨目標、任務授權、實施地點、執勤時限、部隊編制與人力組成等），更需要安理會毫無保留與從一而終的全面支持；（6）風險承擔原則：維和任務雖然是在目標區各方勢力的同意下進行，但仍有可能深陷高敵意與不確定的環境，因此死傷在所難免，維和人力提供國（尤其是民主國家）於事前必須明瞭且願意承擔此風險。[43]

症，是對於強制行動選項的自我僵化與設限，並可能造成聯合國維和部隊在面對刻意破壞和平的挑釁之舉時，無動於衷，唐納認為。遺憾的是，雖然中立與客觀兩原則的分野極為關鍵，但此概念不僅未獲會員國的重視，歷任聯合國秘書長更常混淆與誤用此二辭彙，故長遠而言，並不利於維和行動相關準則的精確化與良性發展，參見 Donald, Dominick, "Neutrality, Impartiality, and UN Peacekeeping at the Beginning of the 21st Century." *International Peacekeeping* (Winter 2002), Vol. 9, No. 4, pp.21-38.

[43] 參見楊永明，2003，《國際安全與國際法》（台北：元照出版社），頁 264-265；Adam Roberts, "The Crisis in UN Peacekeeping," in Chester A. Crocker, Fen Osler Hampson, and Pamela Aall, eds., *Managing Global Chaos: Sources of and Responses to International Conflict* (Washington, D.C.: United States Institute of Peace Press), p. 298; Thomas Weiss, David P. Forsythe, and Roger A. Coate, *The United Nations and Changing World Politics* (Boulder, CO: Westview Press., 2004), pp.38-49.

二、哈馬紹爾三原則的演進

　　聯合國維和任務在漫長的實踐過程當中，雖然其指導方針隨著主客觀條件的變遷而有所調整，但其重中之重莫過於哈馬紹爾三原則，聯合國秘書處維和行動部曾於2008年3月發表最新政策審視報告——《聯合國維和行動：原則與方針》（United Nations Peacekeeping Operations: Principles and Guidelines），在此份亦稱為《頂石原則》（Capstone Dcotrines）的文件中，[44]明確指出聯合國維和行動依循規範的核心，仍在於哈馬紹爾當年所強調的同意、公正與非武力等三項重點，但值得重視的是，進入後冷戰時期以來，隨著國際形勢、衝突類型以及任務需求的轉變，傳統聯合國維和行動所堅持的原則，雖然依舊是重要的考量基礎，但並非絕無例外。[45]

　　首先，在同意原則方面，獲得衝突當事者的同意，向來是聯合國進行干預的最重要前提，但後冷戰時期的安全環境卻出現明顯差異，例如聯合國維和介入的目標，很可能並非國家間的區域衝突（邊界、爭議地帶或佔領區），而是發生於一國內部之種族、宗教與統獨紛爭或內戰，故在許多情況下，甚至需要在一個瀕臨崩解邊緣、缺乏中央政府或軍閥割據的國度執行維和任務，例如前南斯拉夫、東帝汶與索馬利亞等案例，此情況雖然在冷戰時期較為少見，但在冷戰結束以來的20餘年當中，卻司空見慣。由於第一線的情勢複雜與瞬息萬變，聯合國尋求所有交戰團體與派系的明確同意，有其實際困難，面對饑荒、疾病以及種族屠殺等各種複雜人道緊急狀況，人道干預有其急迫性，

---

[44] 頂石（capstone）意指整個架構（建築）中的最重要部份。

[45] United Nations Peacekeeping Official Website, *United Nations Peacekeeping Operations: Principles and Guidelines*, http://pbpu.unlb.org/pbps/Library/Capstone_Doctrine_ENG.pdf.

理由是必須儘速投入維和武力，否則無法防止悲劇的擴大。顯而意見，如果維和行動獲得衝突各方的同意與支持，必將更能確保任務的成功與人員的安全，然而，傳統的同意原則已非牢不可破的金科玉律，此一轉變，對於國家主權的傳統典範，包括領土完整、國內管轄權以及所謂的不干涉原則等，在相當程度上已形成挑戰。[46]

其次，在公正原則方面，維和行動遵守客觀、中立與公正，並不意謂對於和平破壞者無動於衷，當其中一方持續做出戕害人權或違背停火協議的舉動時，聯合國應避免因所標榜的中立、超然與客觀等原則，成為和平破壞者一再利用的護身符，故維和部隊必須果敢做出明確判斷與處置，而不應採取各打50大板的鄉愿立場。

第三，在禁止武力原則方面，觀察聯合國於1990年代以來所實施的二代維和，可發現一項新趨勢，即安理會已愈來愈支持或至少容忍，以人道救援與平民保護為由，授權對主權國家進行緊急干預，在部份案例中，基於維護聯合國相關人員、裝備與設施的安全考量，或是因目標國家於動亂與外溢效應（難民潮）可能危及鄰近區域的安全、和平與穩定，故安理會的決議，甚至必須援引憲章第七章強制行動之相關規定，授權維和部隊採取一切必要方式，包括使用武力在內，以儘速穩定當地情勢，並確保維和任務的順利執行。

---

[46] 楊永明，《國際安全與國際法》（台北：元照出版社，2003年），頁264-265；Janice Gross Stein, "New Challenges to Conflict Resolution: Humanitarian Nongovernmental Organizations in Complex Emergencies.," in Paul C. Stern and Daniel Druckman, eds., *International Conflict Resolution After the Cold War* (Washington, D.C.: National Academy Press, 2000), p. 385; Adam Roberts, "The Crisis in UN Peacekeeping," In Chester A. Crocker, Fen Osler Hampson, and Pamela Aall, eds., *Managing Global Chaos: Sources of and Responses to International Conflict* (Washington, D.C.: United States Institute of Peace Press, 1996), pp.302-303.

小結

　　本章的宗旨，主要是由聯合國維和行動的內在角度，即機制變革、財務人力以及依循方針等三大議題面向，探討其所面臨之諸多挑戰與考驗。綜合先前分析，本書扼要提出下列四點看法。

　　首先，在聯合國維和機制重整的檢驗上，現任秘書長潘基文自上任以來所推動的改革，除強化既有的待命安排制度之外，主要成果呈現在維和行動部在組織架構上的整頓、實地支援部的誕生以及兩者間的資源整合，其目為提高維和的效率與效能，故日後的觀察重點，在於如何強化現有維和快速部署能力，以及實現聯合國制式武力的可能與方式。

　　其次，在人力貢獻方面，鑒於維和需求方殷，必須有效克服人力短缺的窘境，並因應後冷戰維和行動所面對的動態、複雜與高風險的衝突環境，盡可能地降低執勤傷亡比例，以免影響會員國的投入承諾，除數量層面之外，另一個值得關注的焦點，在於維和人力整體素質之提升，重點應置於強化各會員國維和派遣人力的專業訓練、紀律要求以及協同執勤的能力。

　　第三，在維和行動的開銷上，自冷戰結束以來，聯合國維和預算的節節升高，已成為會員國的沉重負擔，如何更合理化維和的財政分擔公式，將經費做更有效的分配與運用，並有效解決拖欠款的問題，成為未來持續努力的方向。

　　最後，在維和依循方針的分析方面，自 1950 年代以來，哈馬紹爾三原則對於維和行動的指導，具有歷史意義與關鍵地位，但從其實踐的漫長過程中可發現，無論是同意、中立與非武力等原則的適用，聯合國並非毫無彈性或變通可言。

第伍章　聯合國維和行動之外部連結：和平建設

　　本章的宗旨，在於探討聯合國維和行動的最重要外部聯結，即所謂的和平建設（後衝突和平重設）的相關議題。誠如本書在先前章節中所分析，自冷戰結束以來，聯合國對於全球所進行的和平建設任務，無論在質（任務內涵的多樣性）或量（頻率與次數）方面，都呈現較以往更為宏大的企圖，不過其成效卻毀譽參半。其中，和平建設委員會（Peacebuilding Commission, PBC）被視為聯合國進行自我省視後的產物，不僅是代表聯合國企圖強化和平行動的重要嘗試，更是聯合國在維護國際和平暨安以及促進社經發展的重要里程碑，它的誕生，在形式意義方面，可視為近 20 年以來聯合國一系列有關革新的官方文件與報告，逐步累積下所獲致的結晶。不過在其內涵方面，實為聯合國各會員國折衝的結果，此處可由聯合國大會與安理會對於和平建設委員會的性質，定位為聯合國內部的政府間諮詢機構，獲得充分印證。本章主要劃分為四個部份，第一節為和平建設委員會的緣起、功能、檢討以及建議；第二節是冷戰結束以來，聯合國內部強化和平建設功能的重要倡議；第三節則是和平建設、和平行動以及維和行動間的三邊互動與聯結；至於最後一個部份則是本章小結。

第一節　最後一塊拼圖：和平建設委員會

　　在聯合國秘書長安南（Kofi Annan）的積極推動以及各會員國的支持下，聯合國於 2005 年依據安理會（Security Council, SC）第 1645 號決議（resolution 1645）以及第 60 屆大會（General Assembly, GA）

第 180 號決議（resolution 60/180），設置和平建設委員會（Peacebuilding Commission, PBC），成為安理會與大會的共同附屬諮詢機構，而此兩項決議為該委員會的創建決議（founding resolutions），和平建設委員會的首次會期於 2006 年 6 月 23 日召開，[1]和平建設委員會的創設宗旨，在於提升聯合國於特定國家與地區，從事後衝突和平建設（post-conflict peacebuilding）的功效，而其主要職責為協助擬定後衝突重建的整合性策略方案（Integrated Peacebuilding Stratifies, IPBS），並協調各相關參與者的規劃與行動，其中包括聯合國架構下的各部門（尤其是秘書處、大會與安理會）、聯合國各會員國、區域性政府間組織以及國際與在地的非政府組織等，並就統合運用各方資源（財力、人力、物力、專業知識）等課題，提出相關建議，因此國家建立（state-building）[2]、能力建立（capacity building）、制度設立（institution building）、永續發展（sustainable development）以及持久和平（enduring peace）等面向，都是和平建設委員會首要關注的業務範疇。

一、和平建設委員會的緣起與功能

（一）性質、宗旨、架構與運作方式

根據安理會與大會對於和平建設委員會的原始授權宗旨，展現在以下四大面向：（1）提出後衝突重建與復員之整合性策略；（2）協

---

[1] 參見 United Nations Documents, *S/RES/1645 (December 20, 2005)*, http://daccess-dds-ny.un.org/doc/UNDOC/GEN/N05/654/17/PDF/N0565417.pdf?OpenElement; United Nations Documents, *A/RES/60/180 (December 30, 2005)*, http://daccess-dds-ny.un.org/doc/UNDOC/GEN/N05/498/40/PDF/N0549840.pdf?OpenElement.

[2] 嚴謹而言，和平建設中所指涉的「國家建設」，應為 state building 而非 nation-building，主要理由是國家建設所強調的是因國際社會（包括聯合國）的介入，促使目標國家由紛亂衝突邁向和平穩定的轉型過程，故重其點在於最高權力機構治理功能之恢復與強化；至於「國家建立」（nation-building）所指涉的重點，主要為殖民地脫離前宗主國之國家創立（獨立）過程，故重點在於主權地位的取得。

助確保（目標當事國）初期的財務支助，並確保中、長程重建行動的
資金來源；（3）延長國際社會對於目標國家後衝突重建工作的重視；
（4）針對政治、安全、人道與發展等議題方面，設計與發展出國際與
當地行為者間合作與協調方式。[3]不過需要特別強調的是，基本上，和
平建設委員會乃聯合國安理會、大會、秘書長、經濟暨社會理事會以
及所有聯合國機構的政府間諮詢機構（intergovernmental advisory
body），故並無實際的政策執行權。此外，和平建設委員會除必須向
大會提出年度報告之外，在安理會提出要求時，該委員會亦須提出相
關報告。

　　和平建設委員會的決議並無拘束力，僅具諮詢建議性質，在其
組成方面，和平建設委員會共擁有 31 個成員國，包括國際金融機構
以及聯合國經費與人力的主要貢獻國，而在實際運作上，則是與聯
合國和平建設基金（Peacebuilding Fund, PBF）與和平建設支援辦公
室（Peacebuilding Support Office, PBSO）合作，並必須與聯合國相關
機構、基金與計畫保持緊密的溝通與協調。[4]以架構而言。和平建設
委員會的首要機制（支柱）為所謂的組織委員會（Organizational
Committee, OC），組織委員會由和平建設委員會之全體會員所組成，
故擁有 31 個成員，任期為兩年（可連任），會員區分為五大類，其
中七國是由安理會成員所選出，包括安理會五常在內；七國是由經
社會成員中選出；五國來自於對於聯合國經費貢獻（包括聯合國預
算以及對於聯合國各基金、計畫、機構的自願性貢獻）之名列前茅
國（前 10 名中選出）；五國來自於對於聯合國相關任務軍事與警察
人力的主要貢獻國（前 10 名中選出）；其餘七國則是依地域均衡原

---

[3]　United Nations Official Website, "Mandate of the Peacebuilding Commission,"
　　http://www.un.org/peace/peacebuilding/mandate.shtml.
[4]　United Nations Official Website, "United Nations Peacebuilding Commission,"
　　http://www.un.org/peace/peacebuilding/.

則以及自身是否具備後衝突經驗等標準，由聯合國大會所選出，詳見表5-1。

表5-1　和平建設委員會（PBC）中組織委員會（OC）之組成概況

類別	國家（共 31 國）
由安理會選出（七國）	中國、美國、英國、法國、俄羅斯、布吉納法索、墨西哥
由經社會選出（七國）	阿爾及利亞、薩爾瓦多、幾內亞比索、盧森堡、摩洛哥、波蘭、南韓
主要經費貢獻國（五國）	加拿大、德國、日本、荷蘭、瑞典
主要軍警人力貢獻國（五國）	孟加拉、印度、尼泊爾、奈及利亞、巴基斯坦
由大會選出（七國）	貝南、智利、喬治亞、牙買加、南非、泰國、烏拉圭

資料來源：整理自
（1）The Henry L. Stimson Center ,*UN Peacebuilding Commission: Fact Sheet Series 2007*, http://www.stimson.org/fopo/pdf/UN_PBC_Fact_Sheet_Jun_07.pdf;
（2）United Nations Official Website, "PBC: Organizational Committee Members," http://www.un.org/peace/peacebuilding/mem-orgcomembers.shtml.

除組織委員會之外，和平建設委員會亦設置個別國家委員會（Country-Specific Committees, CSCs），並可召開所謂的個別國家會議（Country-Specific Meetings, CSMs），作用是評估已列為討論對象的實際需求。[5]至於任何國家如果希望被納入和平建設委員會的議程，則可透過下列四種途徑達成，其中包括：（1）安理會之請求；（2）在當事國同意的情況下，經由聯合國大會或經濟暨社會理事會之請求；（3）可能再度淪為衝突邊緣危機的聯合國會員國之主動請求；（4）聯合國秘書長之請求。至於個別國家會議的參與者，除所有和平建設

---

[5]　United Nations Official Website, "United Nations Peacebuilding Commission: Country-Specific Meeting," http://www.un.org/peace/peacebuilding/mem-countrymtgs.shtml.

委員會的成員外，通常包括當事國的代表、周邊國家、世界銀行（World Bank, WB）系統、國際貨幣基金（International Monetary Fund, IMF）、聯合國於當地進行活動的相關機構、單位以及其他區域性政府間組織的代表等。[6]此外，和平建設委員會亦設有所謂的經驗學習工作小組（Working Group on Lessons-Learned），其功能是總結與檢討以往聯合國在世界各地所進行的後衝突重建任務，目的在於獲取以往成功或失敗的經驗（包括特殊議題與投入地區），以便對於日後的和平建設行動提出相關建議。[7]

截至 2009 年 12 月為止，和平建設委員會所關切的目標（列為議程者），包括浦隆地、中非共和國、獅子山共和國以及幾內亞比索（Guinea-Bissau）等四國，和平建設委員會據此分別組成四個國家工作群組（country configuration），並由組織委員會選出各國家工作群組之主席（國），例如（2009 年）浦隆地工作群組（Burundi configuration）的主席為瑞士代表，獅子山共和國工作群組（Sierra Leone configuration）主席為加拿大代表、中非共和國工作群組（Central configuration）的主席為比利時代表、幾內亞比索工作群組（Guinea-Bissau configuration）的主席為巴西代表。

（二）和平建設支援辦公室與和平建設基金

為協助和平建設委員會的運作，聯合國在秘書處內設置和平建設支援辦公室（PBSO），成員由專家顧問所組成，其任務是提供和平建設委員會相關的分析資訊，包括可供運用的財政資源、聯合國於個別

---

[6]　United Nations Official Website, "PBC: Questions and Answers," http://www.un.org/peace/peacebuilding/qanda.shtml.

[7]　United Nations Official Website, "United Nations Peacebuilding Commission: Working Group on Lessons Learned," http://www.un.org/peace/peacebuilding/mem-lessons.shtml.

國家相關行動概況、中長程重建目標以及以往類似的範例與經驗等，此外，該辦公室應在聯合國和平建設的整體策略以及行動整合方面，全力襄助聯合國秘書長的工作，2006 年 6 月，時任聯合國秘書長的安南任命加拿大籍的麥克阿絲琦（Carolyn McAskie）女士，成為首任聯合國主管和平建設支援事務之助理秘書長（Assistant S-G for Peacebuilding Support），負責督導和平建設支援辦公室的運作。[8]

在聯合國大會與安理會的共同要求下，秘書長安南於 2006 年 10 月正式設立和平建設基金。此基金的來源是由聯合國個別會員國、政府間國際組織以及私部門所自願捐助，其初始規模（預定目標）為 2.5 億美元，[9]至 2009 年已籌措 3.27 億美金。[10]和平建設基金為和平建設委員會的重要支柱，其目的在於協助處於後衝突階段前期的國家，展

---

[8] United Nations Official Website, "PBSO," http://www.un.org/peace/peacebuilding/pbso.shtml.

[9] 事實上，和平建設基金的規模，明顯無法和聯合國的維和行動經費相提並論（參見本書第肆章第二節的相關整理與分析），故其重點在於應急與審慎挑選援助重點，而非全面性的觀照，例如聯合國主管和平建設支援事務的助理秘書長麥克阿絲琦女士，在 2008 年 3 月至德國外交部所發表之名為〈和平建設委員會：經驗學習與未來挑戰〉（UN Peacebuilding Commission: Lessons Learned and Future Challenges）的演講中，特別提及當時的基金籌措狀況，即聯合國已從 42 個國家、組織與團體，募集 2.56 億美元（超過原先 2.5 億美元的目標），而她先前於 2007 年 11 月另一場演講中亦曾強調，如果聯合國的年度維和預算已達到近 80 億美金的規模，同理可證，聯合國會員國也必須思考應如何支持與確保和平建設基金，能獲致可預測之充沛經費來源。參見 Carolyn McAskie, *The International Peacebuilding Challenge: Can New Players and New Approaches Bring New Results? A Speech delivered at the Lloyd Shaw Lecture in Public Affairs, Dalhousie University, Halifax, Nova Scotia, November 22, 2007*, http://www.un.org/peace/peacebuilding/Statements/ASG%20Carolyn%20McAskie/Shaw%20final.pdf; Carolyn McAskie, *UN PBC: Lessons Learned and Future Challenge*s, A Speech delivered at the Federal Foreign Office, Germany, 7 March, 2008, http://www.un.org/peace/peacebuilding/Statements/ASG%20Carolyn%20McAskie/ASG%20key%20note%20Berlin%2007.03.2008.pdf.

[10] 和平建設基金的數目（327,316,550 美金）總數（Total Portfolio）包括承諾（commitments）、擔保（pledges）與利息（interests）等三大部份，參見 United Nations Official Website, "PBF: Total Portfolio," http://www.unpbf.org/index.shtml.

開和平重建工作，主要方式是透過財務支助（尤其是當目標國家並無經費可供運用時），故該基金可就聯合國所從事的下列四種行動，提供必要支援，包括：（1）履行和平協議；（2）落實和平共存與和平解決爭端；（3）促進治理能力、政治和解以及社會經濟發展；（4）強化和平建設進程中的威脅回應能力。[11]

至於和平建設基金所援助的目標國家，主要可區分為下列三種類別：

1. 第一類（PBF Window I）

所指涉的是已列入和平建設委員會議程中的國家，目前共包括浦隆地、中非共和國、幾內亞比索以及獅子山共和國等四國。[12]

2. 第二類（PBF Window II）

所指涉的是由聯合國秘書長所指定的國家，此部份的名單包括柯莫洛、象牙海岸、幾內亞、賴比瑞亞與尼泊爾等五國。

3. 第三類／緊急計畫（PBF Window III）

在少數情況下，聯合國秘書長亦可透過第三類/緊急計畫（PBF Window III），執行個別計畫，對於特定的目標國家提供緊急財務援助，一般而言，此類經費的批准程序，需要聯合國秘書長特別代表（Special Representative of the Secretary-General, SRSG）[13]、秘書長代表（Representative of the Secretary-General, RSG）或駐地協調官

---

[11] United Nations Official Website, "PBF Missions," http://www.unpbf.org/mission.shtml.

[12] United Nations Official Website, "PBF: Window I (Overview)," http://www.unpbf.org/overview-1.shtml.

[13] United Nations Official Website, "PBF: Window II (Overview,)" http://www.unpbf.org/overview-2.shtml.

（Resident Coordinator, RC）領銜，向和平建設支援辦公室提出正式申請，而後者則必須在收到申請文件的 10 日之內，做出審核決定（包括通過、拒絕或延遲等三種結果），通常此類緊急經費的動用必須遵循特殊規範，包括應符合行動的急迫性（例如和平重建進程遭遇突發威脅之際）、並無其他經費來源可供支應、預算上限為 100 萬美元以及計畫應於半年內完成等條件。[14]

至於在此基金的運用方面，則是採取所謂的雙層決策過程（two-tier decision-making process），包括對於符合資格目標國家之總資金分配程序（第一層決策），以及由聯合國與目標國家政府間之共同審議程序（第二層決策），以便能更細部地與全面地審酌各項計畫的額度。[15]

至於在和平建設基金的管理方面，主要涉及的機制，包括下列五個單位，即：（1）聯合國大會：主要負責該基金運作的大方向確認，並提供全盤性的策略指導；（2）和平建設委員會：功能在於協助擬定後衝突和平重建之整體策略發展，故對於和平建設基金的分配與運用，具有重要影響力；（3）諮詢團體：此為由聯合國秘書長所任命的特別小組，成員為具有後衝突重建的實際豐富經驗者，總數不超過 10 人，每位成員的任期為兩年，該小組每年至少需要集會兩次，其功能是提供基金運用監督上的諮詢與建議；（4）和平建設支援辦公室：負責基金的日常運作與監督，並需要與和平建設委員會保持密切合作；（5）聯合國發展計畫署：旗下所轄的複合貢獻信託基金（The Multi-Donor Trust Fund, MDTF），亦負責和平建設基金的管理、分配、財報以及相關的規則與程序制訂等事宜。[16]

---

[14] United Nations Official Website, "PBF: Emergency Window (Overview)," http://www.unpbf.org/emergency.shtml.
[15] United Nations, "PBF Governance," http://www.unpbf.org/governance.shtml.
[16] Ibid.

表 5-2　和平建設基金會的計畫類別、數目與經費（2009 年 11 月）

	國家 （和平建設基金 優先計畫）	預算分配金額 （美元）	預算通過金額 （美元）
第一類 （PBF Window I）	浦隆地	35,000,000	34,623,868 （18 項計畫）
	中非共和國	10,000,000	10,000,000 （12 項計畫）
	幾內亞比索	6,000,000	5,793,983 （5 項計畫）
	獅子山共和國	35,000,000	32,669,828 （22 項計畫）
第二類 （PBF Window II）	柯莫洛	9,000,000	95,000 （1 項計畫）
	象牙海岸	5,000,000	5,000,000 （2 項計畫）
	幾內亞	6,000,000	1,200,067 （2 項計畫）
	賴比瑞亞	15,000,000	15,000,000 （24 項計畫）
	尼泊爾*	10,000,000	6,755,830 （4 項計畫）
第三類／緊急計畫 （PBF Window III）	浦隆地、中非共和國、象牙海岸、海地、幾內亞、賴比瑞亞、肯亞、索馬利亞、東帝汶	13,752,830	13,752,839 （13 項計畫）
第一、二、三類金額總計	164,752,839		127,850,689 （共 103 項計畫）

註釋：和平建設對於尼泊爾經費的提撥，是透過聯合國尼泊爾基金（UN Peace Fund for Nepal）運作。

資料來源：United Nations Official Website, "UN Peacebuilding Fund: Bridging the Gap between Gap and Recovery," http://www.unpbf.org/index. shtml.

二、和平建設委員會的檢討與建議

本節將討論和平建設委員會成立以來，各界對於期盼與成效的檢視，首先，在和平建設委員會的緣起與宗旨方面，牛津大學的龐茲歐（Richard Ponzio）於 2007 年的《裁軍論壇》（Disarmament Forum）所刊登的〈聯合國和平建設委員會：起源與初步運作〉（The United Nations Peacebuilding Commission: Origins and Initial Practice）一文中，指出聯合國近年來對於防止目標國家的內戰復發，以及協助飽受戰火蹂躪的人民，實現制度建立、和平進程以及社經發展等重建工作上，紀錄並不佳。舉例而言，1998 年至 2002 年間，在聯合國所介入的 18 個國家案例（目的在於促進其民主轉型）當中，其中的 13 個仍為極權國家，此外，1989 年至 1998 年間，在聯合國所從事的 11 項政治任務中，僅有納米比亞與克羅埃西亞勉強可稱為成功範例，而盧安達與安哥拉則是明顯失敗的例子，至於其餘案例，則擺盪於成功與失敗的兩端之間。[17]龐歐茲認為導致聯合國表現乏善可陳之主因，在於聯合國第一線的負荷過重，且功能嚴重切割，散佈於聯合國的各機構，因為包括秘書處、經濟暨社會理事會以及大會所轄的諸多計畫、基金與單位，並在不同程度上，涉及後衝突和平重建的業務，換言之，聯合國所進行的諸多和平行動，由於缺乏整合性的戰略，不同部門的溝通與合作關係欠佳。[18]此論文亦引用前聯合國政治事務部政策規劃副局長（Deputy Director of Policy Planning in the UN Department of Political Affairs）的評論：「傳統上，政治事務部負責和平建設的工作，即使以往曾試圖成立所謂的和平建設單位（Peacebuilding Unit）以支

---

[17] Richard Ponzio, "The United Nations Peacebuilding Commission: Origins and Initial Practice," *Disarmament Forum*, No. 2 (2007), p.6

[18] Ibid., p. 7.

援第一線的實地任務，不過此仍屬於操作層面，因此和平建設委員會的創設，可望強化聯合國內部各機關在和平建設上的連結，使其發揮更佳的協調。」[19]

德國社會民主黨（SPD）所屬的艾伯特基金會（Friedrich-Ebert-Stiftung），對於此議題也保持高度重視，該基金會紐約辦事處於 2006 年 6 月針對該委員會所做的背景報告（Background Paper），即名為〈和平建設委員會：優勢與挑戰〉（The PBC: Benefits and Challenges）之文件中，指出由大會與安理會的兩份授權文件，即安理會第 1645 號決議（S/RES/1645）第 60 屆大會的第 180 號決議（A/RES/60/180）的內容中可知，該委員會的原始宗旨與首要之務，在於提供和平建設工作的相關政策建議，包括資源的統籌運用、整合式策略的制訂、部門間的聯繫（聯合國內部與外部）以及如何從救援協助（relief assistance）轉換為以發展援助（development assistance）為任務核心等。[20]該報告提出四點重要觀察，包括：（1）和平建設委員會的最大貢獻，應是扮演安理會、大會以及秘書長間的協調者、整合者、溝通者（橋樑）以及建議者（諮詢）之多元角色；（2）從務實角度著眼，聯合國對於和平建設所需時間的判斷，應以長期而非短程的角度檢視，故 10 年期應為最起碼的單位，主因是由於以往不少案例中，聯合國與國際社會對於目標國家之關注熱度、投入資源與策略擬定，均失衡地集中於衝突甫結束後的數年當中，故癥結在於過度短視與急功近利，其後遺症是造成該目標國家無法在此短暫的期限中，吸納所有的資源與經驗，而聯合國和平建設的政策也往往缺乏前瞻性的視野；（3）在和平建設的任務中，輕重緩急的概念非常重要，因為和平建設的策略，勢必需要切割至可管理的各實施階段之中，但不同的

---

[19] Ibid.
[20] "Friedrich-Ebert-Stiftung, FES, "The PBC: Benefits and Challenges," *Background Paper PBC* (June 2006), pp.3-4.

和平與衝突階段，各有其特癥與重心，因此必須隨時反應目標國家的實際狀況，以便在策略的擬定與目標的優先順序上，做出適切調整；（4）儘管聯合國與國際社會的關注與積極介入，乃和平建設成敗的重要因素，但目標國家的政府與社會自身的重建努力與作為，方為真正關鍵，故不應本末倒置，將和平建設的重擔全部轉移至國際社會，而此觀點與三年後聯合國秘書長潘基文於《秘書長關於衝突後初期和平建設報告》（2009 年 6 月）中所強調的論點，不謀而合，即強調國家行為者的責任（national ownership）之必要性。[21]

聯合國主管和平建設支援事務的助理秘書長麥克阿絲琦女士，在 2008 年 3 月至德國外交部所發表的一篇名為〈聯合國和平建設委員會：經驗學習與未來挑戰〉（UN Peacebuilding Commission: Lessons Learned and Future Challenges）之演說中，同樣提出她對於該委員會運作一年半以來的觀察，本書認為其中有兩項重點特別值得注意，首先，和平建設委員會與和平建設基金應強調雪中送炭的概念，故其關注焦點，應是其他國際組織與機構所較為忽視的國家或地區，因此必須排除已經獲致大量國際援助、資源以及媒體重視之對象，否則將產生附加價值不夠顯著與錦上添花的缺點，在此標準下，阿富汗與伊拉克不列入和平建設委員會的名單，誠屬理所當然，至於賴比瑞亞、海地、浦隆地與獅子山共和國等地，毫無疑問應是和平建設基金的優先考量；[22]其次，必須重視對於衝突根源（root causes）之徹底解決，故應考慮將和平建設委員會視為減輕或克服聯合國內部南北關係緊張的工具，因為和平建設的工作如果獲致成功，便可望順利連結發展議程（Development agenda）與和平暨安全議程（Peace and Security agenda），

---

[21] Ibid.
[22] Carolyn McAskie, *UN PBC: Lessons Learned and Future Challenge*s, A Speech delivered at the Federal Foreign Office, Germany, 7 March 2008, http://www.un.org/peace/peacebuilding/Statements/ASG%20Carolyn%20McAskie/ASG%20key%20note%20Berlin%2007.03.2008.pdf.

而惟有如此，所有國家才能理解（無論發展程度為何），發展與和平其實是一體兩面與互為因果。[23]

至於另一個與公民社會團體與非政府組織有關的議題，在於女性如何在和平建設委員會當中發揮應有的功能，例如艾伯特基金會（Friedrich-Ebert-Stiftung, FES）紐約辦事處於 2006 年 6 月號的系列簡報（Briefing Papers）中，西非公民社會中心（West Africa Civil Society Institute）執行主任艾可優女士（Thelma Ekiyor）在其所著的〈持久和平：和平建設委員會如何依循安理會第 1325 號決議？〉（Enduring Peace: How the Peacebuilding Commission Can Live up to UN Security Council Resolution 1325?）一文裡，提醒外界在和平建設委員會的兩份創建決議中，均強調必須「將女性觀點整合至和平建設委員會的設計與工作當中」（integrate a gender perspective into the design and work of the commission）。[24]事實上，依據安理會於 2000 年 10 月所一致決通過的第 1325 決議之精神，聯合國在投入和平建設之際，必須審慎考量如何增進女性以及女性公民團體更廣泛與更深入的參與，然而，艾可優認為和平建設委員會在現行制度設計與任務執行上，並未符合安理會第 1325 號決議的精神，因此她建議和平建設委員會必須在其組織委員會當中，盡可能使 31 個成員代表反應性別平衡的要求，而在所有和平建設委員會所召開的內部會議當中，參與者除涵蓋貢獻國、周邊國家以及相關的區域性政府間組織與機構之外，亦應保留公民社會團體與非政府組織（包括女性組織）固定參與席次，使其聲音不致於被漠視與忽略。[25]另外在和平建設支援辦公室的 15 名專家配置上，應比照維和行動部總部的做法，確保一位性別顧問（gender expert）的存在。

---

[23] Ibid.
[24] Thelma Ekiyor, "Enduring Peace: How the Peacebuilding Commission Can Live Up to UN Security Council Resolution 1325?" *FES Briefing Paper* (June 2006), p.4.
[25] Ibid.

此外，如何維持和平建設委員會及公民社會團體與非政府組織（國際與當地）間的密切互動，亦是各方關注焦點，在《裁軍論壇》（Disarmament Forum）所刊登的〈聯合國和平建設委員會與公民社會參與〉（The UN Peacebuilding Commission and Civil Society Engagement）一文中，荷蘭的歐洲衝突預防中心（European Center for Conflict Prevention）所屬互動暨倡議(Interaction and Advocacy) 計畫協調人西姆斯克（Renske Heemskerk），強調在功能上，和平建設委員會必須與各國政府、其他區域性政府間組織以及國際與當地的非政府組織，彼此密切支援，以便發揮加乘效果，而非相互抵消。故和平建設委員會的最大貢獻，在於彌補聯合國長久以來的能力欠缺困境，並可強化不同部門與機構間之夥伴關係網絡，以及協助擬定和平建設的整合式策略。[26]更重要的是，西姆斯克指出公民社會組織（Civil Society Organizations, CSOs）對於和平建設工作的積極投入，將可望在下列三大領域產生正面影響，包括：（1）在地責任（local ownership）與在地參與；（2）和平建設委員會與在地人民的緊密聯結；（3）服務的提供。[27]西姆斯克指出由歐洲衝突預防中心所設立的全球防止武裝衝突夥伴（Global Partnership for Preventing Armed Conflict, GAPPAC），可視為充沛與自發性民間力量的最佳範例之一，例如在獅子山共和國與浦隆地兩個案例中，該夥伴網絡都已展現相當的協助成果，而全球防止武裝衝突夥伴關係的主要貢獻，在於其類似橋樑的角色，意即應稱職扮演聯合國和平建設委員會、聯合國各會員國駐紐約常駐代表團、目標國家政府、公民社會以及各相關非政府組織之間的溝通與對話平台。[28]然而該論文亦不忘指出，即便如此，聯合國和平建設委員

---

[26] Renske Heemskerk, "The UN Peacebuilding Commission and Civil Society Engagement," *Disarmament Forum*, No. 2 (2007), pp.17-18.

[27] Ibid., p. 19.

[28] Ibid., pp. 23-25.

會對於公民社會與非政府組織的態度，仍不夠積極、友善與開放，例如召開聯席會議的配合度、決策程序的公開性與透明度、資訊的主動釋出以及對於公民社會與非政府組織的意見徵詢等方面，和平建設委員會的心態仍舊過於保守、被動與封閉，因存在相當程度改善空間，對此，他提出以下數項建議：（1）建構更有效的多邊夥伴關係；（2）充分諮商；（3）重視較冷門的和平建設領域（例如轉型正義與司法改革）；（4）強調早期的在地參與；（5）舉辦和平建設委員會與公民社會組織間的年度對話；（6）設立與累積專業知識網路。[29]對此，在2008 年 5 月，設立於加拿大沃太華的世界聯邦主義者運動（World Federalist Movement），發表了一份名為《新聯合國和平建設委員會：有效公民社會貢獻之前瞻》（The New United Nations Peacebuilding Commission: Prospect for Effective Civil Society Contributions）的報告中，作者瓦特（Fergus Watt）也提出與西姆斯克極為類似的結論與建議。[30]

　　但在公民社會組織與聯合國的互動模式（如何互動）方面，其實存在兩種看法，其一是主張公民社會團體與非政府組織的力量，必須納入以聯合國系統為領導核心的行動當中，如此方能發揮最大戰力；其二則是認為兩者間的關係，仍應以分工與互補為主，不必有主從之分。重點在於，不同於前述西姆斯克所持的樂觀態度，部份學者認為，對於聯合國和平建設委員會而言，整合、溝通與協調看似理所當然，在實踐上卻是知易行難。例如基督教貴格教派日內瓦辦公室主任（Quaker UN Office in Geneva）亞特伍德（David Atwood）與日內瓦安全政策中心（Geneva Centre for Security Policy, GCSP）主任唐納

---

[29] Ibid.

[30] Fergus Watt, *The New United Nations Peacebuilding Commission: Prospect for Effective Civil Society Contributions*, http://www.worldfederalistcanada.org/PBC&civilsociety.pdf.

（Fred Tanner），在〈聯合國和平建設委員會與國際日內瓦系統〉（The UN Peacebuilding Commission and International Geneva）一文中，對此即表達高度憂慮，他們認為和平建設委員會與所謂的聯合國的國際日內瓦系統（International Geneva）之間，諸如人權事務高級專員公署（OHCHR）、世界衛生組織（WHO）總部、聯合國兒童基金（UNICEF）、聯合國發展總署（UNDP）部門等分支單位以及紅十字國際委員會（International Committee of the Red Cross, ICRC）與貴格教派日內瓦辦公室（Quaker UN Office）等重要的非政府組織之間，如何進行整合或分頭並進，在在考驗此新生機構，而本文的兩位作者則不表樂觀。[31]

總結而言，和平建設委員會的運作，即將堂堂邁向第五個年頭，而其創立初衷，在於彌補聯合國以往和平建設能力上的不足。根據聯合國安理會與大會的授權，該委員會的功能主要在於和平建設工作的諮詢與建議部份，並非執行或決策機關，乃是協助聯合國制訂具戰略高度的整合方案，並盡力統籌所有參與者，使其更合理地與有效率地運用與管理所有資源，包括人力、物力、專業知識以及財務支援在內，以實現國家建設、制度建立、能力建立以及永續發展等多元任務。由此角度視之，協調與溝通為和平建設委員會的核心關鍵字，類似扮演黏合劑的角色，即整合政治、安全、外交、行政以及社經發展等後衝突重建的各項任務重點，並結合不同的部門與單位，此乃當初秘書長安南與聯合國會員國積極催生此委員會的主要原由。此立意雖然美好且宗旨宏大，但各界質疑聲浪未曾方歇，持悲觀立場者也不在少數，正如布朗大學教授拜史提克（Thomas J. Biersteker）於 2007 年 2 月份《裁軍論壇》所發表的〈聯合國和平建設委員會之前景〉（Prospects for the UN Peacebuilding Commission）一文中指出，和平建設委員會最難以擺脫的限制在於，聯合國仍是採取以國家為中心的傳統運作模式，

---

[31] David Atwood and Fred Tanner, *The UN Peacebuilding Commission and International Geneva*, http://www.unidir.ch/pdf/articles/pdf-art2629.pdf.

各會員國皆有自身的偏好，以及最符合自身利益的政策選項，而和平建設委員會在本質上，仍是政府間機構，無論是和平建設委員會或是和平建設基金的運作，均牽涉有限資源的分配以及任務優先順序等複雜取捨，此為長年以來的結構性問題，並非設置和平建設委員會，便可獲致解決。[32]

第二節　聯合國強化和平建設功能的倡議

本節的重點在於探討自冷戰結束以來，聯合國強化和平建設功能的主要倡議，其中可約略劃分為兩大類，第一類為工作性質的報告，包括聯合國秘書長關於和平建設基金（PBF）之年度報告，以及秘書長呈送安理會與大會關於和平建設委員會（PBC）之年度報告等兩種。在秘書長關於和平建設基金的年度報告方面，至今已公佈三份，即2007年8月《秘書長第一份和平建設基金報告》（Peacebuilding Fund: First Report of the Secretary-Genera - A/62/138）、2008年8月《秘書長第二份關於和平建設基金報告》（Peacebuilding Fund: Second Report of the Secretary-General - A/63/218-S/2008/522）以及2009年8月《秘書長第三份關於和平建設基金報告》（Peacebuilding Fund: Third Report of the Secretary-General - A/64/217-S/2009/419）。[33]

---

[32] Thomas J. Biersteker, "Prospects for the UN Peacebuilding Commission," *Disarmament Forum,* No. 2 (2007), p.40.

[33] 參見 United Nations Documents, *A/62/138, Peacebuilding Fund: First Report of the Secretary-General*, http:// http://daccess-ods.un.org/access.nsf/Get?Open&DS=A/62/138&Lang=E&Area=UNDOC; United Nations Documents, *A/63/218-S/2008/522, Peacebuilding Fund: Second Report of the Secretary-Genera*, http://daccess-ods.un.org/access.nsf/Get?Open&DS=A/63/218&Lang=E&Area=UNDOC; United Nations Documents, *A/64/217-S/2009/419, Peacebuilding Fund: Third Report of the Secretary-General*, http://daccess-ods.un.org/access.nsf/Get?Open&DS=A/64/217&Lang=E&Area=UNDOC.

　　一般而言，在秘書長關於和平建設基金年度報告當中，其內容主要涵蓋三大部份，即：（1）和平建設基金的行政暨管理事宜：包括基金設置概況、管理、監督、貢獻來源（分擔國的金額與比例）等；（2）和平建設基金的運作事宜：包括基金投注的地區與國家、與聯合國其他基金機制間的協調、秘書長認為未來可考慮貢獻基金的國家名單、第三類／緊急計畫（PBF Window III）的援助內容等；（3）觀察與議題：主要為該年度在基金管理與運用上的經驗與檢討等。至於在秘書長呈交安理會與大會關於和平建設委員會的年度報告方面，迄今亦已公佈三份，包括 2009 年 8 月的《和平建設委員會第三會期報告》（Report of the PBC on Its Third Session-A/64/341-S/2009/444）、2008 年 8 月的《和平建設委員會第二會期報告》（Report of the PBC on Its Second Session-A/63/92-S/2008/417-2008/8）以及 2007 年 6 月《和平建設委員會第一會期報告》（Report of the PBC on Its First Session-A/62/137-S/2007/458）。[34]一般而言，秘書長呈送安理會與大會關於和平建設委員會的年度報告的內容，主要可區分為三大類，即：（1）和平建設委員會的年度工作回顧：組織委員會年度檢視、委員會對於各目標國家的實際進度（包括浦隆地工作群組、象牙海岸共和國工作群組、中非共和國工作群組、幾內亞比索工作群組與經驗學習工作小組等）；（2）和平建設基金；（3）觀察與前瞻：聯合國各機構與單位的協調、一致的夥伴關係、資源調度、委員會的對外溝通、推廣以及如何強化其國際能見度等。

---

[34] 參見 United Nations Documents, *A/62/137-S/2007/458, Report of the PBC on Its First Session*, http://www.un.org/peace/peacebuilding/docsandres.shtml; United Nations Documents, *A/63/92-S/2008/417, Report of the PBC on Its Second Session*, http://daccess-ods.un.org/access.nsf/Get?Open&DS=A/63/92&Lang=E&Area=UNDOC; United Nations Documents, *A/64/341-S/2009/444, Report of the PBC on Its Third Session*, http://daccess-ods.un.org/access.nsf/Get?Open&DS=A/64/341&Lang=E&Area=UNDOC.

　　較諸於第一類文件的性質（主要是和平建設委員會與和平建設基金年度的工作報告），第二類文件皆為冷戰結束以來與聯合國和平行動密切相關之官方政策研究與建議報告，故顯然更富有學術研究與政策參考價值。本書認為第二類文件之所以重要，在於它們若非與和平建設委員會的歷史緣起、概念啟發以及政策形成型密切相關，就是對於聯合國後衝突和平建設的理論建構與實際運作，具備指導性、檢討性以及前瞻性的關鍵意義。更重要的是，藉由深入研析此類政策文件與報告，可深入理解在聯合國全盤的和平行動架構中，聯合國和平建設委員會之份量、功能、位置以及所扮演（或被期待）之角色等。

　　茲將相關第二類文件與報告（本書共列出七份）的重點與意涵，依照不同聯合國秘書長的任期，依序與扼要整理如下：

一、蓋里：《和平議程》與《發展議程》的聯結

1. 《秘書長報告──和平議程：預防外交、和平締造與維持和平》（A/47/277-S/24111，1992 年 6 月）

　　誠如本書第參章第一節所述，秘書長蓋里於 1992 年 6 月所發表的《和平議程：預防外交、和平締造與維持和平》（An Agenda for Peace: Preventive Diplomacy, Peacemaking, and Peacekeeping），宗旨在於如何積極強化聯合國的和平行動，在這份被外界簡稱為《和平議程》（An Agenda for Peace）的歷史性文件中，蓋里對於聯合國所進行的五種型態的和平任務，包括預防外交、強制和平、和平締造、維持和平以及後衝突和平建設在內，分別賦予其明確定義。[35]重點在於，由於《和平議程》的產生背景為冷戰甫結束的年代，故本書認為在蓋里當年的分類中，對於維持和平的界定，無疑是採取較為傳統與狹義的解釋，

---

[35] 詳見本書第參章第一節的整理。

即將所謂的維和劃分為軍事觀察以及傳統維和行動等兩大類別，前者包括觀察停火狀態、確認交戰各方部隊的撤離與觀察邊界動向等；而後者則涵蓋阻絕衝突各方、設立緩衝區、確保非軍事區內的平民安全以及協助人道援助工作等。

然而，隨著國際形勢的轉變與時代的推移，目前外界多將此類型的維和行動，稱之為一代維和，也就是冷戰時期的維和行動主流，而另將後冷戰時期所執行的維和行動，稱之為二代維和，或是多功能與多面向的整合性維和。在這些新型態的維和行動中，後衝突和平建設（和平建設）經常是任務的核心，而所謂的和平建設，基本上是聯合國於目標區域的形勢獲致基本穩固之後，協助當地政府從事行政、安全、司法、政治、社會以及經濟等不同層面的改革、復興以及發展工作，宗旨在於達成真正的長治久安，以避免在未來重蹈衝突的覆轍。

2. 《秘書長報告：發展議程》（A/48/935，1994 年 6 月）

繼發表《和平議程》之後，依據 1992 年第 47 屆聯大所做成的第 181 號決議以及 1993 年第 48 屆聯大所做成的第 166 號決議，1994 年 6 月，力求強化與改革聯合國的秘書長蓋里，向大會呈交一份名為《秘書長報告：發展議程》（Report of the Secretary General: An Agenda for Development）的報告，相較於以「和平」（peace）為《和平議程》的主軸，此份報告的核心則是聚焦於「發展」（development），此亦為創建聯合國的原始目標之一，除導論之外，該份文件劃分為兩大部份，第一個部份主要為聯合國對於「發展」此概念諸多面向之闡釋，即陳述聯合國對於和平、經濟、環境、正義以及民主等密切相關概念的觀點，而第二個部份則是〈聯合國之於發展〉（The UN in Development），即聯合國應如何落實發展方面的目標，包括整合旗下各單位與機構、致力達成會員國的共識、重視資訊與自覺以及建立相關行為標準與規範等。[36]其中，牽涉到和平建設的部份，主要在第二部份之第一章，即〈以安全做為發展的基石〉（Peace as Foundation）中的相關討論，重點包括：（1）在衝突環境中所需要的發展策略，必定不同於已獲致和平與穩定（目標國家）的發展策略，換言之，聯合國應該審慎考量不同案例的特殊背景因素，制訂其最適宜與完備的計畫；（2）儘管在理想的狀態下，一個和平與穩定的環境，較有利於促進當地（目標國家）的社經發展，但重點在於，發展是需要不間斷投入的工程，故發展與能力建設的腳步，不應等待和平與穩定降臨後才開始啟動，而應在衝突尚未完全正式結束以前，就把握時間，積極向前跨出。換言之，即便聯合國仍是處於從事緊急人道援助或是推動和平進程之初始階段，聯合國與國際社會仍應設法協助當地的民主法治、社會正義以及人權維護等工作；（3）對於發展的實踐而言，和平建設是橫跨各階段（包括前衝突期、衝突期、後衝突期以及獲致和平期）之全程工作，而在關鍵的轉型階段中，聯合國和平建設的相關作為可掌握以下契機，例如制度建立（公平選制與政黨政治）、社會正義（土地改革與貧富差異）以及國家資源重心的移轉（由以往的軍事取向，改變為以社會、經濟暨教育為重）等。[37]

---

[36] 參見 United Nations Documents, *A/48/935, Report of the Secretary General (Boutros Boutros-Ghali): An Agenda for Development*, http://daccess-dds-ny.un.org/doc/UNDOC/GEN/N94/209/22/IMG/N9420922.pdf?OpenElement.

[37] 參見 United Nations Documents, A/48/935, Report of the Secretary Genera (Boutros Boutros-Ghali): An Agenda for Development, http://daccess-dds-ny.un.org/doc/UNDOC/GEN/N94/209/22/IMG/N9420922.pdf?OpenElement.聯合國必須將和平議程與發展議題聯結之觀點，獲得學界與政策界共鳴，例如蘭姆斯波沁（Oliver Ramsbotham）將衝突解決的研究面向，區分為消極和平（negative peace）與積極和平（positive peace）等兩種類型，前者著重於遏止暴力，避免衝突的病灶進一步發展為戰爭，而後者則關注於移除經濟、社會與文化層面上的對立因子，換言之，是從深層結構切入，以解決問題，最終目標是尋求不需依賴外力與自我支撐之長治久安局面，參見 Oliver Ramsbotham, "Reflections on UN Post-Settlement Peacebuilding." *International Peacekeeping* (2000) Vol. 7, No. 1, pp.169-189.

二、安南：從《布拉希米報告》到《更大的自由》

1.《布拉希米報告》（A/55/305-S/2000/809，2000 年 3 月）

如本書第參章第一節之介紹，1998 年，安理會要求聯合國秘書長安南，提出一份旨在檢討與強化聯合國和平建設功能之報告。2000 年 3 月，迦納籍的安南組成一個評估小組，希望能夠提出改善聯合國維和行動之前瞻性與可行建議，該小組由阿爾及利亞前外長布拉希米（Lakhdar Brahimi）主持，在其於同年 8 月所完成之著名的《聯合國和平行動評估小組報告》（Report of the Panel on United Nations Peace Operations），簡稱為《布拉希米報告》（The Brahimi Report）當中，對於聯合國從事和平行動之諸多課題與困境，均有相當程度的著墨。重點在於，本書認為在和平行動的檢討與前瞻方面，安南時期的《布拉希米報告》與蓋里時期的《和平議程》，實乃聯合國在近 20 年來，對於和平行動最具份量、新意與代表性的兩份改革文件，相對於《和平議程》中對於和平行動的五種分類方式，《布拉希米報告》將聯合國所從事之和平行動簡化為下列三大類型，即衝突預防暨和平締造（conflict prevention and peacemaking）、維持和平（peacekeeping）以及和平建設（peacebuilding）。[38]

《布拉希米報告》的最重要內容，集中在第二個部份，即〈和平行動之準則、策略與決策〉（Doctrines, Strategies and Decisionmaking of Peace Operations），其中對於和平建設的任務重點與政策建議，包括下列四點：（1）支持和平暨安全執委會（Executive Committee on Peace and Security, ECPS）扮演聯合國統整和平建設行動意見之重要論壇角

---

[38] United Nations Documents, *A/55/305-S/2000/809, Report of the Panel on United Nations Peace Operations,* http://daccess-ods.un.org/access.nsf/Get? Open&DS=A/55/305&Lang=E&Area=UNDOC.

色，而擔任執委會召集人之聯合國主管政治事務的副秘書長（UN Deputy-Secretary-General for Political Affairs），應被視為領導和平建設業務的靈魂人物；[39]（2）在聯合國和平建設的相關行動之第一年預算方面，在徵詢駐地協調官（Resident Coordinator）的意見之後，應賦予聯合國秘書長代表（Representative）或特別代表（Special Representative）運用經費的權力，俾能更彈性地與迅速地將資源投入於最迫切需要的領域，以獲取最大成果；[40]（3）由於現今和平行動的面貌與昔日相較已大為不同，在行動準則移轉的情況下，建議應該增加維和警察、司法人員以及人權專家的妥善運用，以便在後衝突的複雜環境中，健全該目標國家的執法與司法機關，並改善其人權情況；[41]（4）應將後衝突和平建設初始階段之預算重點，置於繳械、解編與復員（DDR）等三合一的任務面向，如此才能有助於穩固當地安全與秩序，大幅降低衝突再起的機率。[42]

2.《秘書長報告：聯合國千禧年宣言的執行》（A/58/323，2003 年 9 月）

2003 年 9 月，秘書長安南向聯合國大會遞交《聯合國千禧年宣言的執行》（Report of the Secretary General: Implementation of the United Nations Millennium Declaration），此報告共分為五大部份，在其中第二部份的〈維持和平與和平建設〉（Peacekeeping and Peacebuilding）的章節中，開宗明義表示此文件乃銜接與承繼《布拉希米報告》的精髓與宗旨，安南在此報告中強調兩項重點，首先，在當地情勢未獲穩定之前，他強烈反對貿然進入目標區執勤，因為一般的維和特派團，

---

[39]　Ibid.
[40]　Ibid.
[41]　Ibid.
[42]　Ibid.

無論在任務授權性質、裝備或人力配置上，都不足以因應此特別需求，故倉促的維和介入決定，可能將導致第一線的維和人員，曝露在高風險的不確定環境中，因此安南贊成必須先派遣由會員國所自願籌組的多國武力，以應付較高強度的威脅，而在目標區的情況大勢底定，得以實現基本和平與安全目標之後，聯合國接著可考慮採取所謂的強健行動，派遣維和特派團至當地承繼先前的多國武力，例如阿富汗、象牙海岸、賴比瑞亞以及剛果民主共和國等地所面臨的複雜情勢，均是顯而易見的例子，強健行動在任務本質方面，則是有別於早期一代維和的軍事觀察任務或傳統維和，較貼近（但不及於）《聯合國憲章》第七章所規範之強制和平，換言之，就所謂的強健維和任務而言，安理會對於傳統維和部隊所遵奉的禁用武力（除非自衛）之原則，應採取更為寬鬆與彈性的解釋，並設法讓強健維和在編制與裝備方面，擁有較充足的能力，以應付各種中高強度的威脅。[43]

此外，安南不忘重申《布拉希米報告》中所提到的癥結，即多數具備較高軍事實力的聯合國會員國，對於執行強健維和行動的承諾有限，換言之，大國通常較吝於提供相關的人力與物資。安南亦指出，即便衝突各方已達成政治突破與和解共識，但值此脆弱的過渡期中，對於飽受戰火摧殘的目標國家，如何順利實現後衝突和平建設的各項目標，國際社會的集體行動與夥伴關係至為關鍵。而聯合國方面所應負責的工作，主要在於確保此轉型進程不致偏離軌道、提供安全、促進和解、監督選舉、保護平民、協助難民返鄉與安置等以及重建其社會與經濟的基礎等。[44]

---

[43] United Nations Documents, *A/58/323, Report of the Secretary General (Kofi Annan): Implementation of the United Nations Millennium Declaration*, http://daccess-ods.un.org/access.nsf/Get?Open&DS=A/58/323&Lang=E&Area=UNDOC.

[44] Ibid.

　　由此視之，本書認為，對比於 1994 年其前任秘書長蓋里於前述《秘
書長報告：發展議程》中所提出的觀點——即聯合國不應等待目標地
區（國家）局勢完全穩定後才展開行動，而應盡早協助當地發展與投
入和平建設的工作，安南在此份報告的態度較為務實與保守，即主張
聯合國的介入應謀定而後動，最理想狀況則是等待和平與安全的目標
初步達成之後，再投入相關的維和人力與資源。而本書認為，從蓋里
的積極轉變為安南的審慎，乃重大之轉折，而歸究其可能與聯合國自
冷戰結束以來，在全球各地所從事的多項維和任務中，所不斷累積與
獲致的寶貴經驗（包括重大傷亡的教訓在內）有關。[45]

3.《一個更安全之世界：我們共同承擔之責任》(A/59/282，2004 年 12 月)

　　2003 年 11 月，安南設立威脅、挑戰與變革高階小組（High-level
Panel on Threats, Challenges, and Change）（簡稱為高階小組），此小
組由泰國前總理班耶亞春（Anand Panyarachun）擔任主席，小組擁有
16 名成員，涵蓋孚眾望的各國政治家與外交官，主要目的是針對全球
和平與安全的挑戰與威脅，提出預防與解決之道，並就聯合國的相關
改造事宜提出諮詢意見，故在本質上，此小組屬於安南的顧問機制，
可視為安南為 2005 年 9 月將召開的聯合國世界領袖峰會（World
Summit of Heads o State and Government）之報告所預做的準備。2004
年 12 月，在高階小組呈交給安南一份名為《一個更安全之世界：我們
共同承擔之責任〉（A More Secured World: Our Shared Responsibility）
的報告中，共計提出 101 項建議，其中即包括呼籲在聯合國內部設置
一個政府間機制的和平建設委員會，以協助衝突後的國家，從事長期
的復興、重建與發展工作，此為聯合國內部最早呼籲成立和平建設委

---

[45] 詳見本書第參章與第肆章內容。

員會的重要文件，而該建議獲得安南的高度認同，並納入秘書長對於該報告的第 14 點聲明當中。[46]

4. 《更大的自由：邁向共享之安全、發展與人權》（A/59/ 2005，2005 年 3 月）暨《秘書長對於和平建設委員會解釋：更大的自由：邁向共享之安全、發展與人權之附件二》（A/59/2005/Add.2，2005 年 3 月）

　　在《一個更安全之世界：我們共同承擔之責任》出爐之後，2005 年 3 月，秘書長安南進一步提出一份名為《更大的自由：邁向共享之安全、發展與人權》（In Larger Freedom: Toward Security, Development, and Human Rights for All）的研究報告，在該報告當中，安南依據先前高階小組的研究結論，再度表態支持成立和平建設委員會與和平建設基金。而在該報告的附件──即《秘書長對於和平建設委員會之解釋聲明：更大的自由：邁向共享之安全、發展與人權之附件二》（Explanatory Note by Secretary-General on the Peacebuilding Commission, Addendum to Report of the Secretary-General, In Larger Freedom: towards Development, Security and Human Rights for All）當中，安南詳細就和平建設委員會的成立目的、功能、定位、組織架構、成員組成、專屬基金（即目前的和平建設基金）之構想以及和平建設支援辦公室的角色等議題，逐一闡明其看法，至此，和平建設委員會的誕生已箭在弦上，其內容於 2005 年 9 月所召開的聯合國世界領袖峰會上，正式納入其簽署的《最終文件》（Outcome Documents）之中。[47]

---

[46] United Nations Documents, *A/59/282, A More Secured World: Our Shared Responsibility, Report of the High-Level Panel on Threats, Challenges, and Change,* http://www.un.org/secureworld/report.pdf.

[47] United Nations Documents, *A/59/2005/Add.2, In Larger Freedom: Towards Development, Security, and Human Rights for All, Report of the Secretary-General (Kofi Annan), Addendum 2: Peacebuilding Commission, Explanatory*

三、潘基文：《衝突後初期的聯合國和平建設》

1.《秘書長關於衝突後初期和平建設報告》（A/63/881-S/2009/ 304-2009/6）

　　聯合國秘書長現任（第八任）秘書長潘基文（Pan Ki-moon）於 2009 年 6 月所提出《秘書長關於衝突後初期和平建設報告》（Report of the Secretary-General on Peacebuilding in the Immediate Aftermath of Conflict），在此份報告（亦為秘書長聲明）當中，潘基文將所謂的衝突後初期（immediate aftermath）定義為衝突告一段落後的兩年之內，因為此時期無疑是目標國家（地區）能否順利擺脫困局、邁向坦途的關鍵機會之窗，如果該目標國家與國際社會得以在此階段密切配合，擬妥可行的策略，則可利用早期和平紅利之收割，實現該目標國家社會經濟發展、政治和解以及持久和平。[48]潘基文在此份報告中特別強調下列五大主題，包括：

　　第一項主題為國家責任的需要（the need for national ownership）：此為報告的精華與核心之處，因為根據聯合國所累積的經驗，和平建立基本上乃國家行為者的挑戰與責任，外力的支持為輔助角色，故惟有國家行為者，才能真正瞭解社會需求，並據此訂定相關的目標與步驟。[49]

　　第二項主題為重建和平建設的優先目標（recurring peacebuilding priorities）：在資源有限的限制下，國家行為者與聯合國必須經常面

Note by the Secretary-General (Background), http://www.un.org/largerfree dom/.

[48] United Nations Documents, *A/63/881-S/2009/304, Report of the Secretary-General (Pan, Ki-moon) on Peacebuilding in the Immediate Aftermath of Conflict*, http://daccess-ods.un.org/access.nsf/Get?Open&DS=A/63/881&Lang= E&Area=UNDOC.

[49] Ibid.

對如何取捨的典型難題，但在一般情況下，應將協助下列五項目標的實現視為優先，即：（1）對基本安全的支持：例如保護平民、排雷、武裝派系的繳械、解編暨復員、重建法治以及安全部門的改革；（2）對政治過程的協助：包括大選進程、政治對話、互任建立、對話與和解以及發展國家與地方層級的衝突管理能力等；（3）基本需求的提供：包括水電、醫療衛生、初等教育、境內流離失所者與境外難民的返鄉與安置等；（4）政府核心功能的恢復：此處尤指中央與地方層級的公共行政與公共財政能力；（5）經濟重振：包括增進就業、照料青年與前武裝成員復員後的就業與生計等。[50]

第三項主題為聯合國迄今所做的努力與面臨的結構性挑戰（UN efforts to date and systemic challenges）：報告中坦承聯合國系統所面臨的最嚴重結構問題，在於分散式、多頭馬車以及缺乏統合的既存體系，和平建設的業務內容，涵蓋人道救援、維持和平、政治、發展、安全與人權等諸多面向，但上述功能卻由聯合國架構中的各式支柱所負責管理，即分屬於林林總總的部門、機構、組織、基金與計畫，而每一個單位各有其自身傳統、原始授權、行動綱領、原則規範、組織文化、財務狀況以及夥伴網絡，是故期待出現一體式（deliver as one）的服務產出，實屬不易。職是之故，除需要依賴各會員國在這些場域中，對和平建設形成一致的立場之外，聯合國自身亦必須進行機制改革，以便順利整合與協調和平建設的整體路徑與全盤策略，而其中尤以和平建設委員會的角色至為關鍵。[51]

第四項主題為和平建設委員會的角色（Role of the PBC）：內容為應進一步強化和平建設委員會的諮詢與建議功能。[52]

---

[50] Ibid.
[51] Ibid.
[52] Ibid.

　　至於最後一項主題則為支持一致性與有效回應——國際行動的議程（supporting a coherent and effective response: and agenda for action）：此處主要包括五項建議，重點環繞在如何擴大與深化聯合國和平行動的正當性與支持基礎，即：（1）應促使聯合國駐地第一線領導團隊，獲得聯合國內部以及國際社會的更大支持；（2）應就任務的優先順位與資源運用的輕重緩急，取得一致共識；（3）對於聯合國所設定的國家責任與能力發展目標，國際社會應充分配合；（4）對於和平建設業務的專業知識與人力，應儘快補足以滿足其迫切需要；（5）應加快和平建設的相關募款進度。[53]

第三節　和平建設、和平行動以及維和行動

一、和平行動的分類方式

　　聯合國和平行動的分類，是在分析和平建設委員會的起源、功能、重要性、地位以及其侷限之際，所無法迴避的議題，若缺乏從和平行動的全盤視野與高度思考，將無法真正理解預防外交暨和平締造、維持和平、後衝突和平建設以及強制和平等概念之深層意涵，以及彼此間的互動與關聯。重點在於，上述這些不同類型的和平行動，如果無法將衝突與和平階段的演進，一併納入考量，將難以明瞭和平建設委員會在整體和平行動中的適切座標位置，以及所可能發揮的角色與功能。然而，誠如本書在第壹章緒論中所提及，學界與實務界對於和平行動的任務內容劃分，其實並無共識。

　　舉例而言，曾擔任戰略暨國際研究中心（Center for Strategic and International Studies, CSIS）資深研究員的希稜（John Hillen），在其 2000

---

[53] Ibid.

年所出版的《藍盔部隊：聯合國軍事行動之策略》（Blue Helmets: The Strategy of UN Military Operations）一書中，即指出所謂的後衝突和平建設，實為後冷戰時期二代維和（second-generation PKO）的任務主軸，即視維和行動（二代維和）的概念範圍，涵蓋（大於）和平建設的內容，換言之，和平建設屬於維和行動的一環。[54]

但另一方面，哥倫比亞大學教授道爾（Michael W. Doyle）與耶魯大學教授山巴尼斯（Nicholas Sambanis）於 2006 年所出版的《戰爭與建立和平：聯合國和平行動》（Making War and Building Peace: United Nations Peace Operations）一書中，建議就整體聯合國和平行動而言，擴大和平建設之指涉意涵有其必要性，應視和平建設為統攝和平締造、強制和平與維持和平等其他任務類別的綜合上位概念，即和平建設的概念範圍，應涵蓋（大於）維和行動的內容，換言之，維和行動屬於和平建設的一環。[55]

至於某些學者則認為聯合國和平行動下的各項任務，無論在概念與意涵上都可清楚地切割，故無所謂由 A 涵蓋 B 或由 B 涵蓋 A 之問題，例如於日內瓦大學奧地利暨歐洲公法研究中心（Institute for Austrian and European Public Law）任職的學者沙林傑（Gerald Thallinger），在《德國法學期刊》（German Law Journal）所刊登的〈聯合國和平建立委員會與轉型正義〉（The UN Peacebuilding Commission and Transitional Justice）一文中，即支持蓋里於 1992 年 6 月《和平議程》的主張。也就是將聯合國和平行動區分為預防外交、和平締造、維持和平、後衝突和平建設與強制和平等數種不同型態，因為他認為這種

---

[54] John Hillen, *Blue Helmets: The Strategy of UN Military Operations* (Washington, D.C.: Brassey's., 2000), pp.22-31.

[55] Michael W. Doyle and Nicholas Sambanis, *Making War and Building Peace: United Nations Peace Operations* (Princeton, NJ: Princeton University Press, 2006), pp.10-11.

分類方式，對於聯合國於後冷戰時期在於各地所進行的各類型任務，可謂相當妥善與貼切。[56]

　　由和平建設委員會的創設法源（安理會第 1645 號決議與第 60 屆大會第 180 號決議）的內容觀之，可發現與大部份聯合國的決議類似，皆具備高度務實、妥協、彈性以及各取所需的意涵，不過若從另一角度觀之，會發現難免在用字遣詞方面，出現灰色地帶，癥結在於所謂的和平建設（後衝突和平建設）在概念上的嚴謹定義為何？其指涉的任務範圍，應包括哪些領域較為合理？而和平建設與其他種類的聯合國和平行動間之差異或關聯性在哪裡？就理論層次而言，如先前所提及，對於上述各項問題，如果對照前述之聯合國安理會與大會的官方相關決議、官方文件、評估以及檢討報告，再對照學界與實務界的多元觀點，可清楚理解，迄今仍無一致看法。假設按照《和平議程》所做的分類，聯合國的和平行動，應包括預防外交、維持和平（一代維和）、和平締造、後衝突和平建設以及強制和平等五大面向；但如果是依據《布拉希米報告》的歸納方式，聯合國的和平行動，則可涵蓋衝突預防暨和平締造、維持和平以及和平建設等三大面向，而缺乏強制和平的類別（詳見表 5-3）。

　　綜合《和平議程》與《布拉希米報告》兩者的看法，本書認為聯合國和平行動至少應可歸類為四種型態，即除維持和平（以軍事觀察與傳統維和為主的一代維和）以及和平建設（亦可稱為後衝突重建或後衝突和平建設）等兩項類別之外，無論是《布拉希米報告》與《和平議程》中所提到的「預防外交」以及「和平締造」等兩個概念，或《布拉希米報告》中將兩者合併為「衝突預防暨和平締造」一詞，皆屬於和平行動的重要成份，乃無庸置疑。至於《和平議程》中所列出的強制和平的面向，雖未在《布拉希米報告》中獲得強調，但由聯合

56 Gerald Thallinger, "The UN Peacebuilding Commission and Transitional Justice," *German Law Journal*, Vol. 8, No. 7 (2007), p.694.

國的實踐紀錄可知，自冷戰結束以來，聯合國的和平行動確實有較高比例，存在動用較高強度武力的可能性，而安理會強制和平的任務授權，則可由安南所強調的強健維和行動執行，或是藉由聯合國架構外的多國聯合武力的形式行使之。簡言之，本書所持的觀點在於，無論是衝突預防與和平締造，抑或是強制和平，都應被列為和平行動的類別之一。

二、兩種視野的兼容並蓄

綜合上述，第一種理解聯合國和平行動的方式，是將和平建設的定義與範圍予以擴張，使其成為涵蓋聯合國所有和平行動的上位與主體概念，包括維持和平（此處指以傳統維和與軍事觀察任務為主之一代維和）以及衝突預防暨和平締造的範疇在內，並視強制和平為確保和平建設之輔助手段，而衝突預防暨和平締造則是實現和平建設的重要先期手段（詳見圖 5-1）。

另一種理解聯合國和平行動的方式，是鑒於聯合國的新型態維和（二代維和）的任務內容，實已囊括並超過大部份後衝突和平建設的業務範疇，故應視聯合國維和行動（此處指以後衝突和平建設為主、軍事觀察與傳統維和任務為輔之二代維和）為聯合國和平行動的上位與主體概念，並視強制和平以及衝突預防暨和平締造等任務，為整體二代維和架構下之各類型任務，原因在於二代維和原本就存在運用強制和平的可能性，而所謂的衝突預防暨和平締造，對於二代維和而言，亦是奠定其成功基礎之先期運用選項或工具（詳見圖 5-2）。

至於本書的觀點則是，若從實務的角度審視，和平建設的內涵的確並不易與維和行動（尤其是以後衝突和平建設為主軸的二代維和）清楚區隔，而衝突預防暨和平締造、維持和平以及和平建設等三者間，在實際上的分類，亦難以完全互斥，換言之，其界線確實存在有相當程度的模糊性，無法清楚切割。然而，若以概念的層次視之，為達到有利於比較與研析之學術探討目的，本書認為圖 5-1 或圖 5-2 的分類方式，皆有其邏輯可循，即無論是將二代維和或是和平建設，視為囊括或是統攝其他和平行動的上位或主體任務，此兩種不同的視角雖然切入點與側重有別，但就更深入與全盤性理解聯合國和平任務而言，無疑都是具有參考價值的觀察途徑，故並無孰是孰非的問題。

值得重視的是，面對後冷戰時期的複雜和平行動（complex peace operations）時，本書認為必須透過對其動態演進的複雜過程加以評估，即包括前衝突期（危機浮現）、衝突期（衝突升溫期）、獲控制階段（衝突降溫期）、過渡階段（脫離衝突的機遇期）至後衝突期（邁向持久穩定與和平期）等不同的階段，再結合前述聯合國四種和平行動的實施，方能充分理解和平建設於全盤和平行動中的座標位置、份量以及其可能發揮的貢獻。而表 5-4 則突顯兩項重點，其一，基本上，和平建設之工作主要是在衝突獲控制階段、過渡階段以及後衝突階段執行，並可視實際需要彈性搭配其他任務；其二，聯合國和平行動必須仰賴各階段的任務銜接與相互配合，方能獲致最終成功，[57]故除傳統維和、軍事觀察、和平建設以及強制和平等維和等工作項目之外，預防外交（包括早期預警、實地調查小組、信心建立措施、先期兵力部署與設置非軍事區）以及和平締造（包括各種斡旋、談判、調停、仲裁與司法解決）等面向，都應是聯合國秘書長與安理會所應靈活運用的途徑。

---

[57] Yasushi Akashi, "The Limits of UN Diplomacy and the Future of Conflict Mediation" *Survival* (1995-1996), Vol. 37, No. 4, pp. 83-98.

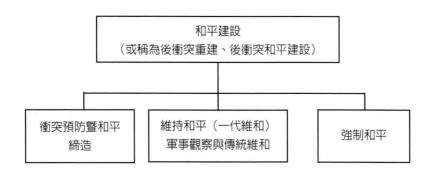

圖 5-1　以和平建設（後衝突重建）為上位概念之聯合國和平行動

資料來源：自行整理

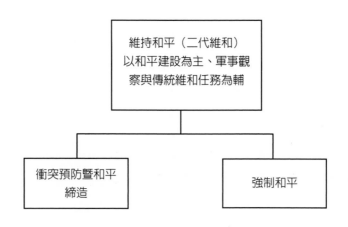

圖 5-2　以維持和平（二代維和）為上位概念之聯合國和平行動

資料來源：自行整理

表 5-3　《和平議程》與《布拉希米報告》對於
聯合國和平行動之分類與用語比較

	聯合國和平行動的類型				
《和平議程》	預防外交	和平締造	維持和平（一代）	後衝突和平建設	強制和平
《布拉希米報告》	衝突預防與和平締造		維持和平（一代）	和平建設	（並未提及強制和平）

資料來源：自行整理。

表 5-4　本書對於衝突（和平）階段以及聯合國和平任務之觀點

衝突階段 任務類別	前衝突期（危機出現）	衝突期（衝突升高）	獲控制階段（衝突降溫）	過渡階段（脫離衝突機會之窗）	後衝突階段（持久穩定與和平）
衝突預防與和平締造	◎	◎	◎	◎	
軍事觀察與傳統維和			◎	◎	
和平建設			◎	◎	◎
強制和平		◎		◎	

資料來源：筆者自製。

小結

　　本章的宗旨，在於探討聯合國維和行動的最重要外部聯結，即環繞於和平建設（後衝突和平重建）的相關議題。綜合前述分析，本書提出下列三項觀察，其中第一點乃是衝突階段與和平行動之分類；而第二點為和平建設委員會的肇建使命與預期角色；至於第三點則與和平建設委員會之可能貢獻與潛在侷限有關，茲將重點分述如下：

　　首先，在衝突階段、和平行動分類以及和平建設委員會間之聯結方面，必須注意的是，聯合國和平行動的分類，是在分析和平建設委員會的起源、功能、重要性、地位以及侷限時，所無法迴避之重要議題，若無法從聯合國和平行動的全盤視野加以思考，並搭配衝突與和平階段之動態演進過程，將無法真正理解預防外交暨和平締造、維持和平、和平建設以及強制和平等四種概念的深層意涵，以及彼此間的互動關係。

其次，在和平建設委員會的肇建使命與預期角色方面，聯合國現今的問題，並不在於如何填補聯合國和平建設在組織架構上的「真空」，理由是此真空並不存在，因為聯合國和平行動的真正癥結或困境在於，如何讓聯合國體系內部與外部之眾多相關部門、機構、單位以及團體進行磨合，故該委員會的功能，在於如何針對和平建設的資源運用、策略擬定以及機制統合等不同的面向，稱職地扮演聯合國安理會、大會與秘書長之間的協調者、整合者、溝通者（橋樑功能）以及建議者（諮詢功能）等多元角色。

最後，在和平建設委員會的可能貢獻與潛在侷限方面，其實是一體兩面，若該委員會無法實現其創設宗旨，則將難以擺脫長久以來，聯合國和平行動的傳統窠臼，即和平建設的業務嚴重被切割與分散於各部門。換言之，如果和平建設委員會未能發揮預期成效，則以往聯合國和平行動在組織的疊床架屋，功能上的相互抵消以及資源上的重覆浪費情況，恐將更形惡化，反而造成該委員會淪為聯合國和平行動另一項的新增的負擔，而和平建設委員會成立五年以來的成敗，除應檢視至目前為止所介入的四個目標國家狀況之外，尚需要更長的時程方能客觀判定。

第陸章　聯合國維和行動的個例分析

　　在本書第貳章第二節以及第參章第二節的內容中，分別就聯合國於冷戰期間所授權的 18 項維和任務以及後冷戰時期所新發動的 46 項維和任務，進行全面性的扼要檢視。從第陸章開始至第捌章的篇幅，則將偏重於深度分析，也就是針對聯合國的維和干預以及兩個重要會員國（日本與中國）之維和參與進行探討。本章的主要核心，在於觀察聯合國於柬埔寨（冷戰結束後的新型態維和行動）、索馬利亞（冷戰結束後的新型態維和行動）、東帝汶（冷戰結束後的新型態維和行動）以及喀什米爾問題（橫跨冷戰至今日的傳統軍事觀察行動）之維和介入狀況，至於挑選此四個案例的理由，在於它們分別為完全成功、部份成功、完全失敗與恆久存在等四種維和成果的典型代表。在內容方面，本章分為四個部份，第一節是成功（柬埔寨）與部份成功（東帝汶）的案例研析；第二節則是徹底失敗（索馬利亞）與恆久存在的案例分析（印巴喀什米爾爭端）；第三節是綜合探討，希望藉由前述的整理，釐清聯合國維和成功的有利條件與基礎；至於第四部份則為小節。

第一節　成功以及部份成功的案例

一、功成身退：柬埔寨

　　柬埔寨於 19 世紀中後期成為法國殖民地，二戰中曾被日本佔領，而在法國勢力於 1953 年離開之後，柬埔寨歷經由施亞努（Norodom Sihanouk）擔任國家元首的王國時期以及龍諾（Lon Nol）掌政下的高棉共和國（Khmer Republic）時期。其後在赤棉（*Khmer Rouge*）波布（Pol Pot）政權於 1975 年至 1978 年的統治期間，實施恐怖高壓，屠殺近百萬平民，在波布政權因越南的軍事入侵而垮台後，由越南與蘇聯所保護支持的金邊政權於 1979 年初成立，主要領導人為柬埔寨人民革命黨（Kampuchean People's Revolutionary Party, KPRP）的總書記橫山林（Heng Samrim）與總理洪森（Hun Sen），正式國號為柬埔寨人民共和國（The People's Republic of Kampuchea, PRK），其後更名為柬埔寨國（State of Cambodia, SOC）。該政權掌控八成領土，手握近 50,000 名兵力。而為抗衡越南所扶植的傀儡政府與反對聯盟中的三大勢力，則於 1982 年合組流亡的民主柬埔寨聯合政府（Coalition Government of Democratic Kampuchea），由施亞努所領導。成員除喬森潘（Khieu Samphan）所領導的赤棉／民主柬埔寨黨（The Party of Democratic Kampuchea, PDK）之外，尚包括宋山（Son Sann）所代表的柬埔寨人民解放陣線（The Khmer People's Liberation Front, KPNLF）以及其後獲得東協、美國與中國支持，由施亞努所領導的獨立、中立、和平與合作的柬埔寨民族統一陣線（The United National Front for an Independent, Neutral, Peaceful, and Cooperative Cambodia, FUNCINPEC）。[1]

1989 年 7 月，柬埔寨四邊勢力以及 18 個國家召開第一階段的巴黎會議，希望能一舉解決長年的內部衝突，但受限於是否排除赤棉／民主柬埔寨黨參與、過渡期的權力分配方式、新憲法的制訂，以及如何確認越南部隊與所有外國勢力撤離（是否由聯合國執行）等問題的

---

[1] 參見 Evan Gottesman, *Cambodia after the Khmer Rogue: Inside the Politic of Nation Building* (New Haven: Yale University Press, 2003), pp. 37-78；Richard, H., Soloman, "Bringing Peace to Cambodia," in Chester A. Crocker, Fen Osler Hampson and Pamela Aall, eds., *Herding Cats: Multiparty Mediation in a Complex World* (Washington, D.C.: United States Institute of Peace Press, 1999), pp.275-277.

阻礙，談判面臨觸礁。最後在聯合國安理會五常的外交努力下，獲致若干突破，首先柬國四方派系同意成立含 12 名成員的全國最高委員會（Supreme National Council, SNC），並由施亞努出任主席，施亞努隨即正式要求聯合國介入，協助終止境內的長年動亂，並解決政治爭議。1991 年 10 月，依照聯合國秘書長裴瑞茲的建議，安理會做成第 717 號決議，設置聯合國柬埔寨先遣團（United Nations Advance Mission in Cambodia, UNAMIC），並決定一旦巴黎會議順利簽署相關協議，聯合國柬埔寨先遣團將併入新成立的聯合國柬埔寨過渡權力機構（United Nations Transitional Authority in Cambodia, UNTAC）。換言之，聯合國柬埔寨先遣團的主要功能，是在聯合國柬埔寨過渡權力機構尚未正式運作之前，預先執行必要的監督停火與人道援助等工作，至該先遣團的總指揮則為首席聯絡官（Chief Liaison），並另設資深軍事連絡官（Senior Military Liaison）負責統籌第一線的觀察任務，其初期編制僅 116 人。[2] 1992 年 1 月，安理會進一步擴大該先遣團的授權範圍，將清除各式地雷（以確保難民返鄉與安置區的安全）的工作納為其基本任務，並將先遣團擴編至近 1,100 人的規模。[3]

在 1991 年 9 月所舉行的第二階段巴黎會議中，柬埔寨各方勢力（包括柬埔寨、東協六個成員、安理會五常、日本、越南、寮國以及不結盟運動（Non-Aligned Movement 代表南斯拉夫）等利益相關者，達成

---

[2]　參見 UN Peacekeeping Official Website, "UNAMIC Background," http://www.un.org/en/peacekeeping/missions/past/unamicbackgr.html; "UNAMIC Mandate," http://www.un.org/en/peacekeeping/missions/past/unamicmandate.html; "UNAMIC Facts and Figures," http://www.un.org/en/peacekeeping/missions/past/unamicfacts.html.

[3]　事實上，據估計目前尚有 6,000 萬餘枚未爆的人員殺傷雷，遍佈全球 60 餘個國家中，由於聯合國維和行動中的排雷任務，除包括偵測與清除的技術層面外，也常牽涉到認識地雷危害的教育計畫與協助傷者進行身心復健等工作，故稱為人道地雷行動（humanitarian mine action, HMA），參見 Sami Faltas, "Getting Rid of Mines," in Luc Reychler and Thania Paffenholz, eds., *Peacebuilding: A Filed Guide* (Boulder, CO: Lynne Rienner Publishers, Inc, 2001), pp. 428-434.

兩項協議與一份聯合聲明，主要內容涵蓋實施全面性政治解決方案、維護柬埔寨主權的獨立、統一、中立與領土完整以及進行經濟暨社會重建工作之相關步驟等。在上述統稱為《巴黎協定》（The Paris Agreements）的協議中，除確認全國最高委員會的地位，更明確指出以聯合國做為監督相關工作的首要機構。1992 年 2 月，聯合國依照安理會決議，正式設置聯合國柬埔寨過渡權力機構，並由日籍的聯合國秘書長特別代表明石康擔任總指揮，主要工作包括監督公平大選的舉行與選民登記事宜、確保停火協議的執行、確認所有外國部隊、物資與軍事顧問的撤離、協助柬埔寨政府重建行政管理能力與警政部門、促進人權保障以及解除所有派系的武裝以及其他的和平建設工作。在編制方面，該過渡權力機構於最高峰期的配置人力曾超過 22,000 員，其中包括 15,000 餘名軍事人員、3,300 名維和警察以及一定數量的文職人員與聯合國的志工。1993 年 5 月，柬國於聯合國的監督下舉行大選，約 420 萬合格選民選出首屆制憲會議（Constituent Assembly）的成員，同年 9 月，新的民主政府誕生，憲法正式宣告實施，至此，聯合國所設立的目標已初步獲得實現，故聯合國柬埔寨過渡權力機構於 1993 年 9 月底正式停止運作。[4]

二、有待觀察：東帝汶

東帝汶（East Timor）自 16 世紀起即是葡萄牙統治下的殖民地，聯合國於 1960 年將其列為非自治領土（Not-Self-Governing Territories），

---

[4] 參見 Hugh Miall, Oliver Ramsbotham and Tom Woodhouse, *Contemporary Conflict Resolution: The Prevention, Management, and Transformation of Deadly Conflicts* (Malden, MA: Blackwell Publishing, Inc, 1999), pp. 191-195; UN Peacekeeping Official Website, "UNTAC Background," http://www.un.org/en/peacekeeping/missions/past/untacbackgr.html; "UNTAC Mandate," http://www.un.org/en/peacekeeping/missions/past/untacmandate.html; "UNTAC Facts and Figures," http://www.un.org/en/peacekeeping/missions/past/untacfacts.html.

後因葡萄牙於 1974 年發生政變，葡國駐東帝汶總督遂准許東帝汶人民成立臨時政府與議會，在 1976 年葡萄牙勢力撤離後，印尼政府揮軍進入東帝汶，並將其納為第 27 個省份。在此後的 20 餘年當中，爭取獨立的東帝汶民眾與印尼駐守於當地的軍隊之間，多次爆發流血衝突，而聯合國的立場則是反對印尼的武力併吞之舉，主張東帝汶人民有權進行民族自決，並要求雅加達當局儘速撤出東帝汶。在聯合國大會的要求下，自 1982 年開始，歷任聯合國秘書長均定期召集葡、印兩國展開協商，試圖解決東帝汶問題，直至 1998 年 6 月，印尼的態度才逐漸軟化，同意東帝汶擁有若干程度的自治。1999 年 5 月，印尼、葡萄牙與聯合國三方於紐約達成協議，正式委由聯合國秘書長安南出面斡旋，協助東帝汶人民制訂憲法，並依其自由意志決定前途，即邁向獨立或保留其在印尼共和國內的身份。

自 1999 年以來，聯合國於東帝汶地區陸續共進行五項不同型態的和平行動，其中包括三項維和任務與兩項政治任務，其評價毀譽參半，並不符合完全成功的標準（達成安理會的任務授權），茲分述如下。

聯合國東帝汶特派團（United Nations Mission in East Timor, UNAMET）是依據安理會於 1999 年 6 月所做成的第 1246 號決議而設立，值得注意的是，該特派團在性質上，並非維和行動部所主導的維和行動，而是由政治事務部統籌下的政治任務，其主要的任務授權範圍，包括穩定東帝汶局勢，提供必要人道援助，並協助進行合格選民登記事宜，以便為公投（即決定是否選擇獨立或維持在印尼統治下的高度自治地位）奠定有利基礎，在當地與海外近 80 萬的東帝汶人民中，聯合國東帝汶特派團共計登記 45.2 萬餘名的合格選民，而最後在 1999 年 8 月所舉行的公投中，共計 78.5% 的選票（約 34.5 萬餘人）支持邁向獨立，因此聯合國東帝汶特派團的主要工作，便轉型為監督此過渡階段的順利進行。然而此時東帝汶境內卻頻繁出現血腥事件，在東帝汶陷入動亂之際，印尼原駐東帝汶的相關行政人員、警力以及武

裝部隊卻撤離東帝汶，導致當地陷入無政府狀態，而激烈的衝突造成
50 萬多名當地居民流離失所，遠離家鄉逃至西帝汶。在雅加達方面對
於堅持維持現狀（東帝汶併入印尼）的民兵所採取的暴力攻擊，無法
有效壓制的情況下，特派團被迫撤離當地，導致任務暫告停止。最後
在印尼同意之下，安理會於該年 9 月做成第 1264 號決議，授權成立一
支由澳洲、紐西蘭、美國與印尼等 22 國所組成的國際東帝汶武力
（International Force for East Timor, INTERFET），該武力並非聯合國維
和部隊，其規模約為 11,000 人（最高峰），由澳洲（兵源貢獻最大國）
負責統籌指揮。宗旨在於保護聯合國人員安全，進行緊急人道援助，
並採取一切可能方式恢復東帝汶的安定與秩序，而在該武力的強勢介
入後，動亂迅速平息，於此同時，印尼與葡萄牙政府簽署協議，決定
將東帝汶的主權問題，正式委由聯合國全權處理，聯合國東帝汶特派
團的任務則於 10 月底告一段落。[5]

　　1999 年 10 月，因應實際情況的變遷，聯合國依照安理會第 1272
號決議，設立聯合國東帝汶過渡行政機構（United Nations Transitional
Administration in East Timor, UNTAET），其核心宗旨為確保東帝汶在
邁向獨立的進程中，能夠平穩過渡。該過渡行政機構的主要任務包括：
（1）提供安全與法治；（2）建立能夠獨立運作與有效率的政府；（3）
協助社會暨經濟發展；（4）進行人道援助；（5）確保難民返鄉安置。
在編制方面，則包括 1,640 名維和警察、6,100 名軍事人員、118 名軍
事觀察員以及近 2,000 名的國際文職與當地文職人員，此外，聯合國
東帝汶過渡行政機構吸納先前國際東帝汶武力（INTERFET）於軍事
領域的職能。至於在成果方面，聯合國東帝汶過渡行政機構曾先後協

---

[5]　參見 LeRoy Bennett and James Oliver, *International Organizations: Principles and Issues,* pp.174-175; UN Peacemaking Official Website, "UNAMET Results of Popular Consultations," http://www.un.org/peace/etimor99/result_frame.htm; "UNAMET Fact Sheet," http://www.un.org/peace/etimor99/Fact_frame.htm.

助組成東帝汶的全國諮議會（National Consultative Council, NCC）、東帝汶過渡政府（East Timor Transitional Administration）以及全國大會（National Council, NC），並於 2001 年 8 月協助東帝汶人民順利產生 88 席的制憲大會（Constituent Assembly），再由制憲大會選舉出第二屆國家會議的成員，負責草擬憲法與確立未來政府架構。2002 年 3 月，東帝汶的首部憲法正式生效，2003 年 5 月，東帝汶正式獲得獨立地位，古斯茂（Xanana Gusmão）出任首任總統，東帝汶民主共和國（Democratic Republic of Timor-Leste）於焉誕生，並在同年 9 月成為聯合國正式會員。[6]

隨著東帝汶後獨立時代的來臨，安理會於 2002 年 5 月做成第 1410 號決議，成立聯合國東帝汶支援團（United Nations Mission of Support in East Timor, UNMISET），其任務授權內容，包括提供政府部門有關行政能力與政治穩定的諮詢、協助東帝汶國家警察（Timorese National Police, TNPL）與其他執法部門的建立以及維護東帝汶的內部與外部安全等。至於在編制方面，則配置 5,000 名軍事人員、120 名軍事觀察員、1,250 名維和警察以及共約 1,800 名的國際文職人員與當地文職人員。[7]

安理會認為，在獨立後的東帝汶政局已獲致穩定，應縮減聯合國東帝汶支援團的規模，故其任務授權於 2005 年 5 月正式終止，其後聯合國依照安理會的決議，改以小型的政治暨和平建設任務，進行下一階段的工作，此即聯合國東帝汶辦事處（United Nations Office in

---

[6] 參見 UN Peacekeeping Official Website, "UNTAET Background," http://www.un.org/peace/etimor/UntaetB.htm; "UNTAET Mandate," http://www.un.org/peace/etimor/UntaetM.htm; "UNTAET Facts and Figures," http://www.un.org/peace/etimor/UntaetF.htm.

[7] 參見 UN Peacekeeping Official Website: "UNMISET Background," http://www.un.org/Depts/dpko/missions/unmiset/background.html;"UNMISET Mandate," http://www.un.org/Depts/dpko/missions/unmiset/mandate.html; "UNMISET Facts and Figures," http://www.un.org/Depts/dpko/missions/unmiset/facts.html.

Timor-Leste, UNOTIL）的設立由來，該辦事處的編制不及 500 員，其中包括軍事觀察員、維和警力、聯合國志工以及國際文職與當地文職，並由日籍的聯合國秘書長特別代表長谷川祐弘擔任總指揮，其宗旨在於繼續提供東帝汶政府有關經濟、社會、發展、安全、行政、司法、警力與政治和解等層面之協助與建議，嚴格視之，與聯合國東帝汶特派團的情況相同，聯合國東帝汶辦事處在屬性上並非聯合國維和行動，而是屬於政治事務部所統籌的政治任務。[8]

　　在聯合國東帝汶辦事處運作的 15 個月期間，東帝汶的政治與社會局勢出現日趨惡化的跡象，行政效率低落，經濟與社會的重建百廢待興，失業率持續攀升，不僅無法凝聚團結與促進內部和解，政府對境內所有領土亦無法有效掌握，因為反對獨立（支持與印尼合併）的武裝派系，仍盤據部份村落與城鎮，而政府軍與保安力量對於民兵團體的肅清，可謂鞭長莫及與力有未逮，故此甫獲得獨立地位的彈丸小國，多次爆發安全危機，鑒於情勢出現日漸失控之虞，東帝汶政府請求聯合國提供進一步的援助（主要是希望擴大維和警力派遣規模），而在聯合國秘書長特別代表，彙報第一線的評估報告之後，安理會於 2006 年 8 月做成第 1704 號決議，設置聯合國東帝汶整合特派團（United Nations Integrated Mission in Timor-Leste, UNMIT），其首要之務，在於協助東帝汶政府整頓其安全與警察部門，穩定內部局勢與秩序，並強化政府的治理能力，期能實現政治和解與經社改革的目標，由秘書長所指派的特別代表全權指揮，並另設數位副代表（於不同領域進行分工）以輔佐秘書長特別代表的工作，在人力組成方面，總數近 1,700 餘員，除 33 名軍事觀察員之外，主要為維和警察，此外尚配屬總數 1,500 多名的聯合國志工以及國際文職與當地文職人員，至於其任務授權，則是在下列各領域協助東帝汶政府，包括：（1）不同政治勢力的

---

[8]　參見 UN Peacemaking Official Website, "UNOTIL Mandate," http://www.un.org/en/sc/repertoire/2004-2007/04-07_05.pdf#page=109.

對話與和解；（2）總統與國會大選的舉辦；（3）國家警察、司法與檢察部門的改革；（4）政府軍的裝備、紀律、能力與訓練的強化；（5）現經濟與社會的重振；（6）婦女、兒童以及流離失所者的人權與安全保護。[9]

第二節 失敗以及恆久存在之案例

一、鎩羽而歸：索馬利亞

1990 年代初期的索馬利亞，正是聯合國以維和行動為途徑，介入一個分崩離析國度，執行緊急人道援助工作的典型案例。特別的是，索馬利亞動盪的主因，並非源自於種族、主權、統獨或宗教上的衝突，而是單一國家內部的軍閥割據所導致。1991 年，在巴勒（Siad Barre）政府垮台之後，該國政局陷入動盪，分裂為兩個實力較強的軍事勢力，以及 10 餘個較小規模的武裝團體，在兩大交戰陣營中，一方支持過渡時期總統莫罕默德（Ali Mahdi Mohamed）。另一派則擁護艾迪德將軍（Mohamed Farrah Aidid），由於索馬利亞內戰，造成 500 萬索馬利亞人民飽受疾病、飢餓與顛沛流離之苦，此人道危機引起國際社會與輿論的高度關注，故聯合國、非洲團結組織以及其他相關國際組織決定聯手干預，安理會於 1992 年 4 月做成第 751 號決議，展開聯合國索馬利亞行動第一階段（UN Operation in Somalia I, UNOSOM I）。初始任務授權包括監控首府摩加迪休停火狀態，保護聯合國相關人員、設備與設施，並確保機場與港口國際救濟物資的安全，而在同年 8 月安理會所做成的第 775 號決議中，此支維和部隊獲得聯合國的進一步授

9　參見 UN Peacekeeping Official Website, "UNMIT Background," http://www.un.org/Depts/dpko/missions/unmit/background; "UNMIT Mandate," http://www.un.org/en/peacekeeping/missions/unmit/mandate.shtml; "UNMIT Facts and Figures," http://www.un.org/en/peacekeeping/missions/unmit/facts.shtml.

權，負責執行人道護送任務。在編制方面，主要包括 50 名軍事觀察員、3,500 名軍事人員以及 719 名軍事支援人員，並配置一定數量的國際文職人員與當地文職人員。

1992 年 12 月，因應索馬利亞的情勢的進一步惡化，在美國的建議下，安理會做成第 794 號決議，授權會員國組成一支聯合特遣武力（Unified Task Force , UNITAF），主要由美國所領導與組建，美方的任務代號為恢復希望行動（Operation Restore Hope），另由其他 23 個國家提供兵力，總數達到近 37,000 人，部署索國中、南部地區，安理會授權聯合特遣武力採取一切必要形式，形塑索馬利亞的人道援助工作的有利環境，並支援與配合聯合國索馬利亞行動第一階段的既有工作，故在性質上，該武力不屬於聯合國維和行動。由於其陣容與強度甚大，故很快地獲致基本成功，秘書長蓋里隨即於 1993 年 1 月，邀集索國交戰 13 個政治團體展開商談，各派系在會中同意停火與繳械，緊接著，聯合國召開援助與重建會議，企圖在最短時間內穩定局勢，實現政治和解，建立各方接受的過渡政府。在秘書長蓋里的建議下，安理會於 1993 年 3 月做成第 814 號決議，授權聯合國索馬利亞行動第二階段（United Nations Operation in Somalia II, UNOSOM II）的進行，以取代聯合特遣武力以及索馬利亞行動第一階段的原有功能。[10]

索馬利亞行動第二階段的初期編制高達 28,000 人，主要為軍事人員以及維和警察，另輔以 2,800 位國際文職人員與當地文職人員協助其工作，但與第一階段行動的最大差異在於，第二階段行動不僅規模更為龐大，且具備強制和平的性質，即安理會明確授權維和部隊採取

---

[10] 參見 Oliver Ramsbotham and Tom Woodhouse, *Encyclopedia of International Peacekeeping Operations*, pp.223-224; UN Peacekeeping Official Website, "UNOSOM I Mandate," http://www.un.org/en/peacekeeping/missions/past/unosom1mandate.html; "UNOSOM I Background," http://www.un.org/en/peacekeeping/missions/past/unosom1backgr.html; UNOSOM I Facts and Figures," http://www.un.org/en/peacekeeping/missions/past/unosom1facts.html.

一切必要手段，創造該國安全與穩定的環境，以確保聯合國人道行動的順利進行。在美國方面，更首次將其地面與勤務部隊的指揮權，納編於聯合國（土耳其籍將領）的節制之下，另外美方更部署 1,300 名部隊（包括 400 名遊騎兵精銳部隊）充當快速反應武力，而在安理會所做成的第 814 號決議的工作內容當中，更涵蓋排雷、協助難民安置、沒收非法武器以及重建索國政治、經濟暨社會等多項後衝突和平建設工作。[11]

　　然而，自 1993 年 6 月起，索馬利亞行動第二階段行動面臨嚴峻挑戰，其中尤以 23 名巴基斯坦籍維和士兵於巡邏任務中遭遇伏擊殉職，最令各界震憾。而美軍於 1993 年 10 月間所發動之清勤武裝派系與追緝艾迪德行動，並不順遂，除兩架黑鷹直昇機墜毀外，更造成 18 位士兵喪生，種種情事透過美國有線電視網（CNN）的畫面傳送，陸戰隊員屍體於首府摩加迪休被民兵拖行示眾的畫面，對美國與國際社會產生極大效應，隨著索馬利亞形勢的日趨悲觀，聯合國內部對索馬利亞的維和行動，逐漸浮現不耐與雜音，故在 1994 年 2 月所通過的第 897 號決議當中，安理會修正原始授權，排除先前強制和平的內容。另一方面，在輿論與國會的猛烈抨擊下，柯林頓政府於同年 4 月，頒佈第 25 號總統指令（Presidential Decision Directive 25, PDD 25），正式宣告美國結束對於聯合國索馬利亞行動的支持，其影響所及，聯合國索馬利亞行動第二階段於 1995 年 3 月亦正式宣告中止，總計在任務期間，共計造成 154 名相關人員的折損。[12]

---

[11] Ibid.

[12] 參見 Oliver Ramsbotham and Tom Woodhouse, *Encyclopedia of International Peacekeeping Operations*, pp.224-228; Weiss, Forsythe and Coate, *The United States and Changing World Politics*, pp.68-69; United Nations Peacekeeping Official Website, "UNOSOM II Facts and Figures,"
http://www.un.org/Depts/dpko/dpko/co_mission/unosom2facts.html;
"UNOSOMIIMandate,"
http://ww.un.org/Depts/dpko/dpko/co_mission/unosom2mandate.html;
"UMOSOMIIBackground,"

二、長期駐留：喀什米爾

　　印度與巴基斯坦間所存在的喀什米爾（Kashmir）爭議，牽涉兩個聯合國於此區域的維和任務，其一為歷史上第二早且仍運作至今之軍事觀察行動——即聯合國印巴軍事觀察團（United Nations Military Observation Group in India and Pakistan, UNMOGIP），其二則是在第二次印巴戰爭後曾短暫存在的聯合國印巴觀察團（UN India-Pakistan Observation Mission, UNIPOM）。[13]1947 年 2 月，在印度獨立前夕，英國駐印總督蒙巴頓（Louis Mountbatten）發表所謂的印、巴分治的《蒙巴頓方案》（Mountbatten Plan），其基本精神是以宗教信仰為基準，將南亞次大陸劃分為信奉印度教的印度以及信奉伊斯蘭教的巴基斯坦等兩個自治領，並規定各土邦可自由決定參加兩者，或維持與大英帝國的從屬關係。在喀什米爾方面，由於多數居民為伊斯蘭教徒，故主流民意是傾向於併入巴基斯坦，但當時喀什米爾－查模（The State Kashmir and Jammu）的大君辛哈（Hari Sing）以及多數邦政府行政官員（統治階級）卻信奉印度教，故傾向於併入印度。自 1947 年 8 月印、巴正式分治以來，雙方曾爆發三次戰爭，在首次印巴戰爭（1947 年 10月至 12 月）的背景方面，如前所述，喀什米爾－查模大君辛哈欲尋求獨立，但由於境內多數人口的意向，故遲遲未表明態度。在巴基斯坦軍方的暗中協助下，西北部省份帕坦（Pashtun）土邦的穆斯林，進入喀什米爾地區發動聖戰，協助當地穆斯林成立自由喀什米爾政府，企圖推翻土邦邦主（印度教）的統治。起初攻勢進展順利，一度進逼喀什

---

http://www.un.org/en/peacekeeping/missions/past/unosom2backgr. html.

[13] 如本書第貳章第二節所指出，在聯合國的維和行動中，最早的軍事觀察任務為 1948 年執行至今的聯合國停戰監督組織（UNTSO），其主要任務是負責監視以、埃與以、敘的邊界狀態。

米爾最重要的城市夏都斯利納加（Srinagar），其後辛哈在印度的軍事援助下，對齊蓬的反叛勢力展開鎮壓，迫使 50 萬穆斯林進入巴基斯坦境內避難，而於此同時，印度拉攏辛哈的動作不斷。1947 年 10 月，雙方於 10 月 26 日簽署《併入文件》（Instrument of Accession），自此印度宣稱喀什米爾已成為印度領土的一部分，並表示任何對於喀什米爾的侵略之舉，便是對印度主權的干預與破壞，亦調動 40,000 大軍隊進入喀什米爾地區，其傘兵亦空降斯利納加機場，第一次印、巴戰爭全面爆發。

　　1948 年 1 月，印、巴兩國均向聯合國提出指控，印方指責巴基斯坦支助喀什米爾地區的伊斯蘭地區進行顛覆，而巴方則反駁印度的公投與合併乃非法無效之舉，最後安理會做成第 39 號決議，設立由五個成員所組成之聯合國印、巴委員會（United Nations Commission for India and Pakistan, UNCIP），希望調查並處理該爭端。隨著該委員會進行擴編，安理會並決議增派觀察員視察第一線狀況，同年 7 月，聯合國印巴委員提出停火方案，建議重新舉行公投，由美國海軍上將尼米茲（Chester William Nimitz）擔任公投執行長官，但兩方在公投的細節方面卻遲遲未獲共識，至於停火則是於 1949 年初才真正實現。在聯合國印巴委員會的建議下，聯合國首任秘書長賴伊任命一名軍事顧問（Military Advisor）與若干軍事觀察員，提供該委員會在軍事問題上的諮詢與協助，而此批無武裝的軍事觀察員，則成為其後安理會所設置聯合國印巴軍事觀察團（United Nations Military Observation Group in India and Pakistan, UNMOGIP）之骨幹。1949 年 7 月，印、巴於協商後簽署所謂的《喀拉契協議》（Karachi Agreement），確立在喀什米爾地區的停火線，此後，喀什米爾地區劃分為印度和巴基斯坦所各自統轄的兩塊區域，一般稱為印控喀什米爾（內部出現嚴重分歧）以及巴控喀什米爾（整合過程大致平和），其中在印控喀什米爾的部份，佔喀什米爾的六成面積與四分之三人口。1951 年 3 月，安理會結束聯合國印巴委員會的任務授權，並另外通過第 91 號決議，成立聯合國印巴軍事觀察團，以持續原先的任務。基本上，自 1971 年 11 月第三次印巴戰爭爆發以來，該軍事觀察團仍持續運作至今，而其基本工作內容，仍是觀察與調查印、巴於喀什米爾地區的違反停火與越界情事，並向聯合國秘書長進行彙報。在編制上，該團主要配屬 40 名軍事觀察員、24 名國際文職人員以及 48 名當地文職人員，至於在任務犧牲方面，自 1949 年至今，共計有 11 員殉職（包括五位軍人、一位觀察員、兩名國際文職與三位當地文職人員）。[14]

1965 年 8 月，印度所控制的喀什米爾境內的穆斯林，成立激進的革命委員會，號召喀什米爾人民起事，隨後印、巴爆發第二次大規模戰事。安理會於 9 月初，通過第 209 號決議，要求交戰雙方與聯合國印度－巴基斯坦軍事觀察團充分合作，支持其監督停火的任務，其後所做成的第 210 號決議，則要求聯合國秘書長宇譚採取一切必要方式，強化聯合國印度－巴基斯坦軍事觀察團的功能，並落實先前安理會的相關決議內容。在印、巴邊界衝突持續擴大之際，安理會於該年 9 月所做成的第 211 號決議，要求雙方將各自武力，撤至 8 月初衝突爆發之前所停駐位置，由於原有聯合國印巴軍事觀察團的任務，主要在於監督喀什米爾地區的停戰線狀態。有鑑於實際需要，安理會除決定將該軍事觀察團的成員數目擴增一倍之外，並決議設置一支臨時性質的聯合國印度－巴基斯坦觀察團（UN India-Pakistan Observation Mission, UNIPOM），該觀察團由加拿大籍的麥當勞（B.F. Macdonald）

---

[14] 參見 UN Peacekeeping Official Website, "UNMOGIP Background," http://www. un.org/en/peacekeeping/missions/unmogip/background.shtml; "UNMOGIP Mandate," http://www.un.org/en/peacekeeping/missions/unmogip/mandate.shtml; "UNMOGIP Facts and Figures," http://www.un.org/en/peacekeeping/missions/ unmogip/facts.shtml; Leroy A. Bennett and James K. Oliver, *International Organizations: Principles and Issues*, pp. 127-129; Oliver Ramsbotham and Tom Woodhouse, *Encyclopedia of International Peacekeeping Operations*, pp. 273-274.

少將指揮，旗下軍事觀察員於最高峰時曾達 96 員，另配置一定數量的當地文職與國際文職人員從旁協助其工作。宗旨在於監督喀什米爾－查模地區外的印巴邊界，監督相關軍事調動，確保雙方兵力重返 1965 年 8 月初戰爭爆發前的據點，故其重點是輔助聯合國印巴軍事觀察團，故兩者必須在行政與行動上保持密切協調合作。此外，聯合國印巴觀察團有責任向安理會與秘書長彙報任何違背停火與越界情事，一旦發生前述情況，該團得勸導兩方第一線指揮官恢復停火，卻無權勒令停止交戰。由於印、巴情勢遲遲無法獲致穩定，安理會將聯合國印巴觀察團的授權延長三個月，並強化其編制。1966 年初，在蘇聯的斡旋下，印、巴領導人簽署《塔什干協定》（Tashkent Agreement），其內容包括停戰、撤軍、換俘與難民安置問題，並由聯合國印巴軍事觀察團以及聯合國印巴觀察團，共同確認此協定的順利履行。1966 年 2 月，聯合國秘書長宇譚向安理會報告，由於印、巴雙方部隊已完成撤離，故安理會於 1966 年 3 月解除聯合國印巴觀察團的任務授權，而聯合國印巴軍事觀察團亦縮編至原有規模。[15]

第三節　維和介入成效的綜合分析

在對柬埔寨的介入方面，總結聯合國所推動的工作，堪稱是後衝突和平建設的重要範例，而聯合國柬埔寨先遣團（UNAMIC）與聯合國柬埔寨過渡權力機構（UNTAC），更是聯合國於冷戰結束後執行整合型（二代）維和行動的重要試金石。歸納其成功緣由，莫過於主、

---

[15] UN Peacekeeping Official Website, "UNIPOM Background," http://www.un.org/en/peacekeeping/missions/past/unipombackgr.html; "UNIPOM Mandate," http://www.un.org/en/peacekeeping/missions/past/unipommandate.html; "UNIPOM Facts and Figures," http://www.un.org/en/peacekeeping/missions/past/unipomfacts.html; Oliver Ramsbotham and Tom Woodhouse, *Encyclopedia of International Peacekeeping Operations*, pp.274-275; Leroy A. Bennett and James K. Oliver, *International Organizations: Principles and Issues*, pp.127-129.

客觀條件的充分配合，主要包括有四，其一，自 1970 年代以來，柬埔寨問題的複雜難解，原本就與大國區域權力競逐密不可分，但隨著 1990 年代初東西對峙的結束，意謂此負面因素不再是阻礙和平進程的絆腳石，包括中、美、俄、越等國均支持一個維持中立、穩定與不具威脅性的獨立柬埔寨誕生；其二，除民主柬埔寨黨（原赤棉）之外，柬國政壇的主要派系，均具備相當程度的誠意，終結長年以來的血腥鬥爭，並接受公平分享權力的政治安排；其三，包括柬埔寨周邊國家、安理會五常、日本、澳洲、東協會員國以及不結盟運動等利益相關者的密切合作與協調，實功不可沒；其四，安理會解決柬埔寨的方案不僅按部就班，且具體可行，在聯合國柬埔寨過渡權力機構的任務告一段落後，聯合國秘書長蓋里仍先後任命人權特別代表（Special Representative for Human Rights）以及柬埔寨代表（Representative for Cambodia）等職務，配合聯合國難民事務高級專員總署（UNCHR）派駐當地人員的工作，持續地密切監督柬國的內部政治、社會與經濟發展動態，以及內部安全與人權維護的情況，換言之，聯合國公正的存在，象徵著此國際穩定的支持力量，不會隨授權結束而突然消逝。

在對東帝汶的介入方面，聯合國的主要任務內容，基本上亦為涵蓋和平建設（peace-building）、能力建設（capacity-building）以及國家建設（nation-building）的複雜且艱鉅的工作。自 1996 年 6 月以來，儘管安理會已替東帝汶擬妥具體、可行與周嚴的過渡方案，並在相當程度上依照原始規劃之步驟，成功地協助東帝汶人民邁向獨立、制訂一部民主憲法以及組成具有代表性的多元政府，但在後衝突和平重建的領域，仍未竟全功，尤其是有關確保社會穩定以及促進國家和解等議題上，聯合國所遭遇的阻礙與挑戰，遠較預期嚴峻，最主要的癥結在於東帝汶的政治反對力量（支持與印尼合併的團體），根本無意進入體制分享政治權力，誠心支持東帝汶的和平、和解與發展進程，因此在最基本的安全需求，都無法獲致鞏固的不利情況下，更遑論政府部門能夠專心致力於最迫切的經濟與社會重建工作，故東帝汶在獨立後的發展實不盡如人意，成效仍有待長期觀察，尤其是相較於聯合國對於柬埔寨的維和表現，或是 1990 年代初期聯合國於莫三比克（ONUMOZ, 1992 年至 1994 年）、東斯諾凡尼亞（UNTAES, 1996 年至 1998 年）以及薩爾瓦多（ONUSAL, 1991 至 1995 年）等地所進行的和平任務，聯合國對於東帝汶的維和介入，充其量僅能符合部份成功的標準。

　　至於在對索馬利亞的介入方面，更足以反映聯合國維和行動所面臨的窘境，索馬利亞與東帝汶的狀況十分類似，但維和部隊於索馬利亞所面臨的安全威脅，與東帝汶相較，則明顯有過之而無不及。由於各交戰派系擁兵自重，普遍缺乏和解意願，故對於聯合國的停火、休兵、繳械、解編與復員等訴求，自始至終，即以虛與委蛇的態度應付之，使得聯合國終舊無法建立穩定與安全的內部環境，甚至連執行人道救濟物資的護送，尚倍感艱辛，更遑論實現其他更高難度的工程，此外，安理會在任務內容方面，亦出現搖擺不定的困境，最後排除強制和平的任務授權，更證明從一開始，聯合國對於索馬利亞問題的判斷與處理，便過於理想與樂觀，其獲得的訊息，可能與第一線的實際狀況出現巨大鴻溝。換言之，安理會未能做成明確、可信與可達成的授權，再加上聯合國的維和行動，向來是擅長於在平順與安穩的條件下執行，一旦形勢出現不利變化，方為真正考驗的開始，例如隨著索馬利亞維和風險與不確定性的水漲船高，安理會內部瀰漫著交相指責與質疑的聲浪，而兵力與資源的最主要貢獻者——美國，其放棄與抽手的決定，無疑是壓垮駱駝的最後一根稻草，影響所及，在會員國不願支持的骨牌效應下，維和行動最後宣告中止。

　　最後在對喀什米爾問題的介入方面，1971 年 11 月，第三次印巴戰爭爆發，印度支持東巴基斯坦成立獨立之孟加拉（Bangladesh）的目標，並在戰場上擊敗巴國，進一步奪取巴控喀什米爾的部份領土，在隔年 7 月戰事告一段落之後，印、巴雙方曾簽訂《西姆拉協定》（Simla Agreement），同意以新設立的實際控制線（Line of Control, LOC），取代原本《喀拉契協議》中的停火線（安理會決議背書）。就既得利益者（無論是戰場或談判桌）而言，印度此舉，無疑是希望持續邊緣化聯合國印巴軍事觀察團之角色。[16]其後，印巴兩國關係一直處於緊張狀態，而新德里與伊斯蘭馬巴德對於聯合國該軍事觀察團的立場更形兩極，印方堅稱由於該維和任務因偏離安理會的初衷與原始授權，故應宣告終結，且印度軍方自 1972 年開始，已不再對聯合國提出有關巴方違反停火與越界的指控，並限制聯合國人員在印方所屬控制線區域內的活動，不過仍提供聯合國人員在後勤與運輸上的便利；在另一方面，巴方則持相反態度，認為該維和任務的存在不僅重要，且有其必要性，故持續向該軍事觀察團提出印方停火與越界報告，而歷任聯合國秘書長的立場則是堅持，除非經安理會之正式決議，否則任何一方無權片面宣告聯合國印巴軍事觀察團的任務授權已告結束。但無論如何，聯合國印巴軍事觀察團的運作仍沿續至今，而聯合國與國際社會在印巴爭端（尤其是喀什米爾）的解決方面，儘管用盡各種方式，但受制於印方的不願配合態度，成效皆屬有限，充其量只能發揮最基本的停火監督功能。職是之故無論是聯合國印巴軍事觀察團或已結束的聯合國印巴觀察團，都是較單純與傳統的軍事觀察任務，在性質上屬於一代維和，並無法釜底抽薪地解決印巴領土爭端的根源，更遑論如柬埔寨與東帝汶等地後續所從事之二代維和工作（無論成功與否）。事實上，多年以來，聯合國對於印、巴喀什米爾問題之介入並不僅限於維和行

---

[16] United Nations Peacekeeping Official Website: "UNMOGIP Background," http://www.un.org/Depts/dpko/missions/unmogip/background.html; "UNMOGIP Mandate," http://www.un.org/Depts/dpko/missions/unmogip/mandate.htm; "UNMOGIP Facts and Figures," http://www.un.org/Depts/dpko/missions/unmogip/facts.html; Oliver Ramsbotham and Tom Woodhouse, *Encyclopedia of International Peacekeeping Operations*, pp.268-269.

動，還包括各種型態的政治努力，除先前所提及的聯合國印巴委員會以及聯合國秘書長宇譚的外交作為之外，其他包括安理會輪職主席——即加拿大籍麥諾頓（A. G. L. McNaughton）與瑞典籍的嘉林（Gunnar Jarring）所進行的斡旋，以及聯合國前後任印巴問題代表——澳大利亞籍的迪克森（Owen Dixen）與美籍葛拉漢（Frank Graham）所進行的調解，但最後都是無疾而終。簡言之，聯合國印巴軍事觀察團可謂長期間執行（自 1948 年至今）之維和案例（但並非惟一），其特色是聯合國低程度的存在（僅配置少量觀察員）、爭端雙方立場的高反差（巴方的高度尊重對比於印度的冷淡默視）以及有限成果的呈現（僅實現停火），主因在於此議題涉及主權、安全與領土爭端，故皆被印巴兩國視為最為敏感的核心利益，除非雙方（尤其是實際的既得利益者印方）真正有意願妥協，否則僵局難解，在可預見的未來，聯合國只能年復一年地編列預算，並進行維和派遣。

小結

　　本章的宗旨，在於探討聯合國於柬埔寨（冷戰結束後的新型態維和行動）、索馬利亞（冷戰結束後的新型態維和行動）、東帝汶（冷戰結束後的新型態維和行動）以及喀什米爾問題（橫跨冷戰至今日的傳統軍事觀察行動）等地的維和介入狀況。綜整以上各項案例的分析，本書提出下列兩點觀察，首先，任何一項成功的維和行動，通常要仰賴天時、地利與人和等諸多主客觀條件的配合。總結過去經驗可知，聯合國相關機構、區域性政府間組織、非政府組織、主要利益相關者以及其他會員國所扮演的輔助性角色，是最不容忽視的外在條件，至於衝突各方，是否能夠真心誠意支持政治和解進程，尋求各方都可接受的權力安排，以及能否確保目標國家的內部安全與秩序，則為兩項最關鍵的內部因素；其次，聯合國所實施的任何維和行動，除應備妥有勇有謀的離場策略之外，尚需要具備清晰明確與具體可行的授權，包括執勤期間、部署地點、宗旨目標、任務授權以及部隊的規模與組成等。重點在於，所謂的具體可行，意指維和行動的設定目標，必須避免好高騖遠或不切實際，而應以能力為導向，至於所謂的清晰明確，更不表示維和干預失去行動彈性，而是強調聯合國秘書長、維和行動部以及秘書長特別代表、常駐當地的副代表、軍事指揮官以及維和警察主管等，必須隨時將第一線狀況，向紐約總部彙報，再由秘書長呈交安理會，以便讓安理會能夠根據最新情勢，調整與更新任務的授權內容。

第柒章　維和參與國案例（一）
　　　　日本：業務範疇與行動限制

　　1992 年 6 月，在反對勢力的杯葛聲中，日本國會通過宮澤喜一內閣所提之《有關支援聯合國維和行動合作等之法案》（Law on Cooperation for the United Nations and other Operations）（以下簡稱《國際和平合作法》），有條件地批准日本參與聯合國維持和平任務。該年 9 月，日本派遣觀察員參與安哥拉查證團第二階段（UNAVEM II）任務，其後，日本已共計在九個國家（地區）參與 11 項的聯合國維和任務，地點涵蓋柬埔寨（UNTAC）、莫三比克（ONUMOZ）、薩爾瓦多（ONUSAL）、戈蘭高地（UNDOF）、東帝汶（UNAMET, UNTAET, UNMISET, UNMIT）、尼泊爾（UNMIN）、蘇丹（UNMIS）以及海地等（MINUSTAH）等，而目前日本的維和人員仍於東帝汶、尼泊爾以及戈蘭高地等地執勤。隨著實際需求與情勢的變遷，日本分別於 1998 年與 2001 年，通過《國際和平合作法》的兩次修正，除解除「維和部隊主要業務」的限制之外，亦包括武器使用與其他規定的放寬。本章的重點是聚焦於本書第一個聯合國會員國探討案例，即日本維和參與狀況，其宗旨是探討自 1992 年以來，環繞於日本參與聯合國維和行動的重要課題，並將研究重心置於兩方面，其一為對照日本與國際社會對於維和任務型態之界定，其二為比較日本與聯合國有關維和行動原則的演進。至於在本章的內容方面，主要分為五個部份，第一節是回顧日本早期對於聯合國維和之參與；第二節為《國際和平合作法》之內容、修正與相關爭議；第三節則是聚焦自 1992 年以來，日本所投入的各項聯合國維和任務；第四節主要是探索日本參與維和的主要障礙；至於第五個部份則是本章小結。

第一節　日本早期的維和參與歷程

　　早於 1950 與 1960 年代，聯合國便兩度要求日本派遣軍事人員，參與聯合國的維和行動，第一次為 1958 年的黎巴嫩問題；[1]另一次則為 1960 年代初期的剛果事件。[2]但由於日本當時內部的複雜政治考量，自民黨政府採取保守的立場，再加上時機仍不成熟的情況下，故最後並未同意聯合國的邀請，詳細情形以下分述之。

一、黎巴嫩與剛果

（一）黎巴嫩

　　聯合國黎巴嫩觀察團（UNOGIL）於 1958 年 6 月 11 日成立後，而該年 7 月所發生的兩起突發事件，導致黎巴嫩問題更形複雜，一方面因伊拉克內部政治動蕩，黎國要求美國出兵協助其邊界巡邏；另一方面，約旦亦懷疑阿拉伯聯合共和國支助境內騷亂，故要求英國出兵介入，而英、美兩國的干預，引發莫斯科方面的強烈抗議，鑑於此情勢可能演變為英、美與蘇聯於中東地區的衝突。日本外務省向聯合國安理會提議採取適當舉措，以確保憲章中的確保領土完整與主權獨立的精神，其中的一項作法即是擴大聯合國黎巴嫩觀察團的人員編制，但此方案最後遭致蘇聯否決。重點在於，在聯合國黎巴嫩觀察團甫成立之後，日本防衛廳便曾就自衛隊是否參與行動一事，進行相關研議，1958 年 7 月中旬，在防衛廳的一份研究報告中曾做成下列結論，即僅管憲法未就自衛隊海外派兵有明確限制，但在參與類似的任務前，應事先在《自衛隊法》第 3 條中納入聯合國行動的工作項目，以避免外界爭議，但由於當時聯合國秘書長哈馬紹爾對日本先前的提案，解讀

---

[1]　參閱本書第貳章第二節之內容。
[2]　參閱本書第貳章第二節之內容。

為東京方面有意參與該觀察團，故於 7 月底，正式要求日本派遣 10
位自衛隊官參與聯合國黎巴嫩觀察團，以監督當地的軍火裝備流向。
此要求隨即引發日本政壇激辯，外務大臣藤安愛一郎在面對野黨質詢
時，明確表示不會派遣自衛隊，雖然維和並非《自衛隊法》中所明令
禁止之任務，但日本內閣仍無法支持，理由是此為《自衛隊法》中所
未涵蓋的任務範疇，而岸信介內閣最後的否決之舉，不僅是因在野黨
的反對，還在於當時日本社會尚對於此議題並無共識存在，何況當時
自民黨政府施政的優先順序，為戰後經濟的重建，而非尋求日本在國
際社會中扮演更積極的角色。[3]

（二）剛果

誠如本書第貳章所述，聯合國駐剛果部隊（ONUC）在組成之初，
擁有近 20,000 名軍事人員，另有相當數目之國際與當地徵聘的文職
工作人員與專家，從旁提供協助與支援。特別的是，剛果是整個冷戰
期間聯合國維和行動中的罕見案例，它涉及類似較不尋常的強制和平
元素，主因是於安理會 1961 年 1 月與 2 月的第 161 號與 169 號決議
中，授權聯合國駐剛果部隊得採取適當舉措，俾能迅速恢復該國秩
序，避免衝突無法控制，故必要時准許其使用武力（但須視為最後手
段），例如可暫時逮補、拘禁或驅離當地未在聯合國指揮下之外國部
隊、準軍事人員與政治顧問，並可制止各方軍事行動與安排停火事宜
等。故此任務授權內容，增添日本參與的複雜性與難度，當時的聯合
國秘書長哈馬紹爾，傾向於由聯合國內部的非洲成員國出兵，以構成
此支維和部隊的主力。而相較於歐洲國家，日本並無宗主國－殖民地

---

[3] L. William Heinrich, Jr., Akiho Shibata and Yoshihide Soeya, *United Nations Peacekeeping Operations: A Guide to Japanese Politics* (New York, NY: United Nations University Press, 1999), pp.9-10.

關係的歷史包袱，再加上其優越的裝備與人力素質，著實更具執勤的優勢。故有消息指出，聯合國秘書處曾進行一項非正式的評估，考慮是否納入日本參與行動。1961 年 2 月，日本駐聯合國大使松平康東在東京發表一篇極具爭議性演說，他指出日本政府在政策上的最大矛盾之處，在於一方面對於「以聯合國為中心之外交」的路線高唱入雲；另一方面卻習慣以各種歷史與政治的理由，迴避維和行動的參與。故日本理應在聯合國內部增進與亞、非成員國的合作，尤其是前述國家已派出部隊加入剛果行動的陣容，再對照日本方面故步自封與自我設限，確實有檢討必要。但此聲明立即引起軒然大波與在野黨強力批判，要求召開國會特別會議討論此事。面對排山倒海的壓力，松平康東表示其發言為不公開之個人意見，並非外務省立場，試圖淡化衝擊；而外務大臣小板善太郎的回覆亦耐人尋味，他雖然明確強調日本未考慮派遣自衛隊赴剛果，卻又表示日後的參與與否，將視屆時的條件與環境而定。[4]

　　上述兩項夭折案例，證明維和參與對於日本而言，成為日趨重要的課題，如何面對聯合國未來的類似要求，無論是派遣觀察員與傳統維和部隊，或是提供人道救援方面的協助，日本恐怕必須未雨綢繆與及早因應。綜觀 1960 與 1970 年代，對此事持熱衷態度的外務省，曾多次思索參與維和的各種方案與可能性。例如在 1966 年，媒體披露外務省著手制訂《聯合國決議合作法》，其中涵蓋兩大部份，其一為有關於日本配合《聯合國憲章》第 41 條的經濟制裁措施，其二則是如何與憲章第 42 條中的強制行動接軌。[5]但重點在於上述的草案終究未能落實，關鍵仍在於《自衛隊法》尚未修訂，故僅止於外務省內部的非公開討論，未獲得自民黨與內閣的認真看待與支持，例如防衛廳長官

---

[4]　Ibid., pp.11-12.
[5]　Ibid., p.13.

松野賴三即表示對於如何修改《自衛隊法》雖有腹案，但外務省尚未正式要求防衛廳考慮此事。[6]

　　1980 年代末期的竹下登內閣，承繼前首相中曾根康宏的思維，希望強化日本在國際政治舞臺上的貢獻。竹下登首相於 1988 年提出《國際合作倡議》，建議日本在若干議題面向上，扮演更積極的角色，包括預防外交、和平解決爭端（協助談判與第三者調停）以及在衝突後參與國際重建工作（包括派遣平民與官員監督大選與停火事宜、提供聯合國通訊、運輸與醫藥支援以及協助難民安置）等。[7]而外務省亦推動一系列小規模聯合國和平行動之參與，其中包括：（1）聯合國阿富汗－巴基斯坦斡旋團（UNGOMAP）：參與外交斡旋工作；（2）聯合國兩伊軍事觀察團（UNIIMOG）：派遣觀察員監視兩伊邊界停火；（3）聯合國過渡援助團（UNTAG）：派遣觀察員監督納米比亞大選；（4）尼加拉瓜選舉核查觀察團（ONUVEN）：派遣觀察員監督尼國大選。[8]但上述各項行動，在當時尚缺乏明確的法律規範與基礎，亦未牽涉自衛隊的投入與參與。

二、維和機會之窗

　　1990 年 8 月伊拉克入侵柯威特。該年 11 月，海部俊樹內閣提出《國際和平合作法》，但未獲國會的審議通過。而在同一時間，海部內閣亦擬修正《災害解救法》（Disaster Relief Law），希望允許陸上自衛隊以救災為目的派遣至海外地區。[9]翌年 1 月，以美國為首的聯軍發動代號為沙漠風暴（Desert Storm）的軍事行動，華府原先希望日本派遣

---

[6]　Ibid., pp.13-14.
[7]　Ibid., p.18.
[8]　Ibid., pp.16-17.
[9]　Oliver Ramsbotham and Tom Woodhouse, *Encyclopedia of International Peacekeeping Operations*, p.125.

自衛隊參與任務，日本方面對此要求有所顧慮與推辭，最後在布希（George Bush）政府的壓力下，海部俊樹內閣於 4 月決定依照《自衛隊法》第 99 條，出動海上自衛隊四艘掃雷艦，至波灣海域進行除雷任務，並在軍費提供方面，慷慨捐助 130 億美金的巨額援助，未料美方對於日本的慷慨之舉，並不滿意，對於「出錢卻不出力」與「太少與太晚」的貢獻模式，仍多所微詞。[10]例如前國務傾貝克（James Baker）於 1991 年底即表示，日本的國際貢獻，應該超越支票外交（checkbook diplomacy）的層次。[11]但 1991 年的波灣戰爭，終究為日本參與聯合國維和行動之法律基礎，提供一扇機會之窗，1992 年 6 月，新任總理宮澤喜一向第 123 屆臨時國會，提出《國際和平合作法》，並在反對黨抗議聲中獲得通過。就內容而言，依照目前日本官方對於任務（業務）分類標準，此法涵蓋三大部份，其一為日本對於「聯合國維和行動」之參與，其二為日本對於「國際監督選舉」的進行，第三則是日本對於「國際人道援助行動」的投入。

第二節　維和派遣的相關立法爭議

一、國際和平合作的業務範疇

依據國際和平合作總部（International Peace Cooperation Headquarters, IPCHQ）[12]以及原始 1992 年《國際和平合作法》之分類，國際和平

---

[10] Tomohito Shinoda, *Koizumi Diplomacy: Japan's Kantei Approach to Foreign and Defense Affair* (Seattle, WA: University of Washington Press, 2007), pp. 51-58.

[11] Aurelia George, "Japan's Participation in UN Peacekeeping Operations: Radical Departure or Predictable Response?" *Asian Survey*, Vol. 33, No. 6 (June 1933), p.564; Yukiko Nishikawa, *Japan's Changing Role in Humanitarian Crises* (New York, NY: Routledge, 2005), p.161.

[12] 國際和平合作總部是由日本首相統籌指揮。

合作主要包括兩工作類型，即聯合國維和行動（UN PKOs）以及國際人道救援行動（International Humanitarian Relief Operations, IHROs）。而在兩大工作類型的範疇之下，共計有高達 17 項國際和平合作業務（International Peace Cooperators Assignments, IPCAs），即《國際和平合作法》中第 3 條第 3 項第 a 至 p 款所指涉業務（聯合國維和行動）以及第 3 條第 3 項第 j 至 p 款所指涉業務（國際人道救援行動）。

（一）聯合國維和行動（UN PKOs）

就日本政府的定義而言，聯合國維和行動是指在聯合國統籌之下，經安理會或大會決議、或經秘書長請求之行動，且其執行宗旨在於衝突解決或避免衝突復發。正如本書於先前篇幅中所強調，一般而言，國際間將聯合國於冷戰期間之維和行動，稱為一代維和，其主要內容包括傳統維和（阻絕衝突各方、設立緩衝區、確保非軍事區平民安全、協助人道援助）以及與軍事觀察（觀察停火狀態、確認交戰各方部隊的撤離、觀察邊界動向），至於冷戰結束以來所進行的維和行動，則涵蓋於目標國家（地區）於關鍵期間完成政治、安全、行政、司法、社會與經濟等各層面之重建、復興與轉型之工作，工作範疇包括協助維護內部秩序、社會、經濟暨基礎設施重建、恢復行政體系的有效運作（尤其是安全、司法與警察部門）、政治解決方案之謀求與實踐、政治和解、難民返鄉安置、排雷、人權保護、轉型正義（包括追懲戰爭與人道罪行等）、武裝團體之解散、繳械與復員。其中，和平建設或後衝突和平重建為其最核心之概念，二代維和必要時以武力維護相關人員、裝備與設施的安全、阻止違背人權暴行、實施緊急人道干預、確保聯合國和平工作的順利進行。

（二）國際人道救援行動（IHROs）

依照原始《國際和平合作法》中第 3 條第 3 項之相關規範，所謂的國際人道救援行動是指在根據聯合國大會、安理會、經濟暨社會理事會或其他國際機構與組織之決議，所實施之具備人道精神與目的任務，目的是在為遭受衝突禍害之國家提供救援與協助。至於此處所指涉之機構與組織之名稱細節，則詳見《國際和平合作法》附件中之表 1。[13]

（三）國際選舉監督行動（IEOOs）

自從《國際和平合作法》於 1998 年進行首次修訂之後，國際和平合作的工作內容從原來的兩大類別（聯合國維和行動與國際人道救援行動），演變為三種型態，新增者即國際選舉監督行動，原本此類行動在是被置於聯合國維和行動的類別之內，但根據《國際和平合作法》所新增之第 3 條第 2-2 項的定義，所謂的國際監督行動則已與聯合國維和行動清楚切割，成為獨立的範疇，且擴大至根據聯合國（安理會或大會）、美洲國家組織（OAS）以及歐洲安全合作組織（OSCE）等其他的區域性國際組織之決議所執行的選舉監督任務都在內，其目的為確保選舉或公投之公正進行。[14]至於此處所指的其他國際組織清單，則列於《國際和平合作法》附件中之表 2。[15]

---

[13] 附件中表一所指涉的機構包括：(1)聯合國；(2)依聯合國大會設置的機關、聯合國專門機構或經由內閣認可的機構，包括聯合國難民事務高級專員總署（UNHCR）、世衛組織（WHO）、聯合國發展計畫總署（UNDP）、聯合國人權事務高級專員總署（OHCHR）、聯合國兒童基金（UNICEF）、聯合國環境總署（UNEP）、聯合國志工（UN Volunteers, UNV）、世界糧食總署（WFP）、聯合國近東巴勒斯坦難民救濟工程處(UNWRA)以及國際移民組織（International Organization for Migration, IOM）等。

[14] 參見 Secretariat of the IPCH, Cabinet Office, Japan, "International Election

（四）合作工具（Tools for Cooperation）

在日本所參與的國際和平合作方面，上述三類皆屬於人員派遣（dispatch of personnel）的面向。而所謂的實物貢獻（contribution in kind）意指將從事聯合國維和行動與國際援助行動有關之物品，以低於原價格或是直接贈予的方式，嘉惠聯合國、參與任務的其他國際組織或國家。依照原始《國際和平合作法》第 3 條第 4 項以及其他相關條文的規定，實物貢獻的標的為聯合國維和行動與與國際人道救援行動。而在 1998 年該法修正之後，則增加聯合國與其他國際組織（列於《國際和平合作法》附件中之表三）所進行之國際選舉監督行動。而至目前為止，日本一共對於柬浦寨（UNTAC）、莫三比克（OUMOZ）、戈蘭高地（UNDOF）、東帝汶（UNAMET）、蘇丹（UNMIS）、聯合國難民事務高級專員總署（UNHCR）、聯合國近東巴勒斯坦難民救濟工程處（UNRWA）以及國際移民組織（IOM）等行動之行動提供實物貢獻。[16]

二、維和部隊主要工作的凍結

細部言之，在《國際和平合作法》所列入的一系列國際和平合作業務中，前面六項被視為聯合國維和行動的主要工作範疇，換言之，牽涉到進一步行使武力的可能性，此即《國際和平合作法》第 3 條第 3 項中第 a 項至第 f 項（前 6 項）任務，詳見表 7-1，其中包括：（1）監視交戰各方所同意之部隊撤離、解除武裝、解編、復員與再部署；（2）

Observation Operations," http://www.pko.go.jp/PKO_E/operations/election.html.
[15] 附件表三所指涉的單位，包括：(1)聯合國；(2)；依聯合國大會設置的機關、聯合國專門機構或經由內閣認可的機構。
[16] 參見 Secretariat of the IPCH, Cabinet Office, Japan, "Contribution in Kind," http://www.pko.go.jp/PKO_E/operations/relief.html.

表 7-1　《國際和平合作法》（1992 年）

聯合國維和行動*	國際人道救援行動	第3條第3項規範	國際和平合作之業務內容
×		(a)	監視交戰各方所同意之部隊撤離、解除武裝、解編、復員與再部署
×		(b)	緩衝區與其他劃界區域的駐留與巡邏
×		(c)	對於武器彈藥（包括組件）運送（以車輛或其他方式）的檢查與確認
×		(d)	對於武器彈藥（包括組件）的保管與處份
×		(e)	協助衝突各方劃定停戰線或邊界
×		(f)	協助衝突雙方進行換俘
＋		(g)	觀察與管理大選、公投或類似投票活動的公正執行
＋		(h)	對於警政事宜提供監督與指導方面之建議
＋		(i)	對於（h）款無法涵括在內的行政事宜予以監督與指導方面之建議
＋	＋	(j)	醫藥衛生的協助
＋	＋	(k)	對於當地受害人民提供搜尋、救援與安置方面的協助
＋	＋	(l)	對當地受害人民分發食糧、衣物、醫療用品以及其他生活必需品
＋	＋	(m)	裝設（或提供）相關設施與裝備以安置受害人民
＋	＋	(n)	協助修復與維持當地受害人民日常賴以維生的設施與裝備
＋	＋	(o)	協助因衝突而受害（受污染）的當地環境之復原
＋	＋	(p)	對於無法涵蓋於前述（a）to（o）項業務（運輸、通訊、裝設、檢查、修復）之協助
		(q)	其他類似前述（a）to（o）項業務

註釋：符號「＋」代表依據《國際和平合作法》（1992 年）准許執行之業務；
　　　符號「×」代表被凍結之國際和平合作業務。
資料來源：自行整理。

緩衝區與其他劃界區域的駐留與巡邏，以防止衝突復發；（3）對於武器彈藥（包括組件）運送（以車輛或其他方式）的檢查與確認；（4）對於武器（包括組件）的保管與處份；（5）協助衝突各方劃定停戰線或邊界；（6）協助衝突雙方換俘。[17]

　　根據原始 1992 年《國際和平合作法》之規定，一旦由自衛隊單位（而非個別自衛隊員），執行此六項敏感性質之任務，即構成公認之維和部隊（peace-keeping forces）的意涵，必須予以禁止。[18]當時的日本國會立法意見認為，在形成國內共識與取得國際社會的諒解之前，上述業務皆需要予以凍結，故依據該法其餘條文中（Additional Provisions）的第 2 條，如果行動涉及「自衛隊單位」（SDF Units）之派遣，必須以國會立法通過（separate legislation）之方式處理之，而此規定則於《國際和平合作法》第二度修訂後取消，即依據國會於 2001 年 12 月 4 日所通過的第 157 號法案之規定內容。[19]換言之，在 2001 年以前，除非獲得國會特別立法，否則日本政府無權派遣「自衛隊單位」執行上述之主要維和任務，而修訂後的狀況，依據《國際和平合作法》第 6 條第 7 項的規定，倘若假設首相希望派遣「自衛隊單位」執行該法第 3 條中第 a 項至第 f 項業務，仍需要獲得國會首肯。[20]值得注意的是，這些凍結的業務科目，儘管禁由「自衛隊單位」行使之，但並不妨礙由個別的自衛隊員執行，例如在聯合國柬埔寨過渡權力機構（UNTAC）的行動中，自衛隊員便曾從事監視停火、巡邏緩衝區與檢查武器等工作，因此在《國際和平合作法》中，在行使業務的主體上，區別「個別自衛隊隊員」與「自衛隊單位」極為重要。[21]

---

[17] 參見《國際和平合作法》中第 3 條第 3 項第 a 至 f 款規定。
[18] 同上註。
[19] L. William Heinrich, Jr., Akiho Shibata, and Yoshihide Soeya, *United Nations Peace-keeping Operations: A Guide to Japanese Politics*, p.55.
[20] 參見 1992 年《國際和平合作法》第 6 條第 7 項規定。
[21] 國防部史政編譯室，《2003 年日本防衛白皮書》（台北：國防部史政編譯室譯印，2005 年），頁 438；497; L. William Heinrich, Jr., Akiho Shibata, and

　　至於針對日本派遣自衛隊參與海外維和，是否挑戰《憲法》第 9 條「禁止行使武力」規範一事，各方人士基於不同的目的，向來賦予不同解讀。[22]即便在 1992 年《國際和平合作法》通過後，類似疑慮未曾真正消除，更動這部和平《憲法》，後果勢必非同小可，但仍有主張日本應承擔更廣泛責任的聲浪，包括參與可能需要行使武力的任務在內，並嘗試以寬鬆詮釋憲法的方式解套，其中不乏以「積極的和平主義」為其訴求。[23]例如早在 1990 年代初期，部份自民黨人士便曾提出以下見解，即如果自衛隊是在聯合國的授權下執勤，即便此任務具備軍事或準軍事的意涵，都不算違背《憲法》第 9 條「禁止行使武力」的規範，因為《憲法》第九條的束縛，主要是指涉單邊性質的軍事行動，以及那些並非由聯合國所擬定與發動的軍事性強制作為，不應擴大其解釋與適用範圍，故日本應大開大闔，放手讓自衛隊從事常態性的聯合國維和行動，理由是這些任務既然是在聯合國的號令、指揮與監督下行事，當然不會構成違憲。然而，此論點並未佔據主流地位與取得社會與政界的共識。[24]

　　除維和部隊主要任務凍結之外，《國際和平合作法》雖於 1992 年 8 月生效，但因反彈聲浪的餘波盪漾，故仍遺留部份議題未解（留待日後以制訂新法或是修法方式解決），主要包括兩項，包括：(1) 國際和平合作與自衛隊之任務定位：由於《自衛隊法》中將「國際和平合作」，列為第 8 條「細則」中所規範的其他工作，故為自衛隊之「附屬任務」而非「主要任務」，不過《自衛隊法》目前已獲修正，在第 3

Yoshihide Soeya, *United Nations Peace-keeping Operations: A Guide to Japanese Politics*, p.64.

22　日本憲法第 9 條第 1 項：「日本國民誠摯期盼以正義與秩序為基礎的國際和平，永久放棄由國家發動的戰爭，以及以武力威脅或是動用武力做為解決國際紛爭的手段。」第 2 項：「為達成上述目的，日本不擁有海、陸、空軍或其他武力，不允許有交戰的權利。」

23　Aurelia George Mulgan, "International Peacekeeping and Japan's Role: Catalyst or Cautionary Tale?" *Asian Survey*, Vol. 35, No. 12 (December 1995), p.1104.

24　Ibid.

條第 2 項第 2 款中，已將「凡是目的在於確保國際社會與日本的和平
與安全，和參與由聯合國所組織的國際和平行動，以及促進其他國際
合作之活動」，明訂為自衛隊之主要任務，聯合國的維和行動自然也涵
蓋在內；[25]（2）參與聯合國維和的理想組織型態：由於在聯合國所從
事的林林總總的維和任務中，自然部份內容涵蓋自衛隊所未必擅長的
專業部份，故自衛隊的參與牽涉到另一重要課題，即是否從現行體制
進行人員選派、訓練、編組與進行事前準備、到在自衛隊內部設置專
責部門，抑或在自衛隊之外，成立一個全新的機構全盤處理此業務，
但以現階段而言，日本仍維持現行模式，也就是第一種選擇。[26]

三、《國際和平合作法》的修訂

　　在《國際和平合作法》尚未修定之前，日本對於派遣自衛隊投入
維和，仍持審慎態度，例如在 1994 與 1995 年間，聯合政府對於是否
批准自衛隊赴戈蘭高地的決定，曾延宕將近一年之久，直至 1995 年底
才拍板定案。主因在於撫平執政盟友社民黨的疑慮，由於後者不贊同
自衛隊投入任何具軍事意涵的聯合國行動，自然不支持自衛隊參與維
和部隊主要工作，也反對進行必要解凍。而自民黨的其他重要讓步，
是同意社民黨堅持「終止與暫停維和任務」的最終裁量權，必須在於
日本自身，此亦成為日本維和的五項基本原則之一，此外，日本的維
和人員，不得參與需要行使武力的行動，亦不得擔負載運武器，或是
替他國維和士兵輸送武器的工作。[27]

---

[25] *Defense of Japan (Annual White Paper) 2007* (Tokyo: Japan Defense Ministry Press, 2007), pp.183-184。修正後的《自衛隊法》第 3 條第 1 項中，第 1 款牽涉到《週邊事態法》與《船舶檢查法》的活動，第 2 款則是有關《國際和平合作法》、《國際救災法》、《反恐特別措施法》以及《伊拉克人道與重建協助特別法》的活動。

[26] 國防部史政編譯室，《2003 年日本防衛白皮書》，頁 438-439。

[27] Aurelia George Mulgan, International Peacekeeping and Japan's Role: Catalyst

　　1998 年 5 月，國會通過《國際和平合作法》的修正，重點在於以下三項，其一聚焦於是五項基本原則中的停火相關規範。依照 1992 年《國際和平合作法》的規定，除非五項基本要件皆完全符合，否則日本不允許對於人道任務提供協助，例如聯合國難民事務高級專員總署（UNHCR）所進行之相關業務，但在該法修正後，即使停火要件未能完全實現，日本方面仍可對人道行動提供裝備與勤務支援，如此便得以在因內戰而分崩離析（缺乏中央政府的有效掌控）的國家中，從事類似任務；第二是有關自衛隊使用武力的規範，在《國際和平合作法》中，日本參與維和之自衛隊員與相關人員，是否以自衛為由使用武器，是取決於自身而非上級的判斷，但在修正後，則是需要在長官的命令下，才得以使用武力；[28]第三則是准許日本的維和人員，參與非聯合國監督與主導下的大選觀察工作。[29]

　　2001 年，甫成立的小泉純一郎內閣向第 153 屆國會提出《國際和平合作法》修正案，進一步的鬆綁為其修法主旨，主要包括「解除參與維和武力主要工作範疇的限制」以及「武器使用規範的修正」兩大部份。以前者而言，主要在於放寬維和部隊的主要業務項目（即該法第 3 條第 3 項中的第 a 至 f 款任務內容），意即除後勤支援任務（運輸、通信、醫療與建設等）之外，緩衝區（buffer zone）與非軍事區（demilitarized zone, DMZ）緩衝地帶之巡邏、盤查與駐守以及監視解除武裝以及棄置武器之處理等，都涵蓋在「解凍」的範圍之內；至於在後者方面，自衛隊員所保護的對象，除原本的本人與隊員之外，增列與本人在同一現場之其他隊員，或是因執勤而納入自身管轄人員的

---

or Cautionary Tale?" pp.1106-1107.

28　參見《國際和平合作法》第 24 條第 4 項。

29　參見 Secretariat of the IPCH, Cabinet Office, Japan, http://www.pko.go.jp/ PKO_E/cooperation/progress_e.html; Julie Gilson, "Building Peace or Following the Leader? Japan's Peace Consolidation Diplomacy," *Pacific Affairs* (Spring 2007), p. 33；國防部史政編譯室，《2003 年日本防衛白皮書》，頁 442。

安全；此外，在防衛自衛隊武器與武器彈藥屯放點的情況下，自衛隊員亦獲准許動武。[30]故在行使武力的規定放寬之後，《國際和平合作法》的標準，已與 2001 年所通過的《反恐特別措施法》趨同，至於該法兩次修訂的重點，詳見表 7-2。[31]

表 7-2　兩次修訂後之《國際和平合作法》

聯合國維和行動 PKOs	國際人道救援行動	國際選舉監督行動	第 3 條第 3 項	國際和平合作之業務內容	自衛隊（單位）	海上保安廳	政府官員與行政機關		甄補人員
							自衛隊（個人）	其他	
x→-			(a)	監視交戰各方所同意之部隊撤離、解除武裝、解編、復員與再部署	○	○	○		
x→-			(b)	緩衝區與其他劃界區域的駐留與巡邏	○		○		
x→-			(c)	對於武器彈藥（包括組件）運送（以車輛或其他方式）的檢查與確認	○		○		
x→-			(d)	對於武器彈藥（包括組件）的保管與處份	○		○		
x→-			(e)	協助衝突各方劃定停戰線或邊界	○		○		
x→-			(f)	協助衝突雙方換俘	○		○		
+		+	(g)	觀察與管理大選、公投或類似投票活動的公正執行		○	○	○	○
+			(h)	對於警政事宜提供監督與指導方面之建議		○	○	○	○

---

[30] 參見《國際和平合作法》第 24 條第 4 項與第 5 項內容。
[31] 國防部史政編譯室，《2003 年日本防衛白皮書》，頁 444-446。

＋		(i)	對於（h）款無法涵括在內的行政事宜予以監督與指導方面之建議		○	○	○	○
＋	＋	(j)	醫藥（包括衛生）之協助	○	○	○	○	○
＋	＋	(k)	對於當地受害人民提供搜尋救援或提供安置協助	○	○	○	○	○
＋	＋	(l)	對當地受害人民分發食糧、衣物、醫療用品以及其他生活必需品	○	○	○	○	○
＋	＋	(m)	裝設（提供）相關設施與裝備以安置受害人民	○	○	○	○	○
＋	＋	(n)	協助修復與維持當地受害人民日常賴以維生之設施與裝備	○	○	○	○	○
		(o)	協助因衝突而受害（受污染）之當地環境的復原	○	○	○	○	○
	＋	(p)	對於無法涵蓋於前述（a）to（o）項業務之協助（運輸、通訊、裝設、檢查、修復）之協助	○	○	○	○	○
		(q)	其他類似前述（a）to（o）項業務					

註釋：
（1）符號「＋」代表依據《國際和平合作法》（1992 年）所得以執行之業務；符號「－」代表在《國際和平合作法》於 2001 年修訂後被「解凍」（可執行）之國際和平合作業務，惟在修訂後，日本自衛隊單位仍需要經國會同意後，才得以執行該法第 3 條 3 項第（a）款至第（f）中所指涉之國際和平合作任務。
（2）自從《國際和平合作法》於 1998 年進行首次修訂之後，依據該法第 3 條第 2-2 項的定義，所謂的國際選舉監督行動已成為獨立之新的國際和平合作類別，且不限於聯合國所授權之行動。

資料來源：Secretariat of the IPCH, Cabinet Office, Japan, "Staff Members of IPCAs," http://www.pko.go.jp/PKO_E/operations/type.html.

四、日本維和投入的基本原則

在《國際和平合作法》制訂之際，鑒於在野黨疑慮未除，此法對派遣自衛隊參與聯合國維和行動，採取審慎立場，即自衛隊的出動，必須依循以下五項基本立場與原則，而此五大原則中的部份基礎，載於《國際和平合作法》的第 3 條及第 14 條各款的規定中。[32]其中包括：

（一）必須先存在停火（戰）協議

在降低動武機率之考量下，《國際和平合作法》視「當事國與衝突各方達成與維持停火（戰）協定，為日本參與維和行動的前提。」[33]換言之，日本維和人員必須等到衝突雙方（無論是國與國之間或是一國內部交戰派系），理論上結束衝突狀態，並簽署相關的停火協定才能投入目標區。但此停火原則的判斷，僅具法律（形式）而非實質（能否確實被執行）認定之意涵。[34]

（二）必須獲得當事各方的雙重同意

此原則的意旨，與前項密切相關，日本參與聯合國維和行動，需要「當事國與衝突各方對於聯合國維和行動之同意，以及其對日本行動參與之同意」為前提。[35]但在實際運作中，亦有其模糊地帶，主因

---

[32] Julie Gilson, "Building Peace or Following the Leader? Japan's Peace Consolidation Diplomacy," pp.32-33. .

[33] 參見《國際和平合作法》第 3 條第 1 項內容；Secretariat of the IPCH, Cabinet Office, Japan, "The Five principles," http://www.pko.go.jp/PKO_E/cooperation/cooperation.html.

[34] L. William Heinrich, Jr., Akiho Shibata, and Yoshihide Soeya, *United Nations Peace-keeping Operations: A Guide to Japanese Politics*, pp.61-62.

[35] 參見《國際和平合作法》第 3 條第 1 項內容；Secretariat of the IPCH, Cabinet

為此同意有其程度高低（此承諾有無保留）與名實（各武裝派系是否陽奉陰違）上之分野。[36]

（三）必須嚴守公正與客觀的立場

此原則與聯合國規範類似，《國際和平合作法》規範「日本參與維何行動不得對衝突任何一方有所偏頗。」[37]然理論上所有聯合國維和行動都應符合此規範，但在實踐是否確實如此，卻值得商榷。誠如本書第肆章第三節所指出，近年來聯合國內部對此議題有更深入的省思，但在日本方面卻並無相關辯論，相關討論詳見本章第四節的討論。[38]

（四）必須保留任務終止或暫停的決定權

此原則對於日本保障自身行動自主性與彈性，具有關鍵性的意義，根據《國際和平合作法》相關規定，一旦當前三項要件的任何之一無法獲得確保，日本政府（首相）有權終止或暫停進行中的國際和平合作業務，撤離相關人員與裝備，且不受聯合國的訓令與制約（無論是秘書長或安理會之要求），故日本官方都將保有退出的最終裁量權。[39]

Office, Japan, "The Five principles," http://www.pko.go.jp/PKO_E/cooperation/cooperation.html.

[36] L. William Heinrich, Jr., Akiho Shibata, and Yoshihide Soeya, *United Nations Peace-keeping Operations: A Guide to Japanese Politics*, p.62.

[37] 參見《國際和平合作法》第 3 條第 1 項內容；Secretariat of the IPCH, Cabinet Office, Japan, "The Five Principles," http://www.pko.go.jp/PKO_E/cooperation/cooperation.html.

[38] L. William Heinrich, Jr., Akiho Shibata, and Yoshihide Soeya, *United Nations Peace-keeping Operations: A Guide to Japanese Politics*, p.63.

[39] 參見《國際和平合作法》第 6 條第 13 項以及該法第 8 條第 1 與項內容；Secretariat of the IPCH, Cabinet Office, Japan, "The Five Principles," http://

（五）武力行使必須以最低限度為準

即應符合最低標準與最小限度，並由個別自衛隊員行使，根據本法第 24 條的相關規定細節，個別自衛隊對員於動用武力（可以使用小口徑輕武器）時，必須以自衛為理由（此不違背憲法中關於武力使用的禁止），所保護對象僅限於自身以及在現場之其他日本人員。[40]故理論上，《國際和平合作法》修正之前，在其他在現場之非日本籍的聯合國人員或裝備，以及並非在現場之日人與日籍的聯合國人員，均不在保護之列，而使用武器之決定，在於個別自衛隊員之判斷，而非根據上級所下之命令。[41]

第三節 冷戰結束以來的維和參與

一、任務參與

日本自 1992 年 8 月《國際和平合作法》生效以來，共派遣 39 次的相關海外國際和平合作任務（詳見表 7-3）。在 44 項任務之中，若排除實物貢獻、國際人道救援行動以及國際選舉監督行動，日本共（目前與曾經）於九個國家（地區）進行 11 項聯合國維和行動，執勤地點遍佈安哥拉、柬埔寨、莫三比克、薩爾瓦多、戈蘭高地、科索沃、剛果民主共和國與尼泊爾等地。總結日本所參與的聯合國維和任務，包

---

www.pko.go.jp/PKO_E/cooperation/cooperation.html.

[40] 參見《國際和平合作法》第 24 條內容；Secretariat of the IPCH, Cabinet Office, Japan, "The Five principles," http://www.pko.go.jp/PKO_E/cooperation/cooperation.html.

[41] L. William Heinrich, Jr., Akiho Shibata, and Yoshihide Soeya, *United Nations Peacekeeping Operations: A Guide to Japanese Politics*, pp.63-64.

表 7-3　日本所參與之國際和平合作任務（1992 年 9 月至 2010 年 1 日）

任務地點與內涵	起始	維持和平（11 次於 9 個國家或地區）	人道援助（6 次）	選舉觀察（8 次）	實物貢獻（19 次）
－UNAVEMII（安哥拉）國際和平合作業務	1992/9	○			
－柬埔寨國際和合作業務 －對於 UNTAC（柬埔寨）的實物貢獻	1992/9	○			○
－對於 UNTAC（柬埔寨）的實物貢獻	1993/1				○
－ONUMOZ（莫三比克）國際和平合作業務	1993/5	○			
－ONUSAL（薩爾瓦多）國際和平合作業務	1994/3	○			
－對於 ONUMOZ（莫三比克）的實物貢獻	1994/7				
－對於盧安達難民（聯合國難民事務高級專員總署）的實物貢獻	1994/8				○
－盧安達難民國際和平合作業務	1994/9		○		
－對於 UNDOF（戈蘭高地）的實物貢獻	1995/12				○
－戈蘭高地的國際和平合作業務	1996/1	○			
－波士尼亞－赫塞哥維納國際和平合作業務（歐洲安全暨合作組織）	1998/8			○	
－對於科索沃（聯合國難民事務高級專員總署）的實物貢獻	1999/4				○

－對於 UNAMET（東帝汶）的實物貢獻	1999/6				○
－UNAMET（東帝汶）國際和平合作業務	1999/7	○			
－對於東帝汶（聯合國難民事務高級專員總署）的實物貢獻	1999/10				○
－東帝汶難民國際和平合作業務	1999/11		○		
－波士尼亞－赫塞哥維納國際和平合作業務（歐洲安全暨合作組織）	2000/3			○	
－對於阿富汗（國際移民組織）的實物貢獻	2001/3				○
－UNTAET（東帝汶）國際和平合作業務	2001/8			○	
－阿富汗難民之國際和平合作業務 －對於阿富汗（聯合國難民事務高級專員總署）的實物貢獻	2001/10		○		○
－UNMIK（科索沃）國際和平合作業務	2001/11			○	
－UNTAET/UNMISET（東帝汶）國際和平合作業務	2002/2	○			
－UNTAET（東帝汶）國際和平合作業務（選舉觀察）	2002/4			○	
－伊拉克難民之國際和平合作業務 －對於伊拉克（聯合國難民事務高級專員總署）的實物貢獻	2003/3		○		○

－伊拉克受害民眾的國際和平合作業務	2003/7		○		
－對於蘇丹（聯合國難民事務高級專員總署）的實物貢獻	2004/10				○
－對於 UNMIS（蘇丹）的實物貢獻	2005/7				○
－MONUC（剛果民主共和國/前薩伊）的國際和平合作業務	2006/7			○	
－對於斯里蘭卡（聯合國難民事務高級專員總署）受害民眾的實物貢獻	2006/10				○
－UNMIT（東帝汶）國際和平合作業務	2007/1	○			
－UNMIN（尼泊爾）國際和平合作業務	2007/3	○			
－東帝汶國際和平合作業務（選舉觀察）	2007/3			○	
－對於蘇丹達富爾受害民眾（聯合國難民事務高級專員總署）之實物貢獻	2007/11				○
－對於伊拉克受害民眾（聯合國難民事務高級專員總署）之實物貢獻	2007/12				○
－尼泊爾國際和平合作業務（選舉觀察）	2008/3			○	
－蘇丹國際和平合作業務	2008/10	○			
－對於蘇丹達富爾受害民眾（聯合國難民事務高級專員總署）的實物貢獻	2008/10				○
－對於巴勒斯坦受害民眾（聯合國聯合國近東巴勒斯坦難民救濟暨工程處）之實物貢獻	2009/1				○

－對於斯里蘭卡受害民眾（國際移民組織）之實務貢獻	2009/5				○
－海地國際和平合作業務	2010/1	○	○		

註釋：
(1) 根據《國際和平合作法》第3條第4項以及其他相關條文的規定，所謂的實物貢獻（contribution in kind），意指將從事聯合國維和行動與國際援助行動有關之物品，以低於原價格或是直接贈予的方式，嘉惠聯合國、參與任務的其他國際組織與國家。
(2) 此處的編制人力並非參與總人次，而是指該任務之規模，由於日本派遣之維和人員與單位，基本上每半年或每一年進行輪調，故各項任務之參與總人次，通常超過所謂的編制人力。
(3) 根據《國際和平合作法》第3條第3項的精神，對於聯合國維和行動是採狹義界定，故在此表的4項業務項目中，筆者將維持和平與監督選舉等兩項工作，歸類為聯合國維和行動的工作內容，至於人道援助與實物貢獻等其餘兩項業務，則排除聯合國維和行動的範疇在外，理由是前者在《國際和平合作法》中被劃分為國際援助行動的類別，而後者則明顯並非維持和平業務。

資料來源：整理自日本國際和平合作總部官網相關資料：Secretariat of the International Peace Cooperation Headquarters（IPCH）, Cabinet Office, Japan, "Japan's International Peace Cooperation（by chronology）," http://www.pko.go.jp/PKO_E/result/years.html.

括聯合國柬埔寨過渡權力機構（UNTAC）、聯合國安哥拉核查團第二階段（UNAVEME II）、聯合國莫三比克任務（ONUMOZ）、聯合國薩爾瓦多觀察團（ONUSAL）、聯合國脫離交戰觀察武力（戈蘭高地）（UNDOF）、聯合國東帝汶特派團（UNAMET）、聯合國東帝汶臨時行政機構（UNTAET）、聯合國東帝汶支援團（UNMISET）、聯合國東帝汶整合特派團（UNMIT）、聯合國科索沃臨時行政當局特派團（UNMIK）以及聯合國尼泊爾特派團（UNMIN）[42]等。

　　以參與人力而言，通常涵蓋警力、自衛隊工兵單位（設施部隊）人員、軍事觀察員、選舉觀察員、參謀幕僚官、聯絡與協調人員、運輸人員、行動管制人員、以及所支援之海上自衛隊與空中自衛隊單位（運輸機、行政專機、支援艦、運輸艦、護衛艦）等不同類別。其中，

---

[42] 嚴格視之，聯合國尼泊爾任務（UNMIN）以聯合國標準而言，屬於和平締造（peacemaking）與預防外交（preventive diplomacy）的政治任務，並非所謂的維和行動，但可視為廣義上的和平任務。

以派遣選舉觀察員的型態最為普遍（次數達 10 次），若以單一任務的人員編制而言，仍以聯合國柬埔寨臨時管理機構（UNTAC）的規模最大（排除海上與空中自衛隊支援人力，共計 1,332 員），聯合國東帝汶過渡行政機構（UNTAET）次之（排除海上與空中自衛隊支援人力，計 700 員），聯合國東帝汶整合特派團（UNMIT）最小（僅派遣兩名警力）。若以參與時間而言，以聯合國脫離交戰觀察武力（戈蘭高地）（UNDOF）最為持久（從 1996 年至今）。就投入單一目標的行動數目來看，則以東帝汶最多，共參與聯合國於該地所進行五個和平行動（三項維和行動與兩項政治任務）中的四個，即聯合國東帝汶特派團（UNAMET）、聯合國東帝汶過渡行政機構（UNTAET）、聯合國東帝汶支援團（UNMISET）以及聯合國東帝汶整合特派團（UNMIT），共計投入 3,400 人次。[43]以目前而言（2010 年 12 月），日本派遣於東帝汶、尼泊爾以及戈蘭高地維和任務的人員僅 266 員，其中包括軍事專家與自衛隊員 258 人，故在數目上絕非貢獻大國。[44]至於在死傷方面，僅聯合國柬埔寨臨時管理機構（UNTAC）有相關紀錄（兩人）。

---

[43] 日本唯一未參與者是聯合國東帝汶辦事處（United Nations Office in Timor-Leste, UNOTIL），該任務在性質上屬於政治特派團，除和平行動之外，此外，日本對於聯合國於當地所進行之行動提供實務貢獻，派遣選舉觀察員，並協助聯合國數項人道救援行動。參見 Secretariat of the IPCH, Cabinet Office, Japan, "Contribution in Kind to UNAMET," http://www.pko.go.jp/PKO_E/result/e_timor/e_timor02.html; "Contribution in kind to UNHCR for the Relief of East Timorese Displaced Persons (UNHCR), http://www.pko.go.jp/PKO_E/result/e_timor/e_timor04.html; "International Peace Cooperation Assignment for East Timorese Displaced Persons," http://www.pko.go.jp/PKO_E/result/e_timor/e_timor05.html; "IPCA in East Timor," http://www.pko.go.jp/PKO_E/result/e_timor/e_timor01.html; "IPCA for East Timorese Election Observation," http://www.pko.go.jp/PKO_E/result/e_timor/e_timor08.html;"IPCA for Timor-Leste Election Observation," http://www.pko.go.jp/PKO_E/result/e_timor/e_timor11.html. Ministry of Foreign Affairs, Japan, *"Japan's Efforts on Peacebuilding: toward Consolidation of Peace and Nation Building"* (Tokyo: Ministry of Foreign Affairs Press, 2007), p.5.

[43] Secretariat of the IPCH, Cabinet Office, Japan, "Democratic Republic of Timor-Leste," http://www.pko.go.jp/PKO_E/result/e_timor/e_timor01.html.

[44] 參閱本書第伍章第二節分析。

二、投入細節

　　在眾多任務之中，日本對於聯合國柬埔寨過渡權力機構（UNTAC）
的投入，最具深刻意義，因為此任務標誌著後冷戰時期新型態的維和
（即前述之二代維和），就日本而言，無論就任務內涵與派遣規模，都
是史無前例。1992 年 2 月，聯合國依照安理會決議設置聯合國柬埔寨
過渡權力機構，承續先前聯合國柬埔寨先遣團（UNAMIC）的工作，
並由日籍的聯合國秘書長特別代表明石康擔任總指揮。主要工作在於
觀察當地選民登記與公平自由大選的進行、監視停火協議的落實、確
認所有外國部隊、物資與軍事顧問撤離、協助柬埔寨政府重建行政管
理能力、改革警察與安全部門、促進人權的保障以及解除所有派系武
裝；在編制方面，聯合國對於該權力機構的各式人力投入，在最高峰
期曾超過 22,000 員，貢獻國則涵蓋聯合國 100 多個成員，在柬國於聯
合國的監督下完成大選、民主政府成立以及憲法正式實施之後，聯合
國柬埔寨過渡權力機構於 1993 年 9 月底停止運作。[45]對於甫通過《國
際和平合作法》的日本政府來說，此為其首次盛大（恐怕亦是空前絕
後）的聯合國維和參與，一共派遣八名軍事觀察員、75 名警力、600
名工兵（設施部隊）以及 41 名選舉觀察員。[46]至於日本對於各項維和
任務的派遣人力，包括類別、任務授權與規模，詳見表 7-4。

[45] Hugh Miall, Oliver Ramsbotham, and Tom Woodhouse, *Contemporary Conflict Resolution: The Prevention, Management, and Transformation of Deadly Conflicts* (Malden, MA: Blackwell Publishing, Inc., 1999), pp. 191-195; Chester Crocker, The Varieties of Intervention: Condition for Success," in Chester A. Crocker, Fen Osler Hampson, and Pamela Aall, eds., *Managing Global Chaos: Sources of and Responses to International Conflict* (Washington, D.C.: United States Institute of Peace Press, 1996), pp.275-277.

[46] Secretariat of the IPCH, Cabinet Office, Japan, "Cambodia," http://www.pko.go.jp/PKO_E/result/cambo_e.html; Ministry of Foreign Affairs, Japan, *Japan's Efforts on Peacebuilding: Toward Consolidation of Peace and Nation Building*, p.4.

表 7-4　日本對於各項聯合國維和行動之詳細人力投入

地點（任務）	任務與派遣人員類別
安哥拉 （UNAVEM III）	◇選舉觀察員：派遣三位觀察員（中央政府、地方政府與民間部門各一位）
柬埔寨 （UNTAC）	◇停火觀察員：共派遣 16 名自衛隊員擔任停火觀察員，第一梯次八位（1992 年 9 月至 1993 年 3 月，第二梯次八位（1993 年 3 月至 1993 年 9 月） ◇選務人員：派遣五位中央政府官員、13 位地方政府官員以及 23 位來自民間私人部門人員協助制憲大會之選舉 ◇警察：派遣 75 位警察（1992 年 10 月至 1993 年 7 月）協助指導與監督柬埔寨警力之重建工作 ◇工兵（設施單位）：共派遣兩梯次 600 人之陸上自衛隊工兵單位協助造橋鋪路，並提供水、油、糧食、醫療以及後勤支援（1992 年 9 月至 1993 年 4 月；1993 年 3 月至 1993 年 9 月） ◇海上自衛隊支援：派遣兩艘運輸艦與一艘支援艦支援相關任務
莫三比克 （ONUMOZ）	◇參謀人員：派遣兩梯次參謀人員（各 10 員）至 ONUMOZ 總部 ◇行動管制單位：派遣三梯次的行動管制單位（自衛隊隊員），每梯次 48 員，共計投入 144 員 ◇選舉觀察員：派遣 15 位觀察員（1994 年 10 月）協助總統與國會大選進行，其中三位成員成員來自日本中央政府、一位來自地方政府、11 位來自民間部門 ◇空中自衛隊支援：出動 C-130H 從日本載運糧食補給品（1993 年底），以支援當地的參謀人員與行動管制單位
薩爾瓦多 （ONUSAL）	◇選舉觀察員：派遣 15 位選舉觀察員監督總統、國會與其他選舉，（1994 年 3 月至 4 月），其中三位來自中央政府、一位來自地方政府、其餘 11 位來自民間部門
戈蘭高地 （UNDOF）	◇參謀人員：人員由自衛隊派遣（每年輪替一次），至今已是第 15 梯次（自 2010 年 2 月起）派遣行動，且派遣人數從兩員（前 14 個梯次）增至目前的三員

	◇運輸單位：自衛隊派遣單位含 43 位人員，駐於戈蘭高地於以色列境內的祖安尼（Ziouani）營區，目的是提供 UNDOF 活動的後勤支援，每六個月輪替一次，目前已是第 29 梯次（自 2010 年 2 月起） ◇連絡與協調人員：人員來自首相辦公室，派駐於以色列與敘利亞兩地任務在於提供日方派遣人員與當地相關國際組織間的溝通協調 ◇空中自衛隊支援：自 1996 年 3 月起，空中自衛隊每六個月派遣一架 U-4 或 C-130H 運輸機載運糧食與補給品，提供戈蘭高地之日本運輸單位與參謀人員之所需
東帝汶 （UNAMET）	◇警察：派遣一位警官於 UNAMET 位在帝力之總部，另一位警官派駐於 UNAMET 設於雅加達的辦公室 ◇連絡與協調人員：派遣三位連絡與協調人員以支援警官任務（人員來自首相辦公室與警視廳）
東帝汶 （UNTAET and UNMISET）	◇參謀人員：派遣 10 名參謀人員於 UNTAET 與 UNMISET 總部（2002 年 2 月至 2003 年 5 月），其後派遣七名人員於帝力總部（2003 年 4 年至 2004 年 6 月） ◇工兵與設施單位（首次派遣女性人員）：在 2002 年 3 月至 2004 年 6 月間，共派遣四梯次的工兵設施部隊（每梯次 680 員於）於東帝汶，除帝力總部外，人員亦駐於馬利亞納（Maliana），歐庫西（Oecusse）以及蘇艾（Suai）等三地，其任務在於協助 UNMISET，包括造橋鋪路、維護與監視供水設施，並參與當地民間計畫，包括小學重建 ◇連絡協調人員：派遣數位連絡協調人員於帝力，人員來自於首相辦公室 ◇海上與空中自衛隊支援：為協助工兵設施單位，自 2002 年 2 月起，海上自衛隊出動護衛艦 Mineyuki 號與運輸艦號 Osumi 號以及空中自衛隊六架 C-130H 運輸機（每年兩次），主要任務是是提供日方 UNMISET 參與人員（工兵設施單位與參謀人員）的後勤支援，包括載送物資、補給、裝備與糧食

東帝汶 （UNMIT）	◇警察：共派遣四位警官（2007 年 1 月至 2008 年 2 月） ◇連絡協調人員：派二至三位連絡協調人員以負責當地組織與日方人員間之溝通
尼泊爾 （UNMIN）*	◇軍事觀察員：派遣六位自衛隊員擔任 UNMIN 軍事觀察任務，自 2007 年 3 月起，共計派遣三梯次共 18 員 ◇軍事觀察員：自 2007 年 3 月起，共派遣六位自衛隊員（共三梯次 18 員），擔任 UNMN 軍事觀察員 ◇連絡協調人員：派遣四位人員至加德滿都負責連絡協調通工作
蘇丹 （UNMIS）	◇參謀人員：派遣兩位官員於 UNMIS 總部，其中一名於總部的後勤計劃部門，負責 UNMIS 軍事部門以及總部間的連絡協調工作；另外一位則是軍事分析單位，負責資訊管理業務，並由聯合國秘書長蘇丹特別代表所管轄
海地 （MINUSTAH）	◇工兵與設施單位：派遣一支工兵設施單位（350 員）赴海地從事震災後的復原工作（2010 年 1 月） ◇參謀人員：派遣兩位參謀人員至 MINUSTAH 總部 ◇連絡協調人員：派遣三位人員負責日方人員與當地相關機構間的連絡協調工作海上與空中自衛隊支援：為協助日本派遣於海地之工兵設施單位、參謀人員，海上自衛隊動員運輸艦、支援艦與護衛艦各一，空中自衛隊動員兩架 C-130H 運輸機、一架 U-4、一架 KC-767 以及一架行政專機，運送相關人員與裝備；此外，每年出動 C-130H 兩次負責食物補給之載運

註釋：嚴格而言，聯合國尼泊爾特派團（UNMIN）並未被聯合國列為自 1948
　　　年起所進行的 64 項維和任務之中，該特派團於 2007 年 1 月設立，
　　　在性質上並非由聯合國維和行動部所主導，而是由聯合國政治事
　　　務部所管轄與負責之任務，其任務是協助當地的和平轉型工作，
　　　但仍被視為廣義上之聯合國和平行動。

資料來源：

（1）Secretariat of the International Peace Cooperation Headquarters（IPCH），
　　　Cabinet Office, Japan, "International Peace Cooperation Assignment in
　　　Sudan," http://www.pko.go.jp/PKO_E/result/sudan/sudan05.html.

（2）Secretariat of the IPCH, Cabinet Office, Japan, "International Peace
　　　Cooperation Assignment in Nepal," http://www.pko.go.jp/PKO_E/result/
　　　nepal/nepal02.html.

（3）Secretariat of the IPCH, Cabinet Office, Japan, "International Peace Cooperation Assignment in Timor-Leste," http://www.pko.go.jp/PKO_E/result/e_timor/e_timor10.html.

（4）Secretariat of the IPCH, Cabinet Office, Japan, "International Peace Cooperation Assignment in East Timor," http://www.pko.go.jp/PKO_E/result/e_timor/e_timor07.html.

（5）Secretariat of the IPCH, Cabinet Office, Japan, " International Peace Cooperation Assignment in East Timor," http://www.pko.go.jp/PKO_E/result/e_timor/e_timor03.html.

（6）Secretariat of the IPCH, Cabinet Office, Japan, ",International Peace Cooperation Assignment in the Golan Heights," http://www.pko.go.jp/PKO_E/result/golan/golan02.html.

（7）Secretariat of the IPCH, Cabinet Office, Japan, "International Peace Cooperation Assignment in El Salvador," http://www.pko.go.jp/PKO_E/result/elsal/elsal02.html.

（8）Secretariat of the IPCH, Cabinet Office, Japan, "International Peace Cooperation Assignment in Mozambique," http://www.pko.go.jp/PKO_E/result/mozan/mozan02.html.

（9）Secretariat of the IPCH, Cabinet Office, Japan, "International Peace Cooperation Assignment in Cambodia," http://www.pko.go.jp/PKO_E/result/cambo/cambo02.html.

（10）Secretariat of the IPCH, Cabinet Office, Japan, "International Peace Cooperation Assignment in Angola," http://www.pko.go.jp/PKO_E/result/angola/angola02.html.

（11）Ministry of Foreign Affairs, Japan, Japan's Efforts on Peacebuilding: towards Consolidation of Peace and Nation-building, http://www.mofa.go.jp/policy/un/pko/effort0704.pdf.

（12）Ministry of Defense, Japan, Japan Self-Defense Force: Peace-Keeping Operations(Republic of Haiti, January 2010 Earthquake), http://www.mod.go.jp/e/d_policy/ipca/pdf/haiti01.pdf.

第四節　日本維和參與的主要障礙

一、日本與國際的維和觀：定義與重心

　　日本官方對於所謂的維和行動，無論是由聯合國授權、非聯合國主導或是以聯盟型態行使之的行動，都是採取較為狹隘的保守界定，故才會將維和行動的工作項目，與國際人道援助行動、國際監督選舉

以及實物貢獻等其他國際和平合作的類型，作出明顯區隔。對照國際社會與學界的看法，可清楚發現其中之差異。誠如本書於先前章節中所強調，聯合國從 1948 年至今所實施的維和行動，可以劃分為冷戰時期之一代維和以及後冷戰時期之二代維和，前者（一代維和）的主要目的是從事傳統維和與軍事觀察等兩大類別的任務，任務型態包括監督停火與脫離交戰狀態、監視邊界安全、監視撤軍行動以及建立與佔據緩衝區與非軍事區等，而少部份例子亦包協助人道救援的工作在內，但就後者（二代維和）而言，所指涉的是 1990 年代初期以來，聯合國所陸續發展出的許多不同類型的維和行動，此類型態多元的任務，除原本的傳統維和與軍事觀察的範圍外，重心通常環繞所謂的後衝突和平建設，諸如協助穩固內部秩序、監督選民登記與確保公平選舉的順利進行、協助過渡政府的組成、確保政治解決方案的實施，整頓當地警察單位、安全部門與司法體系、監督武裝派系的解散、繳械與復員、排雷、促成社會和解、凝聚國家團結、提供人權保障與人道協助、協助難民返鄉與安置、追懲戰爭犯行、重建交通、通訊、醫療、水電等民生與社經基礎設施以及恢復政府各種基本行政功能等。[47]

依照聯合國維和行動部與實地支援部之扼要分類，新型態的維和行動的目的主要有三：（1）協助穩定內部環境，強化目標國在安全提供、人權保障與法治維護等面向上之能力；（2）協助促進政治和解與對話，設置具備效能的政府機制；（3）協助提供健全與可運作之架構，確保聯合國與其他國際行為者能夠充分協調與合作。[48]進一步言之，新型態維和行動所涉及的工作項目，除傳統的軍事觀察與維和任務之外，在全體的 14 項業務內容中（詳見本書緒論的詳細分類）當中，大

---

[47] 參見本書第一章緒論中之表 1-1。
[48] United Nations Peacekeeping Official Website, *United Nations Peacekeeping Operations: Principles and Guidelines*, http://pbpu.unlb.org/pbps/Library/ Capstone_Doctrine_ENG.pdf.

體可劃分為下列六大任務面向：（1）武裝團體之繳械、解編與復員與重整工（DDR）；（2）排雷；（3）安全部門改革（SSR）；（4）保障與促進人權；（5）選舉協助；（6）恢復各項行政職能與治理能力；（7）促進政治和解進程與確保政治解決方案的實施。尤有甚者，在二代維和的部份案例中，安理會為確保任務的順利成功，可能依據憲章第七章的強制舉措精神，授權維和部隊採取有限度的強制行動，以便在高敵意的衝突環境下，執行緊急人道干預任務，甚至是設法重建所謂的失敗國家或正崩解中的國度，此類行動亦可稱為強健維和行動。[49]

　　然而，對於日本而言，根據 1992 年《國際和平合作法》第 3 條第 3 項的相關規定，部份日本的國際和平合作業務，屬於聯合國一代維和或二代維和行動的工作內容，其餘則是屬於國際人道救援助的範疇。但以後衝突和平建立為主軸的二代維和」，較諸於日本所進行的國際和平合作業務，無論就深度或廣度而言，均遠過之而無不及，舉例而言，日本至今仍未參與的國際維和業務，包括選舉協助、司法部門改革、恢復與強化公權力、執行強健和平與強制和平。（詳見表 7-5）

　　故本書認為，日本所謂的國際人道援助僅觸及到較為「表層」、「軟性」與「單純」型態之二代維和業務，本書稱此為「輕」後衝突和平重建。至於聯合國的二代維和，有可能涉及的強制和平或強健維和的成份，就現階段與可預期的未來而言，仍是日本自我設限的絕緣地帶，屬於無法觸碰的政治禁區。

---

[49] Ibid.

表 7-5　日本對於聯合國維和與國際人道援助的行動界定：
任務類別與內容

日本現階段所參與之國際和平合作業務	聯合國一代維和行動	聯合國二代維和行動	聯合國人道救援行動	可能行使武力的機率
－監視交戰各方所同意之部隊撤離、停火與解編	○			中等
－緩衝區與其他劃界區域內的駐留與巡邏；防止衝突復發	○			中等
－對於武器彈藥（包括組件）運送（以車輛或其他方式）之檢查與確認	○			中等
－對於武器（包括組件）的保管與處份		○		中等
－協助衝突各方劃定停戰線或邊界	○			中等
－協助衝突雙方換俘	○			中等
－監督公平選舉的進行（國會、公投與其他大選）		○		低
－對於當地警政事務予以指導、諮詢與監督		○		低
－對於當地行政予以指導與建議（警政以外事務）		○		低
－醫療與公共衛生設施		○		低
－對於當地受害民眾的搜尋與救援；提供難民返鄉協助		○		低
－對於當地受害民眾發配糧食、衣物與醫藥等日常必需品			○	低
－建立設施與裝備供當地受害民眾居住			○	低
－修復與維持在衝突中受損之設施與設備；供當地受害民眾日常使用			○	低
－恢復在衝突中遭受破壞與污染之自然生態			○	低
－對於運輸、通訊、裝設、檢查、修復等業務提供協助			○	低

日本所未參與之聯合國二代維和任務（業務類別）	聯合國一代維和行動	聯合國二代維和行動	聯合國人道救援行動	可能行使武力的機率
－選舉協助（提供安全維護）		○		中等
－警察、司法與安全部門改革		○		低
－恢復與強化行政部門能力		○		低
－強健和平與強制和平		○		高

資料來源：自行整理。

二、維和原則：逐漸趨同抑或自成一格

　　誠如本書第肆章第三節的分析。基本上，聯合國所從事的一代維和，需要遵守以下規範，包括：（1）同意原則；（2）公正原則；（3）非武力原則；（4）大國排除原則；（5）明確、可信與能達成之授權；（6）風險承擔原則；（7）公正之地域代表原則；（8）正當性原則。根據聯合國於 2008 年 3 月所出版的最新報告──《聯合國維和行動：原則與方針》（United Nations Peacekeeping Operations: Principles and Guidelines），在上述各項要件當中，還是以前三項原則最為重要，但需要特別注意的是，進入後冷戰時期，隨著國際形勢、衝突類型以及任務需求的逐漸改變，傳統聯合國維和行動所堅持的原則，儘管依舊是最重要的考量基礎，但並非絕無例外情形。[50]其原因在於後冷戰時期的安全環境卻出現明顯差異。舉例而言，誠如本書在先前章節中所言，聯合國所希望進行干預的對象與目標，很可能並非如過去般是國與國間的區域衝突，而是發生於某國境內的種族、宗教與統獨紛爭所引發之內戰，故在特定案例中，甚至需要在一個崩毀、群龍無首與軍閥割據的國家中執行任務，再加上情勢的紛亂與瞬息萬變，尋求所有

---

[50] Ibid.

交戰團體的明確同意，尤其是各大小軍閥與派系的「同意」，無疑是緣木求魚。但基於遏止饑荒、疾病與種族屠殺等各種考量，聯合國的緊急維和干預，卻有其急迫性與必要性，故在實踐上，傳統的同意原則並非完全不可撼動與挑戰之鐵律。

一般咸認，基於歷史因素，再加上憲法與法律層面之束縛，從 1992 年至今，日本對維和行動的投入門檻與自我設限，一定較國際社會與聯合國本身的標準為高。兩相對照，的確可發現《國際和平合作法》在修訂前，對於自衛隊參與維和行動所訂定的前提，其精神雖契合聯合國於冷戰時期一代維和所奉行之傳統原則，卻較為嚴苛。而自冷戰結束以來，日本與聯合國對於維和原則，基於各自理由，都有其變遷與調整，但兩者究竟是日漸趨同或是分道揚鑣？以下為本書之分析。

首先，在行使武力原則方面，日本仍較聯合國嚴苛為不爭事實，即便兩度修訂《國際和平合作法》後，已稍微放寬標準，但日本維和人員在武器使用，仍較一般的聯合國維和行動，擁有更高標的門檻及更繁複之依循細節。而其他國家的常態做法，通常是以各軍種以交戰準則的形式，訂定相關標準，但日本卻是以法律的位階規範之，更不用說參與強制和平色彩之維和行動。然而，日本國內近來亦出現合理放寬的聲浪，例如 2002 年 5 月，在首相小泉純一郎的指示下，內閣官房長官福田康夫成立國際和平合作懇談會，該會由前聯合國副秘書長明石康擔任主席，並於同年 12 月對於日本如何強化國際和平合作一事，提出若干諮詢意見。其中之一，即是建議日本在未來聯合國的維和行動中，可擔任所謂的警戒任務，對於意圖以武力破壞維和行動進行的對象，可以行使武力。[51]惟該方案仍因爭議太大（恐大幅增添自衛隊員捲入使用武器的風險），而難以落實。

---

[51] 國防部史政編譯室，《2003 年日本防衛白皮書》，頁 448-449。

　　其次，在聯合國所進行的維和行動中，並未將當事國與各交戰各派系停火（簽署或達成停戰議定），列為行動的要件。但對日本政府而言，此卻為五項原始原則之一，直到1998年《國際和平合作法》修正後，對此方始顯露彈性（即對於聯合國人道行動可提供裝備與後勤支援），近年亦出現進一步調整此過時原則的呼聲。[52]例如國際和平合作懇談會亦曾建議，即便一項維和行動，可能並無停戰協議為提提，或是衝突各方未真正接受協議，日本仍可依據聯合國安理會之決議參加。[53]

　　再者，在同意原則方面，日本基本上較聯合國更為堅持，但唯一不同處在於，《國際和平合作法》對日本投入維和任務的考量，除視衝突各方與當事國同意「聯合國的維和介入」為基本前提之外，尚需要衝突各方與當事國針對日本方面的參與，明示其同意，換言之，具備雙重同意的性質，故仍較聯合國的要求更為挑剔，即便因應後冷戰時期的需求，聯合國與日本對於同意原則的看法，都出現較為彈性解釋的趨勢，但日本單方面所奉行的標準仍較聯合國為高。

　　第四，在公正原則方面，在聯合國於2003年8月所公佈的為《布拉希米報告》中，針對此議題曾多所著墨，即指出維和行動以往的維和，皆視公正與客觀，為最高與牢不可破之行動指導方針；然而，今日的維和行動時常是同時應付單一國家內部衝突與跨國爭端，因此更需要全方位的思維，避免衝突的任何一方，利用聯合國所標榜的超然與中立態度，而從中攫取自身利益，或作為延緩國際干預的手段；換言之，當其中一方反覆違背其承諾與協議時，聯合國如果還堅持各打50大板之僵硬立場，便形同姑息意圖不軌一方之惡意操弄，因此在必要時，聯合國維和行動更不應該吝嗇於區別侵略者與無辜受害者。不

---

[52] Komei Isozaki, "Japanese Peacekeeping Policy at A Crossroads," (Washington, D.C.: Center for Strategic and International Studies Press, 2005), p.2.

[53] 國防部史政編譯室，《2003年日本防衛白皮書》，頁449。

過就日本而言，所謂的公正原則，還是屬於「規範面中的規範面」之問題，具備不辯自明的性質，且主觀評判的成份較高，故在五項基本原則中的重要性與位階較低，亦未出現如同聯合國內部的深刻探討。

最後，在任務終止或暫停之權力方面，聯合國在實務運作上，各相關參與國（人員提供者）政府，原本便擁有基於各自內部的考量，而做出停止繼續派遣維和部隊之與生俱來權利，此為不需要特別「搬上檯面」之原則（或默契）。然而，日本方面卻刻意強調此點，主因在於倘若缺乏此明確的保障，將難以完全排除日方人員在維和行動中，因意外而陷入衝突或交戰困境，導致難以脫身或被迫動武的場面。

從以上分析可知，日本參與維和行動之難題，在於承諾國際貢獻的程度、自我外交定位，法律層面的侷限以及政治上的阻力等多重因素的交織，聯合國維和行動在理論上，提供日本參與國際和平合作事務的另一渠道，主因是相較於集體安全（參見憲章第七章相關規定）的意涵，維和所牽涉到的強制和平成份與機率，要淡化與低許多，但日本卻可藉此有限度扮演支持者的角色。故早自 1956 年 12 月，日本初次獲選為安理會非常任理事國以來，如何藉由聯合國的管道，積極參與世界事務，即成為外務省官僚與部份政治人物所思慮的重心之一。何況維護國際和平與安全，本為聯合國創設的最重要宗旨，亦是最為核心的目的，而集體安全機制的原始設計，亦是聯合國當初賴以實現此一理想的主要途徑。

如本書第一章緒論以及第貳章第一節所述，隨著東、西對抗的冷戰格局使然，導致集體安全制度未能如預期順利運作，維和行動方使應運而生。鑑於因應區域衝突與動亂等實際層面的需求，亦加深聯合國對於維和行動的依賴，導致後者逐漸演變為集體安全的替代途徑。然而，對於冷戰期間的日本而言，昔日軍國主義的陰影、施政的優先順位（以經濟復甦為首要之務）、民意與輿論尚未形成共識以及《自衛隊法》未能修訂之障礙，再加上和平憲法第九條的高位束縛，相當程度排除派遣自衛隊員參與維和的可能性。[54]儘管在政府體系中，外務省向來較為積極推動日本對維和的參與（至少不該禁止不涉及戰鬥性質之任務），但時機一直尚未成熟，無法獲得廣泛與足夠的政治與社會支持的基礎，尤其是不少人士主張，應等到聯合國集體安全機制建構完成後，日本的投入才算真正具備正當性。直至 1990 年代初期在國際局勢的變遷與盟邦（美國）壓力的因緣際會下，開啟難得的機會之窗。

　　在深入比較日本與聯合國對維和行動的概念劃分之後，可發現最大不同處在於，日本官方將許多後冷戰時期國際間所公認之二代維和工作範疇，歸類為所謂政治禁忌。換言之，日本對於聯合國維和行動的內涵詮釋，是採取非常狹義的傳統界定，探究其癥結，自然與昔日軍國主義的歷史包袱息息相關，由於是日本社會與政界對於自衛隊的海外派遣，極端敏感，故即使以維和為名，高舉擴大國際參與及增進貢獻的和平主義旗幟，日本仍小心翼翼，故自《國際和平合作法》制訂之初，日本即以周嚴的方式，鉅細靡遺規範參與聯合國維和任務的可為與不應為之處，並清楚界定出何者為他們眼中的維和，只不過大部份的業務內容，還是落在一代維和的範疇內，其後再配合民意的反應與實行成效的評估，逐步做出調整，以循序漸近的方式，慢慢解除原始限制。

　　此高度法律化與條文化的特色，相當罕見，某種程度而言，此差異亦反映日本服膺規範、期待可依循的準繩以及重視原則的傳統。再對照聯合國是以慣例或報告建議（無論是秘書長自行召集或是由大會或安理會授權秘書長所組織的政策研擬小組）的形式，呈現在維和行動原則上的實務共識，更加突顯其間的差異，因為聯合國維和行動，原本就常被形容為《聯合國憲章》的第六章半，並不具備明確的法源基礎，可視為介於憲章第六章以及第七章間的灰色地帶，且其實際運

---

[54] L. William Heinrich, Jr., Akiho Shibata and Yoshihide Soeya, *United Nations Peace-keeping Operations: A Guide to Japanese Politics*, p.14.

作與發展，亦隨著時間的演進逐漸成熟，故在聯合國維和行動實施原則的演進方面，具備高度與時俱進之特質。

小結

本章的主旨在於探討日本聯合國維和參與的相關課題，本書於此提出四項重要觀察。

第一，檢視自 1992 年至今之發展，可清楚理解在《國際和平合作法》提供法律層面的正當性之後，對於日本的聯合國維和參與而言，已構成重要的分水嶺，日本採取的是溫和漸進的途徑，以強化國際貢獻與國際和平合作為名（包裝），化解民眾的疑慮與反對黨的質疑力道，逐步實現其目標，並嘗試建立先例。[55]儘管逐步放寬鬆綁以及向國際標準看齊之大方向不變，日本在某些維和原則的堅持上，例如「任務終止與暫停」、武器使用、同意以及停火等規範方面，相較於聯合國與其他國家，仍有其自成一格之處。

第二，基本上，在《國際和平合作法》歷經兩次修訂之後，日本對維和行動的參與，已較為貼近於聯合國二代維和（其他會員國的參與狀況）之任務內涵，但兩者仍有若干程度的距離。重點在於，自冷戰結束以來，聯合國所從事的新型態維和行動中，有不少比例是以後衝突和平建設為主要工作，任務內容相當彈性多元，基本上是跨越社會、經濟、政治、行政、司法以及安全等不同領域之重建、改革與復興工作。反觀日本，最常觸及二代維和的任務部份，仍是所謂的國際選舉監督（派遣觀察員），其餘大多為支援難民返鄉、提供公衛醫療服務與修橋造路之「軟」後衝突和平建設業務。對於其他核心部份，例如本章前述之選舉協助（提供安全協助）、恢復與提升行政部門能力、

---

[55] Aurelia George, "Japan's Participation in UN Peacekeeping Operations: Radical Departure or Predictable Response?" p.568.

安全部門改革等面向，則甚少觸及，故本書認為此處是日本具潛力與適合發揮的領域，因為不涉及二代維和中可能出現的強制和平或強健維和成份，政治敏感性較低，不僅容易贏取廣泛的社會支持，更能夠加強日本未來對於聯合國維和行動的參與深度，並真正實踐國際和平合作之意涵。

第三，日本自從制訂《國際和平合作法》以來，似已逐步向參與聯合國維和行動之穩定常軌，隨著其後的內容修訂，意謂著民眾與政治人物較能接受並習於維和參與，故此扇門愈開愈寬乃不爭事實，但其最終限制（即毫無保之參與）能否獲得突破，不僅是涉及憲法層次的爭議，更牽動國際社會與國內政治敏感神經，日本的聯合國維和行動（包括任務型態與遵循原則）是否能夠完全比照聯合國與其他聯合國成員的標準，或是趨近的程度為何，此問題雖有待日後觀察，但本文認為短期之內恐不容樂觀，因為憲法第9條之有形約束，加上心靈層面的無形障礙，依舊存在。

第四，日本未來維和參與的重要判斷依據之一，在於是否採取國際和平合作懇談會的建議，納入聯合國的待命安排制度（UNSAS），進一步與聯合國維和機制結合，且在規範與程序上充分接軌。2009年7月，當時日本首相麻生太郎在與聯合國秘書長潘基文會晤時，曾確認自衛隊將支援待命安排制度，以便更積極地參與聯合國維和行動，[56]而已下台的民主黨鳩山一郎內閣，在上任之初也曾矢言提升日本對於聯合國維和行動所扮演的角色，並宣佈將更積極地對海地提供各項援助。至於日本有無可能會邁向邊開支票邊流汗的積極貢獻模式，打破其他國家之「多出錢少出人」與「多出人少出錢」的一般型態，更獲得外界高度重視，眾所皆知的事實是，目前在聯合國維和行動的預算

---

[56] *Japan Times*, "Japan to join U.N. Standby Arrangements System for Active PKO," http://www.japantoday.com/category/politics/view/japan-to-join-un-standby-arrangements-system-for-active-pko.

分擔方面，美、日無疑是兩大貢獻國，分別承擔 27.17%與 12.53%的高額比例（2010 年至 2012 年），然而在維和人員的提供方面，歐美等多數西方國家（法國、義大利與西班牙三國除外），大體上均敬陪末座。根據 2010 年 11 月聯合國的統計數據，聯合國 118 個維和人員貢獻國，共計動員 121,363 各類型的維和人力，其中日本方面僅派遣 266 員，佔 0.22%而已，[57]反倒是拉美、亞洲以及非洲的發展中國家，穩居貢獻主力的地位（詳見本書第肆章第二節的相關分析）。[58]在此情況下，日本未來參與聯合國維和的增長與深化空間雖大，但合理分擔與國際貢獻兩面向的權衡，卻是難解的恆久課題。

---

[57] 參見 United Nations Peacekeeping Official Website, *Ranking of Military and Police Contributions to UN Operations*, http://www.un.org/en/peacekeeping/contributors/2010/june10_2.pdf.

[58] 參見 United Nations Peacekeeping Official Website, *United Nations Peacekeeping: Fact Sheet*, http://www.un.org/depts/dpko/factsheet.pdf; Hirofumi Shimizu and Todd Sandler, "Peacekeeping and Burden-Sharing, 1994-2000,"*Journal of Peace Research*, Vol. 39, No. 6 (November 2002), p. 654.

第捌章　參與國案例（二）
　　　　中國：疑慮排拒至游刃有餘

　　本章聚焦於本書的第二個聯合國會員國的維和案例分析——即中國對於聯合國維和行動之參與狀況，主要目的有七：其一，回顧與分析在過去一甲子當中，中國對於聯合國與聯合國維和行動的觀點演進，即如何從尚未進入聯合國之前（1950 年代與 1960 年代）的批判抵制、到 1970 年代的審慎觀望與 1980 年代的漸趨支持、轉變至 1990 年代以來的積極投入，並深入探討促成此轉折的主要因素與內外環境脈絡；其二，探索北京近年來為何願意更深入與更廣泛地參與聯合國維和行動之主要動機與目的；其三，從維和依循規範的角度切入，分析北京對於聯合國維和行動的任務原則與行動方針之立場宣示，尤其是將重點聚焦於中國對於同意原則與非武力原則之政策聲明與主張，釐清中國的傳統主權觀（反對干涉內政與強調政治獨立）是否出現鬆動的跡象，尤其是觀察北京對於聯合國近年來以人權維護、確保區域局勢穩定以及緊急人道介入等名義，逕行授權維和之容忍程度，並與聯合國對於一般維和行動的依循典範，進行比較；其四，由實踐層面的角度切入，觀察北京在進入聯合國以來於安理會中的投票行為（例如任務設置與否、授權內容的調整以及期限的延長等類別），以分析中國駐聯合國代表團所持贊成、反對或棄權（態度保守卻不致破局）等立場的理由，期能勾勒出中國維和態度的基本演進軌跡，明瞭北京的投票行為是否存在明確規則與一致標準，以判別其立場上的彈性空間與堅持程度；其五，從實踐層面的角度切入，綜整中國對於聯合國維和行動的投入情況（自 1989 年首度參與維和），包括已結束的 13 項任務與目前正進行中的 11 項任務，並將重點置於決定投入之標準

（例如是否有地域偏重或特別考量）、任務參與範疇（主要工作類別為何）、參與人員的數目與類別（軍事人員、任務專家與文職人員的配重），以觀察長期的變化趨勢；其六，由實踐層面的角度切入觀察中國在維和經費分擔上的趨勢；其七，前瞻中國未來參與聯合國維和行動的發展遠景，包括所面臨之瓶頸與可能挑戰，並評估北京近 20年來的維和參與，是否（或在多大程度上）已實現其原始目的。在內容安排方面，本章共區分為五個部份，第一節為中國參與維和的歷程；第二節為中國維和參與的政策層面；第三節則將重心置於中國維和參與的實踐層面；第四節為中國維和參與的前瞻與挑戰；最後一部份則是本章小節。

第一節　中國參與聯合國維和行動之歷程

一、1950 至 1960 年代：強烈批判與抵制

　　在中國對於聯合國維和行動的態度與參與方面，回顧 1950 年代，當時在聯合國大門外的北京政權，強烈質疑聯合國的正當性，不僅嚴詞批判聯合國的功能與角色，更質疑聯合國維和行動表面雖然高舉正義公理的旗幟，實際上卻是以美國為首之西方集團介入他國內政的工具，故可謂集霸權主義、帝國主義以及干涉主義於一身。[1]例如聯合國於韓戰期間所採取的各項因應作為，包括認定北韓的軍事行動乃破壞和平之舉（安理會於 1950 年 6 月所做的第 82 號決議）、授權美國籌建多國聯合武力抵抗北韓侵略（安理會於 1950 年 7 月所做的第 84 號決議）、認定北韓為侵略者（聯大於 1951 年 2 月所做的第 498 決議）以

---

[1]　周琪，〈中國對聯合國維和行動態度的變化及其原因〉，《中國人權》，2010年第 2 期，http://www.humanrights-china.org/cn/zt/qita/zgrqyjh/yjhzywz/t20100504_585774.htm；趙磊，〈中國對聯合國維持和平行動的態度〉，《外交評論》，2006 年 8 月(總第 90 期)，頁 81-82。

及大會通過對北韓的經濟制裁（聯大於 1951 年 5 月所做成第 500 號決議）等作為，北京不僅表達強烈抗議，更將聯合國介入韓戰之行為，定調為不折不扣的軍事侵略。[2]直至 1960 年代開始，中、蘇結盟的態勢出現變化，毛澤東一邊倒的外交政策鬆動，北京與莫斯科在意識型態與實質利益上出現矛盾。中、蘇決裂與交惡之後，北京開始將聯合國視為美蘇兩大集團所把持下的禁臠，於此時期，北京曾嚴詞譴責美、蘇所共同支持的聯合國剛果維和行動（ONUC），稱此行動表面上是維護該國的秩序與統一，本質上卻是公然干預主權國家內政，至於聯合國於葉門（UNYOM）與賽浦勒斯（UNFICYP）等地所進行的維和任務，北京批判聯合國高舉正義大旗，實則為對全球各地的反帝、反霸以及民族解放鬥爭運動，進行赤裸裸的壓制。[3]

二、1970 至 1980 年代：從觀望轉趨支持

自 1971 年進入聯合國後，起初北京當局對維和行動仍抱持觀望與不信任的態度，包括聯合國於中東地區所進行之聯合國緊急武力第二階段（UNEF II）、聯合國黎巴嫩臨時武力（UNIFIL）以及聯合國脫離交戰觀察武力（UNDOF）等各項任務，中國方面不僅拒絕提供人員，亦不參與安理會投票，且表態無意分擔相關行動的財務支出。[4]此現象直到 1980 年代初期，方始出現微妙轉變，中國對於聯合國本身乃至於聯合國維和行動的態度，逐漸朝向正面看待與不排拒的立場靠攏。1981年 11 月，中國駐聯合國代表團常駐代表凌青宣稱，北京原則上支持符

---

[2]　LeRoy Bennett and James Oliver, *International Organizations: Principles and Issues* (Upper Saddle River, NJ: Pearson Education, 7th ed., 2002), pp.163-167.

[3]　周琪，〈中國對聯合國維和行動態度的變化及其原因〉，《中國人權》，2010 年第 2 期，http://www.humanrights-china.org/cn/zt/qita/zgrqyjh/yjhzywz/t2010 0504_585774.htm；趙磊，〈中國對聯合國維持和平行動的態度〉，《外交評論》，2006 年 8 月(總第 90 期)，頁 81-82。

[4]　同上註。

合《聯合國憲章》精神的維和行動，即所謂有利於維護國際和平與安全、不干涉內政、尊重主權獨立以及維護領土完整的任務。最明顯的觀察指標是，中國於該年支持安理會第 495 號決議，同意延長聯合國於賽浦勒斯維和行動的期限，此為北京首次針對聯合國維和行動投票（贊成）；緊接著自 1982 年 1 月起，北京決定分擔聯合國維和行動的攤款；1988 年 9 月，中國常駐聯合國代表李鹿野致函當時聯合國秘書長斐瑞茲），正面肯定聯合國維和行動對於解決國際爭端與維護國際和平與秩序之貢獻，並提出中國加入聯合國維和行動特別委員會（UN Special Committee on Peacekeeping Operations）的要求；該年 12 月，第 43 屆聯大一致通過中國加入該委員會，自此中國具有審核聯合國維和任務之權力。[5]

三、冷戰結束至今：愈加積極與主動投入

1989 年 4 月，北京派遣 20 名文職人員參與聯合國處理納米比亞問題的過渡援助團（UNTAG），僅管所派遣人員並非軍事人員、任務專家或維和警察，此為中國投入實際人力參與第一線維和任務之始；1990 年 4 月，中國首度派遣五位軍事觀察員，參與聯合國停戰監督組織（UNTSO）於以、敘與以、黎邊境的維和工作；1991 年 12 月，中國首次派遣一支符合真正意涵的維和武力（即俗稱的藍盔部隊）赴柬埔寨執行維和任務，意即不僅僅是派遣軍事觀察員（47 名）而已，而是由中國人民解放軍所正式組建一支 400 人規模的工兵分隊至目標區；1997 年 5 月，中國表示原則上同意參與聯合國維和行動的待命安

---

[5] Bates Gill and Chin-hao Huang, "China's Expanding Presence in UN Peacekeeping Operations and Implications for the United States," in R. Kamphausen, D. Lai and A. Scobell, eds, *Beyond the Strait: PLA Missions Other than Taiwan* (Washington, D.C.: Strategic Studies Institute, 2009), p.101.

排制度（UNSAS）；2000 年 1 月，中國公安部派遣維和警察（15 名）參與聯合國東帝汶過渡行政機構（UNTAET），此為中國首度投入警力參與聯合國維和行動；2000 年 8 月，中國公安部於河北省廊坊市設立維和警察培訓中心；[6]2001 年 1 月，中國對於聯合國波士尼亞－赫塞哥維納任務投入五位維和警察，此為中國首次向歐洲地區派遣維和警力；2001 年 12 月，中國於國防部的編制下設立維和事務辦公室，負責統籌與管理海外維和行動事宜；2002 年 2 月，中國正式參與所謂的第一級（level one）的待命安排制度，即向聯合國承諾可貢獻的維和人力與裝備能量，並承諾能夠於 90 日內完成相關部署；2002 年 10 月，中央軍委正式批准參與聯合國待命安排機制的準備內容，即以解放軍一個制式工兵營（525 員）、兩個運輸連（各 80 員）以及一個醫療分隊（35 員）為基幹，提供聯合國維和行動的相關任務運用；[7]2003 年 4 月，一支醫療分隊參與聯合國於剛果的維和行動，此為中國首次在維和行動上之醫療分隊派遣；2003 年 11 月，中國派遣首批赴利比亞的維和人員，此亦為中國首度向非洲地區派遣維和警力；2004 年 5 月，中國派遣一名民事警察參與聯合國於海地的維和任務，此次則為中國首度向美洲地區投入維和警力；2004 年 10 月，一支由 125 人組成的警察防爆隊赴海地執勤，此為中國首次向海外派遣建制維和警察隊伍，至 2010 年 1 月為止，對海地累計派遣八梯次共 1,000 名警力；2006 年 3 月，中國派遣第一梯次維和部隊至黎巴嫩執勤；2007 年 9

6　該中心設立於中國人民武裝力量警察部隊學院之內，佔地近 14 公頃，投資額 1.6 億人民幣，可同時培訓 250 學員以及 50 位外籍學員，為亞洲地區規模最大、設備最完善的維和警察培訓中心，參見張慧玉，〈中國對聯合國維和行動的貢獻〉，《武警學院學報》，第 20 卷第 5 期（2004 年 10 月），頁 32；周琦、張建崗，〈從國家安全利益的角度看中國對聯合國維和行動認知的改變〉，《當代世界與社會主義》，2004 年第 5 期，頁 60；Bates Gill and Chin-hao Huang, "China's Expanding Presence in UN Peacekeeping Operations and Implications for the United States," p.113.

7　張慧玉，〈透視中國參與聯合國維和行動〉，《思想與理論教育導刊》，2004 年第 9 期，頁 49。

月，聯合國首次任命中國軍官——國防部維和事務辦公室的趙京民少將，擔任聯合國西撒哈拉維和任務的軍事指揮官；2007 年 11 月，中國首次派遣維和人員進駐蘇丹達富爾執行任務，此亦為聯合國首批進入該任務區的維和部隊；2009 年 6 月，中國國防部設立維和中心，成為軍方主要的維和培訓機構。[8]

第二節　中國維和參與的政策層面

一、維和參與動機與目的

在北京參與維和之動機與目的方面，綜合中方學界論點，中國參與及支持維和之目的，主要包括下列各項：其一，身為安理會常任理事國的中國，向來反對單邊主義或由任何超級大國主宰國際事務，故聯合國對於北京外交佈局的關鍵意義與作用，實不言而喻。實踐超過一甲子的聯合國維和行動，歷經不同階段的轉型與調適，國際社會視其為解決衝突的不可獲缺利器，維和行動之辭彙與概念，雖未曾見諸於《聯合國憲章》，但在實踐上，它不僅有助於聯合國正當性（發揮應有功能以及實現創設宗旨）的維繫，亦是確保國際和平與安全的多邊主義象徵，故在此意義上，聯合國維和行動基本上契合中國的利益、立場與訴求，北京不可能自動退卻或刻意缺席；其二，隨著中國綜合國力不斷增強，其全球的利益網絡更為複雜綿密，而維和行動亦是中國納入國際安全機制的重要渠道，透過對聯合國維和行動的更積極地與更廣泛地參與，不僅能夠進一步確保其國家利益，更可鞏固大國地位與擴大區域影響力；第三，藉由對維和經費分擔與人力貢獻的強調，

---

[8]　中華人民共和國常駐聯合國代表團，《中國參與聯合國維和行動大事紀（2008/12/18）》，http://www.china-un.org/chn/zt/cnunweihe/t529988.htm.；Bates Gill and Chin-hao Huang, "China's Expanding Presence in UN Peacekeeping Operations and Implications for the United States," p. 106

有利於塑造中國負責任的大國形象，甚至在某種意義上，可視為緩和中國威脅論的途徑。近年來對於中國維和人員殉職事件所採取高規格表彰，可獲印證，官方與媒體於 2010 年海地任務中慘痛犧牲的高度重視，即為明顯例子；其四，就純軍事的角度而言，解放軍及公安部派遣維和建制單位（雖非作戰部隊）赴海外目標區，與其他國籍維和部隊並肩執勤，此寶貴經驗應有助於提升其計畫準備、訓練、防爆、指揮以及緊急應變之能力。[9]另外，台灣研究者李俊毅在《變革與合作：中國參與聯合國維和行動之研究》一書中，以理論的視角切入，嘗試以國際建制理論的三種主要研究途徑，即新現實主義、新自由制度主義以及建構主義等不同觀點，理解北京參與聯合國維和的動機、目標與考量，依照該書的分析，新現實主義方面的可能解釋原因，包括自身經濟力的提升、與美國分庭抗禮以及事涉台灣；而新自由制度主義方面的可能解釋原因，主要為融入國際建制、增加訓練機會以及保護海外利益；至於建構主義方面的可能解釋因素，則涵蓋塑造負責任的大國形象以及國家身份重新定位與學習，該書的研究發現，三者之中以新自由制度主義的解釋最具說服力與適切。[10]而在西方學界的觀察方面，綜整歐盟安全研究中心（EU Institute for Security Studies, EUSS）2010 年 10 月所出版之《亞洲的和平建設：排拒抑或謹慎接觸（Peacebuilding in Asia: Refutation or Cautious Engagement?）》分析報告以及由季北慈（Bates Gill）與 Chin-hao Huang 兩人所合著之〈中國對於聯合國維和行動的進一步投入以及其對美國的影響〉（China's Expanding Presence in UN Peacekeeping Operations and Implications for

---

9　唐永勝，〈中國與聯合國維和行動〉，《世界經濟與政治》，2002 年第 9 期，頁 41-42；周琪，〈中國對聯合國維和行動態度的變化及其原因〉，《中國人權》，2010 年第 2 期，http://www.humanrights-china.org/cn/zt/qita/zgrqyjh/yjhzywz/t20100504_585774.htm.

10　參見李俊毅，《變革與合作：中國參與聯合國維和行動之研究》（台北：秀威，2010）。

the United States）中之論點，均認為北京在現階段較積極對待聯合國維和行動的理由，主要有三，其一，與重視海外發展援助的思維如出一轍，具有對發展中國家發揮軟實力的戰略思維；第二，身為安理會五常，中國的投票意向自然動見觀瞻，故可利用對維和個案立場之政策陳述與立場表態，爭取在國際社會的話語權，並平衡美國與西方的影響力；最後，藉參與維和與國際及區域安全機制接軌，可減緩中國與西方的緊張關係。[11]

二、任務原則與行動典範

　　如本書第肆章第三節所分析，傳統上，聯合國維和行動的原則，包括：同意、公正、非自衛不使用武力、大國排除、明確、可信暨能夠達成的授權、風險承擔、公正之地域代表以及正當性（主要是指任務是否出現違法亂紀情事）等諸多原則，而聯合國維和任務在漫長的實踐過程當中，雖然其行動綱領隨著主客觀條件的變遷而有所調整，但其中最關鍵的原則，仍在於前三項，即外界依聯合國前秘書長哈馬紹爾所命名的哈馬紹爾三原則。[12]其一為同意原則：即聯合國維和人員與裝備進駐目標區，必須以交戰各方的一致同意為前提，若有任何一方反悔，維和行動必須中止，維和人員必須撤離，此乃基於安全與自保的考量，亦涉及任務的正當性（並非以國際力量強行介入）；其二為公正原則：此亦為傳統上聯合國維和行動是否能獲致成功的最重要要件之一，因為一旦維和行動展開，就代表聯合國於衝突目標區的公正存在，倘若維和人員於執勤時無法保持客觀、中立與超然的立場，

---

[11] Amaia Sánchez-Carccedo, "Peacebuilding in Asia: Refutation or Cautious Engagement? (Occasional Paper)," No. 86 (November 2010), pp. 27-30; Bates Gill and Chin-hao Huang, "China's Expanding Presence in UN Peacekeeping Operations and Implications for the United States," pp.110-111.

[12] 關於哈馬紹爾三原則的定義與演進，參見本書第肆章第三節相關內容。

而有自身偏好，或刻意偏袒任何一方，必定無法獲得當地各方勢力接受與信賴；其三則是非武力原則：由於傳統維和任務的本質，並非《聯合國憲章》第七章所指涉的強制軍事行動，而維和部隊（通常僅配備輕武器）亦無法和一般戰鬥部隊等量齊觀，因此除非遭受安全挑釁與威脅，在別無選擇之下，維和人員才能夠以自衛為由，被動以及有限度地使用武力，換言之，動武仍是不得已之手段。

在北京的立場方面，1984 年 5 月，針對聯合國維和行動的指導方針，時任中國常駐聯合國代表團副團長梁于藩曾提出以下七點立場，即：

1. 中國支持符合聯合國憲章原則的維持和平行動，認為這種行動是聯合國維持國際和平與安全的有效手段之一；

2. 維持和平行動必須應當事國的請求或獲其同意，並嚴格尊重其獨立、主權和領土完整；

3. 當事國或當事各方應與維持和平行動努力合作，充分利用維持和平行動所爭取到的時間和有利條件，儘快地尋求有關問題的政治解決；

4. 各項維和行動都必須有明確的任務權限規定，任何國家或方面都不得利用維持和平行動牟取私利或干涉別國內政；

5. 維持和平行動的授權歸安理會，在維持國際和平與安全方面，安理會、大會和秘書長應按聯合國憲章規定各盡其責；

6. 維持和平行動費用應當貫徹公平分攤、合理分擔的原則，可視各種不同情況在會員國中分攤、自願捐款或由有關國家支付；

7. 為了加強聯合國維持和平行動，擬定指導方針和採取實際措施都是必要的，維持和平行動特委會可同時從兩方面進行工作。[13]

綜觀上述原則，本書認為有幾點值得重視，首先，早期北京對於聯合國維和行動之基本立場，對比於聯合國所揭櫫之各項維和原則，

---

[13] 轉引自趙磊，〈中國對聯合國維持和平行動的態度〉，《外交評論》，頁 83。

兩者雖有重疊，但內容與側重卻不盡一致，故可謂大同中存在小異。舉例而言，在中國駐聯合國代表團於 1984 年所提及的七項立場中，包括「維持和平行動必須應當事國的請求或獲其同意，並嚴格尊重其獨立、主權和領土完整」以及「任務需要明確任務權限、任何國家或方面都不得利用維持和平行動牟取私利或干涉別國內政」，其中所謂的「明確任務權限」，向為聯合國維和行動所強調，但中國所提及之「任何國家或方面都不得利用維持和平行動牟取私利或干涉別國內政」，這部份和聯合國所強調之公正原則間，即行動上重視不偏頗、中立與超然，儘管意涵相近，但其中仍有若干差異，因為北京於此處所強調的重點除牟取私利之外，重點在於後半部，即北京所最為忌憚與介意之處，在於必須防範所謂的超級大國，可能藉由維和行動的授權，干預他國內政。此外，中國不僅強調維和行動的執行，必須經當事國的請求或獲取其同意，更將重點突顯在對於目標國家獨立、主權與領土完整原則的重視，由此可見，北京雖已於 1971 年進入聯合國，並於 1980 年代初開始逐步審慎考慮維和參與，但基於昔日歷史經驗以及對於國際環境的認知，仍不斷強調聯合國所進行的維和任務（尤其是中國所認可參與之任務），不應牴觸各會員國的主權獨立以及領土完整。

　　其次，若仔細對照哈馬紹爾三原則（同意、中立與非武力）可察覺，北京方面於 1984 年所提及的七項原則當中，唯一未觸及之部份，即關於武力使用（除非以自衛為由、最小限度、最後手段）的部份，官方並未對此原則多所著墨，合理的兩種推斷，第一種可能性是，由於北京在當時尚未派遣人員參與實際維和，故尚未體認此議題的嚴肅性，亦忽視維和行動與武力使用的複雜政治與法律效應。二種可能性則為，北京不希望在日後因此原則而自縛手腳，導致中方維和人員在第一線行動中喪失彈性迴旋的空間，損及自身安全。不過其後證明，非武力依舊是北京方面之重視焦點。

　　第三，在此時期的七項原則中，除去較缺乏實質意義的最後一點，可發現其中尚有若干之處，不僅具備高度的「中國特色」，也反映出北京融入聯合國機制與運作的時代背景，包括開宗名義地肯定聯合國維持和平行動對於維護國際和平與安全的功能，不忘強調維和行動的最重要貢獻並非侷限於軍事面向，而在於盡力爭取時間，替爭端各方謀求政治解決的有利形勢等。此外，北京亦將焦點置於紛擾不斷的維和財務議題，強調在常規中仍有其例外，即雖然以公平分攤與合理分擔為原則，但應視個案狀況酌情考量，而更耐人尋味的一點在於，中國特別提醒安理會在聯合國體系中對於維和事務的特權與主導地位，即強調依據《聯合國憲章》規定，維和行動的任務授權大任，非安理會莫屬，身為五常的一員，北京此舉實有跡可尋。

　　面對冷戰甫結束後日益蓬勃發展之聯合國維和行動，北京對其信任度較昔日更為增加，至於任務實施原則方面，中國所持立場大體上與前一階段相較，並無重大變化。其中較值得注意之處在於以下二點，首先是北京已直接提及維和行動方面的公正原則，例如外長錢其琛曾於 1993 年 9 月第 48 屆聯大發言時指出：「無論是進行預防外交，還是派遣維持和平部隊，或是致力於衝突後締造和平，……，都必須在執行維和任務中採取不偏袒任何一方的公正態度。」[14]其次是隨著中國實際投入聯合國維和任務，故在 1984 年所提的七項原則中所未觸及的非武力部份，在 1990 年代開始獲得北京的高度重視，成為維和基本方針之一，例如錢其琛於 1994 年 9 月於第 49 屆聯大發言時表示：「維和行動也好，人道救援主義也好，都不應干涉別國的內政，更不應使用武力，捲入各方的衝突。聯合國在索馬利亞的遭遇，應當引以為訓。」[15]

---

[14] 轉引自馮永智、曾芳編著，《藍盔出擊：聯合國維和行動大紀實》(遼寧瀋陽市：遼寧人民出版社，1999 年)，頁 402。
[15] 同上註，頁 403。

顯而易見，北京於 1990 年代開始強調維和行動的不使用武力原則（即除非以自衛為由、且須符合最小程度），亦與此時期聯合國於全球的維和經驗密切相關，即在冷戰結束之後，聯合國曾一度深陷維和成效不彰的泥沼當中，但至此可發現，中國對於維和任務奉行原則的相關立場，與聯合國所強調之維和三原則之間，幾乎無分軒輊。

進入 21 世紀以來，北京對於聯合國維和行動的參與，無論就頻率、深度與幅度而言，較 1990 年代均顯著增強。2004 年 11 月，時任中國外長助理的沈國放於北京所召開的國際維和行動研討會中，曾發表一篇名為《我們為和平而來》之演講，系統性地闡述中國官方對於聯合國維和行動指導方針之看法，他於致辭中強調有三項原則至為重要，即：（1）聯合國維和行動成功與否的最終關鍵，掌握於衝突各方之手，故各項任務應關注於任務的外交與政治領域，不應僅側重於狹義的軍事功能；（2）聯合國維和行動首重中立與客觀，應避免雙重標準或選擇性介入；（3）維和行動除應遵守憲章基本精神與原則之外，也應顧及環境形勢的變化而有所調適，並重視任務的效率（成本效益判斷），避免任務執行出現永無止境與冗長化之不正常現象。[16]

事實上，對照 2002 年至 2009 年，中華人民共和國常駐聯合國代表團在聯大第四委員會（處理特別政治與去殖民化課題）以及維持和平行動特別委員會等各種場合中就維和議題的官方發言紀錄，可發現在精神上仍一脈相承，重點有三：

其一，北京更為明確呼應與正面支持所謂的哈馬紹爾三原則（包括使用此名詞在內），即主張聯合國如果希望實現改革的目標，必須堅持同意、中立、非自衛不得使用武力等原則，理由是此三大支柱（基礎原則）已是各會員國對於維和的重大共識，且在實踐上早被印證為確保任務順利成功的不可或缺前提。

---

[16] 沈國放，〈我們為和平而來——21 世紀面臨的挑戰：國際維和研討會上的講話〉，《國際問題研究》，2005 年第 1 期，頁 5。

其二，除遵奉聯合國維和三原則外，近年來北京官方亦常提及參與聯合國維和行動的數項特別考量，包括：（1）支持符合《聯合國憲章》規範與精神的維和行動；（2）堅持安理會（非大會）對於維和行動的主導地位；（3）必須將有限資源投注於最需要的對象，不贊成對於不具備成功條件的目標區，貿然實施維和介入；（4）聯合國對於維和行動的規劃與執行，不應採取雙重標準；（5）維和行動對於維護國際和平與安全至為重要，卻並非唯一途徑，故不應偏廢其他之和平解決爭端手段。[17]

第三，即便如此，本書認為從早期的維和七項原則、1990以降對於哈馬紹爾三原則之表態支持以及近年來中方所念茲在茲的數項考量，從北京官方歷來所立場宣示與原則聲明中，其奉行之維和指導方針，可歸納為「三加一」，此處的「三」自為哈馬紹爾三原則，至於所謂的「一」則標誌著自1980年代至今，北京對於維和議題，在政策層面上所彰顯的高度中國特色，即不厭其煩地重申維和行動必須恪守《聯合國憲章》規範與精神，避免落入干涉當事國內政、侵犯主權完整以及破壞政治獨立之口實，但其他聯合國的要角卻並未如此強調，故此為北京方面的獨特堅持。[18]

17　《新華網》，〈專訪總參謀長助理章沁生(2006/9/28)〉，http://big5.xinhuanet. com/gate/big5/news.xinhuanet.com/world/2006-09/28/content_5148742_5.htm ；《新華網》，〈聯合國維持和平行動 (聯合國維和行動)〉，http://big5.xinhuanet. com/gate/big5/news.xinhuanet.com/ziliao/2003-04/02/content_810710_4.htm.

18　參見中華人民共和國常駐聯合國代表團官網之諸多發言紀錄，包括《中國常駐聯合國副代表張義山大使在第 58 屆聯大四委審議聯合國維和行動問題的發言 （2003/10/16）》，http://www.china-un.org/chn/zgylhg/jjalh/alhzh/ whxd/t40386.htm；《中國常駐聯合國代表王光亞大使在安理會公開會關於聯合國維和問題之發言（2004/5/17）》，http://www.china-un.org/chn/zgylhg/jjalh/ alhzh/whxd/t112343.htm；《張義山大使在聯大維和行動特別委員會 2006 年例會上的發言（2006/2/27）》，http://www.china-un.org/chn/zgylhg/jjalh/alhzh/ whxd/t237290.htm；《中國常駐聯合國副代表團臟翊凡公參在安理會維和問題公開辯論會上的發言（2009/1/23）》，http://www.china-un.org/chn/zgylhg/ jjalh/alhzh/whxd/t533812.htm；《劉振民大使在安理會在安理會維和問題公開辯論會上的發言（2009/6/29）》，http://big5.fmprc.gov.cn/gate/big5/www.china-un.org/chn/zgylhg/jjalh/alhzh/whxd/t570148.htm；《中國常駐聯合國副代表劉

第三節 維和參與的實踐層面

除前述的政策層面的整理之外，欲掌握北京對於聯合國維和行動的態度，必須參照其投票行為、任務投入以及經費分擔之實際狀況與其演進趨勢，方能得到更全面與深入的觀照。

一、投票行為

佛拉瓦爾（M. Taylor Fravel）在〈1989 年以來中國對於聯合國維和之態度〉（China's Attitude toward UN Peacekeeping since the 1989）一文中，曾檢視北京自 1989 年以來至 1990 代中期的維和參與情形，包括此期間莫三比克、伊拉克、前南斯拉夫、索馬利亞、盧安達以及海地等重要案例，他認為中國對於兩種聯合國維和任務型態，即所謂的傳統維和（traditional PKO）與非傳統維和（non-traditional PKO）[19]，抱持截然不同的看法。傳統維和通常涉及的是謹守哈馬紹爾三原則之任務；至於非傳統維和則是具備下列四項特徵的任務，包括並非以政治協議為前提、缺乏衝突各方的同意、獲得授權動用武力以及行動可能是在非聯合國（由個別國家主導）的節制下進行。一般而言，北京對於傳統維和多半持贊成態度，但對於非傳統維和，雖其立場較為保留，但以其在安理會中的投票記錄而言，雖可能質疑或反對特定的維

振民大使在安理會關於支助經聯合國授權的非盟維和行動問題的發言〈（2009/10/26）〉，www.un.org/chn/zgylhg/jjalh/alhzh/whxd/t622790.htm；《中國常駐聯合國副代表劉振民大使在第 64 屆聯大四委關於維和行動問題的發言（2009/10/27）》，http://www.china-un.org/chn/zgylhg/jjalh/alhzh/whxd/t623004.htm；《劉振民大使在維和特委會 2010 年屆會上的發言（2010/02/23）》，http://www.china-un.org/chn/gdxw/t659985.htm；《王民大使在安理會維和問題公開會上的發言（2010/08/06）》，http://www.china-un.org/chn/hyyfy/t722357.htm。

[19] 佛拉瓦爾所指之傳統維和與非傳統維和，即為書中所稱之一代維和與二代維和。

和行動，中國卻並不一定祭出否決權，反而較常以棄權的方式，兼顧「表達不同看法」與「結果不致破局」，換言之，雖高舉反對干預主權國家內政與尊重政治獨立等大旗，高度彈性務實卻為其投票特色。[20]

以柬埔寨的案例而言，1992 年 2 月所成立的聯合國柬埔寨過渡權力機構（UNTAC），其宗旨為國家建設，主要業務內容包括監督選民登記與公平自由大選的進行、確保停火協議的執行、確認所有外國部隊、物資與軍事顧問撤離、協助柬埔寨政府建立行政管理能力與警察部門、促進人權的保障以及解除所有派系武裝等，故為非傳統維和。雖然該行動基本上獲得該國四大政治勢力的首肯，不過中國對於聯合國的介入，仍認為明顯具有侵犯該國主權的風險存在，不過北京並未以此為由進行抵制，反而在安理會的投票中給予以支持。[21]另外，基於在前南斯拉夫地區形塑穩定與安全環境的必要，以利於各方能達成政治協商，因此儘管中方起初投票贊成聯合國保護武力（UNPROFOR）的設置（1992 年 2 月依據安理會第 743 號決議），不過隨著當地形勢出現變化，聯合國對於該武力的功能亦進行調整，而安理會其後所陸續做成的相關決議，因為涉及憲章第七章的強制和平意涵，無論是設置禁航區、擴大禁運或是為人道救援工作提供安全保護等任務內容，中方均以背離原始授權初衷、有違聯合國的傳統之維和行動原則、可能動用武力以及侵蝕國家主權等理由，選擇以棄權的方式，表達其不同看法。[22]至於北京處理索馬利亞維和行動的態度，亦十分類似，1992年 12 月，聯合國因應索馬利亞日益嚴竣的情勢，安理會做成第 794號決議，籌組一支 37,000 人的聯合特遣武力（UNITAF），部署索國的中、南部地區，安理會更授權該特遣武力採取一切必要舉措，形塑索

---

[20] M. Taylor Fravel, "China's Attitude toward UN Peacekeeping since the 1989," *Asian Survey*, Vol. 36, No. 11 (November 1996), pp.1105-1106.

[21] Ibid., p.1110.

[22] Ibid., pp.1111-1112.

馬利亞的人道援助工作的有利安全環境，聯合特遣武力在性質方面，不同於先前（1992 年 4 月至 1993 年 3 月）間的聯合國索馬利亞行動第一階段（UNOSOM I）（單純的傳統維和），故北京憂心該任務可能損及索國的政治獨立，卻仍贊成該決議，所持理由是基於人道考量，故此乃迫切的需求，但不忘強調此為特例。事實上，中國向來反對以緊急人道介入與人權維護為名，對主權國家進行任何型態的干預，認為如此反將造成當地的政治矛盾更趨激化，但其後意料之外的發展為，1993 年 3 月，安理會做成第 814 號決議，展開聯合國索馬利亞行動第二階段（UNOSOM II），取代先前聯合特遣武力的原有功能，由於此任務是依憲章第七章的強制和平精神，授權維和部隊得以行使武力，俾能確保人道物資的順利運送、維護當地國際相關人員、裝備與設施安全以及對於各武裝團體進行繳械等任務授權，均能夠確實執行無礙，故明顯屬於非傳統性質的維和行動。然而，北京依舊選擇支持該次的維和派遣，所持理由是面對索國已紛亂失序局面，聯合國實難將獲取當地所有派系與大小軍閥的首肯，視為介入的必要前提，但北京不忘強調不應將此任務，解讀為樹立重要先例，亦不意謂中國在聯合國維和立場上出現變化。[23]

　　季北慈（Bates Gill）與萊利（James Reilly）於〈主權、干預以及維和：北京的觀點〉（Sovereignty, Intervention and Peacekeeping: The View from Beijing）當中，曾分析北京在東帝汶、科索沃以及柬埔寨等三案例的投票立場，該文指出北京對於聯合國參與雖仍有其歷史與先天制約（即對於主權完整與政治獨立堅持的情有獨鍾），但已較昔日出現更明顯之彈性與務實傾向。基本上，中方對於維和的態度，向來是必須視個案而定，並希望盡可能保留政策上的迴旋餘地，以維護自身最佳利益，而此彈性主要展現於以下三方面，包括對於動武的界線（容

---

[23] Ibid., pp. 1113-1114.

忍程度的提升）、介入的先決條件（不一定視所有衝突各方的同意為必要前提）以及行動的正當性（較能接受以穩定當地局勢與安定為首要目標之維和任務）。[24]

至於卡森（Allen Carson）在〈勉為其難地協助維和：中國近來的主權觀與多邊干預〉（Helping to Keep the Peace（Albeit Reluctantly）：China's Recent Stance on Sovereignty and Multilateral Intervention）一文中，亦曾就北京對於聯合國於科索沃（1990年代後期）與東帝汶（1990年代末至今）等兩項維和行動觀點，進行比較分析。他認為就前者而言，從安理會於1998年3月針對科索沃的首次決議開始（即第1160號決議），北京即高度質疑安理會的介入作為以及相關決議，但最後仍是選擇棄權而非行使否決權之未破局方式，表達其疑慮與立場，即指責安理會在不經當事國要求與同意的情況下，逕行決定介入，無疑是破壞南斯拉夫聯邦的領土完整與主權獨立，明顯違背憲章基本宗旨與精神，並重申中國反對以人權與人道主義為名義，干涉任何國家內政。[25]相較於在科索沃行動上所持的謹慎保留態度，北京針對聯合國在東帝汶所展開之一系列維和行動的立場，卻大相逕庭，例如安理會於1999年9月做成第1264號決議，授權成立一支由美國、紐西蘭、澳洲以及印尼等國所組成的多國籍之東帝汶武力（INTERFET），以穩定局勢，恢復當地秩序與安全；緊接著於同年10月，安理會做出第1272號決議，設置聯合國東帝汶過渡行政機構（UNTAET）；2002年5月，安理會做成第1410號決議，成立聯合國東帝汶支援團（UNMISET）；2006年8月，聯合國進一步做成第1704號決議，籌建聯合國東帝汶整合特派團（UNMIT），雖然上述多項聯合國維和作

---

[24] Bates Gill and James Reilly, "Sovereignty, Intervention and Peacekeeping: The View from Beijing," *Survival,* Vol. 42, No. 3 (Autumn 2000), pp.45-46.

[25] Alan Carlson, "Helping to Keep the Peace (Albeit Reluctantly): China's Recent Stance on Sovereignty and Multilateral Intervention," *Pacific Affairs*, Vol. 77, No. 1 (Spring 2004), pp.19-20

為，蘊涵憲章第七章的強制和平元素，涉及動用武力的高度可能性，即要求採取一切必要方式，達成安理會的任務授權，但中方代表依舊投下贊成票。[26]

　　觀察自 1990 年代之來北京在聯合國維和態度的微妙演進，卡森認為有四點值得深思，首先，相較於以往，中國的決策精英似已較能接納不同典範，即逐步傾向認同藉由多邊干預的模式，解決國際間迫切的人道危機；其次，北京儘管在政策宣示層面上未曾鬆動，仍堅稱其投票行為，並未建立任何重要慣例，但由其對大部份的聯合國維和介入的默許（不反對），意謂中國外交作為的新標準儼然成形；再者，隨著政治、經濟與軍事能力的大幅躍進，北京高層已將部份心力與政策重點，置於如何有效回應中國威脅論的負面影響，面對冷戰之後的聯合國維和行動，北京選擇在安理會投票中採取不抵制的合作立場，並在任務的實際參與上盡可能地維持積極、彈性與主動權，藉以彰顯中國並非現存國際秩序的破壞者與挑戰者，由此角度視之，參與聯合國維和行動，無疑被視為成本較為低廉之政策工具；第四，儘管中國歷經多年來的學習與國際社會化過程，已較容易接受眾所公認的典範，更趨近於國際社會的主流標準與價值，然而，即使經歷自我調適，北京日後能否更深度與廣泛地參與維和以及看待維和，答案恐是侷限仍在。主要的制約因素，仍可追溯自近代史上所遭受西方帝國主義的壓迫，而此慘痛之歷史屈辱，早已潛移默化為牢不可破的集體記憶，導致中國的政治統治菁英，難以完全信賴國際組織與機制，且習慣性高舉反對干預國家主權的大旗，故展望未來，卡森判斷北京仍將扮演「不心甘情願」的維和角色。[27]

---

[26] Alan Carlson, "Helping to Keep the Peace (Albeit Reluctantly): China's Recent Stance on Sovereignty and Multilateral Intervention," *Pacific Affairs*, pp.20-21.

[27] Ibid., pp.24-26.

二、任務投入

　　整體而言，在 1990 年至 2009 年當中，北京共參與多達 24 項聯合國維和行動，包括已結束的 13 項任務以及目前正進行中的 11 項任務（詳見表 2 與表 3），執勤地點則橫跨非洲地區的剛果、蘇丹、達富爾、莫三比克、浦隆地、利比亞、獅子山共和國、西撒哈拉、依索比亞／厄利垂亞以及象牙海岸、亞洲太平洋地區的柬埔寨、東帝汶與阿富汗、中東地區的伊拉克－科威特、以色列－敘利亞、以色列－黎巴嫩、美洲的海地、歐洲地區的波士尼亞－赫塞哥維納以及科索沃等地，其中，非洲似為中國維和任務的重點區域。至於在任務項目方面，主要是依據安理會授權，內容通常涵蓋監視停火、隔離交戰團體、除雷排爆、協助重建與維護基礎設施（包括修繕建物、造橋鋪路、修復機場、跑道、掩體以及供水供電系統）、維護當地社會治安暨基本秩序、從事各種人道援助工作（包括衛生防疫、醫診救治、人員暨重要民生物資運送）以及監督選舉等。[28]據統計，至 2009 年 11 月為止，中國的聯合國維和人員已修復或建造橋樑 200 餘座、道路 8,000 公里，處理掃雷排爆事項 8,700 餘件，運送人道救援物資達 43 萬噸，並診治傷患達六萬餘人次。[29]

　　目前在中國維和任務的參與人員方面，除少部份行動涉及文職人員的參與外，主要區分為軍事人員（包括進駐地區維和醫療分隊、工程分隊以及運輸分隊人員）、任務專家（軍事觀察員與參謀軍官）以及維和警察（包括民事警察與防暴警察隊員）等三種類別，其中軍事人

---

[28]　《中新網》，〈2008 年中國的國防（第 13 章：國際安全合作）〉，http://mil.news.sina.com.cn/2009-01-20/1118539513.html.

[29]　《新華網》，〈聯合國維持和平行動（聯合國維和行動）〉，http://big5.xinhuanet.com/gate/big5/news.xinhuanet.com/ziliao/2003-04/02/content_810710_4.htm.

員與任務專家屬國防部管理，而維和警察則歸公安部節制。根據官方資料顯示，在中國歷年所參與的 24 項維和任務中，從中國人民解放軍自 1990 年開始參與行動至 2009 年為止，累計派遣的官兵數目（包括軍事人員與任務專家）突破 11,063 人次。[30]而中國公安部門自 2000 年 1 月至 2010 年 1 月為止，共向八個維和任務目標國家（地區）派遣維和警力達 1,569 人次。單就 2009 年 1 月而言，公安部共計派遣 191 名維和警察至利比亞、海地、蘇丹以及東帝汶等四個任務區執勤。[31]以 2008 年為例（1 月至 11 月），中國人民解放軍已共派遣 1,949 名維和官兵參與九項聯合國維和任務，其中包括軍事觀察員以及參謀人員共計 88 人；派遣至聯合國剛果特派團（MONUC）[32]的工程分隊共 175 人，醫療分隊 43 人；派遣至聯合國賴比瑞亞特派團（UNMIL）的工程分隊 275 人，運輸分隊 240 人，醫療分隊 43 人；派遣至聯合國蘇丹特派團（UNMIS）的工程分隊 275 人，運輸分隊 100 人，醫療分隊 60 人；派遣至聯合國黎巴嫩臨時武力（UNIFIL）的工程分隊 275 人，醫療分隊 60 人；派遣至非洲聯盟－聯合國達富爾混合行動（UNAMID）的工程分隊 315 人。[33]而在中國歷年所參與的維和行動中，規模最大（投入人力最多）者莫過於前述的聯合國賴比瑞亞特派團，2003 年 11 月，中國首次派遣一支 558 人（含運輸、工程與醫療分隊）的維和部隊進駐該國，此任務一直持續至今。[34]

---

[30] 《中新網》，〈2008 年中國的國防（第 13 章：國際安全合作）〉。http://mil.news.sina.com.cn/2009-01-20/1118539513.html.

[31] 《人民網》，〈中國維和警察出征 10 年（2010/1/22）〉，http://military.people.com.cn/GB/1076/52983/10827132.html.

[32] 依據安理會第 1925 號決議，自 2010 年 7 月起，聯合國剛果特派團改名為聯合國組織剛果民主共和國穩定特派團（United Nations Organization Stabilization Mission in the Democratic Republic of the Congo, MONUSCO）。

[33] 《2008 年中國的國防（附錄三：中國參與聯合國維和行動情況）》，http://www.china.org.cn/government/whitepaper/2009-01/21/content_17162762.htm.

[34] 《新華網》，《聯合國維持和平行動（聯合國維和行動）》，http://big5.xinhuanet.com/gate/big5/news.xinhuanet.com/ziliao/2003-04/02/content_810710_4.htm.

在中國自 1989 年之後所參與的聯合國維和任務中，共有八名維和官兵以及八位維和警察於執勤中犧牲（含任務中遇襲、疾病以及意外致死），其中包括三位軍事觀察員於伊拉克－科威特、柬埔寨與黎巴嫩等任務中喪生、一位任務專家（聯合國伊拉克化武察核任務視察組組長）於伊拉克任務中喪生、三位工程分隊士官於柬埔寨與剛果任務中喪生、以及一位運輸分隊士官於利比亞任務中殉職。[35]在 2010 年 1 月發生的海地大地震中，公安部派遣在海地維和組的四名人員以及四名維和警察，於聯合國穩定海地特派團總部大樓遇難。[36]

表 8-1　中國曾參與之聯合國維和行動

任務名稱	執行時間	參與人員（累計）
聯合國納米比亞過渡援助團（UNTAG）	1989/4～1990/3	文職人員：20
聯合國伊拉克－科威特觀察團（UNIKOM）	1991/4～2003/10	任務專家：164
聯合國柬埔寨過渡權力機構（UNTAC）	1991/12～1993/9	軍事人員：800 任務專家：97
聯合國莫三比克行動（ONUMOZ）	1992/12～1994/12	任務專家：20
聯合國賴比瑞亞觀察團（UNOMIL）	1993/7～1997/9	任務專家：33
聯合國波士尼亞－赫塞哥維納特派團（UNMIBH）	1995/12～2002/12	維和警察：20
聯合國獅子山觀察團（UNIOSIL）	2007/2～2008/2	任務專家：1
聯合國獅子山特派團（UNAMSIL）	1998/8～2005/12	任務專家：37
聯合國阿富汗特派團（UNSMA）	1998/5～2000/1	任務專家：2
聯合國阿富汗援助團（UNAMA）	2004/1～2005/5	維和警察：3
聯合國依索比亞－厄利垂亞任務（UNMEE）	2000/10～2008/8	任務專家：49

---

[35] 《新華網》，〈背景資料：為和平殉職的中國維和人員（2010/1/19）〉，http://news.xinhuanet.com/world/2010-01-19/content_12837045.htm.

[36] 同上註。

聯合國東帝汶支援團（UNMISET）	2000/1～2006/7	維和警察：207
聯合國浦隆地行動（ONUB）	2004/6～2006/9	任務專家：6

註釋：
（1）軍事人員包含醫療分隊、工兵分隊以及運輸分隊之人員；任務專家含軍事觀察員與參謀軍官；維和警察包括民事警察以及防暴警察。
（2）嚴格而論，聯合國阿富汗特派團（United Nations Special Mission in Afghanistan, UNSMA）為政治任務，而非聯合國維和行動。

參考資料：整理自：
（1）《2008 年中國的國防（附錄三：中國參與聯合國維和行動情況）》，http://www.china.org.cn/government/whitepaper/2009-01/21/content_17162762.htm.
（2）趙磊，〈為和平而來——解析中國參與非洲維和行動〉，《外交評論》，2006 年 2 月（總第 94 期），頁 30。
（3）趙磊，〈中國參與聯合國維和行動的類型與地域分析〉，《當代亞太》，2009 年第 2 期，頁 58-59。
（4）UN Peacekeeping Official Website, *UN Peacekeeping: UN Detailed Summary by Country*（as of June 30 2010）, http://www.un.org/en/peacekeeping/contributors/2010/june10_3.pdf.
（5）UN Peacekeeping Official Website, *Contributors to UN Peacekeeping Operations: Police, Military Experts on Mission and Troops*（*Monthly Summary as of 30 June 2010*）, http://www.un.org/en/peacekeeping/contributors/2010/june10_1.pdf.
（6）UN Peacekeeping Official Website, UN Missions Summary: Detailed by Country, http://www.un.org/en/peacekeeping/contributors/2010/june10_3.pdf.

表 8-2　中國目前所參與之聯合國維和行動（2010 年 6 月）

任務名稱	任務參與起始	參與人員類型數目
聯合國停戰監督組織（UNTSO）	1990/4	任務專家：4
聯合國西撒哈拉公投特派團（MINURSO）	1991/9	任務專家：7
聯合國剛果民主共和國特派團（MONUC）	2001/4	任務專家：16； 軍事人員：204
聯合國賴比瑞亞特派團（UNMIL）	2003/10	維和警察：18； 任務專家：2 軍事人員：564
聯合國象牙海岸行動（UNOCI）	2004/5	任務專家：7
聯合國海地穩定特派團（MINUSTAH）	2004/5	維和警察：16

聯合國蘇丹特派團（UNMIS）	2005/4	維和警察：11； 任務專家：12 軍事人員：443
聯合國駐黎巴嫩臨時武力（UNIFIL）	2006/5	軍事人員：344
聯合國東帝汶整合特派團（UNMIT）	2006/10	維和警察：24； 任務專家：2
聯合國科索沃臨時行政當局特派團 （UNMIK）	1999/6	維和警察：73
非洲聯盟－聯合國達富爾混合行動 （UNAMID）	2007/11	任務專家：2； 軍事人員：322
參與人數總計		2,085

註釋：
（1）軍事人員包含及醫療分隊、工兵分隊以及運輸分隊之人員；任務專家含軍事觀察員與參謀軍官；維和警察包括民事警察以及維和防暴隊（建制單位）。
（2）根據《2008 年中國的國防（附錄三：中國參與聯合國維和行動情況）》資料顯示，另有一項任務顯示為聯合國維和行動部的相關人力，北京自1999 年 2 月至 2008 年為止（本書尚無法獲得 2008 年之後的資料），共派遣 11 員至聯合國維和行動部，雖然該報告書將此項任務納入於中國所參與的聯合國諸多行動列表之中，但以嚴格角度視之，本書認為中方派駐於聯合國維和行動部人員，並不應該被計算於其在全球所投入的聯合國維和任務。

資料來源：整理自：
（1）《2008 年中國的國防（附錄三：中國參與聯合國維和行動情況）》，http://www.china.org.cn/government/whitepaper/2009-01/21/content_17162762.htm.
（2）趙磊，〈為和平而來——解析中國參與非洲維和行動〉，《外交評論》，2006年 2 月（總第 94 期），頁 30。
（3）趙磊，〈中國參與聯合國維和行動的類型與地域分析〉，《當代亞太》，2009年第 2 期，頁 58-59。
（4）UN Peacekeeping Official Website, *UN Detailed Summary by Country*(*as of June 30 2010*), http://www.un.org/en/peacekeeping/contributors/2010/june10_3.pdf.
（5）UN Peacekeeping Official Website, *Contributors to UN Peacekeeping Operations: Police, Military Experts on Mission and Troops* (*Monthly Summary as of 30 June 2010*), http://www.un.org/en/peacekeeping/contributors/2010/june10_1.pdf.
（6）UN Peacekeeping Official Website, *UN Missions Summary: Detailed by Country*, http://www.un.org/en/peacekeeping/contributors/2010/june10_3.pdf.

三、預算分擔

誠如前述，北京自 1982 年起開始分擔聯合國維和行動的攤款，根據本書第伍章所指出，在維和行動的經費分攤率的排名方面，各會員的狀況基本上變動不大。以 2004 年至 2012 年三個時期區段的預算安排觀之，中國的負擔是呈現持續增加的趨勢（目前逼近 4%），亦即由 2004 年至 2006 年的 2.5044%至 2.5231%之間，上升至 2007 年至 2009 年的 3.2375%與 3.2530%之間，增加至 2010 年至 2012 年的 3.9343% 至 3.9390%之間。但即便如此，以 2010 年至 2012 年的時段為例，在安理會五常中，北京的攤付比例，雖高於俄羅斯（持續增長），但仍低於美、法、英等三國，此外，若與 B 組各國相較，包括日本（呈現明顯降低趨勢）、德國（呈現輕微下滑趨勢）與義大利（基本持平）等三國的維和經費分攤率，均仍高於中國。[37]

第四節　中國參與維和之未來挑戰

一、改革建議

僅管自冷戰結束以來，中國對於聯合國維和的評價已轉趨務實與正面，其實際參與情況（包括投票行為、人員投入以及經費攤付）亦日趨積極主動，但誠如前述，基於中國傳統主權觀（對於政治獨立的強調與反對干預內政的堅持），再加上吝於使用武力，北京官方對於日後能否將更深入地與廣泛地參與維和行動，在態度上仍有所保留，例如外交部長助理沈國放曾指出，現今聯合國維和行動存在兩大障礙，

---

[37] 參見本書第肆章第二節相關內容。

其一為理想與現實間的矛盾，即以聯合國（各會員國貢獻）目前所能提供的資源、人員與財力規模而言，仍無法負荷全球各地殷切的維和需求，故長久觀之，恐深陷力不從心的困境；其次則是任務目標與能力間的矛盾，由於二代維和的任務內涵，已從以往單純的軍事觀察或傳統維和（通常以單一任務為主軸），演變為今日益加複雜與多樣化的新樣貌。換言之，今日業務型態已延伸至最初聯合國所無法預見的領域，故不少觀察者認為，面對任務效能、快速部署、指揮體系、監督控管、後勤支援、綜合規劃、組織重整、財政分擔、人力籌措、訓練教育以及紀律法治等複雜課題，乃至於解決聯合國內部各專業機構間的橫向聯繫不足、以及聯合國與區域性國際組織間有效分工與密切協調等問題，除非聯合國維和行動能夠不斷與時俱進，且會員國大力支持與推動革新進程，否則維和行動在未來恐將面臨致被淘汰的命運。[38]

此外，中國官方對於聯合國維和行動的改革意見方面，向來亦強調下列三項重點，其一是除關注預防外交、和平締造、維持和平以及後衝突和平建設的面向之外，各會員國必須致力於消弭衝突的真正根源，即著重於經濟暨社會發展、公義與分配等議題。值得注意的是，此基調亦呼應聯合國近年來對於此議題的立場，即各會員國應視聯合國發展議程（Development agenda）與和平暨安全議程（Peace and Security agenda）的相互連結，為和平任務成功與否的真正關鍵；[39]其二，基於歷史、利益以及情感等因素，相對於其他聯合國重要會員國，

---

[38] 沈國放，〈我們為和平而來－21 世紀面臨的挑戰：國際維和研討會上的講話〉，頁 5；Bates Gill and James Reilly, "Sovereignty, Intervention and Peacekeeping: The View from Beijing," pp.52-53.

[39] 例如聯合國主管和平建設支援事務的助理秘書長麥克阿絲琦（Carolyn McAskie）即指出必須重視衝突根源（root causes）的徹底解決，設法減輕或克服聯合國內部的南北關係緊張。參見 Carolyn McAskie, *UN PBC: Lessons Learned and Future Challenge*s, A Speech delivered at the Federal Foreign Office, Germany, 7 March, 2008, http://www.un.org/peace/peacebuilding/Statements/ASG%20Carolyn%20McAskie/ASG%20key%20note%20Berlin%2007.03.2008.pdf.

在維和投入的重點目標上，中國特別關心非洲地區的磨擦衝突與和平建設，[40]近年來外交部高層領導人與中國常駐聯合國代表團官員曾多次公開表示，有鑒於非洲大陸對聯合國維和介入具有較大的依賴性，譬如以 2008 年聯合國維和行動的攤款而言，其中將近七成用於非洲，然而仍無法滿足該地區殷切的行動需求。[41]其三，北京曾多次呼籲應增強聯合國維和機制（包括和平行動部與實地支援部）中來自發展中國家的工作人員數量。

---

[40] 除表現在對非洲地區實施維和行動的重視之外，非洲向來亦是北京的援外重心，事實上，中國與非洲的緊密連結，基於歷史與政治背景因素，雙方長久以來即享有特殊情誼，故非洲為中國在外交戰略上的重點區域，例如在 1971 年的聯大表決戰場中，在阿爾巴尼亞案之 25 個提案國家中，即有 11 個來自非洲，而最後投贊成票的 78 個聯合國會員國中，非洲國家亦囊括 26 個，故毛澤東當年曾謂中華人民共和國是由非洲夥伴所「抬進」聯合國。進入 21 世紀以來，北京對於中非關係的推動，明顯具有更加深化、全面性以及加快的趨勢，雙方關係步入新階段，對於聯合國非洲維和的支持，僅為指標之一，中非關係最關鍵的發展，莫過於中非合作論壇（每三年召開一次）的確立，此為制度化、定期舉行以及集體磋商之合作機制。除突破以往北京與非洲國家間所採行的雙邊交流與對話模式，亦是中國援非的重要多邊政策協調平台，而北京於 2006 年 1 月正式公佈《中國對非洲政策文件》，除更明確勾勒北京對於促進中非友好合作的工作重點與原則之外，更彰顯中國對於非洲的重視。再以對非洲之援助而言，早期北京基於意識型態的考量，不計成本效益地全力支持其民族解放鬥爭，並投入其經濟與社會建設的援助工作，而自 1990 年代中期之後，北京對於非洲的援外在作法上亦出現新特色，其一為援助項目與內容的更多元化與彈性，除以往常見的無償貸款與無息貸款外，亦增加政府的貼息優惠貸款方式，此外，援外所運用之途徑，更涵蓋參與維和、派遣醫療隊、設置獎學金、鼓勵中國企業赴非投資、免債、培訓人員以及擴大自非洲進口商品的降稅項目等，都囊括在內。自 1990 年代初至今，北京共已派遣 17,000 餘名醫生至 50 個非洲國家，醫治病患達兩億人次，在教育方面，至目前為止，北京也已累計提供近兩萬個政府獎學金名額給予非洲當地學生，至於支援非洲基礎建設方面，則成為中國官方與媒體中所最頻繁提到的貢獻，因為截至 2009 年底為止，中國共協助非洲興建近 900 個基礎設施與公共服務項目，單以交通建設的成果而論，北京已為其非洲友邦修建 3,300 公里的公路與 2,200 公里的鐵路，目前更將重心投注於協助非洲修建通訊網路。

[41] 沈國放，〈我們為和平而來──21 世紀面臨的挑戰：國際維和研討會上的講話〉，頁 5；《中國常駐聯合國副代表團臟翔凡公參在安理會維和問題公開辯論會上的發言（2009/1/23）》，http://www.china-un.org/chn/zgylhg/jjalh/alhzh/whxd/t533812.htm.

二、發展變數

綜合上述觀察，儘管目前北京對於聯合國維和行動的政策立場與實際參與，早已不可同日而語，但展望未來，仍有三點值得注意。首先，部份學者根據針對中國民眾所做的民調指出，中國仍須妥善在全球大國責任與國家利益中拿捏，當兩者出現不一致時，必須確保國家利益不受侵害；[42]其次，就中國的介入型態與派遣人員的類別而言，聯合國官方認為中國維和參與幅度與深度，都仍存有相當程度的改善空間。[43]但事實上，中國對於來自聯合國的維和要求，不可能全盤接受，在投入程度方面更非毫無設限，舉例而言，2007 年 11 月，時任聯合國主管維和事務的副秘書長蓋埃諾（Jean-Marie Guehenno）曾訪問北京，出席主題為中國與東協維和事務的國際研討會，而蓋埃納在行前於紐約聯合國總部所召開的記者會中，特別提及聯合國於 2007 年首次任命中國籍將領出任維和行動的軍事指揮官，足可印證中國近年來在維和事務上不斷上升的重要地位。他除感謝中國對於聯合國行動的支持與承諾之外，更強調在該年（2007 年）聯合國的 119 個維和人員派遣國中，在貢獻度方面中國名列前茅（居第 13 位），在安理會五常中亦僅次於法國。[44]然而，重點在於，蓋埃納亦呼籲北京在維和人力投入的類別方面，除既有的工程、醫療、運輸等後勤類別人員、軍事觀察員、參謀軍官、維和警察以及文職人員之外，亦能夠考慮在

---

[42] 趙磊，〈中國參與聯合國維和行動的類型與地域分析〉，《當代亞太》，2009 年第 2 期，頁 58-59。

[43] 依據聯合國 2010 年 12 月之最新資料顯示，中國維和人力投入總數為 2,039 人，其中包括維和警察 92 人、任務專家 56 人以及軍事人員 1,891 人，在聯合國 115 個維和人力貢獻國中，名列第 15 位，且在安理會五常中居首，詳見第肆章表 4-6。

[44] 參見中華人民共和國常駐聯合國代表團官網，《聯合國副秘書長：中國在維和行動中的作用越來越大（2007/12/19）》，http://www.china-un.org/chn/zt/cnunweihe/t530433.htm。

未來派遣一般制式地面武力、海上運輸、甚至是空中戰術力量，以執行較高強度的強健維和工作，而非停留在目前造橋鋪路、排雷除爆、人道援助、秩序維護以及軍事觀察等性質相對單純與難度較低之業務，理由是聯合國在此領域的能量與資源仍較為缺乏。[45]但中方對此態度明顯較為保留，誠如前述，主因仍在於行使武力（主要指獲得安理會強制和平授權之任務）的高度顧慮，基本上，北京當局對於聯合國維和行動的參與及態度，雖早已不同昔日而語，但仍強調必將把握量力而為、審慎為之、稱職參與以及確保獨立自主等原則的堅持。

小結

　　扼言之，本章重點在於探討環繞在中國聯合國維和參與之諸多重要課題，本書的研究觀察包括下列三點。

　　首先，在維和的政策層面上，以參與動機與目的而言，基於塑造負責任的大國形象、確保國家利益暨擴大區域影響力以及化解中國威脅論等考量，自 1990 年代以來，北京逐漸以更積極與正面的觀點看待聯合國維和行動，並更願意以實際行動支持與參與諸多任務。再以維和參與之依循典範而言，北京所目前強調的任務原則與行動方針，基本上已更趨近聯合國維和行動所奉行之哈馬紹爾三原則（即同意、中立與非武力等三大支柱），然而以立場宣示而言，仍顯現高度的中國特色，即不斷重申維和行動必須恪守《聯合國憲章》的規範與精神，反對干涉內政，或侵犯當事國的主權完整與政治獨立。

　　其次，在維和的實踐層面上，以安理會中的投票行為而言，北京向來宣稱不支持以緊急人道介入或人權保護為由，授權進行聯合國維

---

[45] 參見中華人民共和國常駐聯合國代表團官網，《聯合國副秘書長：中國在維和行動中的作用越來越大（2007/12/19）》，http://www.china-un.org/chn/zt/cnunweihe/t530433.htm.

和行動，但其近來在安理會的投票行為，較傾向於贊成，而非棄權或否決，且顯現相當程度的模糊空間，儘管其立場的同意與否，表面看似無一致標準，實則仍有清楚脈絡可循，即強調高度的務實與彈性，且須逐一視個案情況而定，主因是希望盡可能地保留迴旋餘地，並避免樹立任何僵化的先例，以維護自身最佳利益。就行動投入而言，北京的維和參與仍不免具有區域（非洲）的側重，以人力貢獻而言，雖早已不可同日而語，但就業務工作項目（不願觸及強健維和或強制和平的範疇）以及參與人員類別（不願派遣制式戰鬥部隊、空中武力與海上運輸單位）等事實觀察，北京的投入仍有相當程度的強化空間。再以經費分擔而言，鑒於聯合國現行的公式，雖然近年來北京的攤付比率已呈現穩定成長的趨勢，但目前仍未躋身於第一級的維和財務貢獻要角，即與美、日、英、法、德等國相較，中國的貢獻仍有一段差距。

　　第三,在維和的挑戰與障礙之層面上,本書認為就客觀能力而言,無論是就軍事、經濟或政治等各領域的指標觀之,北京對於更深入地與更廣泛地參與聯合國維和行動,絕對是「游刃有餘」,但若論及主觀意願,卻面臨「侷限仍在」之現實。

第玖章　結論

　　本章主要劃分為兩大部份，第一節是以冷戰結束為分隔點，針對聯合國維和行動之類型演進，進行系統性的整理與評析；第二節則為聯合國維和行動的全盤評估、檢討與前瞻，主要內容則包括維和行動的未來挑戰、成功基礎、改革藍圖以及未來研究建議，茲分述如下。

第一節　聯合國維和類型的演進

一、分水嶺前與後

　　依照第壹章（緒論）所述，本書將一代維和（泛指冷戰期間所發動的典型維和行動）之主要任務授權內容，區分為監視撤軍、監視邊界狀態、監視與觀察停火與脫離交戰、設置與佔據緩衝區與非軍事區以及協助人道救援任務等五種基本類別。此外，本書另將二代維和（泛指冷戰結束後所經常執行的整合型或新型態維和行動）之主要任務授權內容，劃分為以下14種基本類別，其中包括協助與監督選民登記觀察與監督選舉（公投）之公平進行、為選舉進行提供安全維護、協助過渡政府組成與政治和解進程的實施、協助恢復基本職能與治理能力的建立、協助當地警察、安全與司法部門之重建、協助交通、水電、醫療等民生與社經基礎設施的重建、確保內部穩定與秩序、促成社會和解、凝聚國家團結、促進與確保人權維護、協助追懲戰爭犯行與進行轉型正義、排雷、協助難民安全返鄉安置、協助武裝團體繳械（銷毀）、解編與復員、強制和平與強健維和（通常是基於穩定當地局勢與內部秩序、形塑緊急人道介入有利環境、阻止違背人權暴行、確保聯合國人員、裝備與設施之安全等考量、確保授權目標的實現而採行之）。

依據本書第貳章第二節之分析，本書將聯合國於冷戰時期所發動的 18 項維和行動的工作細節，整理為表 9-1，由此表不難發現涉及的任務授權內容，大多為一代維和的業務項目，其中尤以監視與觀察停火與脫離交戰（14 次，78%）、監視撤軍（12 次，67%）、以及監視邊界狀況（六次，33%）的頻率最高，至於 18 項任務所牽涉的新型態（二代）維和業務項目，則明顯鳳毛麟爪，且呈現零星分佈狀況，並未有任何一項工作項目，被執行超過三次以上，僅包括協助恢復基本職能與治理能力的建立、協助當地警察、安全暨司法部門的重建、確保內部穩定與秩序、排雷除爆以及協助難民安全返鄉安置等五項工作項目，各自被執行兩次，至於為選舉進行提供安全維護、協助交通、水電、醫療等民生與社經基礎設施的重建、促成社會和解、凝聚國家團結、促進與確保人權維護、協助追懲戰爭犯行與進行轉型正義等其他六個工作項目，未曾出現在任何一次冷戰時期所發動的維和行動中。

二、任務重心移轉

依據表 9-2 的統計資料顯示，就冷戰結束之後所新授權的 46 項維和任務（不包括政治任務）而言，可發現與冷戰時期的情況相較，實乃異中有同與同中有異。本書對此提出下列三點看法：首先，在「同」的部份，即便是後冷戰時期所授權的維和行動，仍有相當大的比例，涉及一代維和的典型業務內容，其中尤以監視與觀察停火與脫離交戰（27 次，59%）以及協助人道援助任務（23 次，50%）的頻率最高，此處認知可能出現差距，換言之，幾乎一半以上行動的任務授權，涵蓋監視與觀察停火與脫離交戰以及協助人道援助的工作在內，至於其餘三項業務亦各自出現七次至九次，印證本書於第壹章緒論中所強調，二代維和（泛指整合型的維和或冷戰後普遍出現的維和型態）的任務重點，雖為和平建立或所謂的後衝突和平建立，但不意謂一代維和所涵蓋的傳統維和與軍事觀察任務，從此勢微或消逝。

其次，在「異」的部份，對比冷戰期間所發動的 18 項任務，冷戰結束後所授權的 46 項維和任務，則有更顯著之比例，涉及新型態的維和業務內容，且呈現平均分佈的現象，其中以協助當地警察、安全暨司法部門之重建（21 次，46%）的比例最高，其次出現頻率較高者依序為：協助與監督選民登記觀察與監督選舉（公投）之公平進行（19 次，41%）、確保內部穩定與秩序（16 次，35%）、為選舉進行提供安全維護（15 次，35%）、促進人權維護暨保護當地人民安全（14 次，30%）、協助武裝團體繳械（銷毀）、解編以及復員（14 次，30%）、協助難民返鄉安置（13 次，28%）、強制和平與強健和平（13 次，28%）以及協助交通、水電、醫療等民生暨社經基礎設施的重建（11 次，27%），且均為後衝突和平建設的核心領域，至於最少觸及的工作，包括排雷防爆（僅 7 次，15%）以及協助追懲戰爭犯行暨進行轉型正義（僅 1 次，2%）等兩個領域。

第三，對照表 9-1 與表 9-2 可發現，另一值得注意之趨勢在於，相較於在冷戰期間所發動的 18 項維和行動中，僅有剛果行動一項任務（佔總數的 6%）涉及強制和平的元素，但在冷戰結束後的維和行動中，卻有高達 13 項任務（佔總數的 28%），具備不同程度強制和平或強健維和的性質，出現機率為冷戰期間的數倍之高，此情況呼應本書第參章之觀察，即進入後冷戰時期，聯合國已更能夠接受，或至少更為容忍以進行緊急人道介入、人權保護、保護聯合國相關人員、裝備暨設施的安全、或確保任務授權的順利實現等各種考量，對於目標國家展開維和干涉，代表至今聯合國對於維和行動雖仍高舉哈馬紹爾三原則，奉行同意、中立與非武力等原則，且再三重申對於領土完整或政治獨立之重視，但在實踐層面上，可發現並非鐵律，換言之，其彈性或模糊空間更甚於以往。

表 9-1　冷戰期間所發動的維和行動與其任務類型

維和任務名稱	一代維和工作項目（I）					二代維和工作項目（II）													
	1	2	3	4	5	1	2	3	4	5	6	7	8	9	10	11	12	13	14
聯合國停戰監督組織		○	○																
聯合國緊急武力第一階段	○			○															
聯合國緊急武力第二階段	○			○															
聯合國脫離交戰觀察武力		○	○													●			
聯合國黎巴嫩臨時武力	○		○		○				●			●				●			
聯合國黎巴嫩觀察團		○	○																
聯合國兩伊軍事觀察團	○	○	○																
聯合國葉門觀察團	○		○																
聯合國印巴軍事觀察團	○	○	○																
聯合國印巴觀察團	○	○	○																
聯合國阿富汗－巴基斯坦斡旋團	○		○														●		
聯合國安全武力	○		○						●										
聯合國剛果行動	○		○					●				●							●
聯合國過渡援助團	○					●		●	●							●			

	I-1	I-2	I-3	I-4	I-5	II-1	II-2	II-3	II-4	II-5	II-6	II-7	II-8	II-9	II-10	II-11	II-12	II-13	II-14
聯合國安哥拉核查團第一階段	○																		
聯合國賽浦勒斯維和武力		○	○	○	○														
聯合國中美洲觀察團			○															●	
秘書長多明尼加共和國代表團			○																
工作項目執行次數	12	6	14	4	2	1	0	1	2	2	0	2	0	0	0	2	2	1	1
工作項目執行率（%）	67	33	78	22	11	6	0	6	11	11	0	11	0	0	0	11	11	6	6

註釋：

各編號所代表的維和工作項目如下：

一代維和工作：（各項維和行動標記○者，表示為其任務授權內容）

I-1 監視撤軍

I-2 監視邊界狀態

I-3 監視與觀察停火與脫離交戰

I-4 設置與佔據緩衝區與非軍事區

I-5 協助人道援助工作

二代維和工作：（標記●者，表示為其任務授權內容）

II-1 協助與監督選民登記、觀察與監督選舉（公投）之公平進行

II-2 為選舉進行提供安全維護

II-3 協助過渡政府組成與政治和解進程的落實

II-4 協助恢復基本職能與治理能力的建立

II-5 協助當地警察、安全暨司法部門之重建

II-6 協助交通、水電、醫療等民生與社經基礎設施的重建

II-7 確保內部穩定與秩序

II-8 促成社會和解、凝聚國家團結

II-9 促進人權維護與保護當地人民安全

II-10 協助追懲戰爭犯行暨進行轉型正義

II-11 排雷防爆

II-12 協助難民安全返鄉安置

II-13 協助武裝團體繳械（銷毀）、解編暨復員

II-14 強制和平與強健維和（通常是基於穩定當地局勢與內部秩序、形塑緊急人道介入有利環境、阻止違背人權暴行、確保聯合國人員、裝備與設施之安全等考量、或確保任務目標的實現而授權之）

資料來源：自行整理。

表 9-2　冷戰結束後所發動的維和行動與其任務類型

維和任務名稱	一代維和工作項目（I）					二代維和工作項目（II）													
	1	2	3	4	5	1	2	3	4	5	6	7	8	9	10	11	12	13	14
聯合國伊拉克－科威特觀察團	○	○	○	○															
聯合國塔吉克觀察團			○			●	●	●										●	
聯合國東帝汶過渡行政機構					○	●	●	●	●	●	●	●	●				●		
聯合國東帝汶支援團		○							●	●		●							
聯合國東帝汶整合特派團						●	●	●	●	●	●	●	●	●					
聯合國柬埔寨先遣團			○		○											●	●		
聯合國柬埔寨過渡權力機構	○		○			●	●		●	●			●					●	
聯合國保護武力	○	○	○	○	○														●
聯合國喬治亞觀察團			○	○									●			●	●		
聯合國恢復信任行動	○	○	○	○	○														
聯合國預防部署武力	○	○	○	○	○														●
聯合國波士尼亞－赫塞哥維納特派團					○	●			●	●			●			●	●		
聯合國東斯諾凡尼亞、巴拉尼亞與西錫爾米烏姆過渡行政當局				○		●			●	●	●	●	●			●	●		
聯合國維和警察援助團									●								●		

	1	2	3	4	5	6	7	8	9	10	11	12	13	14	15	16	17	18	19	20	21
聯合國普雷維拉卡觀察團		○	○	○								●	●								
聯合國科索沃臨時行政當局特派團					○	●	●	●	●	●	●	●	●		●		●	●			
聯合國薩爾瓦多觀察團			○		○	●					●	●			●	●			●		
聯合國瓜地馬拉核查團			○													●			●		
聯合國海地特派團							●		●	●		●		●							●
聯合國海地支援團										●	●	●	●								
聯合國海地過渡特派團									●		●		●								
聯合國海地維和警察特派團									●		●		●								
聯合國海地穩定特派團					○	●	●	●			●	●	●					●	●	●	
聯合國安哥拉核查團第二階段			○			●	●														
聯合國西撒哈拉公投特派團			○	○		●	●														
聯合國索馬利亞行動第一階段			○		○	●			●										●	●	
聯合國莫三比克行動	○		○		○	●	●												●	●	●
聯合國索馬利亞行動第二階段					○				●			●					●	●		●	
聯合國烏干達－盧安達觀察團		○	○																		
聯合國賴比瑞亞觀察團			○			●	●														
聯合國盧安達援助團			○	○	○						●	●						●			●
聯合國奧桑觀察團	○	○																			

維和行動	1	2	3	4	5	6	7	8	9	10	11	12	13	14	15	16	17	18	19
聯合國安哥拉核查團第三階段		○		○								●							
聯合國中非共和國特派團					●	●			●		●	●					●		
聯合國獅子山共和國觀察團									●		●						●		
聯合國獅子山共和國特派團		○		○	●	●		●			●		●				●		
聯合國剛果民主共和國特派團		○		○													●		
聯合國象牙海岸特派團		○		○			●		●										
聯合國象牙海岸行動		○		○	●	●		●	●				●					●	●
聯合國賴比瑞亞特派團				○					●		●		●						●
聯合國蒲隆地行動		○		○	●	●			●							●	●		
聯合國蘇丹任務		○		○						●		●		●					
聯合國依索比亞－厄利垂亞特派團		○																	
非盟－聯合國達富爾混合行動		○		○															●
聯合國中非共和國－查德特派團				○						●	●		●			●			●
聯合國組織剛果民主共和國穩定特派團					●							●	●						●
工作項目執行次數	7	8	27	9	23	19	15	8	10	21	11	16	9	14	1	7	13	14	13
工作項目執行率（%）	15	17	59	20	50	41	33	17	22	46	24	35	20	30	2	15	28	30	29

註釋：
各編號所代表的維和工作項目如下
一代維和工作：（標記○者，表示為其任務授權內容）
I-1 監視撤軍
I-2 監視邊界狀態

I-3 監視與觀察停火與脫離交戰
I-4 設置與佔據緩衝區與非軍事區
I-5 協助人道援助工作

二代維和工作：（標記●者，表示為其任務授權內容）
II-1 協助與監督選民登記、觀察與監督選舉（公投）之公平進行
II-2 為選舉進行提供安全維護
II-3 協助過渡政府組成與政治和解進程的落實
II-4 協助恢復基本職能與治理能力的建立
II-5 協助當地警察、安全暨司法部門之重建
II-6 協助交通、水電、醫療等民生與社經基礎設施的重建
II-7 確保內部穩定與秩序
II-8 促成社會和解、凝聚國家團結
II-9 促進人權維護與保護當地人民安全
II-10 協助追懲戰爭犯行暨進行轉型正義
II-11 排雷防爆
II-12 協助難民安全返鄉安置
II-13 協助武裝團體繳械（銷毀）、解編暨復員
II-14 強制和平與強健維和平（通常是基於穩定當地局勢與內部秩序、形塑緊
　　　急人道介入有利環境、阻止違背人權暴行、確保聯合國人員、裝備與設
　　　施之安全等考量、或確保任務目標實現等而授權之）
資料來源：自行整理。

第二節　維和行動的回顧與前瞻

一、維和主要挑戰

　　主要涵蓋維和機制改革成效、維和人力需求以及維和經費壓力等
三層面。

　　首先，在聯合國維和機制變革的檢驗方面，自現任秘書長潘基文
上台後所推動的維和體制改革，除待命安排制度的持續強化之外，包
括維和行動部的重整、實地支援部的設立以及強調兩者資源整合與共
享的概念，在相當程度上已產生正面效應，矯正過去維和行動部負荷
過重的弊病，而目前觀察的重點，包括：（1）在運作已近五年的和平
建設委員會方面，其定位為安理會與大會共同附屬諮詢機構，未來能

否符合各方期待，稱職肩負起聯合國架構下，諸多維和機關間的橋樑與黏著劑的重任，發揮應有的規劃、整合與協調功能，避免重蹈功能重複與組織疊床架屋的覆轍，目前仍有待觀察；（2）在快速部署能力的建制方面，聯合國在待命安排制度的規劃上，雖已設立快速部署層級，但在各會員國（主要為中小型國家）自願性組建相關武力的成果方面，並未出現令人振奮與樂觀的進展。其中最顯著的例子，即是由丹麥、荷蘭以及加拿大等國所籌設的多國高度備便旅，在各國兵力資源有限、政治意願不足及其他類似機制的競逐下，該旅在運作 13 年後，於 2009 年 6 月正式淡出歷史；（3）在聯合國制式武力（聯合國安理會所直屬與節制下的常設武力）的議題方面，此雖為憲章第七章的核心，但在可預見的未來，能夠獲得各會員國支持而實現的機率，恐較前述的建立維和快速部署武力，更不樂觀，因為所謂的聯合國制式編制軍隊，無論就任務投入需求、武力編制、主要使用目的以及所需配屬裝備等面向而言，無疑是更具野心與挑戰性的目標，勢必更加牽動聯合國內部的敏感神經，尤其會員國的內部政治支持以及指揮的歸屬（主要兵源貢獻國不願放棄調動主導權）等問題。更重要的是，如果沿用現有的維和人力投入模式，勢將出現心有餘力不足（一般中小型國家），以及有實力卻無意願參與（軍事大國）的困境，故絕非在聯合國目前的待命安排制度下，強化既有維和快速部署能力，能夠相提並論。

其次，在維和人力方面，誠如第參章第二節之分析，儘管相較於 1990 年代的高峰期，安理會所批准的維和行動的任務數目，近來已呈現穩定狀態，但目前聯合國全球各地執勤的各類維和人員卻達到 121,363 名的規模，換言之，走過 21 世紀的頭一個 10 年，聯合國在維和人力的派遣方面，大幅成長六倍。因此，本書認為，未來聯合國面臨的問題主要有三：（1）必須有效克服需求方股，所造成的能力短缺窘境，根據秘書處資料，以 2009 年而言，維和行動在人力、裝備與物資上的不足，主要呈現在機動性（空運與地面）、維和防暴隊（建制警力單位）、情報搜集能力（觀察、監視、夜間行動與資料分析暨管理）、專業警力（調查、組織改造與培訓）、女性人員（維和警察、軍事人員以及資深文職）、民間專家（安全部門改革、司法與獄政）、策略規劃（維和警察、軍事人員及文職）以及諳法語的參謀人員與維和警力（赴法語區執勤）；（2）聯合國仍須高度注意，後冷戰維和行動所面臨的動態、複雜與高風險的衝突環境，可能導致預期之外的人員傷亡，而此結果，對於會員國的自願人力貢獻承諾，難免造成不利的負面效應；（3）在維和人力的數量之外，另一個值得關切的焦點在於，在於聯合國維和人力的整體素質的提升，包括各會員國維和派遣人力的專業訓練、紀律要求以及協同執勤的能力。

　　最後，在維和行動的開銷方面，冷戰結束以來，聯合國維和預算的節節升高，已為會員國帶來沉重的壓力，其中包括拖欠款的問題在內。2009 年 7 月至 2010 年 7 月的維和核定預算將近 80 億美元，此數字高出聯合國同一期間的經常預算規模。此外，在各任務的經費分配與運用方面，因為投入的部隊規模以及地理條件（偏遠程度以及運輸、後勤支援方面的負擔），呈現極度不平均的狀況，以 2009 年 7 月至 2010 年 6 月為例，在總數 14 項的維和行動當中（其任務細節詳見表 9-3），[1] 聯合國對於查德、剛果、達富爾與蘇丹之介入，包括非盟－聯合國達富爾混合行動（UNAMID）、聯合國蘇丹特派團（UNMIS）、聯合國組織剛果民主共和國穩定特派團（MONUSCO）聯合國中非共和國－查德特派團（MINURCAT）等四項任務在內，均是在衝突結束之後，內部局勢尚未完全獲致穩定的環境下進行。故其首要之務，仍在於保障人民安全、維護社會秩序、遏止暴力以及提供人道援助，並試圖鞏固當地的政治和平進程，而此四項行動的支出，高達聯合國年度維和總

---

[1]　此統計不計由聯合國維和行動部所統籌與協助的的特別政治任務──聯合國阿富汗援助團（UNAMA）。

預算的 63%；至於聯合國穩定海地特派團（MINUSTAH）、聯合國賴比瑞亞特派團（UNMIL）、聯合國象牙海岸行動（UNOCI）、聯合國東帝汶整合特派團（UNMIT）以及聯合國科索沃臨時行政當局特派團（UNMIK）等任務，則是在已獲致內部安全與社會穩定的基礎上，緩步朝向長程政治、經濟與社會復原等和平建設的初步階段，而此五項任務的支出，佔年度維和行動總預算的 26%；至於聯合國黎巴嫩臨時武力（UNIFIL）、聯合國賽浦勒斯臨時武力（UNFICYP）、聯合國西撒哈拉公投特派團（MINURSO）、聯合國脫離交戰監督武力（UNDOF）、聯合國停戰監督組織（UNTSO）以及聯合國印巴軍事觀察團（UNMOGIP）等任務之主軸，主要在於監督停火與停戰協議之履行，而此六項行動的支出僅佔年度維和總預算的 14%。[2]

表9-3　聯合國維和行動部目前正進行中的 14＋1 項任務(2011 年 1 月)

行動名稱	安理會最初決議（執行之始）	主要任務授權（綜整所有相關決議的內容）	人員組成（2010/12）	批准預算（億美金）（2010/7/-2011/6/）
聯合國蘇丹特派團（UNMIS）	1590 號決議（2005年3月）	－協助與確認《全面和平協議》(Comprehensive Peace Agreement, CPA) 的執行 －協助難民安置與提供人道援助與基本安全保障 －協助排雷 －確保人權維護（尤其是婦女、難民與童兵問題） －依照《聯合國憲章》第七章強制和平相關規定授權維	軍事人員：9,300 軍隊觀察員：480 維和警察：636 國際文職：897 當地文職：2,821 聯合國志工：489	9.380

[2] United Nations Peacekeeping Official Website, *A New Partnership Agenda: Charting A New Horizon for UN Peacekeeping* (July 2009). http://www.un.org/en/peacekeeping/documents/newhorizon.pdf.

		和部隊採取一切必要方式（包括沒收相關武器物資）以維護聯合國設施、人員、裝備、志願工作者與當地平民之安全，並確保所有相關協議的執行 －確保《達富爾和平協議》（Darfur Peace Agreement, DPA）與《恩賈梅納停火協議（N'djamena Humanitarian Cease-fire Agreement）之執行 －解除交戰團體之武裝、銷毀武器與部隊進行復員 －協助當地民警力量的訓練、評估與重建 －推動法治與獨立司法機關的設置 －協助準備 2010 年大選與2011 年公投	殉職：55 總人數： 14,623	
聯合國－非洲聯盟達富爾混合行動（UNAMID）	1769 號決議（2007年7月）	－取代與整合先前非洲聯盟於達富爾地區所進行的非盟達佛富爾特派團（AMIS）以及聯合國對其輕度與大力支援方案（UN Heavy and Light Support Packages）之任務 －確保《達富爾和平協定》（DPA）為蘇丹政府與其他政治團體切實遵守，報告違反協議情事 －監視停火、繳械、解編與復員過程以及長程武器裝備	軍事人員：17,220 軍事觀察員：247 維和警察：4,977 國際文職：1,109 當地文職：2,689 聯合國志工：473 殉職：79	18.081

| | | 的撤離
－巡邏緩衝區、非軍事區以及難民營
－協助非洲聯盟與聯合國於當地所進行的政治和解工作
－採取一切可能的方式確保維和任務相關人員、人道工作團體、裝備、設施之安全與行動自由
－提供當地從事人道任務之安全環境
－確保當地社秩序、人權與安全
－協助重建與訓練蘇丹政府於達富爾當地的警政部門，確保其符合國際人權與課責的標準
－協助蘇丹政府與達富爾治理能力的恢復 | 總人數：26,715 | |
| 聯合國象牙海岸行動（UNOCI） | 1528號決議（2004年4月） | －結束原本派駐於該地之聯合國政治團——即聯合國牙海岸特派團（MINUCI），將其任務以及西非經濟共同體（ECOWAS）之武力，歸新設置的聯合國象牙海岸行動（UNOCI）節制
－監視各武裝團體之停止敵意行為與動向
－協助交戰團體之繳械、解編與復員
－協助遣返外籍戰鬥人員與顧問 | 軍事人員：7,569
軍事觀察員：186
維和警察：1,316
國際文職：380
當地文職：737
聯合國志工：267
殉職：71
總人數：10,455 | 4,851 |

		－ 保護聯合國相關人員、裝備與設施 － 協助象牙海岸當局恢復政府與行政功能 － 協助建立該國防的武裝力量 － 提供人道援助 － 監督武器禁運工作 － 與聯合國賴比瑞亞特派團（UNMIL）合作，監視象牙海岸與賴比瑞亞邊界（難民與前武裝份子動態 － 協助落實《瓦加都古協議》（Ouagadougou Agreement） － 協助公平、公正與公開的總統與國會大選 － 協助建立公正與獨立的司法體系以及媒體環境		
聯合國賴比瑞亞特派團（UNMIL）	1509 號決議（2003年9月）	－ 協助相關停火協議及和平進程的執行 － 保護聯合國人員、裝備、設施以及當地人民安全 － 支持人道任務與人權維護相關行動 － 與西非經濟共同體（ECOWAS）以及其他國際機構、重要國家共同合作，協助賴國軍隊與警察部門的培訓與改革 － 協助合格選民註冊與舉行公正自由選舉 － 一旦前賴國總統泰瑞	軍事人員：7,938 軍事觀察員：131 維和警察：1,323 國際文職：434 當地文職：984 聯合國志工：221 殉職：151 總人數：11,029	5.241

		（Charles Taylor）返國，必須將其羈押，並送交象牙海岸共和國受審		
聯合國組織剛果民主共和國穩定特派團（MONUSCO）	1925 號決議（2010年7月）	－利用一切可能方式確保當地居民人身安全、社會秩序以及人權保障 －防止任何侵害國際人權法與國際人道法之情事 －保護聯合國人員、設施與機構於當地之安全 －對全國性與地方性選舉提供技術性與後勤支援 －協助安理會第 1896 號決議禁運行動的落實	軍事人員：17,129 軍事觀察員：714 維和警察：1,262 國際文職：948 當地文職：2,782 殉職：8 總人數：23,434	13.690
聯合國西撒哈拉公投特派團（MINURSO）	690 號決議（1991年4月）	－監督摩洛哥政府與波利薩里奧人民解放陣線（POLISARIO）停火狀態 －促使摩洛哥政府釋放西撒哈拉政治犯 －確認雙方於此區域的兵力縮減與重新部署 －監督雙方交換戰俘 －協助合格選民的確認與登記 －舉行公正自由的公民複決投票 －協助排雷	軍事人員：29 軍事觀察員：207 維和警察：6 國際文職：100 當地文職：164 聯合國志工：19 殉職：15 總人數：525	0.600
聯合國海地穩定特派團（MNUSTAH）	1542 號決議（2004年4月）	－穩定海地局勢以降低對國際和平的威脅 －協助舉行公正自由選舉 －以聯合國海地穩定特派團（MNUSTAH）取代安理會	軍事人員：8,744 維和警察：3,240 國際文職：493	3.800

		先前設置之多國過渡武力（MIF）	當地文職：1,215 聯合國志工：234 殉職：159 總人數：13,926	
聯合國東帝汶整合特派團（UNMIT）	1704 號決議（2006年8月）	－ 促進社會和解與國家團結 － 協助總統與國會大選的順利進行 － 協助東帝汶國家警力的建立以維護治安 － 協助東帝汶政府建立足夠的社會與機制能力以促進人權維護、正義與和解的實現 － 與聯合國其他機構與國際社會進行其他社會、經濟、司法與人權等後衝突和平重建之相關工作	軍事觀察員：35 維和警察：1,482 國際文職：362 當地文職：893 聯合國志工：173 殉職：9 總人數：2945	2.063
聯合國印巴軍事觀察團（UNMOGIP）	91 號決議（1951年3月）	－ 監督印、巴於喀什米爾地區的停火狀態	軍事觀察員：44 國際文職：24 當地文職：48 殉職：9 總人數：116	0.161
聯合國阿富汗援助團（UNAMA）	1401 號決議（2002年3月）	－ 協助《波昂協定》（Bonn Agreement, 2001/12）的落實 － 支援阿富汗的社會經濟重建與復原 － 確保阿富汗長治久安與穩固的民主基礎	人員總數：約1,500（缺乏各類人員數的詳細資訊）	1.68（2010-2011）

		－提供和解過程的政治與戰略建議 －協助法治、人權、婦女角色以及其他人道工作 －監督 2009 年總統選公平進行 －與北約國際安全協助武力（International Security Assistance Force, ISAF）於此區域的任務密切配合與協調		
聯合國賽浦勒斯維和武力（UNFICYP）	186 號決議（1964年3月）	－確保當地土裔與希裔族群間在 1963 年的衝突之後能夠維持和平 －確保 1974 年政變後各方的事實停火狀態（迄今仍無停火協定的存在）	軍事人員：854 維和警察：68 國際文職：37 當地文職：113 殉職：180 總人數：1,072	0.58 （2010/7 -2011/6）
聯合國科索沃臨時行政當局特派團（UNMIK）	1244 號決議（1999年11月）	－設置國際警力 －恢復秩序與當地治安 －協助科索沃自治政府的建立並履行各項功能 －提供人道援助 －協助建立基礎設施 －協助難民返家安置	軍事觀察員：8 維和警察：8 國際文職：141 當地文職：235 聯合國志工：28 殉職：54 總人數：420	0.479
聯合國脫離交戰觀察武力（UNDOF）	350 號決議（1974年5月）	－監督以色列與敘利亞部隊的停火狀態	軍事人員：1,045 國際文職：41 當地文職：103 殉職：43 總人數：1,189	0.480
聯合國黎巴嫩臨時武力	425 號決議	－確認以軍撤出黎南 －恢復此區域的安全與穩定	軍事人員：11,961	5.187

（UNIFIL）	（1978年3月）	－協助黎國政府有效控制此區域 －配合聯合國停戰監督組織（UNTSO）執行任務 －協助排雷 －停止戰事（以國撤軍） －協助黎國政府軍有效部署於黎南 －協助提供人道援助 －協助黎國政府軍穩固以、黎邊界	軍事觀察員：50 國際文職：330 當地文職：657 殉職：290 總人數：12,948	
聯合國停戰監督組織（UNTSO）	50號決議（1948年5月）	－監督1949年停戰協定的履行 －監督蘇伊士運河與戈蘭高地的停火 －配合聯合國脫離交戰觀察武力（UNDOF）執行任務	軍事觀察員：149 國際文職：89 當地文職：127 殉職：50 總人數：365	0.607

註釋：
（1）本表維和參與人員的資訊是根據聯合國維和任務官網之統計（2010年12月更新），表格中數字為該任務於2010年12月的實際部署人力，故與安理會所原始授權的人數略有出入。此外，不同於對軍事人員、任務專家（軍事觀察員與參謀人員）、維和警察（包括民事警察與維和防暴隊員）在數目上的明確規範，安理會在授權中也許不會詳細規範任務中的國際文職、當地文職以及聯合國志工之人員數量，而通常是以適當（adequate）或一定數量（significant）等概略性文字表示。
（2）在各行動的經費方面，聯合國停戰監督組織（UNTSO）以及聯合國印巴軍事觀察團（UNMOGIP）的經費是編入聯合國兩年度的經常性預算當中，至於其他維和行動均有單獨之預算編列。
（3）雖然聯合國阿富汗援助團（UNAMA）在性質上屬於聯合國的政治團（任務），但此任務是由維和行動部（DPKO）所統籌指揮，故仍被列入維和行動部所進行的和平行動名單中。
資料來源：
（1）安理會授權與任務內容等部份，整理自 United Nations Peacekeeping Official Website, "Current Operations," http://www.un.org/en/peacekeeping/currentops.shtml.
（2）各行動預算與人力規模等部份，整理自 United Nations Peacekeeping Official Website, *Current Peacekeeping Operations（31 December 2010）*, http://www.un.org/en/peacekeeping/documents/bnote010101.pdf.

二、維和成功基礎

　　至於在成功維和條件與基礎的探討方面，回顧聯合國從 1948 年至今所執行的 64 項維和行動，可發現皆是在特定的時空脈絡下進行，換言之，所有的維和行動，無論在衝突性質、歷史脈絡、地理環境、介入主因、威脅程度、授權目標、任務內容、派遣規模、人員組成、預算需求、執行期間、威脅程度、聯合國內部政治凝聚力以及行動是否涉及強制和平等面向上，每項行動皆是獨一無二，各自具備其特殊性，一項案例的成功經驗，未必可以順利複製至其他任務，聯合國實難發展或制訂一套標準模式與普遍法則，能夠滿足與因應各種形形色色的維和需求，並足以指引聯合國安理會、大會、秘書處以及相關機關的決策者、諮詢者以及執行者，趨吉避凶，盡可能將任務效率與成果極大化。

　　然而，從聯合國一甲子以來的維和實施的寶貴經驗中，仍可從中獲取借鏡，掌握大致輪廓，釐清有利於與不利於維和執行的各項要素。本書於第貳章第二節與第參章第二節的篇幅中，曾分別檢視冷戰期間所授權的 18 行動（其中五項任務執行至今）以及冷戰結束以來所新發動的 46 項維和行動，至於第伍章則進一步將聯合國的維和介入記錄，扼要區分為完全成功、部份成功、徹底失敗、幾近恆久存在卻功能有限等四種類別，並分就柬埔寨、東帝汶、索馬利亞以及印巴喀什米爾爭端等四項案例，進行深入分析，藉以釐清影響維和成敗的基礎。

　　而本書的研究結果，大體上支持第陸章中所提出的立論與觀察，即聯合國維和行動的成功與否（程度與光譜），乃是仰賴四項條件（主客觀因素）的配合。首先為所謂的內生要件，意即絕不應忽視內部安全與政治承諾的重要性，執行維和的有利條件之一，在於必須設法創造穩定的環境。安全的提供與確立，對於維和行動的各個階段而言，均為首要之務，如果無法優先鞏固內部秩序，並保護目標區人民最基本的安全，遑論後衝突和平建立等後續更高難度之政治、社會與經濟等復原工程之落實，故癥結在於衝突各方（利益相關者）對於停火協議的履行、武裝團體的繳械、解編暨復員、政治和解、公正大選的舉行、過渡政府組成等目標，能否真心誠意予以支持，並履行承諾。所謂解鈴需要繫鈴人，假使內生要件始終未能充分滿足，即便聯合國制訂再完備的介入規劃與策略，國際社會集體施壓的力道再強，都難以建立長治久安的和平，防止衝突復發。

其次為所謂的執行要件，此處所強調的重點，包括支持、策略與授權等三大層面，聯合國會員國（尤指大國）對於維和行動的支持程度，包括政治承諾、經費分擔與人員投入等，必須恆久並能夠承受嚴竣考驗（尤其遭逢維和承受頓挫之際），而安理會的維和計畫，更必須在明快（避免動亂與傷亡擴大）與慎重（避免在尚未瞭解第一線實際狀況下貿然行事）等兩個端點間，取得適當平衡。此外，聯合國一旦決定干預，安理會需要制訂具體可行、明確清晰以及可達成的授權，內容應囊括執勤期間、部署地點、目標設定、工作範疇、部隊規模、人力配置以及任務是否涉及強制和平或強健維和性質等細節。假設安理會最終選擇中止行動（無論是主動或被迫、任務是成功或失敗），應備妥有勇有謀的離場策略，並輔以其他的替代方案，以避免目標區第一線的局勢，因聯合國維和部隊與相關特派團的驟然抽手，而迅速轉趨惡化，例如因戰端再啟，爆發嚴重人道危機，倘使如此，國際社會勢將投入數倍的時間與人力成本，回復原本駐留時所發揮的功能。

第三為配合要件，主要指涉的對象，包含聯合國內部以及聯合國外部的各式行為者（利益相關者），前者的重點為在聯合國的架構下，安理會理事國暨其附屬機構、維和人力貢獻國、秘書處（秘書長、秘書長特別代表、維和行動部、實地支援部以及政治事務部）、大會（各相關委員會與旗下基金、部門與計畫）、和平建設委員會以及所有聯合國會員國之間，如何在各司其職之餘，享有密切的溝通與協調關係，維持高效而非內耗的運作模式，其中尤以秘書處、安理會以及相關維和人力派遣國的三方諮詢過程至為重要；至於外部配合要件的重點，在於由聯合國所主導的維和行動，如何與區域性政府間組織、非政府間組織（國際與當地）以及衝突周邊國家之間，進行妥善的分工合作與相互奧援。

至於最後則是所謂的整體要件，意指聯合國決策者在規劃上，應看重維和行動的功能，卻又必須具備超越維和的宏觀戰略思考與規劃，意涵有二，其一為聯合國如果希望稱職扮演衝突解決者的角色，除需要重視傳統與新型態維和任務的內容之外，更必須靈活運用預防外交與和平締造等各式手段，並配合衝突階段的可能演進，採取適合的因應作為，並應將視野從較狹隘的維和行動，提升至範圍更廣的和平行動；其二是應注重衝突的深層結構，因為如果無法聯結和平議程與發展議程，便無法降低維和需求（真正消弭衝突來源），只能夠從戰術層面著手，治標而無法治本，藉由一次又一次的維和介入授權，達成確保和平的中短期目標。

而本書的研究心得與發現，基本上呼應維和行動部於 2008 年 3 月所出版的最新報告——《聯合國維和行動：原則與方針》（United Nations Peacekeeping Operations: Principles and Guidelines）研究報告的內容，該文件除探討維和依循方針的所謂頂石原則（Capstone Doctrine）之外，亦提出維和行動部對於成功維和的七項重要元素，其中包括：(1) 對於衝突各方而言，邁入政治和平之進程，必須具備真誠的承諾；(2) 在安理會方面，必須衡量第一線實際情況與所能夠掌握的資源，以此為基礎，做成明確與可達成的任務授權；(3) 在安理會方面，必須就各項維和任務的目標，達成基本共識，並盡可能團結一致，輔以積極的外交作為，協助維和工作的推動；(4) 在目標區周邊與鄰近國家方面，對於聯合國的維和介入，應扮演支持與配合的角色；(5) 在當事國政府方面，不應阻撓與防礙維和人員的行動自由；（6）就所有涉及維和的利益相關者而言，必須採取整合策略，強化各方溝通、協調與合作；（7）就任務本身而言，必須展現可信度與正當性，並促進當地與國際責任。[3]

三、維和改革藍圖

儘管在聯合國維和人力的投入方面，進入 21 世紀的 10 年來，成長將近六倍之多，但就安理會所授權的維和任務與特派團數目而言，對比於飆速成長的 1990 年代，現階段聯合國行動則邁入新的穩固期，除對於「量」方面的考量外，亦須注重「質」部份的提升（即效率與成效）。面對維和新形勢與諸多考驗，聯合國秘書處下的維和行動部以及實地支援部，近來展開所謂維和新局進程（New Horizon Process）或維和新局倡議（New Horizon Initiative）的工作，其宗旨有二，其一為評估維和行動過取以及未來數年可能遭遇的戰略與政策困境；其二是重新強化維和利益相關者（stakeholders）所持續進行的對話，為進行調整及滿足目前與未來的維和需求，尋求可能解決之道。[4]

2009 年 7 月，維和行動部與實地支援部共同向聯合國會員會發表一份名為《新夥伴關係議程：開創聯合國維和新局》（A New Partnership Agenda: Charting A New Horizon for UN Peacekeeping）的內部非正式文件（以下簡稱《新夥伴關係議程》，此文件的精神在於承繼以往聯合國針對維和工作的革新努力，完善由安理會、大會、秘書處、人員以及經費貢獻者與其他利益相關者（聯合國架構之外）所形成的全球夥伴

---

[3]　參見 United Nations Peacekeeping Official Website, *United Nations Peacekeeping Operations: Principles and Guidelines*, http://pbpu.unlb.org/pbps/Library/Capstone_Doctrine_ENG.pdf.

[4]　United Nations Peacekeeping Official Website, "The New Horizon Process," http://www.un.org/en/peacekeeping/operations/newhorizon.shtml.

網絡，而此份文件的核心思想，被摘要於秘書長潘基文對於大會維和行動特別委員會的報告當中。[5]儘管定位為內部非正式報告（internal non-paper），但被視為繼 1992 年《和平議程》與 2000 年《布拉希米報告》等重大里程碑之後，在聯合國維和工作的檢討、革新、前瞻與建議方面，最具代表性的文件之一。《新夥伴關係議程》開宗明義指出聯合國維和行動，在資源、支出與人員等各項能力與實際第一線需求上的落差，尤其至目前為止，所有維和行動的警察與軍事人員構成，均以個案為基礎，進行特別評估，仰賴會員國的自願性派遣，而經費分擔方面亦然，所有維和任務皆有其獨立的預算編列，換言之，聯合國維和行動在未來，需要被賦予更高的預測性、系統性以及更專業與適宜的能力。[6]

《新夥伴關係議程》主要是從三大層面，闡述聯合國秘書處對於應如何改革維和行動的觀點，其一是建立目標明確的維和夥伴關係，主要在於形塑聯合國內部各行為者明確的政治戰略與目標，並建立更具凝聚力的任務規劃與管理；第二項重點是首重行動的維和夥伴關係，焦點置於強化快速部署與危機管理能力，並視情勢變化與實際需求，確認維和行動的優先目標（例如強健維和、平民保護以及和平建設等面向）；其三則是著眼未來的維和夥伴關係，重點包括儘早預判未來的需求，建立以能力為導向的途徑、向外擴展維合國的維和夥伴關係（各區域性國際組織），並且擬定更新的實地支援策略。[7]

---

[5] 參見 United Nations Documents, *A/64/573, Implementation of the Recommendation of the Special Committee on Peacekeeping Operations (December 22, 2009)*, http://daccess-dds-ny.un.org/doc/UNDOC/GEN/N09/662/72/PDF/N0966272.pdf? OpenElemen.

[6] Ibid.

[7] United Nations Peacekeeping Official Website, *A New Partnership Agenda: Charting A New Horizon for UN Peacekeeping, (July 2009)*, http://www.un.org/en/peacekeeping/documents/newhorizon.pdf. 在《新夥伴關係議程》此非正式文件出爐後，包括聯合國內部的安理會、大會以及其他相關機構，曾針對該文件所提出的政策建議進行諸多討論與諮商，經過一年的謀求共識過

四、未來研究建議

本書於第柒章與第捌章的篇幅中，曾深入分析兩個聯合國重要會員國的維和參與特色，故以日本（維和經費分擔大國、近年來在人力貢獻呈現原地踏步甚至出現下滑跡象）與中國（安理會常任理事國、近年來在人力貢獻上呈現穩定上揚的趨勢）等兩個代表性國家，做為維和參與個案之觀察對象，分別探討其對維和行動態度與立場上的演進、參與動機暨考量、依循原則暨方針、內部爭議、維和投入的侷限、財務分擔暨人員派遣狀況以及未來參與變數等，而兩項案例均提供相當豐富的參考資訊。

本書認為，除關注聯合國的整體維和介入記錄、各項行動細節以及重要的議題面向之外，更應兼顧廣度與深度的探討，故持續選擇具代表性的聯合國會員國，例如印度（主要爭常國、維和人力貢獻要角、經費分擔上極其有限）與德國（主要爭常國、維和經費分擔要角、人力投入上微不足道），從個別國家維和參與的角度出發，進行系統性的研析與比較，應有一定程度的學術價值。

聯合國維和行動的緣起有其特殊的脈絡與背景，雖不在憲章的規範之內，但在時代不斷向前推移的進程當中，逐漸成為聯合國集體安全制度的替代途徑，此現象著實遠超過所有聯合國肇建者之原始預期。一甲子以來，聯合國維和行動歷經浮沉興衰，從初期的發軔、冷

程，維和行動部與實地支援部於 2010 年 10 月，公佈所謂的《新局倡議：首份進度報告》（The New Horizon Initiative Progress Report No.1），其中分就維和的議程（設立共同優先主題、安理會、秘書處與貢獻國更緊密的三方諮詢過程）、行動的要求（政策發展、能力發展、實地支援以及規劃暨控管）以及持續的挑戰等三大面向，檢驗實際進度與不足（尚未形成共識）之處，參見 United Nations Official Website, *The New Horizon Initiative Progress Report No,.1 (October 2010)*, http://www.un.org/en/peacekeeping/documents/newhorizon_update01.pdf

戰末期（1977 年至 1988 年）的躑躅不前、冷戰甫結束之際的快速擴張，其後遭逢頓挫，1990 年代末期的檢討因應，一直至 21 世紀以來於任務重心與業務型態上的再定義，其歷史發展軌跡，基本上可用「漸入佳境」與「開低走高」予以詮釋，故本書對於聯合國維和行動的前景，基本上仍持謹慎樂觀的看法，即深信即便諸多挑戰與障礙仍在，但聯合國的內部革新企圖與自我調適能力，亦未曾消逝，故維和行動將可望持續發揮其維護國際和平與安全方面的重要影響力，謹以此預測做為本書結語。

參考文獻

壹、中文部份

一、專書與專書中篇章

林碧炤，2008。〈聯合國的成立、功能及對於世界秩序的貢獻〉，收錄於陳隆志、陳文賢主編，《聯合國：體制、功能與發展》，台北：新學林，頁 13-34。

楊永明，2003。《國際安全與國際法》，台北：元照。

鄒念祖，1996。《聯合國與國際和平：第二代維和行動》，台北：時英。

李大中，2009。〈日本與聯合國安理會之改革：議題、正當性與限制〉，收錄於楊永明主編，《新世紀日本體制的再轉型：政治、經濟與安全政策之演變》，台北：翰蘆，頁 47-109。

李俊毅，2010。《變革與合作：中國參與聯合國維和行動之研究》，台北：秀威。

國防部史政編譯室，2005。《2003 年日本防衛白皮書》，台北：國防部史政編譯室譯印。

二、期刊論文

楊永明，1997。〈聯合國維和行動之發展：冷戰後國際安全之轉變〉，《問題與研究》，第 36 卷第 11 期，頁 23-40。

林文程，2008，〈聯合國安全理事會改革之挑戰與前景〉，《政治科學論叢》，第 37 期，頁 1-48。

沈國放，2005。〈我們為和平而來——21 世紀面臨的挑戰：國際維和研討會上的講話〉，《國際問題研究》，第 1 期，頁 4-6。

周琪，2010。〈中國對聯合國維和行動態度的變化及其原因〉，《中國人權》，第 2 期，http://www.humanrights-china.org/cn/zt/qita/zgrqyjh/yjhzywz/t20100504_585774.htm.

周琦、張建崗，2004。〈從國家安全利益的角度看中國對聯合國維和行動認知的改變〉，《當代世界與社會主義》，第 5 期，頁 56-60。

唐永勝，2002。〈中國與聯合國維和行動〉，《世界經濟與政治》，第 9 期，頁 39-44。

馮永智、曾芳編著，1999。《藍盔出擊：聯合國維和行動大紀實》，遼寧瀋陽市：遼寧人民出版社。

張慧玉，2004。〈透視中國參與聯合國維和行動〉，《思想與理論教育導刊》，第 9 期，頁 46-49。

張慧玉，2004。〈中國對聯合國維和行動的貢獻〉，《武警學院學報》，第 20 卷第 5 期，頁 30-32。

趙磊，2006。〈中國對聯合國維持和平行動的態度〉，《外交評論》，總第 90 期，頁 80-86。

趙磊，2009。〈中國參與聯合國維和行動的類型與地域分析〉，《當代亞太》，第 2 期，頁 55-72。

貳、英文部份

一、專書與專書中篇章

Annan, Kofi, A., 1998. "Challenges of the New Peacekeeping." In Olara A. Otunnu and Michael W. Doyle, eds., *Peacemaking and Peacemaking in the New Century*. (pp.169-187). Lanham, MD: Row and Littlefield Publishers, Inc.

Bennett, A. Leroy, and James K. Oliver, 2002. *International Organizations: Principles and Issues*. Upper Saddle River, NJ: Pearson Education, Inc.

Betts, Richard, K., 1996. "The Delusion of Impartial Intervention." In Chester A. Crocker, Fen Osler Hampson, and Pamela Aall, eds., *Managing Global Chaos: Sources of and Responses to International Conflict*. (pp.333-354). Washington, D.C.: United States Institute of Peace Press.

Blanchfield, Luisa, 2008. United Nations Reform: U.S. Policy and International Perspective. Washington, D.C.; Congressional Research Service.

Boutros-Ghali, Boutros, 1998. "Peacemaking and Peacekeeping for the New Century." In Olara A. Otunnu and Michael W. Doyle, eds., *Peacemaking and Peacemaking in the New Century*. (pp.1-26). Lanham, MD: Row and Littlefield Publishers, Inc.

Crocker, Chester A., 1996. "The Varieties of Intervention: Condition for Success." In Chester A. Crocker, Fen Osler Hampson, and Pamela Aall, eds., *Managing Global Chaos: Sources of and Responses to International Conflict*. (pp.188-196). Washington, D.C.: United States Institute of Peace Press.

Dobbins, James, eds, 2005. *The UN's Role in Nation-Building: From the Congo to Iraq*. Washington, D.C.: RAND.

Doyle, Michael, W., 1998. "Discovering the Limits and Potential Peacekeeping." In Olara A. Otunnu and Michael W. Doyle, eds., *Peacemaking and Peacekeeping in the New Century*. (pp.1-18). Lanham, MD: Row and Littlefield Publishers, Inc.

Doyle, Michael, W., 2001. "War Making and Peacemaking: The United Nations' Post-Cold War Record." In Chester A. Crocker, Fen Osler Hampson, and Pamela Aall, eds., *Turbulent Peace: The Challenges of Managing International Conflict*. (pp.529-560). Washington, D.C.: United States Institute of Peace Press.

Doyle , Michael and Nicholas Sambanis, 2006. *Making War and Building Peace: United Nations Peace Operations*. Princeton, NJ: Princeton University Press.

Dobson, Hugo. 2003. *Japan and United Nations: New Pressures, New Responses*, New York, N.Y.: RoutledgeCurzon Press.

Evera, Stephen Van, 1997. Guide to Methods for Studies of Political Science. Ithaca: Cornell University Press.

Eliasson, Jan, 1998. "Humanitarian Action and Peacekeeping." In Olara A. Otunnu and Michael W. Doyle, eds., *Peacemaking and Peacekeeping in the New Century*. (pp.203-213). Lanham, MD: Row and Littlefield Publishers, Inc.

Faltas, Sami, 2001. "Getting Rid of Mines." In Luc Reychler and Thania Paffenholz, eds., *Peacebuilding: A Field Guide*. (pp.428-434). Boulder, CO: Lynne Rienner Publishers, Inc.

Franck, Thomas, M., 1998. "A Holistic Approach to Building Peace." In Olara A. Otunnu and Michael W. Doyle, eds., *Peacemaking and Peacemaking in the New Century*. (pp.275-295). Lanham, MD: Row and Littlefield Publishers, Inc.

Gill, Bates and Chin-hao Huang, 2009. "China's Expanding Presence in UN Peacekeeping Operations and Implications for the United States." In R.

Kamphausen, D. Lai and A. Scobell, eds, *Beyond the Strait: PLA Missions Other than Taiwan.* (pp.99-125). Washington, D.C.: Strategic Studies Institute.

Goldstein, Joshua S. and Jon C. Pevehouse, 2006. *International Relations.* Upper Saddle River, NJ: Pearson Longman.

Gottesman, Evan, 2003. *Cambodia after the Khmer Rogue: Inside the Politic of Nation Building.* New Haven: Yale University Press.

Hillen, John, 2000. *Blue Helmets: The Strategy of UN Military Operations.* Washington, D.C.: Brassey's Press.

Hampson, Fen, Osler, 1996. *Nurturing Peace: Why Peace Settlements Succeed or Fail.* Washington, D.C.: United States Institute of Peace Press.

Heinrich, L. William, Jr., Akiho Shibata, and Yoshihide Soeya, 1999. *United Nations Peace-keeping Operations: A Guide to Japanese Politics,* New York, NY: United Nations University Press.

Japan Defense Ministry, 2007. *Defense of Japan 2007（Annual White Paper）.* Tokyo: Japan Defense Ministry Press.

Jones, Bruce and Feryal Cherif, 2003. *Evolving Models of Peacekeeping Policy Implications and Responses: Report to the DPKO.* New York, NY: Center on International Cooperation, NYU.

Kapungu, Leonard, 2001. "Peacekeeping, Peacebuilding, and Lessons-Learned Process." In Luc Reychler and Thania Paffenholz, eds., *Peacebuilding: A Field Guide.* (pp.435-440). Boulder, CO: Lynne Rienner Publishers, Inc.

Kawashima, Yutaka. 2005. *Japanese Foreign Policy at Crossroads: Challenges and Options for the Twenty-first Century.* Washington, D.C.: The Brookings Institution.

Kennedy; Paul Kennedy, 2006. *The Parliament of Man: The Past, Present, and Future of the United Nations.* NY, New York:. Random House.

Kühne , Winrich, 2001. "From Peacekeeping to Post-conflict Peacebuilding." In Luc Reychler and Thania Paffenholz, eds., *Peacebuilding: A Field Guide.* (pp.376-388). Boulder, CO: Lynne Rienner Publishers, Inc.

Lund, Michael, S., 1996. "Early Warning and Preventive Diplomacy." In Chester A. Crocker, Fen Osler Hampson, and Pamela Aall, eds., *Managing Global Chaos: Sources of and Responses to International Conflict.* (pp.379-402). Washington, D.C.: United States Institute of Peace Press.

Miall, Hugh, Oliver Ramsbotham, and Tom Woodhouse, 1999. *Contemporary Conflict Resolution: The Prevention, Management, and Transformation of Deadly Conflicts*. Malden, MA: Blackwell Publishing, Inc.

Mingst, Karen A. and Margaret P. Karns, 2007. *The United Nations in the 21st Century*. Boulder CO: Westview Press.

Pease, Kelly-Kate S., 2000. *International Organizations: Perspective on Governance in the 21st Century*. Upper Saddle River, NJ: Prince-Hall, Inc.

Peck, Connie, 2001. "The Roles Regional Organizations in Preventing and Resolving Conflicts." In Chester A. Crocker, Fen Osler Hampson, and Pamela Aall, eds., *Turbulent Peace: The Challenges of Managing International Conflict*. (pp.561-583). Washington, D.C.: United States Institute of Peace Press.

Ragin, Charles C., 1994. *Constructing Social Research*. Thousand Oaks: Pine Forge Press.

Ramsbotham, Oliver and Tom Woodhouse, 1999. *Encyclopedia of International Peacekeeping Operations*. Santa Barbara, CA: ABC-CLIO, Inc.

Rasmussen, J. Lewis, 1997. "Peacemaking in the Twenty-First Century: New Rules, New Roles, New Actors." In I. William Zartman and J. Lewis Rasmussen. eds., *Peacemaking in International Conflict: Methods and Techniques*. (pp.23-50). Washington, D.C.: United States Institute of Peace Press.

Roberts, Adam, 1996. "The Crisis in UN Peacekeeping." In Chester A. Crocker, Fen Osler Hampson, and Pamela Aall, eds., *Managing Global Chaos: Sources of and Responses to International Conflict*. (pp.297-319). Washington, D.C.: United States Institute of Peace Press.

Sens, Allen, G., 2004. "From Peacekeeping to Peacebuilding: The United Nations and the Challenges of Intrastate War." In Richard M. Price and Mark W. Zacher, eds., *The United Nation and Global Security*. (pp.142-160). New York, NY: Palgrave and Macmillan.

Serafino, Mina, 2007. "CRS Report for Congress - The Global Peace Operations Initiative: Background and Issues for Congress." Washington, D.C.: Congressional Research Service.

SHIRBRIG Planning Element, 2009. *SHIRBRIG Lessons Learned Report*. Copenhagen, Denmark: Danish Ministry of Defense Press.

Shinoda, Tomohit, 2007. *Koizumi Diplomacy: Japan's Kantei Approach to Foreign and Defense Affairs*. Seattle, WA: University of Washington Press.

Soloman, Richard, H., 1999. "Bringing Peace to Cambodia." In Chester A. Crocker, Fen Osler Hampson, and Pamela Aall, eds., *Herding Cats: Multiparty Mediation in a Complex World*. (pp.275-323). Washington, D.C.: United States Institute of Peace Press.

Stein, Janice Gross, 2000. "New Challenges to Conflict Resolution: Humanitarian Nongovernmental Organizations in Complex Emergencies." In Paul C. Stern and Daniel Druckman, eds., *International Conflict Resolution After the Cold War*. (pp.383-419). Washington, D.C.: National Academy Press.

Thakur, Ramesh, 2006. *The United Nations, Peace and Security*. Cambridge, UK: Cambridge University Press.

Weiss, Thomas, David P. Forsythe, and Roger A. Coate, 2004. *The United Nations and Changing World Politics*. Boulder, CO: Westview Press.

Welsh, Jennifer, M., 2004. "Authorizing Humanitarian Intervention." In Richard M. Price and Mark W. Zacher, eds., *The United Nation and Global Security*. (pp.177-192). New York, NY: Palgrave and Macmillan.

Wouters, Jan and Tom Ruys, 2005. *Security Council Reform: A New Veto for A New Century (Egmont Paper 9)?* Brussels, Belgium: Academia Press.

二、期刊論文

Akashi, Yasushi, 1995-96. "The Limits of UN Diplomacy and the Future of Conflict Mediation." *Survival*, Vol. 37, No. 4, pp.83-98.

Banerjee, Dipankar, 2005. "Current Trends in UN Peacekeeping: A Perspective from Asia." *International Peacekeeping* (Spring), Vol. 12, No.1, pp.18-33.

Bialke, Joseph, 2001. "United Nations Peace Operations: Applicable Norms and the Application of the Law of Armed Conflict." *The Air Force Law Review* (Winter), pp.10-63.

Biersteker, Thomas J., 2007. "Prospects for the UN Peacebuilding Commission." *Disarmament Forum,* (No. 2), pp.37-43.

Boutros-Ghali, Boutros, 1996. "Global Leadership after the Cold War." *Foreign Affairs*, (March/April) Vol. 75, No. 2, pp.86-98.

Carson, Alan, 2004. "Helping to Keep the Peace (Albeit Reluctantly): China's Recent Stance on Sovereignty and Multilateral Intervention," *Pacific Affairs*, Vol. 77, No. 1 (Spring), pp.1-27.

Diehl, Paul, 1988. "Peacekeeping Operations and the Quest for Peace." *Political Science Quarterly* (Autumn), pp.485-507.

Donald, Dominick, 2002. "Neutrality, Impartiality, and UN Peacekeeping at the Beginning of the 21st Century." International Peacekeeping, Vol. 9, No. 4 (Winter), pp.21-38.

Ekiyor, Thelma, 2006. "Enduring Peace: How the Peacebuilding Commission Can Live Up to UN Security Council Resolution 1325?" *FES Briefing Paper* (June), pp.1-7.

Fravel , M. Taylor, 1996. "China's Attitude toward UN Peacekeeping since the 1989." *Asian Survey*, Vol. 36, No. 11 (November), pp.1102-1121.

Friedrich-Ebert-Stiftung (FES), 2006. "The PBC: Benefits and Challenges." *Background Paper PBC*, (June), pp.1-6.

Gill, Bates and James Reilly, 2000. "Sovereignty, Intervention and Peacekeeping: The View from Beijing." *Survival,* Vol. 42, No. 3 (Autumn), pp.41-59.

Gilson, Julie, 2007. "Building Peace or Following the Leader? Japan's Peace Consolidation Diplomacy." *Pacific Affairs*, Vol. 80, No.1, pp.27-47.

Heemskerk, Renske, 2007. "The UN Peacebuilding Commission and Civil Society Engagement." *Disarmament Forum*, No. 2, pp.17-26.

Krishanasamy, Kabilan, 2003. "The Paradox of India's Peacekeeping." *Contemporary South Asia*, Vo. 12, No. 2 (June), pp.263-280.

Lebovic, James, H., 2004. "Uniting for Peace? Democracies and United Nations Peace Operations after the Cold War." *Journal of Conflict Resolution*, Vol. 48, No, 6 (December), pp.910-936.

Lilly, Damian, 2000. "The Privatization of Peacekeeping: Prospects and Realities." *Disarmament Forum*, No. 3, pp.53-62.

Lewis, Flora, 2001. "Problems of UN Peacekeeping." *International Law Journal*, No.3, pp.80-86.

Mulgan, Aurelia George, 1995. "International Peacekeeping and Japan's Role: Catalyst or Cautionary Tale?" *Asian Survey*, Vol. 35, No.12, pp.1102-1117.

Nishikawa, Yukiko, 2005. *Japan's Changing Role in Humanitarian Crises*, New York, NY: Routledge.

O'Shea, Brendan, 2001. "The Future of United Nations Peacekeeping." *Peacekeeping and International Relations* (September), pp.18-20.

Ponzio, Richard, 2007. "The United Nations Peacebuilding Commission: Origins and Initial Practice." *Disarmament Forum*, (No. 2), pp.5-15.

Ramsbotham, Oliver, 2000. "Reflections on UN Post-Settlement Peacebuilding." *International Peacekeeping*, Vol. 7, No. 1, pp.169-189.

Rugumamu, Severine, M., 2009. "Does the UN Peacebuilding Commission Change the Mode of Peacebuilding in Africa?" *Friedrich-Ebert-Stiftung (FES) Briefing Paper*, No, 8, pp.1-8.

Sánchez-Carccedo, Amaia, 2010. "Peacebuilding in Asia: Refutation or Cautious Engagement? (Occasional Paper)." No. 86 (November), pp.27-30.

Shimizu, Hirofumi and Todd Sandler, 2002. "Peacekeeping and Burden-Sharing, 1994-2000." *Journal of Peace Research*, No. 39, No. 6, pp.651-668.

Slaughter, Anne-Marie, 2005. "Security, Solidarity, and Sovereignty: The Grand Themes of UN Reform." *The Journal of International Law*, Vol. 99, No. 3, pp.619-631.

Thallinger, Gerald, 2007 "The UN Peacebuilding Commission and Transitional Justice." *German Law Journal*, Vol. 8, No. 7, pp.681-710.

Yilmaz, Muzaffer, 2005. "UN Peacekeeping in the Post-Cold War Era." *International Journal on World Peace*, Vol. XXII, No. 2, pp.13-28.

參、網路資料

一、聯合國官網維和相關資料

United Nations Documents. *A/48/935, Report of the Secretary General (Boutros Boutros-Ghali): An Agenda for Development*. http://daccess-dds-ny.un.org/doc/UNDOC/GEN/N94/209/22/IMG/N9420922.pdf?Open Element.

United Nations Official Website. *An Agenda for Peace: Preventive Diplomacy, Peacemaking, and Peacekeeping (Boutros Boutros-Ghali)*. http://www.un.org/Docs/SG/agpeace.html.

United Nations Official Website. *Supplement to An Agenda for Peace: Position Paper of the Secretary-General (Boutros Boutros-Ghali) on the Occasion of the Fiftieth Anniversary of the UN.* http://www.un.org/Docs/ SG/agsupp.html.

United Nations Documents. *A/RES/377 (V) (A-C), United for Peace (November 3, 1950).* http://daccess-dds-ny.un.org/doc/RESOLUTION/ GEN/NR0/059/75/IMG/NR005975.pdf?OpenElement.

United Nations Documents. *A/59/282, A More Secured World: Our Shared Responsibility, Report of the High-Level Panel on Threats, Challenges, and Change (August 27, 2004).* http://www.un.org/secureworld/report. pdf.

United Nations Documents (Lakhdar Brahimi). *Report of the Panel on United Nations Peace Operations (August 2000),* United Nations: http://www.un. org/peace/reports/peace_operations/.

United Nations Documents (Kofi Annan). *Prevention of Armed Conflict: Report of the Secretary-General (June 2001).* http://www.reliefweb.int/ library/documents/2001/un-conflprev-07jun.htm.

United Nations Documents (Kofi Annan). *No Exit without Strategy: Security Council Decision-making and the Closure or Transition of United Nations Peacekeeping Operations (April 2001).* http://daccessdds/un. org/doc/UNDOC/GEN/N01/343/62/PDF/NO14362.pdf?OpenElement.

United Nations Documents. *A/RES/55/235, Scale of Assessments for the Apportionment of Expenses of UN Peacekeeping operations (December 23, 2000).* http://daccess-dds-ny.un.org/doc/UNDOC/GEN/N00/573/25/ PDF/N0057325.pdf?OpenElement.

United Nations Documents. *A/58/157, Scale Assessment for the Apportionment of Expenses of UN Peacekeeping Operations (July 15, 2007).*http://www.un.org/ga/search/view_doc.asp?symbol=A%2F58%2F 157&Submit=Search&Lang=E.

United Nations Documents. *A/RES/60/180, Scale Assessment for the Apportionment of Expenses of UN Peacekeeping Operations (December 30, 2005).* http://daccess-dds-ny.un.org/doc/UNDOC/GEN/N05/498/40/ PDF/N0549840.pdf?OpenElement.

United Nations Documents. *A/61/139, Scale Assessment for the Apportionment of Expenses of UN Peacekeeping Operations (July 13, 2006).* http://www.

un.org/ga/search/view_doc.asp?symbol=A%2F61%2F139&Submit=Sear ch&Lang=E.

United Nations Documents. *A/64/573, Implementation of the Recommendation of the Special Committee on Peacekeeping Operations (December 22, 2009)*.http://daccess-dds-ny.un.org/doc/UNDOC/GEN/N09/662/72/PDF/ N0966272.pdf?OpenElement.

United Nations Documents. *A/RES/55/236, Voluntary Movements in Connection with the Apportionment of Expenses of UN Peacekeeping (December 13, 2000)*. http://daccess-dds-ny.un.org/doc/UNDOC/GEN/ N00/573/31/PDF/N0057331.pdf?OpenElement.

United Nations Documents. *A/RES/248, Scale Assessment for the Apportionment of Expenses of UN Peacekeeping Operations (February 5, 2010)*. http:// daccess-dds-ny.un.org/doc/UNDOC/GEN/N09/476/71/PDF/N0947671.p df?OpenElement.

United Nations Documents. *A/RES/249, Scale Assessment for the Apportionment of Expenses of UN Peacekeeping Operations (February 5, 2010)*. http:// daccess-dds-ny.un.org/doc/UNDOC/GEN/N09/476/77/PDF/N0947677.p df?OpenElement ;

United Nations Documents. *A/RES/1974 (S-IV). General Principles to Serve as Guidelines for the Sharing of the Costs of Further Peacekeeping Operations Involving Heavy Expenditures (June 27, 1963)*. http:// daccess-dds-ny.un.org/doc/RESOLUTION/GEN/NR0/054/70/IMG/NR0 05470.pdf?OpenElement

United Nations Documents. *A/RES/2006/XIX, Comprehensive Review of the Whole Question of Peace-keeping Operations in All Their Aspects (February 18, 1965)*. http://daccess-dds-ny.un.org/doc/RESOLUTION/ GEN/NR0/211/00/IMG/NR021100.pdf?OpenElement.

United Nations Documents. *A/RES/18/3101, Financing of the United Nations Emergency Force (December 11, 1973)*. http://daccess-dds-ny.un.org/ doc/RESOLUTION/GEN/NR0/281/73/IMG/NR028173.pdf?OpenElement.

United Nations Documents. *A/3943, Summary Study of the Experience Derived from the Establishment and Operation of the Force: Report of the Secretary-Genera (October 9, 1958)*. http://www.un.org/depts/dhl/ dag/docs/a3943e.pdf.

United Nations Peacekeeping Official Website. *United Nations Peacekeeping Operations: Principles and Guidelines*. http://pbpu.unlb.org/pbps/Library/Capstone_Doctrine_ENG.pdf.

United Nations Documents. *S/PRST/2001/3 (January 31, 2001)*. http://daccess-dds-ny.un.org/doc/UNDOC/GEN/N10/256/29/PDF/N1025629.pdf?OpenElement.

United Nations Documents. *S/RES/1645 (December 20, 2005)*. http://daccess-dds-ny.un.org/doc/UNDOC/GEN/N05/654/17/PDF/N0565417.pdf?Open Element

United Nations Peacekeeping Official Website. *A New Partnership Agenda: Charting A New Horizon for UN Peacekeeping* (July 2009). http://www.un.org/en/peacekeeping/documents/newhorizon.pdf.

United Nations Peacekeeping Official Website. "The New Horizon Process." http://www.un.org/en/peacekeeping/operations/newhorizon.shtml.

United Nations Peacekeeping Official Website. *Organizational Chart (DPKO and DFS)*. http://www.un.org/en/peacekeeping/documents/dpkodfs_org_chart.pdf.

United Nations Official Website (Department of Public Information). *General Assembly Establishes Department of Field Support As It Adopts Fifth Committee Recommendations of Major Peacekeeping Overhaul (June 29, 2007)*. http://www.un.org/News/Press/docs/2007/ga10602.doc.htm

United Nations Official Website (Department of Public Information). *General Assembly Gives Support to Secretary-General's Proposals to Restructure United Nations Peacekeeping, Disarmament (March 15, 2007)*. http://www.un.org/News/Press/docs/2007/ga10579.doc.htm.

United Nations Official Website (News Service). "Ban Ki-moon Details Plans for Structuring UN Peacekeeping, Disarmament Work (February 16, 2007)." http://www.un.org/apps/news/printnewsAr.asp?nid-21601.

United Nations Official Website (Department of Management). *Regular Budget 2010-2011*. http://www.un.org/en/hq/dm/pdfs/oppba/Regular%20Budget.pdf;

United Nations Peacekeeping Official Website. *Contributors to the United Nations Peacekeeping Operations (as of 31 December 2011)*. http://www.un.org/en/peacekeeping/contributors/2010/dec10_1.pdf.

United Nations Peacekeeping Official Website. *Fatalities in UN Peacekeeping (Yearly Totals)*. http://www.un.org/en/peacekeeping/fatalities/documents/StatsByYear%201.pdf.

United Nations Peacekeeping Official Website. *Current Peacekeeping Operations (31 December 2010).* , http://www.un.org/en/peacekeeping/documents/bnote010101.pdf.

United Nations Peacekeeping Official Website. *Fact Sheet.* http://www.un.org/en/peacekeeping/documents/factsheet.pdf

United Nations Peacekeeping Official Website. *Current Peacekeeping Operations (December 31, 2010).* http://www.un.org/en/peacekeeping/documents/bnote010101.pdf.

United Nations Peacekeeping Official Website. *Fatalities in UN Peacekeeping (Nationality and Mission).* http://www.un.org/en/peacekeeping/fatalities/documents/StatsByNationalityMission%202.pdf.

United Nations Peacekeeping Official Website. *Fatalities in UN Peacekeeping (Mission & Appointment Type).* http://www.un.org/en/peacekeeping/fatalities/documents/StatsByMissionAppointmentType%203.pdf.

United Nations Official Website. *2010 Annual Report of the Secretary-General Excerpts Relating to UN peacekeeping from the UN Secretary-General's 2010 Annual Report on the Work of the Organization.* http://www.un.org/en/peacekeeping/documents/pko_2010.pdf.

United Nations Official Website. "Multinational Standby High Readiness Forces for UN Operations." http://www.shirbrig.dk/html/main.htm.

United Nations Official Website. "United Nations Standby Arrangements System (UNSAS)." http://www.un.org/Depts/dpko/milad/fgs2/unsas_files/sba.htm.

United Nations Official Website. "Welcome to the COE System: Equipping the Frontlines of Peacekeeping Missions around the World." http://www.un.org/Depts/dpko/COE/home.html.

United Nations Peacekeeping Official Website. "Best Practices Unit, BPU." http://www.un.org/en/peacekeeping/bestpractices.shtml.

United Nations Peacekeeping Official Website. "Integrated Training Service, ITS." http://www.un.org/en/peacekeeping/its.shtml.

United Nations Peacekeeping Official Website. "Office of Operations." http://www.un.org/en/peacekeeping/operations.shtml.

United Nations Peacekeeping Official Website. "Military Affairs Office." http://www.un.org/en/peacekeeping/orolsi.shtml.

United Nations Peacekeeping Official Website. "Military Affairs Office." http://www.un.org/en/peacekeeping/sites/oma/.

United Nations Official Website." UNSAS-Rapid Deployment Level." http://www.un.org/Depts/dpko/dpko/milad/fgs2/unsas_files/rapid_deployment/torrdl.htm.

United Nations Official Website. "UN Peacebuilding Fund: Bridging the Gap between Gap and Recovery." http://www.unpbf.org/index.shtml.

United Nations Official Website. "United Nations Peacebuilding Commission." http://www.un.org/peace/peacebuilding/.

United Nations Official Website. "PBC: Organizational Committee Members." http://www.un.org/peace/peacebuilding/mem-orgcomembers.shtml.

United Nations Official Website. "United Nations Peacebuilding Commission." http://www.un.org/peace/peacebuilding/.

United Nations Official Website. "Mandate of the Peacebuilding Commission." http://www.un.org/peace/peacebuilding/mandate.shtml.

United Nations Official Website. "United Nations Peacebuilding Commission: Country-Specific Meeting." http://www.un.org/peace/peacebuilding/mem-countrymtgs.shtml.

United Nations Official Website. "PBC: Questions and Answers." http://www.un.org/peace/peacebuilding/qanda.shtml.

United Nations Official Website. "United Nations Peacebuilding Commission: Working Group on Lessons Learned." http://www.un.org/peace/peacebuilding/mem-lessons.shtml.

United Nations Official Website. "PBSO." http://www.un.org/peace/peacebuilding/pbso.shtml.

United Nations Official Website. "PBF: Total Portfolio." http://www.unpbf.org/index.shtml.

United Nations Official Website. "PBF Missions." http://www.unpbf.org/mission.shtml.

United Nations Official Website. "PBF: Window I (Overview)." http://www.unpbf.org/overview-1.shtml.

United Nations Official Website. "PBF: Window II (Overview)." http://www.unpbf.org/overview-2.shtml.

United Nations Official Website. "PBF: Emergency Window (Overview)." http://www.unpbf.org/emergency.shtml.

United Nations Official Website. "PBF Governance." http://www.unpbf.org/governance.shtml.

United Nations Official Website. "Security Council 1540 Committee." http://www.un.org/sc/1540/.

United Nations Official Website. "UN Compensation Commission." http://www.uncc.ch/.

United Nations Official Website. "Security Committee, Sanctions Committees." http://www.un.org/sc/committees/.

United Nations Official Website. "Functions and Powers of the General Assembly." http://www.un.org/en/ga/about/background.shtml.

United Nations Official Website. "Subsidiary Organs of the General Assembly." http://www.un.org/en/ga/about/subsidiary/index.shtml.

UN Peacekeeping Official Website. 2004. *The Challenges of Peacekeeping in the 21st Century (Background Note Prepared by the United Nations Department of Peacekeeping Operations).* http://www.ipu.org/splz-e/unga04/peacekeeping.pdf.

UN Peacekeeping Official Website. "UNTSO Background." http://www.un.org/en/peacekeeping/missions/untso/background.shtml.

UN Peacekeeping Official Website. "UNTSO Mandate." http://www.un.org/en/peacekeeping/missions/untso/mandate.shtml.

UN Peacekeeping Official Website. "UNTSO Facts and Figures." http://www.un.org/en/peacekeeping/missions/untso/facts.shtml.

UN Peacekeeping Official Website. "UNEF I Background." http://www.un.org/en/peacekeeping/missions/past/unef1backgr1.html.

UN Peacekeeping Official Website. "UNEF I Mandate." http://www.un.org/en/peacekeeping/missions/past/unef1mandate.html.

UN Peacekeeping Official Website. "UNEF I Facts and Figures." http://www.un.org/en/peacekeeping/missions/past/unef1facts.html.

UN Peacekeeping Official Website. "UNEF II Background." http://www.un.org/en/peacekeeping/missions/past/unef2backgr1.html.

UN Peacekeeping Official Website. "UNEF II Mandate." http://www.un.org/en/peacekeeping/missions/past/unef2mandate.

UN Peacekeeping Official Website. "UNEF II Facts and Figures." http://www.un.org/en/peacekeeping/missions/past/unef2facts.html.

UN Peacekeeping Official Website. "UNDOF Background." http://www.un.org/en/peacekeeping/missions/undof/background.shtml.

UN Peacekeeping Official Website. "UNDOF Facts and Figures." http://www.un.org/en/peacekeeping/missions/undof/facts.shtml.

UN Peacekeeping Official Website. "UNIFIL Background." http://www.un.org/en/peacekeeping/missions/unifil/background.shtml.

UN Peacekeeping Official Website. "UNIFIL Mandate." http://www.un.org/en/peacekeeping/missions/unifil/mandate.shtml.

UN Peacekeeping Official Website. "UNIFIL Facts and Figures." http://www.un.org/en/peacekeeping/missions/unifil/facts.shtml.

UN Peacekeeping Official Website. "UNOGIL." http://www.un.org/en/peacekeeping/missions/past/unogil.htm.

UN Peacekeeping Official Website. "UNOGIL Background." http://www.un.org/en/peacekeeping/missions/past/unogilbackgr.html.

UN Peacekeeping Official Website. "UNOGIL Mandate." http://www.un.org/en/peacekeeping/missions/past/unogilmandate.html.

UN Peacekeeping Official Website. "UNIIMOG Background." http://www.un.org/en/peacekeeping/missions/past/uniimogbackgr.html.

UN Peacekeeping Official Website. "UNIIMOG Mandate." http://www.un.org/en/peacekeeping/missions/past/uniimogmandate.html.

UN Peacekeeping Official Website. "UNIIMOG Facts and Figures." http://www.un.org/en/peacekeeping/missions/past/uniimogfacts.htm.

UN Peacekeeping Official Website. "UNYOM Background." http://www.un.org/en/peacekeeping/missions/past/unyombackgr.html.

UN Peacekeeping Official Website. "UNYOM Mandate." http://www.un.org/en/peacekeeping/missions/past/unyommandate.html.

UN Peacekeeping Official Website. "UNYOM Facts and Figures." http://www.un.org/en/peacekeeping/missions/past/unyomfacts.html.

UN Peacekeeping Official Website. "UNGOMAP Background." http://www.un.org/en/peacekeeping/missions/past/ungomap/background.html.

UN Peacekeeping Official Website. "UNGOMAP Facts and Figures." http://www.un.org/en/peacekeeping/missions/past/ungomap/facts.html.

UN Peacekeeping Official Website. "UNSF Background." http://www.un.org/en/peacekeeping/missions/past/unsfbackgr.html.

UN Peacekeeping Official Website. "UNSF Mandate." http://www.un.org/en/peacekeeping/missions/past/unsfmandate.html.

UN Peacekeeping Official Website. "UNSF Facts and Figures." http://www.un.org/en/peacekeeping/missions/past/unsffacts.html.

UN Peacekeeping Official Website. "UNFICYP Background." http://www.un.org/en/peacekeeping/missions/unficyp/background.shtml.

UN Peacekeeping Official Website. "UNFICYP Mandate." http://www.un.org/en/peacekeeping/missions/unficyp/

UN Peacekeeping Official Website. "UNFICYP Facts and Figures." http://www.un.org/en/peacekeeping/missions/unficyp/facts.shtm.

UN Peacekeeping Official Website. "ONUCA Background." http://www.un.org/en/peacekeeping/missions/past/onucabackgr.html.

UN Peacekeeping Official Website. "ONUCA Mandate." http://www.un.org/en/peacekeeping/missions/past/onucamandate.html.

UN Peacekeeping Official Website. "ONUCA Facts and Figures." http://www.un.org/en/peacekeeping/missions/past/onucafacts.html.

UN Peacekeeping Official Website. "DOMREP Background." http://www.un.org/en/peacekeeping/missions/past/domrepbackgr.html.

UN Peacekeeping Official Website. "DOMREP Mandate." http://www.un.org/en/peacekeeping/missions/past/domrepmandate.html.

UN Peacekeeping Official Website. "DOMREP Facts and Figures." http://www.un.org/en/peacekeeping/missions/past/domrepfacts.html.

UN Peacekeeping Official Website. "ONUC Background." http://www.un.org/en/peacekeeping/missions/past/onucB.htm.

UN Peacekeeping Official Website. "ONUC Mandate." http://www.un.org/en/peacekeeping/missions/past/onucM.htm.

UN Peacekeeping Official Website. "ONUC Facts and Figures." http://www.un.org/en/peacekeeping/missions/past/onucF.html.

UN Peacekeeping Official Website. "UNTAG Background." http://www.un.org/en/peacekeeping/missions/past/untagB.htm.

UN Peacekeeping Official Website. "UNTAG Mandate." http://www.un.org/en/peacekeeping/missions/past/untagM.htm.

UN Peacekeeping Official Website. "UNTAG Facts and Figures." http://www.un.org/en/peacekeeping/missions/past/untagF.htm.

UN Peacekeeping Official Website. "UNAVEM I Background." http://www.un.org/en/peacekeeping/missions/past/unavemi.htm.

UN Peacekeeping Official Website. "UNIKOM Background." http://www.un.org/en/peacekeeping/missions/past/unikom/background.html.

UN Peacekeeping Official Website. "UNIKOM Mandate." http://www.un.org/en/peacekeeping/missions/past/unikom/mandate.html.

UN Peacekeeping Official Website. "UNIKOM Facts and Figures." http://www.un.org/en/peacekeeping/missions/past/unikom/facts.html.

UN Peacekeeping Official Website. "UNMOT Background." http://www.un.org/en/peacekeeping/missions/past/unmot/UnmotB.htm.　　　　　UN Peacekeeping Official Website. "UNMOT Mandate." http://www.un.org/en/peacekeeping/missions/past/unmot/UnmotM.htm.

UN Peacekeeping Official Website. "UNMOT Facts and Figures." http://www.un.org/en/peacekeeping/missions/past/unmot/UnmotF.html.

UN Peacemaking Official Website. "UN Assistance Mission in Afghanistan, UNAMA Mandate." http://unama.unmissions.org/Default.aspx?tabid=1741.

UN Peacekeeping Official Website. "UNPROFOR Mission Profile." http://www.un.org/en/peacekeeping/missions/past/unprof_p.htm.

UN Peacekeeping Official Website. "UNPROFOR Background Text." http://www.un.org/en/peacekeeping/missions/past/unprof_b.htm.

UN Peacekeeping Official Website. "UNOMIG Background." http://www.un.org/en/peacekeeping/missions/past/unomig/background.html.

UN Peacekeeping Official Website. "UNOMIG Mandate." http://www.un.org/en/peacekeeping/missions/past/unomig/mandate.html.

UN Peacekeeping Official Website. "UNOMIG Facts and Figures." http://www.un.org/en/peacekeeping/missions/past/unomig/facts.html.

UN Peacekeeping Official Website. "UNCRO." http://www.un.org/en/peacekeeping/missions/past/uncro.htm.

UN Peacekeeping Official Website. "UNPREDEP Mission Profile." http://www.un.org/en/peacekeeping/missions/past/unpred_p.htm.

UN Peacekeeping Official Website. "UNPREDEP Background." http://www.un.org/en/peacekeeping/missions/past/unpred_b.htm.

UN Peacekeeping Official Website. "UNMIBH Background." http://www.un.org/en/peacekeeping/missions/past/unmibh/background.html.

UN Peacekeeping Official Website. "UNMICH Mandate." http://www.un.org/en/peacekeeping/missions/past/unmibh/mandate.html.

UN Peacekeeping Official Website. "UNMICH Fact and Figures." http://www.un.org/en/peacekeeping/missions/past/unmibh/facts.html.

UN Peacekeeping Official Website. "UNTAES Developments" http://www. un.org/Depts/DPKO/Missions/untaes_r.htm.

UN Peacekeeping Official Website. "UNTAES Brief Chronology." http:// www.un.org/Depts/DPKO/Missions/untaes_e.htm .

UN Peacekeeping Official Website. "UNTAES Facts and Figures." http:// www.un.org/en/peacekeeping/missions/past/untaes_p.htm.

UN Peacekeeping Official Website. "UNPSG Mission Profile." http://www.un. org/en/peacekeeping/missions/past/cropol.htm.

UN Peacekeeping Official Website. "UNMOP Background." http://www.un. org/en/peacekeeping/missions/past/unmop/background.html.

UN Peacekeeping Official Website. "UNMOP Mandate." http://www.un.org/ en/peacekeeping/missions/past/unmop/mandate.html.

UN Peacekeeping Official Website. "UNMOP Facts and Figures." http://www. un.org/en/peacekeeping/missions/past/unmop/facts.html.

UN Peacekeeping Official Website. "UNMIK Resolution 1244." http://www. unmikonline.org/UNMIKONLINE2009/1244resolution.htm.

UN Peacekeeping Official Website. "ONUSAL Background." http://www.un. org/en/peacekeeping/missions/past/onusalbackgr.htm.

UN Peacekeeping Official Website. "ONUSAL Mandate." http://www.un.org/ en/peacekeeping/missions/past/onusalmandate.html.

UN Peacekeeping Official Website. "ONUSAL Facts and Figures." http:// www.un.org/en/peacekeeping/missions/past/onusalfacts.html.

UN Peacekeeping Official Website. "MINUGUA Mandate." http://www.un. org/en/peacekeeping/missions/past/minuguamandate.html.

UN Peacekeeping Official Website. "MINUGUA Background." http://www. un.org/en/peacekeeping/missions/past/minuguabackgr.html.

UN Peacekeeping Official Website. "MINUGUA Facts and Figures." http:// www.un.org/en/peacekeeping/missions/past/minuguafacts.html.

UN Peacekeeping Official Website. "UNMIH Mandate." http://www.un.org/ en/peacekeeping/missions/past/unmihmandate.html.

UN Peacekeeping Official Website. "UNMIH Background." http://www.un. org/en/peacekeeping/missions/past/unmihbackgr.html.

UN Peacekeeping Official Website. "UNMIH Fact and Figures." http://www. un.org/en/peacekeeping/missions/past/unmihfacts.html.

UN Peacekeeping Official Website. "UNSMIH Mandate." http://www.un. org/en/peacekeeping/missions/past/mandate_on.gif.

UN Peacekeeping Official Website. "UNSMIH Background." http://www.un.org/en/peacekeeping/missions/past/unsmihbackgr.html.

UN Peacekeeping Official Website. "UNSMIH Fact and Figures." http://www.un.org/en/peacekeeping/missions/past/unsmihfacts.html.

UN Peacekeeping Official Website. "UNTMIH." http://www.un.org/en/peacekeeping/missions/past/untmih.htm.

UN Peacekeeping Official Website. "MIPONUH." http://www.un.org/en/peacekeeping/missions/past/miponuh.htm.

UN Peacekeeping Official Website. "MINUSTAH Background." http://www.un.org/en/peacekeeping/missions/minustah/background.shtml.

UN Peacekeeping Official Website. "MINUSTAH Mandate." http://www.un.org/en/peacekeeping/missions/minustah/mandate.shtml.

UN Peacekeeping Official Website. "MINUSTAH Facts and Figures." http://www.un.org/en/peacekeeping/missions/minustah/facts.shtml.

UN Peacekeeping Official Website. "UNAVEM II Background." http://www.un.org/en/peacekeeping/missions/past/Unavem2/UnavemIIB.htm.

UN Peacekeeping Official Website. "UNAVEM II Mandate." http://www.un.org/en/peacekeeping/missions/past/Unavem2/UnavemIIM.htm.

UN Peacekeeping Official Website. "UNAVEM II Facts and Figures." http://www.un.org/en/peacekeeping/missions/past/Unavem2/UnavemIIF.html.

UN Peacekeeping Official Website. "MINURSO Background." http://www.un.org/en/peacekeeping/missions/minurso/background.shtml.

UN Peacekeeping Official Website. "MINURSO Mandate." http://www.un.org/en/peacekeeping/missions/minurso/mandate.shtml.

UN Peacekeeping Official Website. "MINURSO Facts and Figures." http://www.un.org/en/peacekeeping/missions/minurso/facts.shtml.

UN Peacekeeping Official Website. "ONUMOZ Mandate." http://www.un.org/en/peacekeeping/missions/past/onumozM.htm.

UN Peacekeeping Official Website. "ONUMOZ Background." http://www.un.org/en/peacekeeping/missions/past/onumozS.htm.

UN Peacekeeping Official Website. "ONUMOZ Facts and Figures." http://www.un.org/en/peacekeeping/missions/past/onumozF.html.

UN Peacekeeping Official Website. "UNOMUR Mandate." http://www.un.org/en/peacekeeping/missions/past/unomurmandate.html.

UN Peacekeeping Official Website. "UNOMUR Background." http://www.un.org/en/peacekeeping/missions/past/unomurbackgr.htm.

UN Peacekeeping Official Website. "UNOMUR Facts and Figures." http://www.un.org/en/peacekeeping/missions/past/unomurfacts.html.

UN Peacekeeping Official Website. "UNOMIL Background." http://www.un.org/en/peacekeeping/missions/past/unomilB.htm.

UN Peacekeeping Official Website. "UNOMIL Mandate." http://www.un.org/en/peacekeeping/missions/past/unomilM.htm.

UN Peacekeeping Official Website. "UNOMIL Facts and Figures." http://www.un.org/en/peacekeeping/missions/past/unomilF.html.

UN Peacekeeping Official Website. "UNAMIR Background." http://www.un.org/en/peacekeeping/missions/past/unomilB.htm.

UN Peacekeeping Official Website. "UNAMIR Mandate." http://www.un.org/en/peacekeeping/missions/past/unomilM.htm.

UN Peacekeeping Official Website. "UNAMIR Facts and Figures." http://www.un.org/en/peacekeeping/missions/past/unomilF.html.

UN Peacekeeping Official Website. "UNASOG Background." http://www.un.org/en/peacekeeping/missions/past/unamirB.htm.

UN Peacekeeping Official Website. "UNASOG Mandate." http://www.un.org/en/peacekeeping/missions/past/unamirM.htm.

UN Peacekeeping Official Website."UNASOG Facts and Figures." http://www.un.org/en/peacekeeping/missions/past/unamirF.htm.

UN Peacekeeping Official Website. "Profile of UNAVEM III." http://www.un.org/en/peacekeeping/missions/past/unavem_p.htm.

UN Peacekeeping Official Website. "UNAVEM III Developments." http://www.un.org/en/peacekeeping/missions/past/unavem_r.htm.

UN Peacekeeping Official Website. "UNAVEM III Facts and Figures." http://www.un.org/en/peacekeeping/missions/past/unavem_f.htm.

UN Peacekeeping Official Website. "MONUA Background." http://www.un.org/en/peacekeeping/missions/past/monua/monuab.htm.

UN Peacekeeping Official Website. "MONUA Mandate." http://www.un.org/en/peacekeeping/missions/past/monua/monuam.htm.

UN Peacekeeping Official Website. "MONUA Facts and Figures." http://www.un.org/en/peacekeeping/missions/past/monua/monuaf.htm.

UN Peacekeeping Official Website. "MINURCA Background." http://www.un.org/en/peacekeeping/missions/past/minurcaB.htm.

UN Peacekeeping Official Website. "MINURCA Mandate." http://www.un.org/en/peacekeeping/missions/past/minurcaM.htm.

UN Peacekeeping Official Website. "MINURCA Facts and Figures." http://www.un.org/en/peacekeeping/missions/past/minurcaF.html.

UN Peacekeeping Official Website. "UNOMSIL Background." http://www.un.org/en/peacekeeping/missions/past/unomsil/UnomsilB.htm.

UN Peacekeeping Official Website. "UNOMSIL Mandate." http://www.un.org/en/peacekeeping/missions/past/unomsil/UnomsilM.htm.

UN Peacekeeping Official Website. "UNOMSIL Facts and Figures." http://www.un.org/en/peacekeeping/missions/past/unomsil/UnomsilF.html.

UN Peacekeeping Official Website. "UNAMSIL Background." http://www.un.org/en/peacekeeping/missions/past/unamsil/background.html.

UN Peacekeeping Official Website. "UNAMSIL Mandate." http://www.un.org/en/peacekeeping/missions/past/unamsil/mandate.html.

UN Peacekeeping Official Website. "UNAMSIL Facts and Figures." http://www.un.org/en/peacekeeping/missions/past/unamsil/facts.html.

UN Peacekeeping Official Website. "MONUC Mission Home." http://www.un.org/en/peacekeeping/missions/monuc/index.shtml.

UN Peacekeeping Official Website. "MONUC Background." http://www.un.org/en/peacekeeping/missions/monuc/background.shtml.

UN Peacekeeping Official Website. "MONUC Mandate." http://www.un.org/en/peacekeeping/missions/monuc/mandate.shtml.

UN Peacekeeping Official Website. "MONUC Facts and Figures." http://www.un.org/en/peacekeeping/missions/monuc/facts.shtml.

UN Peacekeeping Official Website. "MINUCI Background." http://www.un.org/en/peacekeeping/missions/past/minuci/background.html.

UN Peacekeeping Official Website. "MINUCI Mandate." http://www.un.org/en/peacekeeping/missions/past/minuci/mandate.html.

UN Peacekeeping Official Website. "MINUCI Facts and Figures." http://www.un.org/en/peacekeeping/missions/past/minuci/facts.html.

UN Peacekeeping Official Website. "UNOCI Background." http://www.un.org/en/peacekeeping/missions/unoci/background.shtml.

UN Peacekeeping Official Website. "UNOCI Mandate." http://www.un.org/en/peacekeeping/missions/unoci/mandate.shtml.

UN Peacekeeping Official Website. "UNOCI Facts and Figures." http://www.un.org/en/peacekeeping/missions/unoci/facts.shtml.

UN Peacekeeping Official Website. "UNMIL Background." http://www.un.org/en/peacekeeping/missions/unmil/background.shtml;

UN Peacekeeping Official Website. "UNMIL Mandate." http://www.un.org/en/peacekeeping/missions/unmil/mandate.shtml.

UN Peacekeeping Official Website. "UNMIL Facts and Figures." http://www.un.org/en/peacekeeping/missions/unmil/facts.shtml.

UN Peacekeeping Official Website. "ONUB Background." http://www.un.org/en/peacekeeping/missions/past/onub/background.html.

UN Peacekeeping Official Website. "ONUB Mandate." http://www.un.org/en/peacekeeping/missions/past/onub/mandate.html.

UN Peacekeeping Official Website. "ONUB Facts and Figures." http://www.un.org/en/peacekeeping/missions/past/onub/facts.html.

UN Peacekeeping Official Website. "UNMIS Background." http://www.un.org/en/peacekeeping/missions/unmis/background.shtml.

UN Peacekeeping Official Website. "UNMIS Mandate." http://www.un.org/en/peacekeeping/missions/unmis/mandate.shtml.

UN Peacekeeping Official Website. "UNMIS Facts and Figures." http://www.un.org/en/peacekeeping/missions/unmis/facts.shtml.

UN Peacekeeping Official Website. "UNMEE Background." http://www.un.org/en/peacekeeping/missions/past/unmee/background.html.

UN Peacekeeping Official Website. "UNMEE Mandate." http://www.un.org/en/peacekeeping/missions/past/unmee/mandate.html.

UN Peacekeeping Official Website. "UNMEE Facts and Figures." http://www.un.org/en/peacekeeping/missions/past/unmee/facts.html.

UN Peacekeeping Official Website, "UNAMID Background." http://www.un.org/en/peacekeeping/missions/unamid/background.shtml.

UN Peacekeeping Official Website. "UNAMID Mandate." http://www.un.org/en/peacekeeping/missions/unamid/mandate.shtml.

UN Peacekeeping Official Website. "UNAMID Facts and Figures." http://www.un.org/en/peacekeeping/missions/unamid/facts.shtml.

UN Peacekeeping Official Website. "MINURCAT Background." http://www.un.org/en/peacekeeping/missions/minurcat/background.shtml.

UN Peacekeeping Official Website. "MINURCAT Mandate." http://www.un.org/en/peacekeeping/missions/minurcat/mandate.shtml.

UN Peacekeeping Official Website. "MINURCAT Facts and Figures." http://www.un.org/en/peacekeeping/missions/unamid/facts.shtml.

UN Peacekeeping Official Website. "MONUC Mission Home." http://www.un.org/en/peacekeeping/missions/monuc/index.shtml.

UN Peacekeeping Official Website. "MONUSCO Background." http://www. un.org/en/peacekeeping/missions/monusco/background.shtml.

UN Peacekeeping Official Website. "MONUSCO Mandate." http://www. un.org/en/peacekeeping/missions/monusco/mandate.shtml..

UN Peacekeeping Official Website. "MONUSCO Facts and Figures." http:// www.un.org/en/peacekeeping/missions/monusco/facts.shtml.

UN Peacekeeping Official Website. "UNAMIC Background." ttp://www.un. org/en/peacekeeping/missions/past/unamicbackgr.html.

UN Peacekeeping Official Website. "UNAMIC Mandate." http://www.un. org/en/peacekeeping/missions/past/unamicmandate.html.

UN Peacekeeping Official Website. "UNAMIC Facts and Figures." http:// www.un.org/en/peacekeeping/missions/past/unamicfacts.html.

UN Peacekeeping Official Website. "UNTAC Background." http://www.un. org/en/peacekeeping/missions/past/untacbackgr.html.

UN Peacekeeping Official Website. "UNTAC Mandate." http://www.un.org/ en/peacekeeping/missions/past/untacmandate.html.

UN Peacekeeping Official Website. "UNTAC Facts and Figures." http:// www.un.org/en/peacekeeping/missions/past/untacfacts.html.

UN Peacemaking Official Website. "NAMET Results of Popular Consultations." http://www.un.org/peace/etimor99/result_frame.htm.

UN Peacemaking Official Website. "UNAMET Fact Sheet."http://www.un. org/peace/etimor99/Fact_frame.htm.

UN Peacekeeping Official Website. "UNTAET Background." http://www. un.org/peace/etimor/UntaetB.htm.

UN Peacekeeping Official Website. "UNTAET Mandate." http://www.un. org/peace/etimor/UntaetM.htm.

UN Peacekeeping Official Website. "UNTAET Facts and Figures." http:// www.un.org/peace/etimor/UntaetF.htm.

UN Peacekeeping Official Website. "UNMISET Background." http://www.un. org/Depts/dpko/missions/unmiset/background.html.

UN Peacekeeping Official Website. "UNMISET-Mandate." http://www.un. org/Depts/dpko/missions/unmiset/mandate.html.

UN Peacekeeping Official Website. "UNMISET Facts and Figures." http:// www.un.org/Depts/dpko/missions/unmiset/facts.html.

UN Peacemaking Official Website. "UNOTIL Mandate." http://www.un.org/ en/sc/repertoire/2004-2007/04-07_05.pdf#page=109.

UN Peacekeeping Official Website. "UNMIT Background." http://www.un. org/Depts/dpko/missions/unmit/background.

UN Peacekeeping Official Website. "UNMIT Mandate." http://www.un.org/ en/peacekeeping/missions/unmit/mandate.shtml

UN Peacekeeping Official Website. "UNMIT Facts and Figures." http://www. un.org/en/peacekeeping/missions/unmit/facts.shtml.

UN Peacekeeping Official Website. "UNOSOM I Mandate." http://www.un. org/en/peacekeeping/missions/past/unosom1mandate.html.

UN Peacekeeping Official Website. "UNOSOM I Background.". http://www. un.org/en/peacekeeping/missions/past/unosom1backgr.html.

UN Peacekeeping Official Website. UNOSOM I Facts and Figures." http:// www.un.org/en/peacekeeping/missions/past/unosom1facts.html.

UN Peacekeeping Official Website. "UNOSOM II Facts and Figures." http:// www.un.org/Depts/dpko/dpko/co_mission/unosom2facts.html.

UN Peacekeeping Official Website. "UNOSOM II Mandate." http:// ww.un. org/Depts/dpko/dpko/co_mission/unosom2mandate.html.

UN Peacekeeping Official Website. "UMOSOM II Background." http://www. un.org/en/peacekeeping/missions/past/unosom2backgr.html.

UN Peacekeeping Official Website. "UNMOGIP Background." http://www.un. org/en/peacekeeping/missions/unmogip/background.shtml.

UN Peacekeeping Official Website. "UNMOGIP Mandate." http://www.un. org/en/peacekeeping/missions/unmogip/mandate.shtml.

UN Peacekeeping Official Website. "UNMOGIP Facts and Figures." http:// www.un.org/en/peacekeeping/missions/unmogip/facts.shtml.

UN Peacekeeping Official Website. "UNIPOM Background." http://www.un. org/en/peacekeeping/missions/past/unipombackgr.html.

UN Peacekeeping Official Website. "UNIPOM Mandate." http://www.un. org/en/peacekeeping/missions/past/unipommandate.html.

UN Peacekeeping Official Website. "UNIPOM Facts and Figures." http:// www.un.org/en/peacekeeping/missions/past/unipomfacts.html.

二、中國大陸官網維和相關資料

中華人民共和國常駐聯合國代表團官網，2008。《中國參與聯合國維和行動大事紀》。http://www.china-un.org/chn/zt/cnunweihe/t529988.htm.

中華人民共和國常駐聯合國代表團官網，2003。《中國常駐聯合國副代表張義山大使在第 58 屆聯大四委審議聯合國維和行動問題的發言（2003/10/16）》。http://www.china-un.org/chn/zgylhg/jjalh/alhzh/whxd/t40386.htm.

中華人民共和國常駐聯合國代表團官網，2004。《中國常駐聯合國代表王光亞大使在安理會公開會關於聯合國維和問題之發言（2004/5/17）》。http://www.china-un.org/chn/zgylhg/jjalh/alhzh/whxd/t112343.htm.

中華人民共和國常駐聯合國代表團官網，2006。《張義山大使在聯大維和行動特別委員會2006年例會上的發言（2006/2/27）》。http://www.china-un.org/chn/zgylhg/jjalh/alhzh/whxd/t237290.htm.

中華人民共和國常駐聯合國代表團官網，2009。《中國常駐聯合國副代表團臘翊凡公參在安理會維和問題公開辯論會上的發言（2009/1/23）》。http://www.china-un.org/chn/zgylhg/jjalh/alhzh/whxd/t533812.htm.

中華人民共和國常駐聯合國代表團官網，2009。《中國常駐聯合國副代表劉振民大使在安理會關於支助經聯合國授權的非盟維和行動問題的發言〈（2009/10/26）〉。www.un.org/chn/zgylhg/jjalh/alhzh/whxd/t622790.htm.

中華人民共和國常駐聯合國代表團官網，2009。《劉振民大使在安理會維和問題公開辯論會上的發言〈（2009/6/29）〉。http://big5.fmprc.gov.cn/gate/big5/www.china-un.org/chn/zgylhg/jjalh/alhzh/whxd/t570148.htm.

中華人民共和國常駐聯合國代表團官網，2009。《中國常駐聯合國副代表劉振民大使在第 64 屆聯大四委關於維和行動問題的發言（2009/10/27）》。http://www.china-un.org/chn/zgylhg/jjalh/alhzh/whxd/t623004.htm.

中華人民共和國常駐聯合國代表團官網，2010。《劉振民大使在維和特委會 2010 年屆會上的發言（2010/02/23）》。http://www.china-un.org/chn/gdxw/t659985.htm.

《人民網》2010。《中國維和警察出征 10 年（2010/1/22）。http://military.people.com.cn/GB/1076/52983/10827132.html.

《中新網》，2008。《2008 年中國的國防》。http://mil.news.sina.com.cn/2009-01-20/1118539513.html.

《新華網》，2006。《專訪總參謀長助理章沁生（2006/9/28）》。http://big5.xinhuanet.com/gate/big5/news.xinhuanet.com/world/2006-09/28/content_5148742_5.htm.

《新華網》，2003。《聯合國維持和平行動（聯合國維和行動）》。http://big5. xinhuanet.com/gate/big5/news.xinhuanet.com/ziliao/2003-04/02/content_ 810710_4.ht.

三、日本官網維和相關資料

Secretariat of the IPCH, Cabinet Office, Japan. " International Peace Cooperation Assignment in Sudan." http://www.pko.go.jp/PKO_E/result/ sudan/sudan05.html.

Secretariat of the IPCH, Cabinet Office, Japan. "International Peace Cooperation Assignment in Nepal." http://www.pko.go.jp/PKO_E/result/ nepal/nepal02.html.

Secretariat of the IPCH, Cabinet Office, Japan. "International Peace Cooperation Assignment in Timor-Leste." http://www.pko.go.jp/PKO_E/ result/e_timor/e_timor10.html.

Secretariat of the IPCH, Cabinet Office, Japan. "International Peace Cooperation Assignment in East Timor." http://www.pko.go.jp/PKO_E/ result/e_timor/e_timor07.html.

Secretariat of the IPCH, Cabinet Office, Japan. "International Peace Cooperation Assignment in the Golan Heights." http://www.pko.go.jp/ PKO_E/result/golan/golan02.html.

Secretariat of the IPCH, Cabinet Office, Japan. International Peace Cooperation Assignment in El Salvador." http://www.pko.go.jp/PKO_E/ result/elsal/elsal02.html.

Secretariat of the IPCH, Cabinet Office, Japan. "International Peace Cooperation Assignment in Mozambique." http://www.pko.go.jp/PKO_ E/result/mozan/mozan02.html.

Secretariat of the IPCH, Cabinet Office, Japan. "International Peace Cooperation Assignment in Cambodia." http://www.pko.go.jp/PKO_E/ result/cambo/cambo02.html.

Secretariat of the IPCH, Cabinet Office, Japan. "International Peace Cooperation Assignment in Angola." http://www.pko.go.jp/PKO_E/ result/angola/angola02.html.

Secretariat of the IPCH, Cabinet Office, Japan. "Staff Members of IPCAs." http://www.pko.go.jp/PKO_E/operations/type.html.

Secretariat of the IPCH, Cabinet Office, Japan. "Japan's International Peace Cooperation（by Chronology）." http://www.pko.go.jp/PKO_E/result/years.html.

Secretariat of the IPCH, Cabinet Office, Japan. "The Five Principles." http://www.pko.go.jp/PKO_E/cooperation/cooperation.html.

Secretariat of the IPCH, Cabinet Office, Japan. "IPCA in Cambodia." http://www.pko.go.jp/PKO_E/result/cambo/cambo02.html.

Secretariat of the IPCH, Cabinet Office, Japan. "Contribution in Kind to UNAMET." http://www.pko.go.jp/PKO_E/result/e_timor/e_timor02.html.

Secretariat of the IPCH, Cabinet Office, Japan. "Contribution in kind to UNHCR for the Relief of East Timorese Displaced Persons（UNHCR）." http://www.pko.go.jp/PKO_E/result/e_timor/e_timor04.html.

Secretariat of the IPCH, Cabinet Office, Japan. "International Peace Cooperation Assignment for East Timorese Displaced Persons." http://www.pko.go.jp/PKO_E/result/e_timor/e_timor05.html.

Secretariat of the IPCH, Cabinet Office, Japan. "Democratic Republic of Timor-Leste." http://www.pko.go.jp/PKO_E/result/e_timor/e_timor01.html.

Secretariat of the IPCH, Cabinet Office, Japan. "IPCA in East Timor." http://www.pko.go.jp/PKO_E/result/e_timor/e_timor01.html.

Secretariat of the IPCH, Cabinet Office, Japan. "IPCA for East Timorese Election Observation." http://www.pko.go.jp/PKO_E/result/e_timor/e_timor08.html.

Secretariat of the IPCH, Cabinet Office, Japan. "IPCA for Timor-Leste Election Observation." http://www.pko.go.jp/PKO_E/result/e_timor/e_timor11.html.

Secretariat of the IPCH, Cabinet Office, Japan. "International Election Observation Operations." http://www.pko.go.jp/PKO_E/operations/election.html.

Secretariat of the IPCH, Cabinet Office, Japan. "Contribution in Kind." http://www.pko.go.jp/PKO_E/operations/relief.html.

Secretariat of the IPCH, Cabinet Office, Japan. "Cambodia." http://www.pko.go.jp/PKO_E/result/cambo_e.html

Ministry of Foreign Affairs, Japan. 2005. *Japanese Peacekeeping Policy at A Crossroads* (Isozaki, Komei). http://www.mofa.go.jp/policy/UN/pko/effort0704.pdf.

Ministry of Foreign Affairs, Japan. 2007. *Japan's Efforts on Peacebuilding: toward Consolidation of Peace and Nation Building.* http://www.mofa. go.jp/policy/UN/pko/effort0704.pdf.

Ministry of Defense, Japan. 2010. *Japan Self-Defense Force: Peace-Keeping Operations (Republic of Haiti, January 2010 Earthquake).* http://www. mod.go.jp/e/d_policy/ipca/pdf/haiti01.pdf.

四、其他網路相關資料

Atwood, David and Fred Tanner. *The UN Peacebuilding Commission and International Geneva.* http://www.unidir.ch/pdf/articles/pdf-art2629.pdf.

Burgess, Stephen. *The African Standby Force, Sub-regional Commands, and African Militaries.* http://www.au.af.mil/awc/africom/documents/Burgess SubregionalCommands.pdf.

Center for UN Reform Education. *Denmark Remains Committed to UN Peacekeeping - But is Contemplating SHIRBRIG Pull-Out(August 2008).* http://www.centerforunreform.org/system/files/s.+gade+interview.pdf.

International Alert, *The UN Peacebuilding Commission: A Chance to Build Peace More Effectively - The Case of Burundi.* http://www.international -alert.org/pdf/The_UN_Peacebuilding_Commission_A_Chance_to%20_ Build_Peace_More_Effectively.pdf.

Japan Times. 2009. "Japan to Join U.N. Standby Arrangements System for Active PKO."
http://www.japantoday.com/category/poli$tics/view/japan-to-join-un-stand by-arrangements-system-for-active-pko.

McAskie, Carolyn 2007. *The International Peacebuilding Challenge: Can New Players and New Approaches Bring New Results?* A Speech delivered at the Lloyd Shaw Lecture in Public Affairs, Dalhousie University, Halifax, Nova Scotia, 22, November 2007. http://www.un. org/peace/peacebuilding/Statements/ASG%20Carolyn%20McAskie/Sha w%20final.pdf.

McAskie, Carolyn, *UN PBC: Lessons Learned and Future Challeng*es, A Speech delivered at the Federal Foreign Office, Germany, 7 March 2008. http://www.un.org/peace/peacebuilding/Statements/ASG%20Carolyn%2 0McAskie/ASG%20key%20note%20Berlin%2007.03.2008.pdf.

Middleton, Roger. *The EU and African Peace and Security Architecture.* http://www.ieei.pt/files/8RogerMiddleton.pdf.

Murithi, Tim. Towards *A Symbiotic Partnership: The UN Peacebuilding Commission and the Evolving African/NEPAD Post-Conflict Reconstruction Framework.* http://www.unitar.org/ny/sites/default/files/PBC%20AU%20 Edited%20Final%20Version.pdf.

Patrick, Stewart. "The Peacebuilding Commission and the Future of US-UN Relations." http://www.cgdev.org/content/opinion/detail/8358.

Rittberger, Volker, 2007. *UN Peacekeeping and Peacebuilding: Taking Stock.* A Speech delivered at the Conference of "Public Administration Meets Peacebuilding - Peace Operations as Political and Managerial Challenges." University of Konstanz, Germany.http://www.unac.org/ en/link_learn/ monitoring/rapidreaction.pdf.

The Henry L. Stimson Center. *UN Peacebuilding Commission: Fact Sheet Series 2007.* http://www.stimson.org/fopo/pdf/UN_PBC_Fact_Sheet_Jun_ 07.pdf.

Watt, Fergus. The New United Nations Peacebuilding Commission: Prospect for Effective Civil Society Contributions, http://www.worldfederalistscanada. org/PBC&civilsociety.pdf.

社會科學類　AF0153

聯合國維和行動：類型與挑戰

作　　者 / 李大中
責任編輯 / 林泰宏
圖文排版 / 黃莉珊
封面設計 / 王嵩賀

發 行 人 / 宋政坤
法律顧問 / 毛國樑　律師
印製出版 / 秀威資訊科技股份有限公司
　　　　　114 台北市內湖區瑞光路 76 巷 65 號 1 樓
　　　　　電話：+886-2-2796-3638　傳真：+886-2-2796-1377
　　　　　http://www.showwe.com.tw
劃撥帳號 / 19563868　戶名：秀威資訊科技股份有限公司
　　　　　讀者服務信箱：service@showwe.com.tw
展售門市 / 國家書店（松江門市）
　　　　　104 台北市中山區松江路 209 號 1 樓
　　　　　電話：+886-2-2518-0207　傳真：+886-2-2518-0778
網路訂購 / 秀威網路書店：http://www.bodbooks.com.tw
　　　　　國家網路書店：http://www.govbooks.com.tw
圖書經銷 / 紅螞蟻圖書有限公司
　　　　　114 台北市內湖區舊宗路二段 121 巷 28、32 號 4 樓
　　　　　電話：+886-2-2795-3656　傳真：+886-2-2795-4100

2011 年 6 月 BOD 一版
定價：400 元
版權所有　翻印必究
本書如有缺頁、破損或裝訂錯誤，請寄回更換

國家圖書館出版品預行編目

聯合國維和行動：類型與挑戰 / 李大中著.
-- 一版. -- 臺北市：秀威資訊科技, 2011.
06
　　面 ；　公分. -- (社會科學類 ; AF0153)
BOD 版
ISBN 978-986-221-753-5 (平裝)

　1. 國際安全　2. 國際維和行動

579.36　　　　　　　　　　　100008292

讀者回函卡

感謝您購買本書，為提升服務品質，請填妥以下資料，將讀者回函卡直接寄回或傳真本公司，收到您的寶貴意見後，我們會收藏記錄及檢討，謝謝！
如您需要了解本公司最新出版書目、購書優惠或企劃活動，歡迎您上網查詢或下載相關資料：http:// www.showwe.com.tw

您購買的書名：_____

出生日期：_____年_____月_____日

學歷：□高中 (含) 以下　　□大專　　□研究所 (含) 以上

職業：□製造業　□金融業　□資訊業　□軍警　□傳播業　□自由業
　　　□服務業　□公務員　□教職　　□學生　□家管　　□其它____

購書地點：□網路書店　□實體書店　□書展　□郵購　□贈閱　□其他

您從何得知本書的消息？

　□網路書店　□實體書店　□網路搜尋　□電子報　□書訊　□雜誌

　□傳播媒體　□親友推薦　□網站推薦　□部落格　□其他_____

您對本書的評價：(請填代號　1.非常滿意　2.滿意　3.尚可　4.再改進)

　封面設計____　版面編排____　內容____　文／譯筆____　價格____

讀完書後您覺得：

　□很有收穫　□有收穫　□收穫不多　□沒收穫

對我們的建議：_____

_____

_____

_____

11466
台北市內湖區瑞光路 76 巷 65 號 1 樓

秀威資訊科技股份有限公司　　　收

BOD 數位出版事業部

....

（請沿線對折寄回，謝謝！）

姓　　名：＿＿＿＿＿＿＿＿＿　年齡：＿＿＿＿　性別：□女　□男

郵遞區號：□□□□□

地　　址：＿＿＿＿＿＿＿＿＿＿＿＿＿＿＿＿＿＿

聯絡電話：(日) ＿＿＿＿＿＿＿＿＿　(夜) ＿＿＿＿＿＿＿＿＿

E-mail：＿＿＿＿＿＿＿＿＿＿＿＿＿＿＿＿＿＿＿